唐刺史考全編

（增訂本）

郁賢皓 著

⑤

鳳凰出版社

第十四編

劍南道

卷二二二　益州(蜀郡、成都府)

隋蜀郡。武德元年改爲益州，置總管府。三年罷總管，置西南道行臺。九年罷行臺，置都督府。龍朔二年升爲大都督府。天寶元年改爲蜀郡，依舊大都督府。至德二年十月改爲成都府，長史爲尹。又分爲劍南東、西川，各置節度使。廣德元年復併東、西川爲一節度。自崔寧鎮蜀後，分爲西川。領縣十：成都、蜀(華陽)、新都、新繁、犀浦、雙流、廣都、郫、温江、東陽(靈池)。

段　綸　　武德元年(618)

《通鑑·武德三年》："初，隋末蠻酋爨翫反，誅……帝即位，以翫子弘達爲昆州刺史，令持其父屍歸葬；益州刺史段綸因遣使詔諭其部落，皆來降。"《元龜》卷六九八："段綸，高祖武德中爲益州總管，於時巴蜀初降，得以便宜行事，承制拜受……有人告綸將反，遣使核之無狀，徵還京師。"又見《會要》卷九八，《新書·南蠻下·兩爨蠻傳》，《元龜》卷八九七，《續高僧傳》卷二四《釋道會傳》。《隋唐五代墓誌匯編·陝西卷》第一册《大唐故邠國夫人段氏墓誌銘并序》(永徽二年八月二十三日)："父綸，大丞相府屬，蜀郡太守、劍南道招慰大使，益、蒲二州都督，熊州刺史，散騎常侍，祕書監，宗正卿，禮部尚書，三爲工部尚書，右光禄大夫，尚高密大長公主、駙馬都督，紀國公。"夫人永徽二年卒，春秋三十五。

竇　璡　　武德二年(619)

《舊書》本傳："從太宗平薛仁杲。尋鎮益州，時蜀中尚多寇賊，璡屢討平之。時皇甫無逸在蜀，與之不協，璡屢請入朝，高祖徵之，中路詔令還鎮……有使者至其所，璡晏之卧內，遺以綾綺。無逸奏其事，坐免官。"《新書》本傳略同。又見《元龜》卷三八四。《宋高僧傳》卷二《唐益州多寶寺道因傳》："益州總管鄧國公竇璡，行臺左僕射贊國公竇軌……俱申虔仰。"

張　貴　　約武德二年—三年（約 619—620）

《元龜》卷四〇一："劉武周之入并州也，遣兵寇上黨……潞州刺史郭子威（武）以兵自禦。益州刺史張貴上言：子威怯懦，無統領之才，恐終失上黨之地。高祖令行敏馳鎮潞州。"按《通鑑》記此爲武德三年二月事。

＊李世民　　武德三年（620）

《全文》卷七四四盧求《成都記序》："聖唐武德元年，復爲總管；三年，置行臺，改爲益州，以太尉秦王爲益州道行臺總管。"按兩《唐書·太宗紀》皆稱：武德三年加拜益州道行臺尚書令。《會要》卷六八稱"武德三年四月九日置益州行臺，以魏王泰爲之"。疑"魏王泰"爲"秦王世民"之誤。

竇　軌　　武德三年—貞觀元年（620—627）

《舊書》本傳："〔武德〕三年，遷益州道行臺左僕射，許以便宜從事。屬党項寇松州，詔軌援之……四年，還益州……行臺廢，即授益州大都督……貞觀元年，徵授右衛大將軍。"《會要》卷六八："武德三年，置益州行臺……九年六月十三日廢，置大都督府，以竇軌爲之。"又見《舊書·袁天綱傳》，《新書》本傳、《朱桃椎傳》、《南蠻下·南平獠傳》、《新表一下》竇氏三祖房，《通鑑·武德九年》十二月，兩《唐書·韋仁壽傳》，《元龜》卷三五七、卷八一〇、卷八六〇、卷九五二、卷九九一，《廣記》卷二二一引《定命録》，《宋高僧傳》卷二《唐益州多寶寺道因傳》、《續高僧傳》卷一四《唐京師靈化寺釋三慧傳》。《文館詞林》卷四五九李百藥《洛州都督竇軌碑銘》："〔武德〕三年，

拜益州道行臺左僕射……七年（九年？）廢行臺省，仍權檢校益州大
都督……貞觀初，拜使持節大都督、益綿嘉邛陵雅簡眉八州巂南會
寧三郡諸軍事、益州刺史……尋入爲右衛大將軍……二年，拜使持
節行都督洛鄭伊懷四州諸軍事洛州刺史。”又見《唐文拾遺》卷一四
引。按《大唐新語》卷一〇：“朱桃椎……隱居不仕……竇範爲益
州，聞而召之……桃椎不言而退……高士廉下車，深加禮敬。”“竇
範”當即“竇軌”之誤。

李厚德　　武德初期

《全文》卷二七五薛稷《朱隱士圖贊》：“朱桃槌者，隱士也，以武德
元年於蜀縣白女毛村居焉……前長史李厚德、後長史高士廉，或招以
弓旌，或遺以尺牘，並笑傲不答。”按《新書·李育德傳》稱：兄厚德，拜
殷州刺史，爲王世充所殺。

郭行方　　武德九年（626）

《元龜》卷三五七：“郭行方……〔武德〕九年爲益州刺史行臺尚
書，擊眉州叛獠之衆，大破之。”

皇甫無逸　　約貞觀元年—二年（約 627—628）

《舊書》本傳：“尋拜民部尚書，累轉益州大都督府長史……母在
長安疾篤，太宗令驛召之……道病而卒。”《新書》本傳：“拜民部尚書，
出爲同州刺史，徙益州大都督府長史。”又見《御覽》卷八七〇，《元龜》
卷五九五。

＊李　恪　　貞觀二年（628）

《舊書·太宗紀》：貞觀二年正月辛丑，“徙封漢王恪爲蜀王……
蜀王恪爲益州大都督。”按本傳作“武德二年”，《元龜》卷二八一同，疑
有奪文。《新書》本傳未及。《會要》卷七八：“貞觀二年五月，吳王恪
除使持節大都督益綿邛眉雅等八州諸軍事、益州刺史。”

高士廉（高儉、高宗儉）　　貞觀二年—五年（628—631）

《舊書》本傳：“貞觀元年，擢拜侍中……出爲安州都督，轉益州大都督府長史……蜀人朱桃椎者，澹泊爲事……士廉下車，以禮致之……五年，入爲吏部尚書。”《新書》本傳略同，又見《新書·朱桃椎傳》，《元龜》卷六七八、卷六八七、卷八一〇，《大唐新語》卷一〇，《全文》卷二七五薛稷《朱隱士圖贊》。《元龜》卷六七一：“高士廉爲光禄大夫，太宗以蜀王恪爲益州大都督，幼未之藩，以士廉有衆望，才足鎮靜方面，拜光禄大夫，行益州大都督府長史。”《會要》卷六二：“貞觀四年，監察御史王凝使至益州，刺史高士廉勳戚自重，以衆僚候之升仙亭。”《宋高僧傳》卷二《唐益州多寶寺道因傳》稱“長史申國公高士廉”。

杜文紀　　貞觀六年（632）

《四川成都志》卷一一：“貞觀六年，杜文紀以諫議大夫爲益州都督府長史。”（見《郎官石柱題名考》卷七引）《郎官柱》司勳郎中有杜文紀，在宇文節後，薛述前。度支郎中在裴思莊後、張知謇前。

劉德威　　約貞觀九、十年（約 635、636）

《舊書》本傳：“貞觀初，歷大理、太僕二卿……俄出爲綿州刺史，以廉平著稱，百姓爲之立碑。尋檢校益州大都督府長史。十一年，復授大理卿。”《新書》本傳略同。

＊李 恪　　貞觀十年—十三年（636—639）

《舊書》本傳：“〔貞觀〕十年，改封蜀王，轉益州都督。十三年，賜實封八百戶，除岐州刺史。”《新書》本傳未及。又見《元龜》卷二八一，兩《唐書·李元景傳》，《通鑑·貞觀十年》二月乙丑，《會要》卷五，《全文》卷六太宗《荆王元景等子孫代襲刺史詔》。《千唐誌·大周故溱州司户崔府君（思古）墓誌》：“唐益州都督蜀王恪領賞異才，奏聘長安縣主，以咸亨元年五月十一日襲封陽信縣開國子。”《長安志》卷一六昭陵陪葬功臣大將軍以下六十四：“益州都督〔蜀〕王恪。”

裴鏡民　　貞觀十一年前（637 前）

《金石録》卷三：“《唐益州長史裴鏡民碑》，李百藥撰，殷令民正書，貞觀十一年十月。”又見《寶刻叢編》卷二〇引。

郭福善　　貞觀十二年前（638 前）

《寶刻叢編》卷八引《集古録目》：“《唐益州長史郭福善碑》，碑首殘缺，不見書撰人名氏。福善，字福善，太原晉陽人，唐初官至益州都督府長史，謚曰慎，碑以貞觀十二年立。”

裴之隱　　貞觀中

《全文》卷二八二李迥秀《唐齊州長史裴府君（希惇）神道碑》：“父之隱，隋侍御史……皇太僕、司農二少卿，武安郡太守，始州刺史，通直散騎常侍、益州長史，會稽縣開國男。”裴希惇卒永徽元年三月四日，春秋六十三。

陸立素　　貞觀中

《全文》卷九九二闕名《紀國先妃陸氏碑》：“祖立素，益州大都督府長史，太子□庶子。”陸妃卒麟德二年，年三十五。又見《金石萃編》卷五六。

唐　皎（唐晈）　　貞觀中

《舊書·唐臨傳》：“兄皎，武德初爲秦府記室……貞觀中，累轉吏部侍郎……歷遷益州長史。卒。”《新書》本傳作“唐晈”。《新表四下》唐氏：“晈字本明，尚書左丞、益州長史。”按貞觀八年在吏部侍郎任。

長孫操　　貞觀中

《舊書》本傳：“貞觀中，歷洺州刺史，益、揚二州都督府長史，並有善政。二十三年，以子詮尚太宗女新成公主，拜岐州刺史。”《新書》本傳略同。又見《元龜》卷三〇一。

宋卓然　　貞觀中？

《姓纂》卷八廣平宋氏："卓然，比部員外、益州長史。"乃北齊宋季緒孫。《新表五上》宋氏同。

盧承慶　　永徽初

《舊書》本傳："俄歷雍州別駕、尚書左丞。永徽初，爲褚遂良所構，出爲益州大都督府長史。遂良俄又求索承慶在雍州舊事奏之，由是左遷簡州司馬。"《新書》本傳未及。《宋高僧傳》卷二《唐益州多寶寺道因傳》："長史申國公高士廉、范陽公盧承慶及前後首僚……俱申虔仰。"顯慶三年三月十一日卒，春秋七十二。

＊李上金　　永徽三年—顯慶四年（652—659）

《舊書》本傳："永徽元年，封杞王。三年，遥授益州大都督。乾封元年，累轉壽州刺史。"又見《元龜》卷二八一。《新書》本傳："永徽三年，遥領益州大都督，歷郿、壽二州刺史。"《全文》卷一四高宗《册杞王上金郿州刺史文》："維顯慶四年歲次己未七月景子朔四日己卯……咨爾益州刺史、上柱國杞王上金……命爾爲使持節郿州諸軍事郿州刺史。"又見《大詔令集》卷三七。

張　緒　　約永徽後期

《千唐誌・故□州司馬楊公夫人張氏墓誌銘并序》（開元二十七年十月二十五日）："祖緒，皇朝并、益二州長史，金紫光禄大夫。父虔壽，太子通事舍人，遷蘇州録事參軍……夫人即蘇州府君之季女也。"開元二十二年六月卒，春秋五十七。按張緒永徽三年六月在并州長史任。

高履行　　顯慶元年—四年（656—659）

《通鑑・顯慶元年》："是歲，以太常卿駙馬都尉高履行爲益州長史。"又《顯慶四年》：四月，"益州長史高履行累貶洪州都督"。《考異》曰："《舊傳》云三年，誤也。今從《唐曆》。"又見兩《唐書》本傳。

喬師望　　顯慶五年(660)

《會要》卷六二：“顯慶三年七月，監察御史胡元範使越巂，至益州，駙馬都尉喬師望爲長史，出迎之。”按其顯慶三年在涼州刺史任，疑《會要》之“三年”爲“五年”之訛。《盧照鄰集》卷七《益州至真觀主黎君碑》：“貞觀之末，有昭慶大法師……行益州刺史駙馬都尉喬君，主婿懿親，勳門盛族，任高方面，寄切西南……並屈銀黃，俱伸玄素。”喬君蓋即喬師望。

丘行恭(丘孝恭?)　　龍朔二年(662)

《會要》卷六八：武德三年，“置益州行臺……龍朔二年十二月六日，又爲大都督，以丘行恭爲之”。兩《唐書》本傳未及。按《姓纂》卷五河南丘氏：“孝恭，右金吾將軍、益府長史，渭源公。”乃行恭弟。未知《姓纂》誤，抑《會要》誤？

簡道通　　麟德元年(664)

《道教靈驗記》卷一四高宗三川投龍驗：“麟德元年，差道士宋玉泉、尚善真、馮善英與蜀郡太守簡道通、留守劉子場正月十一日投龍於江瀆池。”

胡樹禮　　乾封元年(666)

《盧照鄰集》卷七有《益州長史胡樹禮爲亡女造畫贊》，又《相樂夫人檀龕贊》：“相樂夫人韋氏者，益州都督長史胡公之繼親也……粵以乾封紀歲，流火司辰，敬造靈龕，奉圖真相。”證知乾封元年在任。“胡公”當即胡樹禮。

李崇義　　咸亨元年—二年(670—671)

《舊書·李孝恭傳》：“子崇義嗣，降爵爲譙國公，歷蒲、同二州刺史、益州大都督府長史，甚有威名。後卒於宗正卿。”《新書·李孝恭傳》略同。又見《元龜》卷二八一。《新書·宗室世系表上》蔡王房：“益州長史譙國公崇義。”《全文》卷一八三王勃《益州夫子廟碑》：“咸亨元年，又下詔曰：銀青光禄大夫、譙國公諱崇義，大武皇帝之支孫，河間大王之長子……高秋八月，拜玉節於秦京，輝金章於蜀郡。"《元和郡縣志》卷三一漢州金堂縣："咸通（亨）二年，蜀郡長史李崇義析雒縣、新都及簡州金水三縣置。"《盧照鄰集》卷七《益州至真觀主黎君碑》稱"前長史譙國公"，即崇義。

來　恒　　高宗時

《楊炯集》卷四《大唐益州大都督府新都縣學先聖廟堂碑文并序》："通議大夫行長史南陽來恒，隋十二衛大將軍榮國公之元子。"兩《唐書·來濟傳》並稱：兄恒，上元中官至黃門侍郎，同中書門下三品。《新表三上》來氏稱：恒，相高宗。

杜行敏　　高宗時

《舊書·杜佑傳》："曾祖行敏，荆、益二州都督府長史，南陽郡公。"《姓纂》卷六京兆杜氏、《新表二上》襄陽杜氏略同。《全文》卷四九六權德輿《大唐銀青光禄大夫檢校司徒同中書門下平章事杜公（佑）淮南遺愛碑銘并序》："曾祖諱行敏，皇銀青光禄大夫、荆益二州大都督府長史。"卷五〇五《唐丞相杜公（佑）墓誌銘并序》同。

權懷恩　　高宗時

《舊書》本傳："出爲宋州刺史……轉益州大都督府長史，尋卒。"《新書》本傳略同。《朝野僉載》補輯："唐邢州刺史權懷恩無賴，除洛州長史……旬日爲益州刺史。"又見《廣記》卷二六三引。

鄭　某　　高宗時？

《千唐誌·元子上妻滎陽鄭氏墓誌銘》（開元二十六年二月十六日）："曾祖□□，唐朝益州長史。祖禮，不仕。父感，泗州下邳縣令。"夫人卒開元二十六年二月六日。

＊李　顯　　儀鳳二年（677）

《全文》卷一四高宗《册周王顯左衛大將軍文》："維儀鳳二年歲次

丁丑二月甲午朔十二日乙巳……惟爾洛州牧、益州大都督兼太子左衛率……周王顯……命爾爲左衛大將軍，餘官勳封如故。"又見《大詔令集》卷三七。《楊炯集》卷四《大唐益州大都督府新都縣學先聖廟堂碑文并序》："大都督周王，天皇第八子也，玄元繼天而作，降仙才於玉斗之庭。"傅璇琮《盧照鄰楊炯簡譜》謂此文乃垂拱三年楊炯在梓州司法參軍任作。

李孝逸　　儀鳳二年—弘道元年（677—683）

《舊書》本傳："高宗末，歷給事中，四遷益州大都督府長史。則天臨朝，入爲左衛將軍，甚見親遇。"《新書》本傳略同。又見《元龜》卷二八一。《通鑑·儀鳳三年》：正月丙子，"命益州大都督府長史李孝逸等發劍南、山南兵以赴之"。《舊書·吐蕃傳上》略同。《嘉泰會稽志》："李孝逸，咸亨二年三月自常州刺史授，移益州長史。"又見《全文》卷三四一顏真卿《朝議大夫守華州刺史上柱國贈祕書監顏君（元孫）神道碑》，卷九二三王太霄《元珠錄序》。按弘道元年十二月丁巳，則天臨朝稱制，見《舊書·則天皇后紀》。

李崇真（李崇貞）　　光宅元年（684）

《御覽》卷九六六引《廣古今五行記》："唐光宅中，李崇真任益州刺史。"《廣記》卷四五七引作"崇貞"。《全文》卷二一二陳子昂《諫雅州討生羌書》："往年益州長史李崇真將圖此奸利，傳檄稱吐蕃欲寇松州，遂使國家盛軍以待之，轉餉以備之。未二三年，巴蜀二十餘州騷然大弊，竟不見吐蕃之面，而崇真贓錢已計巨萬矣。"

杜慎行　　天授中？

《舊書·杜鴻漸傳》："祖慎行，益州長史。"又見《元龜》卷一三一。《新表二上》濮陽杜氏："慎行，荊、益二州長史。"《全文》卷三一二孫逖《故滕王府諮議杜公（義寬）神道碑》："有四子……次曰慎行，終於益州長史、建平縣開國男，贈蜀州刺史。"又卷四二二楊炎《安州刺史杜公（鵬舉）神道碑》："大父唐蘇州司馬諱義寬。蘇州生皇建平侯荊益二州大都督府長史諱慎行。"按垂拱中慎行在荆州長史任。

任令輝(任照鄰)　　　如意元年(692)

《舊書·來俊臣傳》:"如意元年,地官尚書狄仁傑、益州長史任令輝……等六人,並爲其羅告。"《通鑑·長壽元年》:九月癸丑,"益州長史任令輝,皆爲王弘義所陷,流嶺南"。按《姓纂》卷五陳留浚儀任氏稱:"照鄰,改名輝,夏官侍郎。"

【李懷遠　　　武后中期(未之任)】

《舊書》本傳:"改授冀州刺史。俄歷揚、益等州大都督府長史,未行,又授同州刺史……入爲太子左庶子,兼太子賓客,歷遷右散騎常侍、春官侍郎。大足年,遷鸞臺侍郎,尋同鳳閣鸞臺平章事。"《新書》本傳略同。

王及善　　　約長壽中—神功元年(?—697)

《舊書》本傳:"垂拱中,歷司屬卿……尋拜春官尚書、秦州都督,轉益州大都督府長史。以老病乞致仕,加授光禄大夫。後契丹作亂,山東不安,起授滑州刺史……留拜内史。"《新書》本傳略同。又見《元龜》卷四五七。《舊書·則天皇后紀》:萬歲通天二年四月,"前益州大都督府長史王及善爲内史"。《新書·則天皇后紀》及《宰相表上》、《通鑑·神功元年》四月同。

姚　璹　　　神功元年(697)

《舊書·則天皇后紀》:萬歲通天二年八月,"納言姚璹爲益州大都督府長史"。《新書·宰相表上》、《通鑑·神功元年》八月同。《舊書》本傳:"神功初左授益州大都督府長史……拜地官尚書。歲餘,轉冬官尚書,仍西京留守。"《新書》本傳略同。又見《元龜》卷六一九、卷六七三。

張文感　　　武后時?

《隋唐五代墓誌匯編·山西卷·唐故河東節度右廂兵馬使文安

郡王張公(奉璋)墓誌銘并序》(大曆四年九月)："祖銀青光禄大夫行益州長史諱文感。父贈鴻臚少卿諱□。"奉璋卒大曆四年,春秋六十五。

武尚賓　　武后時?

《姓纂》卷六沛國武氏："尚賓,河間王、益府長史。"《新表四上》作益王府長史,疑誤。其弟重規,仕武后時。

李道廣(丙道廣)　　久視元年(700)

《姓纂》卷七北海朱虚縣丙氏："道廣,殿中監、平章事、益州長史,金城侯。"其祖父丙粲與高祖有舊,因姓犯諱,賜姓李氏。《元和郡縣志》卷三一成都府靈池縣："久視元年,長史李通(道)廣奏分蜀縣、廣都置東陽縣。"

張知泰　　約長安初

《舊書》本傳："通天中,知泰爲洛州司馬……尋以知泰爲夏官、地官侍郎,益州長史,中臺右丞……及神龍元年,中宗踐極……知泰自兵部侍郎授右御史大夫。"《新書》本傳略同。

蘇味道　　長安中—神龍元年(?—705)

《舊書》本傳："長安中,請還鄉改葬其父……役使過度,爲憲司所劾,左授坊州刺史。未幾,除益州大都督府長史。神龍初,以親附張易之、昌宗,貶授郿州刺史。"《新書》本傳略同。

崔敬嗣　　神龍元年(705)

《舊書·崔光遠傳》："祖敬嗣……中宗深德之。及登位,有益州長史崔敬嗣,既同姓名,每進擬官,皆御筆超拜者數四。後引與語,始知誤寵。訪敬嗣已卒。"又見《元龜》卷一七二,《南部新書》戊,《廣記》卷一一七引《譚賓録》。

崔玄暐　　神龍元年(705)

《舊書・中宗紀》：神龍元年四月，"右庶子崔玄暐爲特進、檢校益州大都督府長史、判都督事"。《舊書》本傳："檢校益州大都督府長史、兼知都督事。其後累被貶，授白州司馬，在道病卒。"《新書》本傳略同。又見《新書・宰相表上》，《元龜》卷七二、卷一七二，《廣記》卷一四三引《朝野僉載》。《通鑑・神龍元年》：四月，"崔玄暐檢校益府長史……並同中書門下三品"。五月，"特進、同中書門下三品博陵公崔玄暐爲博陵王，罷知政事……尋又以玄暐檢校益州長史、知都督事，又改梁州刺史"。《全文》卷二九七閭邱均《爲益州父老請留博陵王表》："蜀鄉財産，古稱天府……陛下所以惠賜藩王，鎮撫梁、益……而玄暐至止纔移弦朔，除替旋聞。"

* **李千里(李仁)**　　神龍元年—三年(705—707)

《舊書》本傳："中興初，進封成王，拜左金吾大將軍，兼領益州大都督……三年，又領廣州大都督、五府經略安撫大使。"又見《元龜》卷二八一，拓本《唐成王李仁墓誌》（科學出版社《西安郊區隋唐墓》）。《新書》本傳未及。《大詔令集》卷三九、《全文》卷一八睿宗有《成王千里還舊官制》，《寶刻叢編》卷八引《集古錄目》有《唐贈廣州大都督成王仁碑》。

鄧　某　　約神龍中

《全文》卷二九七閭邱均《爲益州父老請攝司馬鄧某爲真表》："臣等本部益州司馬臣某……州無牧伯，居攝端右……伏乞陛下憫垂涕之慈，惠黎民之願，即其所守，除以爲真。"

【蘇味道　　神龍中（未之任）】

《舊書》本傳：神龍初，"貶授郿州刺史。俄而復爲益州大都督府長史，未行而卒"。《新書》本傳略同。《廣記》卷一四六引《定命錄》："蘇味道……其後出爲眉州刺史，改爲益州長史。"

裴元質　　景龍二年(708)

《四川成都志》卷一一:"景龍二年,以御史中丞裴元質領益州大都督府長史。"《隋唐五代墓誌匯編・洛陽卷》第十一册《唐故裴夫人墓誌銘并序》(天寶八載七月十日):"夫人……皇蜀郡大都督府長史、尚書左丞、本郡太守諱元質之元孫,皇遊擊將軍大□軍使琦諱之中女。"天寶八載卒,未言享年。

畢　構　　景龍中

《舊書》本傳:"武三思惡之,出爲潤州刺史。累除益州大都督府長史。景雲初,召拜左御史大夫,轉陝州刺史。"《新書》本傳略同。

李思訓　　景雲初?

《舊書》本傳:"中宗初復宗社,以思訓舊齒,驟遷宗正卿,封隴西郡公,實封二百户。歷益州長史。開元初,左羽林大將軍。"《新書》本傳略同。

竇懷貞　　景雲元年—二年(710—711)

《舊書》本傳:"韋庶人敗,左遷濠州司馬。尋擢授益州大都督府長史。以附會太平公主,累拜侍中、兼御史大夫,代韋安石爲尚書左僕射。"《新書》本傳略同。又見《元龜》卷四八二。《通鑑・景雲二年》:正月,"太平公主與益州長史竇懷貞等結爲朋黨,欲以危太子……以飛語陷〔韋〕安石"。

畢　構　　景雲二年—先天元年(711—712)

《舊書》本傳:"景雲初,召拜左御史大夫,轉陝州刺史……頃之,復授益州大都督府長史,兼充劍南道按察使……政號清嚴,睿宗聞而善之……尋拜户部尚書。"《新書》本傳略同。《元龜》卷六七三:"畢構爲益州長史,先天元年以政聲召至。"

畢　構　　先天元年(712)

《舊書》本傳:"尋拜户部尚書,轉吏部尚書,並遥領益州大都督府長史。玄宗即位，累拜河南尹，遷户部尚書。"《新書》本傳略同。

*李 撝（李成義） 先天元年—開元元年（712—713）

《舊書》本傳："〔先天元年〕八月，行司徒，兼益州大都督。開元二年，帶司徒兼幽州刺史。"《新書》本傳略同。《大詔令集》卷三五《宋王成器太尉等制》："益州大都督兼右衛大將軍申王成義……可司徒兼并州大都督……先天二年八月九日。"又見《全文》卷二〇。《舊書·玄宗紀上》作九月。

魏奉古 開元元年？（713？）

《廣記》卷二一三引《酉陽雜俎》："開元初，有尼魏八師者，常念大悲咒。雙流縣百姓劉乙名意兒，年十一……嘗白魏云：先天菩薩見身此地……先天菩薩凡二百四十二首……柳七師者，崔寧之甥，分三卷，往上都流行……時魏奉古爲〔益州〕長史，進之。"按魏奉古開元初爲給事中，見《舊書·刑法志》。吏部侍郎魏奉古，見《唐文粹》卷五八席豫《唐故朝請大夫吏部郎中楊府君（仲宣）碑銘》。

畢 構 開元元年（713）

《通鑑·開元元年》：七月"壬申，遣益州長史畢構等六人宣撫十道"。又見《元龜》卷一六二。

陸象先 開元元年—三年（713—715）

《舊書·玄宗紀上》：先天二年七月"癸丑，中書侍郎陸象先爲益州大都督府長史兼劍南道按察兵馬使"。《新書·宰相表中》、《通鑑·開元元年》七月同。又見兩《唐書》本傳，《元龜》卷三二二，《新書·顏春卿傳》，《全文》卷二五三蘇頲《遣姚崇陸象先等依前按察制》，《大唐新語》卷九。《通鑑·開元二年》：二月"丁卯，復置十道按察使，以益州長史陸象先等爲之"。《大詔令集》卷五三《陸象先益州大都督府長史制》署稱"開元元年十月"。《元和郡縣志》卷三二黎州："開元三年，本道使陸象先重奏置，天寶初廢。"

韋　抗　　開元三年—四年（715—716）

《舊書》本傳："開元三年，自左庶子出爲益州長史。四年，入爲黃門侍郎。"《新書》本傳略同。《大詔令集》卷一〇四、《全文》卷二五三蘇頲《遣王志愔等各巡察本管内制》："益州長史韋抗……宜令各巡本管内人……開元四年七月六日。"《全文》卷二五八蘇頲《刑部尚書韋公(抗)神道碑》："命公爲益州大都督府長史，持節巡按……入拜黃門侍郎。"又見《元龜》卷九八，《全文》卷二三五席豫《唐故朝請大夫吏部郎中上柱國高都公楊府君(仲宣)碑銘并序》。

齊景胄　　開元五年—六年（717—718）

《元龜》卷一七二："〔開元〕六年二月，以少府監齊景胄爲益州大都督府長史，充劍南道度支防禦兼松嶲(?)姚巂等州處置兵馬使。"《會要》卷七八稱開元五年二月。《全文》卷七四四盧求《成都記序》："開元二年始以齊景胄爲劍南節度營田姚巂等州處置兵馬使，自此始有節度使也。"按開元三年前景胄官晉州刺史，"二年"殆"五年"之訛。《四川成都志》卷一一誤同。

劉知柔　　約開元七、八年（約719、720）

《舊書》本傳："歷荆揚曹益宋海唐等州長史、刺史、户部侍郎、國子司業、鴻臚卿、尚書右丞、工部尚書、東都留守。"《全文》卷二六四李邕《唐贈太子少保劉知柔神道碑》："出荆府長史，復户部，徙同、宋二州，揚、益二府，一淮南廉察，再山東巡撫。"知柔卒開元十一年六月十五日，春秋七十五。

李　濬　　開元八年（720）

《舊書》本傳："尋拜虢、潞二州刺史，又拜益州長史、劍南節度使，攝御史大夫。所歷皆以誠信待物，稱爲良吏。及去職，咸有遺愛。〔開元〕八年卒官。"兩《唐書·李麟傳》略同。又見《元龜》卷六七七。《新書·宗室世系表上》定州刺史房："益州長史濬。"《全文》卷七四四盧求《成都記序》："〔開元〕八年，以李濬爲使，去兵馬。"《會要》卷七八同。

蘇　頲　開元八年—九年（720—721）

《舊書》本傳：“〔開元〕八年，除禮部尚書。罷政事，俄知益州大都督府長史事。”《新書》本傳略同。又見《元龜》卷六七四。其赴任益州當在九年春。《全詩》卷七四蘇頲《將赴益州題小園壁》：“歲窮惟益老，春至却辭家。”又《陳倉別隴州司户李維深》：“蜀城余出守，吳岳爾歸思。”其中亦有“春物宛遲遲”句。又卷七三有《九月九日望蜀臺》詩，約於是年秋歸京。同卷《夜發三泉即事》：“暗發三泉山，窮秋聽騷屑……忝曳尚書履，叨兼使臣節……歸奏丹墀左，鶱能俟來哲。”按從蘇頲詩文及韋抗造像看，證知蘇頲兩次爲益州大都督府長史，此爲第一次。《新書·顏春卿傳》：“〔益州〕長史陸象先異之，轉蜀尉。蘇頲代爲長史，被譖繫獄……頲遽出之。”《全文》卷二五六蘇頲《利州北題佛龕記》：“禮部尚書、兼益州大都督府長史、使持節劍南安南節度諸軍事州事許國公蘇頲敬造。”

韋　抗　約開元九年—十一年（約721—723）

《金石苑》卷二《唐千佛崖韋抗造象碑》：“劍南道按察使銀青光禄大夫行益州大都督府長史韋抗功德，開元十年六月七日。”

蘇　頲　開元十一年—十二年（723—724）

《全詩》卷七四蘇頲《詠禮部尚書廳後鵲》原注：“時將重入蜀。”又卷七三《蜀城哭台州樂安少府》：“遠遊躋劍閣，長想屬天台。萬里隔三載，此邦余重來……曩期冬贈橘，今哭夏成梅。”當爲夏天在蜀中作。按十一年四月蘇頲尚在京，有《爲王尚書（王晙是年四月甲子爲兵部尚書、同中書門下三品）讓宰相表》，當於是時後第二次入蜀。

張嘉貞　開元十二年（724）

《舊書》本傳：開元十一年，“出爲幽州刺史……明年，復拜户部尚書，兼益州長史，判都督事……明年，坐與王守一交往，左轉台州刺史”。《新書》本傳略同。《舊書‧李勉傳》：“父擇言……在漢州，張嘉貞爲益州長史，判都督事。”《新書‧李勉傳》略同。又見《元龜》卷二五五、卷六八七。

張敬忠　　開元十二年—十三年(724—725)

《金石補正》卷五三《青城山常道觀敕并陰》：“敕益州長史張敬忠，頃者西南阻化，徭役殷繁。山川既接於夷戎，縣道有勞於轉輸。自卿鎮撫，百姓咸安……開元十二年歲次甲子閏十二月十一日。十三年正月十七日，左散騎常侍、益州大都督府長史、劍南道節度大使、攝御史中丞、本道採訪經略大使、上柱國張敬忠上表。”《金石苑》卷二《唐玄宗賜青成山張敬忠敕》：“敕益州長史張敬忠……十一日。”注：“開元十二年歲次甲子閏拾貳月十壹日下，十三年正月一日至益州。”《千唐誌‧太原府少尹上柱國范陽盧君（明遠）墓誌銘并序》（天寶六年十月十九日）：“轉櫟陽尉、益州新都縣令……御史中丞宇文融將命□廉察使，乃陟公善政……俄而犬戎犯命，弄我北鄙……劍南節度使、益州大都督府長史張敬忠以公爲行軍長史。”《全文》卷二九〇張九齡《益州長史叔置酒宴別序》：“前拜小司馬，兼擁旄於五命；今爲左常侍，仍總戎於三蜀。”按開元十四年六月張敬忠已在河南尹任。

張守潔　　開元十四年—十五年(726—727)

《四川成都志》卷一一：“開元十四年，以尚書左丞充朝集使張守潔授劍南節度使、益州大都督府長史，一年。”（見《御史臺精舍題名考》卷一引）《元龜》卷一三九：“〔開元〕十五年九月制曰，故益州長史張守潔……授委藩鎮，克著勤勞……宜官造靈輿，給傳還鄉。”又見《全文》卷二二玄宗《優恤張守潔等制》。

＊李　瑁(李清)　　開元十五年—二十三年(727—735)

《舊書》本傳：“〔開元〕十五年，遙領益州大都督、劍南節度大使。”《新書》本傳略同。又見《元龜》卷二八一。《舊書‧玄宗紀》：開元十五年五月，“壽王清爲益州大都督、劍南節度大使”。《會要》卷七八略同。《大詔令集》卷三六（《全文》卷二二）玄宗《授慶王潭等諸州都督制》：“壽王清爲益州大都督、兼劍南節度大使。”《元龜》卷二七七：“〔開元〕二十三年七月……益州大都督壽王清……並加開府儀同三司。”

裴　觀　　開元十五年—十六年（727—728）

《四川成都志》卷一一：開元十五年，裴觀以弘文館學士爲劍南節度使、大都督府長史，一年。按開元十三年裴觀爲滄州刺史。《隋唐五代墓誌匯編·洛陽卷》第十册《唐故朝請大夫尚書刑部員外郎騎都尉蔡公（希周）墓誌銘并序》（天寶六載十月十九日）：“改蜀郡新繁尉，而西南之使臣曰前張公守潔，後張公敬忠，間以裴公觀相踵詣部，虛心□能，皆以公職事修理，命公爲採訪支使兼節度判官。”希周天寶六載卒，春秋六十。據此證知張敬忠開元十九年再任。

宋之悌　　約開元十七年—十八年（約729—730）

《舊書·宋之問傳》：“之悌，開元中自右羽林將軍出爲益州長史、劍南節度兼採訪使。尋遷太原尹。”《新書·宋之問傳》略同。《姓纂》卷八弘農宋氏：“之悌，太原尹、益州長史，河南（河東）、劍南節度。”按之悌開元十八年十二月除河東，見《會要》。

張敬忠　　開元十九年（731）

吳氏《方鎮年表》引《酉陽雜俎》云：成都有《唐平南蠻碑》，開元十九年劍南節度副大使張敬忠所立。岑仲勉《正補》又據《毗陵集》卷一〇《獨孤通理靈表》謂張敬忠再任劍南。《全文》卷九三三杜光庭《歷代崇道記》：“開元十七年夏四月五日，益州大都督府長史張敬忠奏”，岑氏謂“十七許十九之訛”。按據《蔡希周墓誌》，張敬忠當在裴觀後再任益州，參見“裴觀”條。

盧從愿　　開元二十年（732）

《會要》卷七四：“景雲二年，盧從愿爲吏部侍郎，杜暹自婺州參軍調集,補鄭縣尉,後遷爲户部尚書,從愿自益州長史入朝,遷位在盧上。"又見《廣記》卷一八六引,卷一六九引《譚賓録》。兩《唐書》本傳未及。按開元二十年杜暹始爲户部尚書。

王　昱　　開元二十一年—二十三年(733—735)

《玉海》:開元二十二年二月十九日辛亥,初置十道採訪使,劍南王昱。《元龜》卷一六二:開元二十三年二月"辛亥,初置十道採訪處置使,命……益州長史、持節劍南節度副大使王昱爲劍南道採訪使"。《全文》卷二八四張九齡《敕劍南節度王昱書》稱:"劍南節度使益州長史王昱。"

張紹貞　　開元二十三年—二十四年(735—736)

《全文》卷三〇八孫逖《授張紹貞尚書右丞制》:"朝議大夫、守益州大都督府長史、持節劍南節度營田副大使知節度事、兼採訪處置使、攝御史中丞、上柱國張紹貞……可尚書右丞。"

李尚隱　　開元二十四年(736)

《新書》本傳:"代王丘爲御史大夫。時司農卿陳思問引屬史(吏)多小人,乾隱錢穀,尚隱按其違,贓累巨萬,思問流死嶺南。改尚隱太子詹事。不閱旬,進户部尚書。前後更揚、益二州長史、東都留守,爵高邑伯。開元二十八年,以太子賓客卒。"按陳思問開元二十二年十月流嶺南,見《舊紀》;尚隱二十四年爲東都留守,見《舊傳》。《全文》卷二三玄宗有《授李尚隱户部尚書益州長史劍南節度採訪使制》。

王　昱　　開元二十六年(738)

《舊書·玄宗紀下》:開元二十六年九月,"益州長史王昱率兵攻吐蕃安戎城……官軍大敗"。《新書·玄宗紀》略同。又見《舊書·吐蕃傳上》,《元龜》卷四四三。《全文》卷七四四盧求《成都記序》:"先時南蠻六部不相臣服……開元末節度使王昱受賄,上奏合六爲一,乃封大酋帥越國公蒙歸義爲雲南王。"

張　宥（張寬）　開元二十六年—二十七年（738—739）

《舊書·吐蕃傳上》：“王昱既敗之後，詔以華州刺史張宥爲益州長史、劍南防禦使。”《通鑑·開元二十七年》：十一月，“劍南節度使張宥，文史不習軍旅……丁巳，以宥爲光禄卿”。《全文》卷三四三顔真卿《中散大夫京兆尹漢陽郡太守贈太子少保鮮于公（仲通）神道碑銘》：“〔開元〕二十六年調補益州新都尉……二十七年，長史張宥奏充劍南採訪支使。”《舊書·楊國忠傳》：“益州長史張寬惡其爲人，因事笞之，竟以屯優授新都尉。”按“張寬”當爲“張宥”之誤，《新書·楊國忠傳》正作“張宥”。

章仇兼瓊　開元二十七年—天寶五載（739—746）

《通鑑·開元二十七年》：“十二月，以〔章仇〕兼瓊爲劍南節度使。”又《天寶五載》：五月乙亥，“以劍南節度使章仇兼瓊爲户部尚書，諸楊引之也”。《舊書·吐蕃傳上》：“拔〔章仇〕兼瓊令知益州長史事，代張宥節度。”又見《舊書·玄宗紀下》，《會要》卷七八、卷九八，《元龜》卷二六、卷一七〇，《新書·地理志》成都府成都縣、温江縣，《元和郡縣志》卷三二真州，《全文》卷七四四盧求《成都記序》、卷九九九鄭回《南詔德化碑》。《全文》卷三〇二韋述《贈東平郡太守章仇府君神道之碑》：“開元廿九載秋七月，詔曰，益州大都督府長史兼□御史中丞持節劍南節度□使營田副大使本道兼山南西道採訪處置使章仇兼瓊……天寶三載秋九月詔曰，蜀郡大都督府長史兼御史大夫章仇兼瓊。”《金石萃編》卷八八同。

郭虛己　天寶五載—八載（746—749）

《舊書·玄宗紀下》：天寶五載“八月，以户部侍郎郭虛己爲御史大夫、劍南節度使”。《四川成都志》卷一一：天寶五載，郭虛己以御史大夫領劍南節度採訪使、蜀郡大都督府長史，三年。《全文》卷九九九鄭回《南詔德化碑》：“初，節度章仇兼瓊不量成敗，妄奏是非……賴節度郭虛己仁鑒，方表我無辜。”又卷三四一顔真卿《河南府參軍贈祕書丞郭君（揆）神道碑銘》：“父虛己，銀青光禄大夫守工部尚書兼御史大夫蜀郡大都督府長史持節充劍南節度支度營田副大使本道并山南西道採訪處置使。"揆卒天寶八載二月十八日，年二十四。又見卷三四三《中散大夫京兆尹漢陽郡太守贈太子少保鮮于公（仲通）神道碑銘》，《元和郡縣志》卷三二真州。【補遺】《文物》2000年第10期樊有升、鮑虎欣《偃師出土顏真卿撰並書郭虛己墓誌》收錄《唐故工部尚書贈太子太師郭公（虛己）墓誌銘並序》云："維唐天寶八載，太歲己丑，夏六月甲午朔，十有五日戊申，銀青光禄大夫、守工部尚書、兼御史大夫、蜀郡大都督府長史、上柱國郭公薨於蜀郡之官舍，春秋五十有九。……轉駕部郎中、兼侍御史、充朔方行軍司馬。開元廿四載，以本官兼御史中丞、關內道采訪處置使，加朝散大夫、太子左庶子、兼中丞，使如故。數年，遷工部侍郎。頃之，充河南道黜陟使，轉户部侍郎，賜紫金魚袋。天寶五載，以本官兼御史大夫、蜀郡長史、劍南節度支度營田副大使，本道並山南西道采訪處置使。……特加銀青光禄大夫、工部尚書。……八載三月，破其摩、彌、咄、霸等八國卅餘城。置金川都護府以鎮之。深涉賊庭，蒙犯冷瘴。夏六月，輿歸蜀郡，旬有五日而薨。……至若幕府之士，薦延同昇，則中丞張公、鮮於公持節鉞而受方面矣。司馬垂、劉璀、陸衆、韓洽布臺閣而立朝庭矣。其餘十數士皆國之聞人，信可謂能舉善也已矣！"

鮮于仲通　　天寶八載—十一載（749—752）

《元龜》卷三三：天寶八載"九月，命……蜀郡長史鮮于仲通祭江瀆"。《舊書・楊國忠傳》："國忠薦閬州人鮮于仲通爲益州長史。"又見《元龜》卷四四三，《金石録》卷二七。《通鑑・天寶十一載》："四月壬午，劍南節度使鮮于仲通討南詔蠻，大敗於瀘南。"《全文》卷三三七顏真卿《鮮于氏離堆記》："君諱向，字仲通，以字行……天寶九載，以益州大都督府長史兼御史中丞、持節充劍南節度副大使知節度事。"又卷三四三《中散大夫京兆尹漢陽郡太守贈太子少保鮮于公（仲通）神道碑銘》："及郭公（虛己）云亡……遂拜公爲蜀郡大都督府長史，兼御史中丞持節充劍南節度副大使……十一載，拜京兆尹。"又見《唐文續拾》卷四《鮮于氏里門碑并序》。北圖藏拓片《大唐故左武衛翊府左郎將趙府君夫人漁陽郡太君鮮于氏墓誌銘并序》（貞元四年十一月二十二日）：“堂長兄仲通，皇御史中丞劍南節度使、京兆尹，即東川僕射之親兄也。”

*楊國忠　　天寶十載—十四載（751—755）

《通鑑・天寶十載》：十月，“楊國忠使鮮于仲通表請已遥領劍南；十一月丙午，以國忠領劍南節度使”。《天寶十一載》：十月，“南詔數寇邊，蜀人請楊國忠赴鎮”。《舊書・玄宗紀下》：天寶十一載十一月“庚申，御史大夫兼蜀郡長史楊國忠爲右相兼文部尚書”。又見兩《唐書》本傳，《新書・宰相表中》，《元龜》卷七二。《全文》卷七四四盧求《成都記序》：“至楊國忠遥領蜀郡太守兼採訪使，遂擾邊閫。”《大詔令集》卷四五《楊國忠右相制》：“權知太府卿兼蜀郡長史、持節劍南節度支度營田等副大使本道兼山南西道採訪處置使……楊國忠……可守右相兼吏部尚書……仍判度支及蜀郡大都督府長史劍南節度……天寶十一載十一月。”

崔　圓　　天寶十一載—至德元載（752—756）

《通鑑・天寶十一載》：天寶十一載十一月，“〔楊〕國忠以司勳員外郎崔圓爲劍南留後”。《舊書・玄宗紀下》：天寶十四載十二月辛丑，“潁王璬爲劍南節度使，以蜀郡長史崔圓副之”。十五載六月“庚子，以司勳郎中、劍南節度留後崔圓爲蜀郡長史、劍南節度副大使”。丙午，“授圓中書侍郎、同中書門下平章事，蜀郡長史、劍南節度如故”。《新書・宰相表中》：至德元載“六月丙午，劍南節度使崔圓爲中書侍郎、同中書門下平章事”。《全文》卷三一八李華《唐贈太子少師崔公（景晊）神道碑》：“嗣子圓……尋拜蜀郡長史、兼御史中丞、加節度使。時安禄山起幽朔……除中書侍郎益州長史，節度等如故……〔肅宗〕詔赴行在。”又見兩《唐書》本傳，《全文》卷三二〇《太子少師崔公墓誌銘》，《松窗雜録》。

李　璬　　天寶十四載—十五載（755—756）

《舊書・玄宗紀下》：天寶十四載十二月辛丑，“潁王璬爲劍南節度使”。十五載六月庚子，“以潁王璬爲劍南節度大使”。《舊書》本傳：“安禄山反，除蜀郡大都督、劍南節度大使，楊國忠爲之副……玄宗至馬嵬，〔魏〕方進被殺，乃令璬先赴本郡，以蜀郡長史崔圓爲副……玄宗至，璬視事兩月，人甚安之。爲圓所奏，罷居内宅。”《新書》本傳略同。又見《元龜》卷二七三、卷二八一。

李　岠　至德二載（757）

《舊書·肅宗紀》：至德二載正月“甲寅，以襄陽太守李岠爲蜀郡長史、劍南節度使……七月庚戌夜，蜀郡軍人郭千仞謀逆，上皇御玄英樓，節度使李岠討平之”。又見《通鑑·至德二載》七月。《舊書》本傳：“玄宗幸蜀，岠奔赴行在，除武部侍郎，兼御史大夫。俄拜蜀郡太守、劍南節度採訪使……從上皇還京，爲户部尚書。”《新書》本傳略同。又見《御覽》卷二二五，《元龜》卷一二二、卷七七一。

盧正己（盧元裕）　至德二載—乾元元年（757—758）

《通鑑·至德二載》：六月，“南充土豪何滔作亂，執本郡防禦使楊齊魯，劍南節度使盧元裕發兵討平之”。《舊書·地理志四》嘉州：乾元元年“三月，劍南節度使盧元裕，請升爲中都督府”。《全文》卷四二○常袞《太子賓客盧君（正己）墓誌銘》：“公嘗拜蜀郡長史成都尹劍南節度採訪等使。”又見卷六一七段文昌《菩提寺置立記》、卷五一一郭雄《忠孝寺碑銘》。

李之芳　乾元元年—二年（758—759）

《四川成都志》卷一一：至德三載，“李之芳以黄門侍郎知蜀郡軍府事充劍南節度採訪使”。

裴　冕　乾元二年—上元元年（759—760）

《舊書·肅宗紀》：乾元二年“六月乙未朔，以右僕射裴冕爲御史大夫、成都尹，持節充劍南節度副大使、本道觀察使”。又本傳：“加御史大夫、成都尹，充劍南西川節度使。又入爲右僕射。”《新書》本傳略同。《會要》卷六八：“至德二載十二月十五日，改爲成都府，稱南京，以裴冕爲尹。”疑有誤。

李國貞（李若幽） 上元元年—二年（760—761）

《舊書·肅宗紀》：乾元三年“三月壬申，以京兆尹李若幽爲成都尹、劍南節度使”。又本傳：“上元初，改成都尹、兼御史大夫，充劍南節度使。入爲殿中監。”《新書》本傳略同。《全文》卷五〇一權德輿《唐故通議大夫守户部尚書兼御史大夫持節充朔方鎮西北庭興平陳鄭等州行營兵馬及河中節度都統處置使兼管内觀察使權知絳州刺史李公（國貞）神道碑銘并序》：“累命爲河南、京兆、成都尹，劍南西川節度使……春秋四十八，是歲改元寶應，至夏五月，寧神於三原縣之北原。”

崔光遠 上元二年（761）

《舊書·肅宗紀》：上元二年二月“癸亥，以鳳翔尹崔光遠爲成都尹、劍南節度支度營田觀察處置等使”。又本傳：“〔上元〕二年，兼成都尹，充劍南節度營田觀察處置使，仍兼御史大夫……上元二年十月卒。”《新書》本傳略同。又見《元龜》卷四四五。

嚴 武 上元二年—寶應元年（761—762）

《舊書》本傳：“上皇誥以劍兩川合爲一道，拜武成都尹、兼御史大夫，充劍南節度使；入爲太子賓客，遷京兆尹、兼御史大夫。”《新書》本傳略同。杜甫《八哀詩·贈左僕射鄭國公嚴公武》：“四登會府地，三掌華陽兵。”錢謙益注引趙抃《玉壘記》：“上元二年，東劍段子璋反，李奐走成都，崔光遠命花驚定平之……監軍按其罪，冬十月，恚死。其月，廷命嚴武。”又《九日奉嚴大夫》注：“寶應元年四月，代宗即位，召武入朝。是年，徐知道反，武阻兵，九月尚未出巴。”按《通鑑·寶應元年》：六月“壬戌，以兵部侍郎嚴武爲西川節度使”。誤。以杜甫諸詩考之，當是由劍南節度以侍郎見召。

高　適　　寶應元年—廣德元年（762—763）

《舊書》本傳：“以適代〔崔〕光遠爲成都尹、劍南西川節度使。代宗即位……松、維等州尋爲蕃兵所陷。代宗以黃門侍郎嚴武代還，用爲刑部侍郎。”《新書》本傳略同。按高適乃代嚴武，非代崔光遠，兩傳誤。《通鑑・廣德元年》：十二月，“吐蕃陷松、維、保三州及雲山新築二城，西川節度使高適不能救”。《全文》卷三五七高適有《謝上劍南節度使表》。

嚴　武　　廣德二年—永泰元年（764—765）

《通鑑・廣德二年》：正月“癸卯，合劍南東西川爲一道，以黃門侍郎嚴武爲節度使”。《舊書・代宗紀》：廣德二年正月“戊午，劍南節度使嚴武加檢校吏部尚書”。永泰元年四月“庚寅，劍南節度使、檢校吏部尚書嚴武卒”。又見兩《唐書》本傳，《元龜》卷三八五、卷六九七。《舊書・嚴挺之傳》：“子武，廣德中黃門侍郎、成都尹、劍南節度使。”按《舊書・地理志四》成都府：“廣德元年，黃門侍郎嚴武爲成都尹，復併東西川爲一節度。”

郭英乂（郭英儀）　　永泰元年（765）

《舊書・代宗紀》：永泰元年“五月癸丑，以尚書右僕射、定襄郡王郭英乂爲成都尹、御史大夫，充劍南節度使”。閏十月，“劍南節度使郭英乂爲其檢校西山兵馬使崔旰所殺”。兩《唐書》本傳略同。《全文》卷三六九元載《故定襄王郭英乂神道碑》：“維永泰元年十有二月甲子，開府儀同三司尚書右僕射兼御史大夫兼劍南節度支度營田觀察使成都尹定襄王薨於靈池……〔永泰元年〕夏五月，天子以劍門巨鎮，推擇攸難，歷選朝廷，惟公是授，即日加成都尹東西兩川節度兼御史大夫。”又見卷三八七獨孤及《送成都成少尹赴蜀序》，《姓纂》卷一〇諸郡郭氏。【補遺】《唐故中散大夫守衛尉卿上柱國賜紫金魚袋贈左散騎常侍魏郡柏公（元封）墓誌銘》（大和六年十一月）：“公諱元封，字子上。……夫人郭氏祔焉。夫人其先太原人，隴右節度贈太子太傅知運玄孫，儀州刺史英蕚孫，伯祖英儀，右僕射劍南兩川節度使。”

（戴應新《唐柏元封墓誌考》，《考古與文物》1992年第2期）

杜鴻漸　　大曆元年—二年（766—767）

《舊書·代宗紀》：大曆元年二月"壬子，命黃門侍郎、同平章事杜鴻漸兼成都尹，持節充山南西道、劍南東川等道副元帥，仍充劍南西川節度使"。二年"六月戊戌，山南、劍南副元帥杜鴻漸自蜀入朝"。又見《崔寧傳》，《新書·宰相表中》、本傳，《元龜》卷三二二。《景德傳燈錄》卷四《益州保唐寺無住禪師傳》："唐相國杜鴻漸出撫坤維，聞師名，思一瞻禮，大曆元年九月遣使到山延請。"又見《羯鼓錄》。

崔　寧（崔旰）　　大曆二年—十四年（767—779）

《舊書·代宗紀》：大曆二年七月"丙寅，以劍南西川節度行軍司馬崔旰爲劍南西川節度觀察等使"。五月"戊辰，以劍南西川節度使崔旰檢校工部尚書，改名寧"。又《德宗紀上》，大曆十四年十一月壬午，"加劍南西川節度觀察度支營田等使、檢校司空、平章事、成都尹崔寧兼御史大夫、京畿觀察使"。兩《唐書》本傳、《杜鴻漸傳》略同。又見《元龜》卷四五三，《元和郡縣志》卷三三昌州，《景德傳燈錄》卷四《益州保唐寺無住禪師傳》。按《通鑑》謂大曆元年八月壬寅以崔旰爲成都尹，疑誤。

張延賞　　大曆十四年—貞元元年（779—785）

《舊書·德宗紀上》：大曆十四年十一月癸巳，"以荊南節度使、檢校禮部尚書、兼江陵尹、御史大夫張延賞檢校兵部尚書兼成都尹、御史大夫、劍南西川節度度支營田觀察等使"。貞元元年八月，"延賞罷鎮西川還，行至興元，改授左僕射"。又見兩《唐書》本傳，《元龜》卷六七七，《全文》卷七九〇張彥遠《三祖法師碑陰記》。《全文》卷四六一陸贄《張延賞中書侍郎中平章事制》稱："檢校吏部尚書、兼成都尹、御史大夫、充劍南西川副大使管內觀察處置等使上柱國、魏國公張延賞……可中書侍郎平章事，依前成都尹。"又見《宋高僧傳》卷一九《唐西域亡名傳》。

韋　皋　　貞元元年—永貞元年(785—805)

《舊書·德宗紀上》：貞元元年六月"辛卯，以左金吾衛大將軍韋皋檢校戶部尚書，兼成都尹、御史大夫、劍南西川節度觀察使"。又《憲宗紀上》：永貞元年八月"癸丑，劍南西川節度使、檢校太尉、中書令、南康郡王韋皋薨"。《宋高僧傳》卷一九《唐西域亡名傳》："貞元元年，〔韋皋〕爲成都尹，代張延賞，南康在任二十一年。"《全文》卷四五三韋皋《再修成都府大聖慈寺金銅普賢菩薩記》："皋受命方鎮，十有七年……貞元十七年十一月二十日記。"又卷七八一李商隱《爲賈常侍祭韋太尉文》："帝有寵命，擁旄蜀川……熙熙穆穆，二十餘年。"又有《爲西川幕府祭韋太尉文》。《英華》卷九八六以爲符載作，是。《全文》卷四九七權德輿有《唐故光禄大夫檢校太尉兼中書令成都尹劍南西川節度副大使知節度事韋公先廟碑銘并序》。又見兩《唐書》本傳，《元龜》卷一七六，《姓纂》卷二東眷韋氏郿城公房，《元和郡縣志》卷三二黎州，《國史補》中，《蠻書》卷一、卷三、卷四、卷一〇，《會要》卷七八，《全文》卷六九〇符載《劍南西川幕府諸公寫真讚并序》、卷七〇八李德裕《丞相鄒平公新置資福院記》、卷七四四盧求《成都記序》、卷八一四樂朋龜《西川青羊宮碑銘》、卷九九九南詔王異牟尋《與中國誓文》。卷九三四杜光庭《麻姑洞記》稱"元和中南康王涖蜀"，誤。北圖藏拓片《凌雲寺碑》："貞元十九年十一月五日劍南西川節度觀察處置統押近界諸蠻及西山八國南安撫等使光禄大夫……成都尹上柱國南康郡王韋皋記。"

【袁　滋　　永貞元年(805)(未之任)**】**

《舊書·憲宗紀上》：永貞元年八月"己未，以中書侍郎、平章事袁滋爲劍南東西兩川、山南西道安撫大使，時韋皋卒，劉闢據蜀邀節鉞故也"。十月"戊戌，以宰臣劍南安撫使袁滋檢校吏部尚書、同中書門下平章事、成都尹、劍南西川節度觀察等使"。十一月，"貶劍南西川節度使袁滋爲吉州刺史，以其慰撫三川逗留不進故也"。又本傳："會韋皋殁，劉闢擁兵擅命，滋持節安撫，行及中路，拜檢校吏部尚書、平章事、劍南西川節度使，賊兵方熾，滋懼而不進，貶吉州刺史。"《新書》

本傳略同。又見《元龜》卷三二二。

劉闢 永貞元年—元和元年（805—806）

《舊書·憲宗紀上》：永貞元年十二月"乙酉，以新除給事中、西川行軍司劉闢爲成都尹、劍南西川節度使"。元和元年九月"辛亥，高崇文奏收成都，擒劉闢以獻"。又見《元龜》卷一七七。《舊書》本傳："永貞元年八月，韋皋卒，闢自爲西川節度留後……朝廷不許，除給事中，便令赴闕，闢不奉詔……遂授闢檢校工部尚書，充劍南西川節度使。闢益凶悖，出不臣之言……元和元年正月，〔高〕崇文出師……九月，崇文收成都府，劉闢以數十騎遁走。"《新書》本傳略同。又見《全文》卷七二四韋乾度《駁左散騎常侍房式謚議》。

高崇文 元和元年—二年（806—807）

《舊書·憲宗紀上》：元和元年九月"丙寅，以劍南東川節度使、檢校兵部尚書、梓州刺史、封渤海郡王高崇文檢校司空，兼成都尹、御史大夫，充劍南西川節度副大使、知節度事、管内度支營田觀察使、處置統押近界諸蠻及西山八國兼雲南安撫等使"。二年十二月"丙寅，以劍南西川節度使高崇文檢校司空、同平章事、兼邠州刺史，邠寧慶節度使"。又見兩《唐書》本傳。《大詔令集》卷六〇、《全文》卷五六憲宗有《授高崇文劍南西川節度使制》。又見《唐語林》卷一。

武元衡 元和二年—八年（807—813）

《舊書·憲宗紀上》：元和二年十月"丁卯，以門下侍郎、平章事武元衡檢校吏部尚書、兼門下侍郎、平章事、成都尹，充劍南西川節度使"。又《憲宗紀下》：元和八年二月"甲子，以劍南西川節度使……武元衡復入中書知政事"。又見兩《唐書》本傳，《新書·宰相表中》，《姓纂》卷六沛國武氏。《唐才子傳》卷四，《益州名畫録》上，《全文》卷五〇〇權德輿《故中散大夫殿中侍御史潤州司馬沛國武公神道碑銘并序》。《全文》卷五六、《大詔令集》卷五三、《元龜》卷三二二有《武元衡西川節度同平章事制》，《元龜》卷七三、《大詔令集》卷四六（《全文》卷五六)有元和八年憲宗《復授武元衡門下侍郎平章事制》。《金石補正》卷六八《諸葛武侯祠堂碑》(元和四年二月二十九日)碑陰記稱"劍南西川節度副大使管内支度營田觀察處置……成都尹臨淮郡開國公食邑三千户武元衡"。《輿地碑記目》卷四引《集古録目》作元和二年。《柳河東集》卷三五有《上西川武元衡相公謝撫問啓》。

李夷簡　　元和八年—十三年(813—818)

《舊書·憲宗紀下》:元和八年正月"癸未,以山南東道節度使李夷簡檢校户部尚書、成都尹,充劍南西川節度使"。十三年"三月庚寅,以前劍南西川節度使李夷簡爲御史大夫"。《新書》本傳略同。《元龜》卷三雜録:"元和十一年四月,西川節度使李儀簡遣使往南詔告皇太后哀。""儀"當爲"夷"之訛。

王　播　　元和十三年—長慶元年(818—821)

《舊書·憲宗紀下》:元和十三年正月"辛亥,以禮部尚書王播爲成都尹、劍南西川節度使"。又《穆宗紀》:長慶元年壬申,"以劍南西川節度使王播爲刑部尚書,充鹽鐵轉運使"。又見兩《唐書》本傳。《全文》卷六四八元稹《授王播刑部尚書諸道鹽鐵轉運等使制》稱"劍南西川節度副大使知節度事中散大夫檢校户部尚書兼成都尹御史大夫……王播"。又卷七一四李宗閔《故丞相左僕射贈太尉王公(播)神道碑銘并序》:"以户部尚書節度西蜀,長慶初覲穆宗……遂留爲刑部尚書。"

段文昌　　長慶元年—三年(821—823)

《舊書·穆宗紀》:長慶元年二月"壬申,以中書侍郎、平章事段文昌檢校刑部尚書、同平章事、成都尹,充劍南西川節度等使"。又見兩《唐書》本傳,《新書·宰相表下》,《元龜》卷三二二。《輿地碑記目》卷四《成都府碑記》有《古柏行》,段文昌文,長慶四年立。

杜元穎　　長慶三年—大和三年(823—829)

《舊書·穆宗紀》:長慶三年十月,"宰相杜元穎罷知政事,除成都尹、劍南西川節度使”。又《文宗紀上》：大和三年十二月“壬子，貶劍南西川節度使杜元穎爲韶州刺史”。又見兩《唐書》本傳，《新書·宰相表下》，《元龜》卷三二二，《姓纂》卷六京兆杜氏，《唐語林》卷四。

郭　釗　　大和三年—四年（829—830）

《舊書·文宗紀上》：大和三年十二月丁未，“以劍南東川節度使郭釗爲西川節度使，仍權東川事”。又《文宗紀下》：大和四年十月“甲寅，以前劍南西川節度使、檢校司空郭釗爲太常卿”。又見兩《唐書》本傳。

李德裕　　大和四年—六年（830—832）

《舊書·文宗紀下》：大和四年十月戊申，“以〔李〕德裕檢校兵部尚書，兼成都尹，充劍南西川節度使”。六年十二月“丁未，以前西川節度使李德裕爲兵部尚書”。《全文》卷七〇〇李德裕《讓官表》：“屬廉問江南，荏苒八歲；移鎮巴蜀，首尾三年。”卷七〇八《重寫前益州五長史真記》稱：“大和四年閏十二月十八日西川節度副大使知節度事銀青光禄大夫檢校兵部尚書兼成都尹御史大夫贊皇縣開國公李德裕記。”又見兩《唐書》本傳，《元龜》卷四二九，《全文》卷七〇三李德裕《論大和五年八月悉怛謀狀》、卷六〇九劉禹錫《唐故宣歙池等州都團練處置使宣州刺史贈左散騎常侍王公（質）神道碑》、卷七二〇李珏《故丞相太子少師贈太尉牛公（僧孺）神道碑銘并序》、卷七三一賈餗《贊皇公李德裕德政碑》，《益州名畫録》下。毛鳳枝《關中金石文字存逸考》卷九《劍南西川節度使李德裕題名》（大和四年十一月一日）：“劍南西川節度使檢校兵部尚書成都尹兼御史大夫李德裕。”

段文昌　　大和六年—九年（832—835）

《舊書·文宗紀下》：大和六年十一月“乙卯，以荆南節度使段文昌爲劍南西川節度使，依前檢校左僕射，同平章事”。九年三月“乙巳，劍南西川節度使、檢校左僕射、同平章事段文昌卒”。又見兩《唐書》本傳。

楊嗣復　　大和九年—開成二年（835—837）

《舊書·文宗紀下》：大和九年三月“庚申，以劍南東川節度使楊嗣復檢校户部尚書，兼成都尹、西川節度使”。開成二年十月“己未，以前西川節度使楊嗣復爲户部尚書，充諸道鹽鐵轉運使”。又見兩《唐書》本傳。《金石補正》卷六八《諸葛武侯祠堂碑·楊嗣復題記》：“大□九年八月八日劍南西川□□觀察處置雲南安撫等使□□户部尚書兼成都尹御史□□弘農縣開國伯楊嗣復記。”又見《唐文拾遺》卷二五。

李固言　　開成二年—會昌元年（837—841）

《舊書·文宗紀下》：開成二年十月“戊申，以門下侍郎、同平章事李固言爲劍南西川節度使，依前門下侍郎、平章事”。又見《新書·宰相表下》。《舊書》本傳：開成二年“十月，以門下侍郎平章事出爲成都尹、劍南西川節度使，代楊嗣復……會昌初入朝，歷兵、户二尚書”。《新書》本傳略同。

崔　郸　　會昌元年—大中元年（841—847）

《新書·宰相表下》：會昌元年“十一月癸亥，〔崔〕郸檢校吏部尚書、同平章事、劍南西川節度使”。《舊書·宣宗紀》：會昌六年四月“劍南西川節度使崔郸檢校尚書右僕射、同中書門下平章事”。《新書》本傳：“罷爲劍南西川節度使。宣宗初，以檢校尚書右僕射同平章事，節度淮南。”則大中元年離益州，《舊書》本傳未及。

李　回　　大中元年—二年（847—848）

《新書·宰相表下》：大中元年“八月丙申，〔李〕回檢校吏部尚書、同平章事、劍南西川節度使”。《通鑑·大中元年》八月同。《舊書·宣宗紀》：大中二年“二月，制劍南西川節度、光禄大夫、檢校吏部尚書、同平章事、成都尹……李回責授湖南觀察使”。《通鑑·大中二年》作正月，《舊書》本傳作大中元年冬。又見《新書》本傳。《樊南文集》卷四有《爲榮陽公上西川李相公狀》。

杜　悰（杜琮）　　大中二年—六年（848—852）

《舊書》本傳："大中初，出鎮西川……俄復入相。"《新書》本傳："出爲劍南東川節度使，徙西川，復鎮淮南。"《通鑑考異·大中二年》：八月，"〔杜〕悰今年二月始爲西川節度"。《全文》卷七六三沈珣《授杜琮淮南節度使制》稱"劍南西川節度使杜琮"。按杜悰大中六年爲淮南節度。上圖藏拓片《曹州刺史崔羣墓誌》（大中八年十二月二日）："相國杜公嘗領邦計……奏君試祕書郎兼殿中侍御史，知西川院事。"《北夢瑣言》卷三、《唐語林》卷六有杜悰西川事。

白敏中　　大中六年—十一年（852—857）

《全文》卷七四四盧求《成都記序》："大中六年四月，詔以丞相、太原公有驅制羌戎之成績，由邠寧節度拜司徒同平章事鎮蜀……大中九年八月五日叙。"《舊書·宣宗紀》：大中十一年正月，"以劍南西川節度副大使、知節度事……同中書門下平章事、兼成都尹、上柱國、太原郡開國公、食邑二千户白敏中以本官兼江陵尹，充荆南節度、管内觀察處置等使"。《新書》本傳："〔由邠寧節度〕徙劍南西川……治蜀五年，有勞，加太子太師，徙荆南。"按敏中大中五年爲邠刺，其徙西川當在六年，《舊傳》作"七年"，誤。《樊南文集補編》卷七有《爲河東公上西川白司徒相公賀冬啓》。《宋高僧傳》卷二一《唐成都府永安傳》、卷一二《唐縉雲寺連雲院有緣傳》稱敏中出鎮益部，《全文》卷七六六薛逢有《謝西川白相公寄賜新詩書》，卷七六三沈珣有《授白敏中西川節度使制》。【補遺】《文物》1998 年第 12 期《唐皇甫煒夫人白氏墓誌考釋》引《皇甫氏夫人墓誌銘並序》（咸通六年七月三十日）："夫人姓白氏，其先代太原人也。……父敏中，即今相國，節制荆門，司徒公也。……大中五年，司徒守司空、兼門下侍郎、同中書門下平章事、兼邠寧節度使、京西諸軍都統。……大中六年，以檢校司徒、平章事移鎮西蜀。"

魏　謩　　大中十一年—十二年（857—858）

《舊書·宣宗紀》：大中十一年二月，"以銀青光祿大夫、守門下侍郎、兼户部尚書、同平章事、監修國史、上柱國魏謩檢校户部尚書，同平章事，兼成都尹，充劍南西川節度副大使、知節度事”。《新書・宰相表下》同。《大詔令集》卷五四有《魏謩西川節度平章事制》，大中十一年二月。按兩《唐書》本傳稱大中十年，以本官平章事、成都尹、劍南西川節度副大使知節度事；《舊傳》稱十一年，以疾求代，徵拜吏部尚書，《元龜》卷三二二同，疑誤。

李景讓　　大中十二年—十三年（858—859）

《全文》卷七六三李景讓《南瀆大江廣源公廟記》：大中十二年“五月朔辛酉日甲戌，臣景讓承聖敬文思和武光孝皇帝詔，自御史大夫檢校吏部尚書、尹成都，鎮蜀西川。又五日戊寅，復加檢校尚書右僕射……秋七月庚午，乘䡾至止，遂謁瀆廟”。《東觀奏記》卷下：“〔大中〕十二年七月十四日三更三點追朝，唯宰臣夏侯孜獨到衙，以御史大夫李景讓爲點檢校吏部尚書，充劍南西川〔節〕度使。”《南部新書》丁、《唐語林》卷七同。《唐語林》卷三：“李景讓……除西川節度。不逾年，致仕歸東都。”《北夢瑣言》卷五：“始蔣伸登庸，李景遜（讓）尚書西川覽報狀而嘆曰：不能伏事斯人也。遽託疾離鎮。”《新書》本傳謂蔣伸輔政，景讓拜西川節度，誤。《舊書》本傳未及。

杜　悰　　大中十三年—咸通元年（859—860）

《新書》本傳：“復鎮淮南……罷，兼太子太傅，分司東都。逾歲，起爲留守，復節度劍南西川。召爲右僕射，判度支，進兼門下侍郎、同平章事。”《舊書》本傳未及。《通鑑・大中十三年》：十二月，“蠻使入貢……杜悰爲西川節度使，奏請節減其數，詔從之”。《唐語林》卷二：“宣宗崩……杜悰再入輔，議曰：‘……悰二十年間，再領西蜀。’”

夏侯孜　　咸通元年—三年（860—862）

《新書・宰相表下》：咸通元年“十月己亥，〔夏侯〕孜檢校尚書右僕射、同平章事、劍南西川節度使”。三年“七月，夏侯孜爲尚書左僕

射,兼門下侍郎、同中書門下平章事"。又見《新書·懿宗紀》、本傳、
《通鑑·咸通元年》《咸通三年》。按《舊書》本傳稱:"咸通八年罷相,
檢校司空、同平章事、兼成都尹,充劍南西川節度使。"疑"八年"乃"元
年"之訛。《大詔令集》卷五〇(《全文》卷八三)《夏侯孜平章事制》:
"劍南西川節度副大使知節度事……檢校尚書右僕射同中書門下平
章事成都尹上柱國譙郡開國公食邑二千戶夏侯孜……可尚書左僕射
同中書門下平章事。咸通三年七月。"

蕭　鄴　　咸通三年—五年(862—864)

《新書》本傳:"懿宗初,罷爲荆南節度使,仍平章事,進檢校尚
書左僕射,徙劍南西川。南詔內寇,不能制,下遷檢校右僕射、山南
西道觀察使。"《通鑑·咸通五年》:二月"甲申,前西川節度使蕭鄴
左遷山南西道觀察使"。《新書·南蠻中·南詔傳下》:"〔咸通〕五
年,南詔回掠嶲州以搖西南,西川節度使蕭鄴率屬蠻鬼主邀南詔大
度河,敗之。"

李　福　　咸通五年—七年(864—866)

《通鑑·咸通五年》:"二月己巳,以刑部尚書、鹽鐵轉運使李福同
平章事,充西川節度使。"又《咸通七年》:"夏四月,貶前西川節度使李
福爲蘄王傅。"又見《新書》本傳、《南蠻中·南詔傳下》,《唐摭言》卷一
三。《舊書》本傳未及。《全文》卷八〇四陳羽《彭州新置唐昌縣建德
草市歇馬亭鎮并天王院等記》:"聖上以南夷不虔,邊塵岔起……遂命
御史中丞渤海吳公行曾持節出刺雅安……郡人以考秩將滿,預懷去
思……丞相隴西公以公功業昭著,飛章上聞,請充節度參謀……咸通
十年五月十五日記。"

劉　潼　　咸通七年—九年(866—868)

《通鑑·咸通七年》:"三月戊寅,以河東節度使劉潼爲西川節度
使。"《新書·南蠻中·南詔傳下》:"俄而劉潼代〔李〕福節度。"又本
傳:"徙河東,又徙西川……以功加檢校尚書右僕射。卒,贈司空。"

《全文》卷七九五孫樵《唐故倉部郎中康公墓誌銘并序》：“咸通八年詔拜大理少卿，明年遷尚書倉部郎中，充西川宣諭……會西川節度使劉公以疾薨……其年十一月，遂貶公爲澧州刺史。”

盧　耽　　咸通九年—十一年（868—870）

《通鑑·咸通九年》：“九月戊戌，以山南東道節度使盧耽爲西川節度使；以有定邊軍之故，不領統押諸蠻安撫等使。”又《咸通十一年》：正月，“西川之民聞蠻寇至，争走入成都……節度使盧耽召彭州刺史吴行魯使攝參謀”。又見《會要》卷七八。

*李　佶　　咸通十年（869）

《舊書·懿宗紀》：咸通十年十二月，“以蜀王佶爲開府儀同三司、成都尹、劍南西川節度副大使、知節度事，不出閣”。《大詔令集》卷三六《蜀王佶西川節度制》：“蜀王佶……可開府儀同三司兼成都尹劍南西道節度副大使知節度事……咸通十年五月。”《全文》卷八三同。

吴行魯　　咸通十一年—十二年（870—871）

《通鑑·咸通十一年》：“五月丁丑，以邛州刺史吴行魯爲西川留後。”十月癸卯，“以西川留後吴行魯爲節度使”。《北夢瑣言》卷三：“唐吴行魯尚書……盧耽相公表爲西川行軍司馬……禦蠻有功，歷東西川南山三鎮節旄。”

路　巖　　咸通十二年—十四年（871—873）

《舊書·懿宗紀》：咸通十二年“四月，以左僕射、門下侍郎、同平章事路巖檢校司徒，兼成都尹、劍南西川節度等使”。《通鑑·咸通十二年》、《新書·宰相表下》同。又見《元龜》卷三二二。《通鑑·咸通十四年》：“五月丁亥，以西川節度使路巖兼中書令。”九月，“以西川節度使路巖兼侍中……十一月戊辰，徙巖荆南節度使”。又見兩《唐書》本傳，《北夢瑣言》卷三，《唐語林》卷四，《圖繪寶鑑》卷二，《宣和書譜》卷二，《益州名畫録》上。

牛　叢（牛藂）　　咸通十四年—乾符二年（873—875）

《舊書》本傳：“歷踐臺省。乾符中，位至劍南西川節度使。”《新書》本傳：“咸通末，拜劍南西川節度使……僖宗幸蜀，授太常卿。”《通鑑考異·乾符元年》：十二月，“《實錄》：‘乾符元年十月，西川奏雲南蠻入寇。十二月，雲南蠻寇西川。坦綽致書於牛叢，欲求入覲。’……按《實錄》，咸通十四年十一月七日，路巖始移荆南，八日，牛叢始除西川”。按《舊書·懿宗紀》作咸通五年二月，誤。《全文》卷八二七牛叢《報坦綽書》：“十二月二十四日，劍南西川節度觀察安撫使守兵部尚書成都尹牛叢，致書於雲南詔國坦綽麾下。”篇末注：“謹按《成都文類》，咸通十四年，兵部尚書牛公叢除劍南西川節度使。十二月，坦綽至雅州……乃復書云云。”

高　駢　　乾符二年—五年（875—878）

《通鑑·乾符元年》：十二月，“仍命天平節度使高駢詣西川制置蠻事”。又《乾符二年》：“正月丙戌，以高駢爲西川節度使”。《乾符五年》：正月“庚戌，以西川節度使高駢爲荆南節度使，兼鹽鐵轉運使”。按《舊書·僖宗紀》稱乾符元年四月高駢爲成都尹，疑誤。又見兩《唐書》本傳，《全文》卷七六七鄭畋《切責高駢詔》、卷七九三王徽《創築羅城記》、卷八〇二高駢《回雲南牒》、卷八二四黃滔《西川高相啓》。《北夢瑣言》卷一一：“牛叢尚書作鎮，爲蠻寇憑陵，無以抗拒。高公自東平移鎮成都，蠻酋猶傅蜀城。”

崔安潛　　乾符五年—廣明元年（878—880）

《舊書》本傳：“乾符中，遷成都尹、劍南西川節度等使。黃巢之亂，從僖宗幸蜀……收復兩京，以功累加檢校侍中。”《新書》本傳：“代高駢領西川節度。吏倚駢爲奸利者，安潛悉誅之……宰相盧攜素厚駢，乃誣以罪，罷爲太子賓客，分司東都。”《通鑑·廣明元年》：“八月甲午，以前西川節度使崔安潛爲太子賓客、分司。”《全文》卷八三五錢珝有《爲西川崔僕射謝却赴劍南表》。又見《唐摭言》卷一五，《唐語林》卷七。

陳敬瑄　　廣明元年—大順二年(880—891)

《通鑑·廣明元年》:"三月庚午,以左金吾大將軍陳敬瑄爲西川節度使……代〔崔〕安潛……六月庚寅,敬瑄至成都。"《新書·昭宗紀》:大順二年"八月庚子,王建陷成都,執劍南西川節度使陳敬瑄,自稱留後"。《全文》卷八一四樂朋龜《賜陳敬瑄太尉鐵券文》:"維中和三年歲次癸卯十月甲子朔十六日己酉,皇帝賜功臣劍南西川節度副大使……太尉兼中書令成都尹……陳敬瑄鐵券。"又見《舊書·僖宗紀》,《新書》本傳,《舊五代史·王建傳》,《全文》卷八一四樂朋壽《西川青羊宮碑銘》、卷八一三楊師立《數陳敬瑄十罪檄》、卷九三三杜光庭《歷代崇道記》,《大詔令集》卷一二〇《討楊師立制》、卷一二五《平楊師立宣示中外詔》、卷一二二(《全文》卷九一)《復陳敬瑄宣爵制》。

【韋昭度　　文德元年—龍紀元年(888—889)(未之任)】

《舊書·昭宗紀》:文德元年"六月丁卯朔,以川賊王建大亂,劍南陳敬瑄告難,制以開府儀同三司、守司空、門下侍郎、同平章事……韋昭度檢校司徒、門下侍郎、平章事、兼成都尹,充劍南西川節度副大使、知節度事"。龍紀元年正月,"以劍南西川節度、西川招撫制置使韋昭度檢校司空,爲東都留守"。又本傳:"昭度赴鎮,敬瑄不受代……昭度還,以檢校司空充東都留守。"《新書》本傳、《陳敬瑄傳》略同。又見《元龜》卷三二二,兩《五代史·王建傳》,《十國春秋·前蜀高祖本紀》。

王　建　　大順二年—天祐四年(891—907)

《通鑑·大順二年》:十月"癸未,以永平軍節度使王建爲西川節度使"。《景福二年》:"二月甲戌,加西川節度使王建同平章事。"《光化三年》:"二月庚申,以西川節度使西平王王建兼中書令。"《天復三年》:八月"庚辰,加西川節度使西平王王建守司徒、進爵蜀王"。又見兩《五代史》本傳,《舊書·昭宗紀》,《元龜》卷二二三,《九國志·前蜀高祖世家》,《十國春秋·前蜀高祖本紀》,《全文》卷九三六杜光庭《莫庭乂爲川主修周天醮詞》、卷九四二《蜀王青城山祈雨醮詞》。

【李茂貞　　乾寧四年（897）（未之任）】

《新五代史·王建傳》：乾寧四年，"以郯王爲鳳翔節度使，李茂貞代建爲西川節度使。茂貞拒命，乃復建官爵"。又見《十國春秋·前蜀高祖本紀》。

待考録

陵陽公

《續高僧傳》卷二一《唐始州香林寺釋慧主傳》："武德之始，陵陽公臨益州，李少信心，將百餘馱物行至始州，令於寺内講堂佛殿僧房安置。"

滎陽公

《廣記》卷四八四引《異聞録》："天寶中，有常州刺史滎陽公者……知命之年，有一子……生父（滎陽公）由常州詔入，拜成都尹，兼劍南採訪使。"按天寶中尚未稱成都尹。

張　全

《廣記》卷四三六引《瀟湘記》："益州刺史張全養一駿馬，甚保惜之。"

馬　義

《匋齋藏石記》卷二三《邵真及馬夫人墓誌》："曾祖父馬大將軍義，任益州刺史，魏郡安（?）陽開元廿四年十月廿六日壬申（文字不通）。"

柳常侍

《桂苑筆耕集》卷八有《西川柳常侍別紙》。

卷二二三　漢州（德陽郡）

垂拱二年分益州五縣置漢州。天寶元年改爲德陽郡。乾元元年復爲漢州。領縣五：雒、德陽、什邡、綿竹、金堂。

張敬之　　武后時

《唐文拾遺》卷二一張晏《大唐清河張府君（璥）墓誌之銘并序》："考敬之，侍御史、司勳郎中、乾封縣令、漢州刺史、太府卿、禮部侍郎……公即侍郎公之元子也。"神龍二年卒，年三十六。又見《匋齋藏石記》卷二五。《全文》卷二一五陳子昂《漢州雒縣令張君吏人頌德碑》："刺史南陽張公，嶦幰卧理，寬猛以濟……又以公保邦乂民，勝殘去殺，重理前秩，升聞宸宬……子昂時因歸寧，采藥岐嶺，父老乃載酒邀諸途，論府君之深仁……乃盰謠而作頌。"張公疑即張敬之。

裴孜察　　約武后時

《新表一上》中眷裴氏："孜察，漢州刺史。"乃靈武大總管裴思諒之孫。

沈成業　　中宗時？

《姓纂》卷七吳興武康縣沈氏："成業，漢、荆州刺史。"乃潭州都督沈叔安之孫。

楊令深　　睿宗時？

《全文》卷六九一符載《犀浦縣令楊府君（鷗）墓誌銘》：“楊府君春秋三十九，以大曆十四年冬十月卒於郫縣之私第……漢、潤、夔、濮等六州刺史令深之孫。”按《新表一下》楊氏觀王房：“令深，商州刺史。”

李擇言　　開元十二年（724）

《舊書·李勉傳》：“父擇言，爲漢、襃、相、岐四州刺史，安德郡公，所歷皆以嚴幹聞。在漢州，張嘉貞爲益州長史、判都督事……而引擇言同榻，坐談政理，時人榮之。”《新書·李勉傳》略同。又見《御覽》卷二五五，《元龜》卷六八七、卷六八九。按張嘉貞開元十二年在益州長史任。

楊令珪　　開元前期

《新表一下》楊氏觀王房：“令珪，漢州刺史。”《輿地碑記目》卷四有《唐棲巖山寺讚銘序》，注：“唐開元戊辰，前刺史弘農楊令珪、博陵崔克讓及刺史房公，失其名。”按戊辰爲開元十六年。

崔克讓　　開元前期

《輿地碑記目》卷四有《唐棲巖山寺讚銘序》，注：“唐開元戊辰，前刺史弘農楊令珪、博陵崔克讓及刺史房公，失其名。”按《新表二下》鄭州崔氏：“克讓，晉州刺史。”

房　某　　開元十六年（728）

《輿地碑記目》卷四有《唐棲巖山寺讚銘序》，注：“唐開元戊辰，前刺史弘農楊令珪、博陵崔克讓及刺史房公，失其名。”

獨孤炫　　開元二十四年（739）

《千唐誌·大唐故漢州刺史獨孤公（炫）墓誌銘并序》（開元二十四年十月二十七日）：“出牧巴州……乃遷隴郡，如巴之政……復轉劍部，歷一歲……又拜漢州……以開元廿四年歲次景子三月辛巳廿四日甲辰隱化於官舍，春秋七十。”

獨孤充忠　　開元中？

《姓纂》卷一〇獨孤氏（岑仲勉補）：“充忠，漢州刺史。”乃武德五年殿中少監獨孤安成之曾孫。

崔　寧　　開元中

《宋高僧傳》卷一五《唐漢州開照寺鑑源傳》：“開元中，崔冀公寧疑其妖妄，躬自入山宿。”按廣德二年有漢州刺史崔寧，即大曆中爲西川節度者。未知《宋高僧傳》誤，抑爲另一人？

房　琯　　上元元年—寶應元年（760—762）

《舊書》本傳：上元元年“八月，改漢州刺史……寶應二年四月，拜特進、刑部尚書。在路遇疾，廣德元年八月四日，卒於閬州僧舍”。《新書》本傳略同。《全文》卷三六六賈至《授房琯刑部尚書制》：“漢州刺史房琯……可特進，兼刑部尚書。”又卷三一八李華《唐丞相太尉房公德銘》：“又刺汾澮，遽臨彭濮，何負而東，何負而西，公受挫抑，邦人淒淒。”《全詩》卷二二八杜甫《陪王漢州留杜綿州泛房公西湖》詩注：“房琯刺漢州時所鑿。”

王　某　　廣德元年（763）

《全詩》卷二二八杜甫《陪王漢州留杜綿州泛房公西湖》：“舊相恩追後，春池賞不稀。”自注曰：西湖，“房琯刺漢州時所鑿”。王漢州蓋繼房之任者。

崔　寧（崔旰）　　廣德二年—永泰元年（764—765）

《舊書》本傳：寶應初，“嚴武薦旰爲利州刺史……嚴武爲劍南節度……乃遣〔張〕獻誠書求旰，獻誠然之，令旰移疾去郡。旰乃之劍南，武奏爲漢州刺史。久之，吐蕃與諸羌戎寇西山柘、静等州，詔嚴武收復。武遣旰統兵西山……〔旰〕下城寨數四……武大悦，裝七寶輿迎旰入成都……永泰元年五月，嚴武卒……旰時爲西山都知兵馬使"。《新書》本傳略同。又見《通鑑·永泰元年》，《元龜》卷三五九、卷四二二。

李承旺　　大曆中？

《隋唐五代墓誌匯編·陝西卷》第四册《唐故宗正少卿上柱國賜紫金魚袋李公（濟）墓銘并序》（寶曆元年閏七月十九日）：六代祖神堯皇帝生號王元鳳，王生宏，宏生嗣號王邕，"〔邕〕生承旺，皇漢州刺史。使君生望之，皇大理評事，贈工部侍郎。侍郎，即公先考也"。寶曆元年卒，享年五十。按嗣號王邕卒開元十五年，其子巨至德中爲河南節度使，乾元中爲東都留守、河南尹，貶遂州刺史，上元二年被段子璋所殺。承旺爲巨之弟，約仕至大曆中。

楊　頊（楊昱）　　貞元中

《全文》卷五一四殷亮《顏魯公行狀》："今檢校國子祭酒楊昱，自御史中丞京畿採訪使除爲漢州刺史，轉湖州刺史，以舊府之恩，乘州人之請，紀公遺事，刊石立去思碑於州門之外。"

盧士琟　　貞元末

《新書·地理志六》漢州雒縣注："貞元末，刺史盧士琟立堤堰，溉田四百餘頃。"《新表三上》盧氏："士琟，漢州刺史。"

王　真　　元和四年(809)

《全文》卷六八三王真小傳："真，德宗朝官漢州刺史，充威勝軍使。"又卷九三一杜光庭《道德真經廣聖義序》："箋注六十餘家，則有……漢州刺史王真……天復元年龍集辛酉九月十六日甲子序。"按《鐵琴銅劍樓藏書目録》一二《道德經論兵要義述》四卷，鈔本，題"朝議郎使持節漢州諸軍事漢州刺史充威勝軍使賜緋魚袋臣王真上。"又按《全文》卷六八三王真《道德經論兵要義述表》："伏維睿聖文武皇帝陛下聰明文思，濬哲温恭，纘十葉之鴻輝，傳千億之命緒。"稽《舊書·

憲宗紀》，“睿聖文武皇帝”乃元和三年正月群臣給憲宗上的尊號。又
王真《進道德經論兵要義述狀》：“四年之内，再領方州……元和四年
七月日。”證知元和四年正在任，《全文》小傳誤。

南 纘 元和六年(811)

《千唐誌·唐故潁川陳君夫人魯郡南氏墓誌銘并序》(元和六年
十一月六日)：“有唐元和六年歲次辛卯九月戊申，陳氏姊終於東都仁
風里第，春秋二十二……烈考皇漢州刺史諱纘……〔夫人〕年二十一
歸於潁川陳商。”《廣記》卷三〇三引《玄怪録》稱“唐廣漢守南纘”。

崔 佶 元和中?

《新表二下》博陵安平第二房崔氏：“佶，漢州刺史。”乃隴州刺史
綰之子。

尉遲鋭 長慶元年(821)

《白居易集》卷四九《周愿可衡州刺史尉遲鋭可漢州刺史薛鯤可
河中少尹三人同制》：“愿、鋭、鯤等，前以符竹，分領三郡，皆有善政，
達於朝廷，舉課考能，無愧是選。”

薛元賞 約大和四年—約六年(約830—約832)

《新書》本傳：“大和初，自司農少卿出爲漢州刺史。時李德裕爲
劍南西川節度使……段文昌代德裕，狀元賞治當最。遷累司農少卿、
京兆尹。”《全文》卷七六〇張次宗有《薦前漢州刺史薛元賞狀》，當是
代節度使段文昌所作。按李德裕大和四年至六年爲西川節度使，段
文昌六年至九年爲西川節度使。

韋 某 大中九年(855)

《廣記》卷一〇八引《報應記》：“唐李琚，成都人，大中九年四月十
六日忽患疫疾……向琚説，緣漢州刺史韋某亡，欲令某作刺史。琚都
不諭。”

陳　會　　約大中時

《北夢瑣言》卷三："陳會郎中……大和元年及第……後爲白中令子婿、西川副使,連典彭、漢兩郡而終。"

【補遺】杜子遷　　大中間

《唐研究》第六卷（2000年）《唐商州刺史杜子遷墓誌銘考釋》引《唐故朝請夫夫□□□州諸州事守商州刺史兼御史中丞充本州防禦使上柱國賜紫金魚袋□尚書禮部侍郎杜府君（子遷）墓誌》："除漢州刺史,入拜祠部郎中,改萬年縣令。復爲荆南節度副使,兼御史中丞、賜紫金魚袋。……除授商州刺史、充本州防禦使。以咸通四年二月上旬寢疾,至於閏六月廿日終於城□□莊,享年七十一。"

趙　璘　　約咸通中

《新書·藝文志三》道家類有《棲賢法雋》一卷,注曰："僧惠明與西川節度判官鄭愚、漢州刺史趙璘論佛書。"按趙璘咸通三年在衢州刺史任。

李推賢　　約咸通十二年—乾符元年（約871—874）

北圖藏拓片《唐故朝散大夫漢州刺史賜紫金魚袋李公（推賢）墓誌銘并序》（乾符三年十一月十七日）："故馮尚書審,雅重於公,出居左輔,拜請爲長春宮判官,奏□中侍御史内供奉。馮公受代,公以殿中丞昇朝,改太子右諭德、衛尉少卿,再授左諭德、太子左右庶子,歲滿,加朝散階,復爲右庶子,拜兹郡焉……理漢州日,顧謂郡中人曰……及歲滿,耆童懷父母之德……罷郡三年,年七十四,寢疾,終於上都通義里。"未言卒年。

張　頊　　光啓三年（887）

《通鑑·光啓三年》:十一月,"〔王建〕敗漢州刺史張頊於綿竹,遂拔漢州"。按《新書·昭宗紀》作文德元年六月,《通鑑考異》以爲誤。《新書·陳敬瑄傳》:"〔王建〕引兵入鹿頭關。敬瑄不納,漢州刺史張項逆戰，敗，建入漢州。"又見《九國志·王宗侃傳》。

顧彦暉　　光啓三年—龍紀元年(887—889)

《通鑑·光啓三年》：十一月，"顧彦朗以其弟暉爲漢州刺史，發兵助〔王〕建，急攻成都，三日不克而退，還屯漢州"。又見《新書·顧彦朗傳》，《十國春秋·前蜀高祖本紀》。《全文》卷九二〇登輝《護聖寺鐘銘》："惟唐龍紀元年十月十七日，梓州三軍官吏百姓等，以節度吳郡顧公繕甲治兵，扈僖皇帝有功，授鉞典我邦稱禮……以法家財施，命其季漢州刺史彦暉叔僧棲讓鑄重五百鈞。"

王　建　　龍紀元年(889)

《舊書·昭宗紀》：龍紀元年"五月壬辰朔，漢州刺史王建陷成都府，遷陳敬瑄於雅州，建自稱西川兵馬留後"。

王宗夔　　大順中？

《道教靈驗記》卷七龍瑞觀老君驗："彌牟鎮龍瑞觀老君，開元中所制……頃以夏旱逾旬，將欲害稼，漢州刺史王宗夔憂物疼心，誠明感動，與群寮馳往禱祈。"按宗夔爲蜀高祖王建養子，累官至中書令。《十國春秋》卷三九有傳，然未言其曾任漢州刺史(朱玉麒云)。又按《全文》卷八三八薛廷珪有《授王宗夔宗韜邛漢二州張無息蜀州刺史制》，或其時王宗夔以漢州刺史遷邛州歟？稽《舊書·薛廷珪傳》，大順初累遷司勳員外郎、知制誥，正拜中書舍人。此制當作於大順中。

宗　韜　　約大順、景福間

《全文》卷八三八薛廷珪有《授王宗夔宗韜邛漢二州張無息蜀州刺史等制》。

孟思恭　　昭宗時？

《九國志》本傳："及〔王〕建霸蜀，遣使迎之，授簡州刺史，遷漢州團練使。"

王宗裕　　約天祐元、二年（約 904、905）

《十國春秋》本傳："天復元年，代王宗滌爲東川留後，已又改漢州刺史。居無何，卒。"《全文》卷一二九王建《郊天改元赦文》："改唐天復八年爲大蜀開成元年……故漢州刺史王宗裕……等，并宜追贈。"又見《十國春秋·前蜀高祖本紀》。

王宗播　　約天祐三、四年（約 906、907）

《九國志》本傳："〔王〕建討王萬宏，以宗播爲前鋒……萬宏降，以功奏授漢州刺史，加檢校太保。建即位，改金吾衛將軍，領彭州團練使。"

卷二二四　彭州（濛陽郡）

　　垂拱二年分益州四縣置彭州。天寶元年改爲濛陽郡。乾元元年復爲彭州。領縣四：九隴、濛陽、導江、唐昌。

魏正見　　約長壽、延載間

　　《芒洛四編》卷五《□□王府户曹參〔軍〕清河張峿故妻鉅鹿魏夫人墓誌銘并序》："祖正見，宣、彭等五州牧。"夫人卒開元二十一年，春秋四十五。按證聖元年魏正見在宣州刺史任。又《全文》卷二四八李嶠《宣州大雲寺碑》云："刺史曲陽男鉅鹿魏正見……朱軒皂蓋，辭折坂而赴長洲；來晚去思，喜昌門而怨彭闕。"九折坂在益州邛崍，見《漢書·王尊傳》，彭闕即彭門。左思《蜀都賦》："去彭門之闕，馳九折之坂。"吳王長洲苑及閶門，則均在蘇州。故魏正見乃自彭州刺史移宣州刺史，順序適與《魏夫人墓誌》相反。前既考知魏正見證聖元年在宣州，其任彭州當在長壽、延載中。

韋慎名　　武后時

　　《姓纂》卷二東眷韋氏郿公二房："慎名，彭州刺史。"《新表四上》韋氏郿公房同。乃武德初虞州刺史韋義節之孫。

柳秀誠　　武后時

　　《隋唐五代墓誌匯編·山西卷·唐故壯武將軍豳州良社府統軍廣州番禺府折衝上柱國柳府君（行滿）墓誌銘并序》（久視元年十月二

十八日):"三子秀誠,文昌金部郎中,銀青光禄大夫、濟彭曹三州刺史。"又見同日《柳行滿妻乙弗玉墓誌》。

史　某　　武后時

《全文》卷二九七閭邱均《爲益州父老請留史司馬表》:"臣州佐某官英名興氣,忠志居心,該舉墳典,猶協文史,充美價於一省,著能聲於邦國……伏見今月日除節彭州刺史,璽函適到,熊軾將登。吏人傳聞,驚嗟相惜……今此百姓,乞留一年。"

鍾紹京　　約先天元年(約 712)

《姓纂》卷一南康鍾氏:"紹京,中書令,户部尚書,越國公,綿、蜀、彭三州刺史。"《新書》本傳:"睿宗用薛稷謀,進户部尚書,出爲彭州刺史。玄宗即位,復拜户部尚書。"按《舊書》本傳稱"出爲蜀州刺史",未及刺彭事。以《姓纂》考之,蓋出任蜀刺不久,即改彭刺。

白知節　　開元中

《全文》卷三〇玄宗《授白知節彭州刺史詔》:"中大夫守靈州都督、關内道支度營田副使檢校渾部落使上柱國白知節……可使持節彭州諸軍事守彭州刺史。"

荔菲某(荔非某)　　約開元中

《姓纂》卷八荔菲氏:"(闕名)唐彭州刺史。"《通志》卷二九《氏族五》荔菲氏:"唐彭州刺史荔非某,生寶應節度荔非元禮。"

裴伯義　　開元中?

《唐文續拾》卷四李衡《唐絳州聞喜縣令楊君故夫人裴氏墓誌銘并序》:"維唐貞元元年仲冬十一月十有七日,聞喜縣令楊君故夫人河東裴氏葬於京兆之九畎原……曾祖友直,皇朝給事中……祖伯義,皇朝彭州刺史,即給事府君之第四子也……烈考諱就,皇朝大理評事……夫人即評事府君次女也。"又見《金石補正》卷六五。

徐知人　　天寶中

《全文》卷三九二獨孤及《唐故左（一作右）金吾衞將軍河南閻公（用之）墓誌銘》："初仕彭州參軍……太守徐知人以爲才。"閻用之卒至德二載十二月，春秋五十九。

李　先　　天寶中

《廣記》卷三三五引《廣異記》："唐天寶中，章仇兼瓊爲劍南節度。數載入朝……至漢州，入驛，墮馬身死，獨心上微暖，彭州刺史李先令、洛陽尉馬某，送藥酒罨藥兼起居。"

李　頎　　天寶中

《新書·宗室世系表上》蔡王房："濛陽太守頎。"《精舍碑》有李頎，在唐堯臣後，楊慫前。

裴遵慶　　天寶中

《金石録》卷二八《唐右僕射裴遵慶碑跋》："以碑考之，其尤著者：自吏部郎出爲濛陽太守，貶符陽郡。"兩《唐書》本傳未及。《舊書》本傳稱："天寶末，楊國忠當國，出不附己者例爲外官，遵慶亦出爲郡守。"

崔　論　　天寶中

《舊書》本傳："天寶中自櫟陽令遷司勳員外郎、濛陽太守。乾元後，歷典名郡。"《新書》附崔液傳，未及濛陽太守。

高　適　　乾元二年—上元元年（759—760）

《舊書》本傳："蜀中亂，出爲蜀州刺史，遷彭州。"《新書》本傳略同。又見《元龜》卷五三三。《全文》卷三五七高適有《謝上彭州刺史表》。周勳初《高適年譜》謂乾元二年五月拜彭州刺史，六月初抵彭州任所。上元元年九月轉蜀州刺史。《全詩》卷二二五杜甫有《寄彭州高三十五使君適虢州岑二十七長史參三十韻》、卷二二六有《因崔五侍御寄高彭州(適)》。

王　掄　　約大曆初

《全詩》卷二三一杜甫有《哭王彭州掄》云：“頃壯戎麾出，叨陪幕府要……前籌自多暇，隱几接終朝。”乃謂己與王掄同在成都嚴武幕中。據仇兆鰲《杜工部年譜》，杜甫入嚴武幕，時在代宗廣德二年六月。詩又述己作詩時之景況云：“巫峽長雲雨，秦城近斗杓。馮唐毛髮白，歸興日蕭蕭。”則時已爲郎離蜀出峽。又按《杜工部集》卷一一有《王十七侍御掄許攜酒至草堂奉寄此詩便請邀高三十五使君同到》。此當爲以前之作。蓋王先爲御史，後在嚴武幕，又遷彭州刺史卒。

韋士模　　大曆中？

《姓纂》卷二襄陽韋氏：“士模，彭州刺史。”《新表四上》韋氏小逍遙公房同，乃馮翊太守韋濟之子。《郎官柱》金部員外有韋士模，在崔審後，吳郁前。

王　緯　　建中時？

《舊書》本傳：“出佐使府，授御史郎官，入朝爲金部員外郎，劍南租庸使，檢校司封郎中、彭州刺史，檢校左庶子、兼御史中丞、西川節度營田副使。初，大曆中，路嗣恭爲江西觀察使，陷害判官李泌……〔緯〕說諭救解，獲免。貞元三年，泌爲相，授緯給事中。”《新書》本傳未及。《郎官柱》金部員外有王緯，在吳郁後，袁高前。

庾　何　　建中時

《姓纂》卷六新野庾氏：“何，左司郎中、彭州刺史。”按《元龜》卷一六二稱：“建中元年二月，以右司郎中兼侍御史庾何巡京畿。”兩《唐書》附其子《庾敬休傳》，未及彭州刺史。

張　薦　　興元元年(784)

《元龜》卷一三九：“〔興元元年〕十二月，以……前左庶子張薦爲彭州刺史。"《韓昌黎集》卷二六《故中散大夫河南尹杜君（兼）墓誌銘》："夫人常山郡君張氏，彭州刺史贈禮部侍郎蔬之女。"杜兼卒元和四年十一月二十二日，年六十。《全詩》卷一九一韋應物有《張彭州前與緱氏馮少府各惠寄一篇多故未答張已云沒因追哀叙事兼遠簡馮生》，"張彭州"疑即張蔬。

高霞寓　　元和初

《舊書》本傳："元和初，詔授兼御史大夫，從〔高〕崇文將兵擊劉闢，連戰皆克……蜀平，以功拜彭州刺史，尋繼崇文爲長武城使，封感義郡王。元和五年……又加左散騎常侍。明年，改豐州刺史、三城都團練防禦使。"《新書》本傳略同。又見《元龜》卷三五九。

王　潛　　元和七、八年（812、813）

《元龜》卷九四五："王潛自陝州左司馬、劍彭二州刺史遷將作監，輸賄權幸，拜涇原節度使。"《新書》本傳未及。按王潛元和十年至長慶元年爲涇原節度。《全文》卷七五七鄧衮《望雪樓記》："上纘位年，京兆公繇亞荆牧彭……先是王僕射潛、蕭桂州祐繼守斯郡……大和元年九月記。"

蕭　祐（蕭祐）　　約元和九年（約814）

《全文》卷七五七鄧衮《望雪樓記》："上纘位年，京兆公繇亞荆牧彭……先是王僕射潛、蕭桂州祐繼守斯郡……大和元年九月記。"《全詩》卷三三二羊士諤有《酬彭州蕭使君秋中言懷》、《彭州蕭使君出妓夜宴見送》，蕭使君即蕭祐。兩《唐書》本傳未及。

京兆公　　約寶曆元年—大和元年（約825—827）

《全文》卷七五七鄧衮《望雪樓記》："上纘位年，京兆公繇亞荆牧彭……不易節而政成。既而府署亭臺之敝壞者咸理新之，明年秋作望雪樓訖功……大和元年九月記。"

蕭　某　　大和中？

《千唐誌·梁故左藏庫使右威衛大將軍金紫光禄大夫檢校尚書右僕射蕭府君（符）墓誌銘》："曾祖□，皇任御史中丞彭州刺史；祖濬，皇任饒州刺史。"符卒龍德二年，年六十四。

李　鈇　　約會昌五年（約 845）

《舊書·武宗紀》：會昌六年正月，"監察元壽奏前彭州刺史李鈇買本州龍興寺婢爲乳母，違法，貶隨州長史"。

鮮于昊　　大中時？

《姓纂》卷五閬中鮮于氏："昊，彭州刺史。"乃大曆三年東川節度鮮于叔明曾孫。

陳　會　　約大中時

《北夢瑣言》卷三："陳會郎中家以當壚爲業……大和元年及第……後爲白中令子婿、西川節度副使，連典彭、漢兩郡而終。"《英華》卷八六八陳會《彭州九隴縣再建龍興寺碑》："予剖符是郡，星欲二周。"當在大中復寺之時。《精舍碑》有陳會，在唐技後，李元前。

鄭允謨　　約咸通中

《舊書·鄭澣傳》："〔子〕允謨以蔭累官臺省，歷蜀、彭、濠、晉四州刺史，位終太子右庶子。"按鄭澣開成四年卒山南西道節度使任，年六十。

吴行魯（吴行曾）　　咸通十年—十一年（869—870）

《通鑑·咸通十一年》：正月，"西川之民聞蠻寇將至，爭走入成都……節度使盧耽召彭州刺史吴行魯使攝參謀"。《北夢瑣言》卷三："唐吴行魯尚書……除彭州刺史，盧耽相公表爲西川行軍司馬……禦蠻有功，歷東西川山南三鎮節旄。"又見《廣記》卷二七五引。《全文》卷八〇四陳黯《彭州新置唐昌縣建德草市歇馬亭鎮并天王院記》："遂

命御史中丞渤海吳公行曾持節出刺雅安……復升於犍爲……天子以
彭門名都而賞其重勳……連牧三郡而皆勳績絶倫……咸通十年五月
十五日記。”

鄭凝績　　中和三年(883)

《通鑑·中和三年》：七月，“〔鄭〕畋亦累表辭位，乃罷爲太子太
保，又以其子兵部侍郎鄭凝績爲彭州刺史，使之就養”。

宋　挺　　光啓中

(宋)呂陶《净德集》卷二六《著作佐郎致仕宋府君(慎交)墓誌
銘》：“宋氏之先居京兆，唐僖宗時爲屯田郎中，隨乘輿入蜀，任彭、眉
二州刺史諱挺者，乃君七世祖也。”

楊　晟　　文德元年—乾寧元年(888—894)

《通鑑·文德元年》：十二月，“王建攻西川，田令孜以〔楊〕晟己之
故將，假威戎軍節度使，使守彭州”。《乾寧元年》：五月，“王建攻彭
州……丙子，西川兵登城，楊晟猶帥衆力戰，刀子都虞候王茂權斬
之”。又見《新書·昭宗紀》、本傳，《十國春秋·前蜀高祖本紀》，《北
夢瑣言》卷五。

王宗祐　　乾寧三年—四年(896—897)

《通鑑·乾寧四年》：二月“戊午，王建遣邛州刺史華洪、彭州刺史
王宗祐將兵五萬攻東川”。《十國春秋》本傳：“從入西川，授彭州刺
史，已而將兵攻東川，有功，改邛州刺史。”

李　侃　　天祐三年(906)

《通鑑·天祐三年》：“八月乙酉，李茂貞遣其子侃爲質於西川；王
建以侃知彭州。”《十國春秋·前蜀高祖本紀》：“天復六年秋八月乙
酉，岐王茂貞遣其子侃質於我，王以侃知彭州。”

王宗翰　　昭宗時？

　　《九國志》本傳：“〔王〕建入蜀，以宗翰爲拱辰軍使，累遷眉、彭二州刺史，封集王，賜姓王氏。”

待考録

賀　默

　　《姓纂》卷九賀氏：“德仁姪孫彭州刺史默。”

卷二二五　蜀州（唐安郡）

　　垂拱二年分益州四縣置。天寶元年改爲唐安郡。乾元元年復爲蜀州。領縣四：晉原、青城、唐安（唐興）、新津。

閭丘某　　延載元年(694)

　　《全文》卷二九七閭邱（丘）均《爲蜀州刺史第八息進雲母粉表》：“伏惟越古金輪聖神皇帝陛下，福德所符，天祚攸久。”按長壽三年五月，則天加尊號爲越古金輪聖神皇帝，大赦天下，改元爲延載；證聖元年正月，加尊號爲慈氏越古金輪聖神皇帝，二月，去慈氏越古尊號，見《舊書·則天皇后紀》。此文當作於延載元年。

張柬之　　聖曆元年(698)

　　《舊書》本傳：“神功初，出爲合州刺史，尋轉蜀州刺史……後累拜荆州大都督府長史。”《新書》本傳略同。又見《御覽》卷七八六，《元龜》卷五三二。《通鑑·聖曆元年》：“蜀州每歲遣兵五百人戍姚州，路險遠，死亡者多，蜀州刺史張柬之上言。”《會要》卷七三：“神功二年五月八日，蜀州刺史張柬之上表。”《全詩》卷三一三皇甫澈《賦四相詩并序》：“《蜀州刺史廳壁記》，居相位者，前後四公……中書令漢陽王張柬之。”《唐詩紀事》卷四八皇甫澈同。

武大冲　　約武后時

　　《千唐誌·唐故深州司户參軍武府君（幼範）墓誌》（開元二十五

年五月十二日）："父大沖，北海郡開國公，蜀、德、湖三州刺史。"幼範開元二十五年四月十六日卒，年五十。

樊 惔 中宗時？

《姓纂》卷四盧江樊氏："惔，蜀州刺史。"乃神龍元年地官侍郎樊忱之弟。

鍾紹京 景雲元年（710）

《舊書》本傳："睿宗納薛稷之言，乃轉爲户部尚書，出爲蜀州刺史。玄宗即位，復召拜户部尚書。"《新書》本傳未及。《通鑑·景雲元年》：六月，"以鍾紹京爲中書令……丙午，改除户部尚書，尋出爲蜀州刺史"。《姓纂》卷一南康鍾氏："紹京，中書令，户部尚書，越國公，綿、蜀、彭三州刺史。"《全詩》卷三一三皇甫澈《賦四相詩并序》："《蜀州刺史廳壁記》，居相位者，前後四公……中書令鍾紹京。"《唐詩紀事》卷四八同。

李 禕 約開元初

《舊書》本傳："景雲元年，復爲德、蔡、衢等州刺史。開元後，累轉蜀、濮等州刺史。"《新書》本傳未及。又見《元龜》卷二八一、卷六九八。

平嗣先 開元十二年—十三年（724—725）

《金石苑》卷二《唐玄宗賜青成山張敬忠敕》："敕益州長史張敬忠……十一日。"注："開元十二年歲次甲子閏拾貳月十壹日下，十三年正月一日至益州，二日至蜀州，專檢校移寺官節度使判官彭州司倉參軍楊璹、蜀州刺史平嗣先、青城縣令沈（從簡）。"《金石續編》卷七《青城山常道觀敕并陰》、《蜀中名勝記》同。《金石補正》卷五三誤作"牟嗣元"。

李忠徇 開元十七年（729）

《全文》卷九三三杜光庭《歷代崇道記》："開元十七年夏四月五日，益州大都督府長史張敬忠奏，大聖祖混元皇帝應現於當管蜀州新

津縣興尼寺佛殿柱上……謹差判官、益州功曹參軍王大鑌檢覆得狀，
與本州刺史李忠徇……狀同，方敢上奏。"

楊勵本　　開元中

《全文》卷三五一徐太亨《丈人祠廟碑》："奉開元十八年閏六月十
八日敕，於青城丈人山置祠室。又奉今年八月二十一日敕……銀青
光禄大夫使持節蜀州諸軍事蜀州刺史上柱國昌平縣開國侯楊勵本忠
孝是資，公清在職，惠以綏物，刑以平邪。"按《新表一下》楊氏越公房：
"勵本，蜀州別駕。"誤。

李　鈞　　約開元中

《新表二上》趙郡李氏東祖房："鈞，蜀州刺史。"乃隋獲嘉丞孝端
曾孫。

周彭年　　約開元中

《姓纂》卷五河東汾陰周氏："彭年，蜀州刺史。"乃約武后時登州
刺史周行沖之子。

史　泰　　開元末？

《姓纂》卷六河南史氏："泰，蜀州刺史。"乃垂拱時宋州刺史史陳
之孫。

竇　僎　　約天寶中

《新表一下》竇氏三祖房："僎，唐安郡太守。"

盧正己（盧元裕）　　約天寶末

《全文》卷四二〇常袞《太子賓客盧君（正己）墓誌銘》："玄宗自省
方復雍，以千官六宮南北軍之從，留蜀殆二年矣……以公往典通義、
唐安二郡，以理平，遷通州刺史、七州採訪防禦使……公字子寬，本諱
元裕。"《廣記》卷四二二引《紀聞》："唐安太守盧元裕子翰言，太守少

時，嘗結友讀書終南山。"

王　縉　約乾元中

《新書·王維傳》："三遷尚書右丞。縉爲蜀州刺史未還，維自表'己有五短，縉五長，臣在省户，縉遠方，願歸所任官，放田里，使縉得還京師。'……久乃召縉爲左散騎常侍。"又見《全文》卷三二四王維《責躬薦弟表》。兩《唐書》本傳未及。《全詩》卷三一三皇甫澈《賦四相詩并序》："《蜀州刺史廳壁記》，居相位者，前後四公……門下侍郎平章事王縉。"《唐詩紀事》卷四八皇甫澈同。《全詩》卷二二六杜甫《和裴迪登新津寺寄王侍郎》原注："王時牧蜀。"即指王縉。《唐詩紀事》卷一六誤作裴迪爲蜀州刺史。按王維上元元年爲尚書右丞。

李　峴　乾元二年(759)

《舊書·肅宗紀》：乾元二年五月"辛巳，貶宰相李峴蜀州刺史"。《新書·肅宗紀》、《宰相表中》及《通鑑·乾元二年》五月同。《舊書》本傳："出峴爲蜀州刺史……代宗即位，徵峴爲荆南節度、江陵尹，知江淮選補使。"《新書》本傳略同。又見《元龜》卷三一七。《全文》卷三二一李華《故相國兵部尚書梁國公李峴傳》："遷吏部尚書平章事……退貶蜀州刺史。遷爲御史大夫、江陵尹。"又見《全詩》卷三一三皇甫澈《賦四相詩并序》，《唐詩紀事》卷四八皇甫澈。

高　適　上元元年—二年(760—761)

《舊書》本傳："李輔國惡適敢言，短於上前，乃左授太子少詹事。未幾，蜀中亂，出爲蜀州刺史，遷彭州……代〔崔〕光遠爲成都尹、劍南西川節度使。"《新書》本傳略同。周勳初《高適年譜》謂上元元年九月，由彭州轉蜀州刺史。

崔　某　上元二年(761)

《全文》卷三六〇杜甫《唐興(安)縣客館記》："中興之四年，王潛爲唐興宰……杜之友朋嘆曰：'美哉，是館也成，人不知，人不怒，廨署

之福也，府君之德也。'府君曰：'古有之也，非吾有也。余何能爲，是
亦前州府君崔公之命也。余何能爲！'是日辛丑歲秋分。大餘二，小
餘二千一百八十八，杜氏之老記已。"按辛丑歲爲上元二年。

李忠勇　　寶應元年（762）

《元龜》卷一六四："代宗寶應元年八月，劍南狂賊徐知道麾下將
李忠勇殺知道以降……帝以忠勇爲蜀州刺史。"

李　嶧　　大曆中？

《舊書·李峘傳》："初，〔李〕峘爲户部尚書，峴爲吏部尚書、知政
事，嶧爲户部侍郎……嶧位終蜀州刺史。"《新書》附《李峴傳》，未及蜀
州刺史。

李　漸　　大曆中？

《新書·宗室世系表下》紀王房："綿、蜀等州刺史漸。"乃汴州節
度使行禕子，均州刺史洧弟。

韓　洄　　建中二年—興元元年（781—784）

《舊書·德宗紀上》：建中二年十一月"乙亥，貶户部侍郎、判度支
韓洄蜀州刺史"。貞元元年"三月丙申朔，以蜀州刺史韓洄爲兵部侍
郎"。《舊書》本傳稱："興元元年三月，入爲兵部侍郎。"又見《新書》本
傳。《全文》卷五〇七權德輿《大中大夫守國子祭酒韓公（洄）行狀》：
"今上踐位……倚以大任，爲執事者所抑，出爲蜀州刺史……三歲在
郡……遷京兆尹。"按《舊紀》"貞元"當爲"興元"之誤。

皇甫徹（皇甫澈）　　貞元十四年（798）

《姓纂》卷五樂陵皇甫氏："徹，蜀州刺史。"《唐詩紀事》卷四八：
"貞元十四年皇甫澈刺蜀州時，賦四相詩。"《郎官柱》倉部員外有皇甫
□，勞格疑爲"徹"，在趙玗後，蕭存前。【補遺】《洛陽新獲墓誌112·
唐故朝議郎使持節撫州諸軍事守撫州刺史柱國皇甫公（煒）墓誌銘並

序》（咸通六年七月三十日）：“皇朝齊州刺史諱胤，公之曾大父也。齊州生蜀州刺史諱徹，永泰初登進士科，首冠群彥，由尚書郎出爲蜀郡守。文學政事爲時表儀。蜀州生汝州刺史贈尚書右丞諱曙……五典劇郡。……公即右丞第三子也。……咸通六年十月二十二日捐館於撫州官舍，享年五十三。”

房　式　　貞元十八年—永貞元年（802—805）

《新書》本傳：“累遷忠州刺史。韋皋表爲雲南安撫副使、蜀州刺史。皋卒，劉闢反，式留不得行。”《舊書》本傳未及。《全文》卷七二四韋乾度《駁左散騎常侍房式謚議》：“式自忠州刺史故太師奏授劍南西川度支副使，後兼御史中丞，又剖符蜀州，是時貞元十八年也。”又見《元龜》卷五九六。按“劉闢反”在永貞元年。

崔　能　　約元和元年—六年（約 806—811）

《舊書》本傳：“元和初，爲蜀州刺史。六年，轉黔中觀察使。”《新書》本傳未及。《舊書·憲宗紀上》：元和六年“九月癸巳朔，以蜀州刺史崔能爲黔中觀察使”。

李承休　　約大中時

《全文》卷八三二錢珝《授李褒刺史等制》：“承休前理蜀川（州？），頗聞嘉績……可果州刺史。”按此制疑非錢珝作。

劉　璐　　約大中時

《唐詩紀事》卷五三：“〔劉〕璐爲綿州刺史，隔政代〔于〕興宗。璐曾刺蜀州。”又見《全詩》卷五六四劉璐小傳。

鄭允謨　　約咸通間

《舊書》本傳：“以蔭累官臺省，歷蜀、彭、濠、晉四州刺史，位終太子右庶子。”《全詩》五六〇薛能有《蜀州鄭史（一作使）君寄鳥觜茶因以贈答八韻》，“鄭使君”，疑即鄭允謨。

陽　琯　　咸通十三年(872)

《四川通志·職官表》有咸通十三年蜀州刺史陽琯。

王　茲　　中和元年(881)

《全文》卷八八僖宗《封丈人山爲希夷公敕》："丈人即天關紫府，鎮於蜀郡青城……刺史王茲、縣令崔正規等入山致醮行禮。"按卷八九僖宗有《祭丈人山文》，稱："維中和元年歲次辛丑七月丁未朔十八日甲子……封丈人山爲希夷公。"丈人山在青城縣，屬蜀州。

任從海　　大順元年(890)

《通鑑·大順元年》：四月"乙丑，陳敬瑄遣蜀州刺史任從海將兵二萬救邛州，戰敗，欲以蜀州降王建，敬瑄殺之"。又見《九國志·李簡傳》，《十國春秋·前蜀高祖本紀》。

徐公鈇　　大順元年(890)

《通鑑·大順元年》：四月，"〔任從海〕欲以蜀州降王建，〔陳〕敬瑄殺之，以徐公鈇代爲蜀州刺史"。又見《十國春秋·前蜀高祖本紀》。

李行周　　大順元年(890)

《新書·昭宗紀》：大順元年十月"癸未，蜀州刺史李行周叛附於王建"。《十國春秋·前蜀高祖本紀》：大順元年"冬十月，建引兵還成都，蜀州將李行周逐徐公鈇，舉城來降"。

張無息　　約大順、景福間

《全文》卷八三八薛廷珪有《授王宗夔宗韜邛漢二州張無息蜀州刺史等制》。

王宗瑤　　約景福中

《九國志》本傳："破常厚，授蜀州刺史。昭宗幸蜀石門，詔〔王〕建赴難，以宗瑤爲北路行營都指揮使，奏授嘉州刺史。天復中授武信軍節度使。"按景福元年三四月間王建破楊守厚（疑即常厚），見《通鑑》。

李師泰　　乾寧三年(896)

《十國春秋》本傳："初與高祖及晉暉等爲唐僖宗隨駕五都。久之，出爲忠州刺史。最後，從高祖於西川，歷官蜀州刺史、節度判官，加司徒，卒。武成元年，高祖敕有司議追贈禮。"又《前蜀高祖本紀》王建即位赦文："故蜀州刺史李師泰……并宜追贈。"又見《全文》卷一二九王建《郊天改元赦文》。《道藏》本《錄異記》卷八："乾寧三年丙辰，蜀州刺史、節度參謀司徒李公師泰理第於成都錦浦里北門之内西回第一宅。"《廣記》卷三九〇引《廣異記》誤作"李思恭"。

周德權　　乾寧四年(897)

《通鑑·乾寧四年》：七月，"蜀州刺史周德權言於〔王〕建"。

王宗綰　　昭宗時

《十國春秋·王宗播傳》："高祖因遣〔許〕存、〔王宗播〕戍蜀州，陰使知蜀州王宗綰察焉。"又本傳："累官知蜀州。高祖破東川，命宗綰分兵徇昌、普等州。"按天祐二年十一月在武定節度使任，見《通鑑》。

待考錄

韓　湑

《新表三上》韓氏："湑，蜀州刺史。"《姓纂》卷四南陽堵（赭陽）縣韓氏同。乃天寶中汲郡太守韓澄五代孫。

卷二二六　眉州（通義郡）

武德二年置眉州。天寶元年改爲通義郡。乾元元年復爲眉州。
領縣五：通義、彭山、丹棱、洪雅、青神。

李普定　　武德中

北圖藏拓片《唐故朝議郎行汴州司倉參軍員外置同正員隴西李
府君（頠）及夫人南陽張氏墓誌》（貞元十□年）："曾祖普定，國初洮岷
六州總管岷州刺史，歷資、眉、□、□等州刺史，封西平郡王。祖玄剋，
鄜州長史。父元明，資州資陽縣令。"李頠元年建丑月卒，年五十二。

杜德致　　武德中？

《姓纂》卷六京兆杜氏："德致，眉州刺史。"乃隋左衛將軍杜整之姪。

徐正則　　武德中？

《姓纂》卷二新豐徐氏："正則，眉州刺史。"乃隋光禄卿徐寔之姪。

錢九隴　　貞觀初

《舊書》本傳："貞觀初，出爲眉州刺史，再遷右監門大將軍。十二
年，改封巢國公。"《新書》本傳略同。

鄭　筠　　約貞觀中

《芒洛三編・大唐王屋縣丞白知新妻滎陽鄭氏墓誌銘并序》："曾

祖筠,唐衛尉卿,眉、邛、綿、梓四州諸軍事四州刺史。"夫人卒景雲二
年五月,春秋四十。

劉 英　　貞觀十八年(644)

《元龜》卷一一七:"唐太宗貞觀十八年十月,帝欲親總六軍,以度
遼海……十一月,眉州刺史下傅(博)縣男劉英……並爲行軍總管。"
按乾封元年有越州刺史劉伯英,總章致仕,未知同一人否?

徐敬業(李敬業)　　約永淳元年(約 682)

《新書》本傳:"歷太僕少卿、襲英國公,爲眉州刺史。嗣聖元年,
坐贓,貶柳州司馬。"又見《元龜》卷七〇〇,《通鑑·光宅元年》。

馮元常　　光宅元年(684)

《舊書》本傳:"出爲隴州刺史。俄而天下岳牧集乾陵會葬,則天
不欲元常赴陵所,中途改授眉州刺史……又轉廣州都督,便道之任,
不許詣都。"《新書》本傳略同。又見《元龜》卷六九二。

李義節　　約武后時

《新書·宗室世系表上》蜀王房:"眉州刺史義節。"乃蜀王湛孫,
渤海敬王奉慈子。奉慈顯慶中卒,則義節約仕武后時。

蘇味道　　神龍初

《舊書》本傳:"神龍初,以親附張易之、昌宗,貶授郿州刺史。俄
而復爲益州大都督府長史,未行而卒,年五十八。"《新書》本傳略同。
《全詩》卷九七沈佺期《哭蘇眉州崔司業二公并序》稱"知眉州蘇使君
味道"。《廣記》卷一四六引《定命錄》:"蘇味道三度合得三品,並辭
之……其後出爲眉州刺史,改爲益州長史,敕賜紫綬。"

韋岳子(韋嶽、韋岳)　　約睿宗時

《全文》卷四九七權德輿《唐故光禄大夫檢校太尉兼中書令成

都尹劍南西川節度副大使知節度事韋公（皋）先廟碑銘并序》：“〔祖諱嶽，〕在武后時……由太原令移佐睢陽。出入四紀，續宣中外，歷殿中監，剖符八州：盧、海、潮、虢、眉、徐、衛、陝，所至之邦，有威有懷。”

韋　畠　　約開元初

《姓纂》卷二東眷韋氏閬公房：“畠，眉州刺史。”《新表四上》韋氏閬公房同。其兄月將，以直諫死中宗朝。

馬正會　　開元中

《全文》卷六二三熊執易《武陵郡王馬公（旰）神道碑》：“松、安、巂、鄯四府都督，隴西節度，加（嘉）、鄜（眉）、鄘三州刺史……諱正會，公之曾祖也。”按約開元十六年馬正會在安州都督任。【補遺】《唐故朝請郎行右衛騎曹參軍馬君（晤）墓誌銘並序》：“君諱晤，扶風人也。……曾祖正會，皇松、巂、鄯、安四府都督，嘉、鄜、鄘三州刺史，隴右節度使；大父晟，皇左衛兵曹，贈太子太保；父璘，皇尚書左僕射，四鎮北庭兼涇原、鄭、穎等州節度使，扶風郡王，贈司徒。”（王育龍、程蕊萍《陝西西安新出唐代墓誌銘五則》，《唐研究》第七卷，北京大學出版社 2001 年版）

崔　景（崔昊）　　開元十九年（731）

《嚴州圖經》卷一題名：“崔景，開元十九年三月十日自眉州刺史拜。”按《新表二下》博陵安平崔氏大房有景，未署官職。其弟“昊，眉州刺史”。疑《新表》誤移景之官職於昊名下。

趙冬曦　　約開元二十一年（約 733）

《趙冬曦墓誌銘》：“以親累，貶合州刺史，歷眉、濮、亳、許、宋等州刺史，弘農、滎陽、華陰等郡太守。”天寶九載卒（《中原文物》1986 年第 4 期）。按開元二十年正月趙冬曦在合州刺史任，二十三年在濮州刺史任，二十六年在亳州刺史任。

盧正己（盧元裕） 約天寶末

《全文》卷四二〇常袞《太子賓客盧君（正己）墓誌銘》："玄宗自省方復雍，以千官六宮南北軍之從留蜀，殆二年矣……以公往典通義、唐安二郡，以理平遷通州刺史……公字子寬，本諱元裕。"

李 岑 約肅宗、代宗間

《新表二上》隴西李氏姑臧房："岑，水部郎中、眉州刺史。"乃虔州刺史李舟（字公受）之父。《全文》卷五二一梁肅《處州刺史李公墓誌銘》："公姓李氏，諱某……字曰公受……眉州刺史某以宏才廣化，實公之烈考。"按《全詩》卷二一七杜甫《送李校書（舟）二十六韻》："李舟名父子，清峻流輩伯……十九授校書，二十聲輝赫……乾元元年春，萬姓始安宅。舟也衣綵衣，告我欲遠適。"題下注："李舟，隴西人，後封隴西縣男。父岑，水部郎中、眉州刺史。"

崔 廣 代宗時？

《新表二下》鄭州崔氏："廣，眉州刺史。"乃亳州刺史崔神鼎之孫。

岑 曳 約代宗時

《新表二中》岑氏："曳，眉州刺史。"乃嘉州刺史岑參堂弟。

李 滈 建中末

（宋）吕陶《淨德集》卷二二《中大夫致仕石公墓誌銘》："唐有仲覽者，仕至兵部郎。又六世曰藏用，大曆中爲羽林大將軍……當朱泚之亂時已告老……乃攜孥而西，依其親眉州刺史李滈。"

韋 袞 約貞元初期

《唐文拾遺》卷二五韋同翊《唐故龍花寺內外臨壇大德韋和尚墓誌銘并叙》："大德姓韋氏……元和戊戌歲（十三年）四月庚辰恬然化滅，報年六十六……大父諱斌，皇中書舍人，臨汝郡太守。烈考諱袞，皇司門郎中，眉州刺史。"又見《金石補正》卷六九。

姜荆寶　　貞元中

《雲溪友議》卷中《玉簫化》："西川韋相公皋，昔遊江夏，止於姜使君之館，姜氏孺子曰荆寶……後韋公鎮蜀……詢鞫獄情……其中一輩……乃厲聲曰：'僕射僕射，憶得姜家荆寶否？'……'即某是也。'……便與雪冤，仍歸墨綬，乃奏眉州牧。"按韋皋貞元元年至二十一年在劍南西川節度任。

崔玄亮（崔元亮）　　約元和中

《北夢瑣言》卷一一："唐崔元亮，曾典眉州，每公退，具簡履以朝太上。"兩《唐書》本傳未及。

鄭　某　　元和中？

《全詩》卷八○三薛濤《送鄭眉（一作資）州》："雨暗眉山江水流，離人掩袂立高樓。雙旌千騎騈東陌，獨有羅敷望上頭。"

李自昌　　元和中？

《新書·宗室世系表下》小鄭王房："眉州刺史自昌。"乃金州刺史、虞部郎中李謝之弟，文宗相李宗閔之叔父。

李　某　　大中、咸通中

《全詩》卷五八八李頻有《眉州李使君》，注："一作眉山留獻張端公。"

崔　亞　　大中、咸通中？

《唐詩紀事》卷六七程賀："崔亞典眉州，賀爲廳僕……凡二十五舉及第，時中和二年也。入京，則館博陵之第。亞卒，賀服縗三年。"《北夢瑣言》卷一一略同。

高仁厚　　中和二年—四年（882—884）

《通鑑·中和二年》："十二月，以〔高〕仁厚爲眉州防禦使。"《中和四年》：三月，"詔削〔楊〕師立官爵，以眉州防禦使高仁厚爲東川留後"。又見《新書》本傳。

宋　挺　　光啓中

《净德集》卷二六《著作佐郎致仕宋府君（慎交）墓誌銘》："宋氏之先居京兆，唐僖宗時爲屯田郎中，隨乘輿入蜀，任彭、眉二州刺史諱挺者，乃君七世祖也。"

山行章（山章）　　文德元年—龍紀元年（888—889）

《通鑑·文德元年》：十二月，"王建攻彭州，陳敬瑄眉州刺史山行章將兵五萬壁新繁以救之"。《龍紀元年》：正月"戊申，王建大破山行章於新繁"。十二月，"行章退守眉州。壬申，行章請降於建"。《新書·昭宗紀》、《新五代史·王建傳》、《十國春秋·前蜀高祖本紀》略同。《十國春秋》本傳："一名章，自言晉山濤之裔。唐末官眉州刺史。州舊無羅城，行章合五縣之力城之。"又見《蜀中名勝記》卷一二。

徐　耕　　大順二年（891）

《通鑑·大順二年》：四月，"内外都指揮使、眉州刺史成都徐耕，性仁恕，所全活數千人"。《十國春秋·前蜀列傳》："順聖皇太后徐氏，唐眉州刺史徐耕女也。"

【馮　涓　　大順中（未之任）】

《十國春秋》本傳："隱商山數年，昭宗時官祠部郎中，擢眉州刺史。時田陳拒朝命，不令之任，涓於成都墨池灌園自給，著《懷秦賦》及《蜀駃引》以見志。高祖分藩西川，表涓節度判官。"又見《唐詩紀事》卷六六、《北夢瑣言》卷三、卷五，《廣記》卷二六五、《唐語林》卷七，（宋）令狐澄《大中遺事》。《北夢瑣言逸文》卷一："章孝子名全益……大順中物故，年至九十八，寺僧寫真於壁，節度判官、前眉州刺史馮涓撰讚以美之。"見《廣記》卷一六八引。

周德權　　乾寧中

《十國春秋》本傳："從高祖至西川，以戰功遷眉州刺史。乾寧中，高祖與顧彦暉奪東川……久之，改眉州刺史。梁既篡唐，德權上表。"

《全詩》卷八七五《蜀王氏讖文》注："王建妻弟眉州刺史周德權，值梁祖篡唐，引讖文上表勸進。"

王宗侃　　約乾寧中

《九國志》本傳："綿州刺史常厚奪留東川顧彦暉旌節，〔王〕建令宗侃討之，破其七寨，厚奔綿谷，奏授宗侃雅州刺史，遷眉州團練使。未幾，授武信軍節度使。"

王宗弼　　乾寧中

《九國志》本傳："〔王〕建取閬中，補義勇都十將，賜姓名，及入成都，改左驍騎都知兵馬使，累遷嘉、眉三州刺史。建徵果州，宗弼掠地於飛鳥，爲顧彦暉所獲。"

王宗翰　　昭宗時

《九國志》本傳："〔王〕建入蜀，以宗翰爲拱辰軍使，累遷眉、彭二州刺史，封集王，賜姓王氏。"

張　琳　　光化三年（900）

《十國春秋》本傳："唐末官眉州刺史，修通濟堰，溉田一萬五千頃。"朱玉麒云，唐杜光庭《墉城集仙録》卷六彭女："彭女者，彭祖之女孫也……彭祖得道，不樂冲天，周遊四海，居蜀多年，子孫繁衆，故有彭山、天彭、彭門之名，俱在蜀焉……其後置縣，因山爲號……唐光化三年庚申五月，有三鶴飛來，共巢於彭女觀檜樹之上，巢廣六尺。刺史司空張琳具狀聞於蜀主西平王。"唐彭山縣屬眉州，則張琳光化三年在眉州刺史任。

張　勍　　唐末

《十國春秋》本傳："後累官眉州刺史，卒。武成元年與張造等同加追贈。"又《前蜀高祖本紀》載王建即位赦文："故眉州刺史張勍……並宜追贈。"又見《全文》卷一二九王建《郊天改元赦文》。

卷二二七　綿州(巴西郡)

隋金山郡。武德元年改爲綿州。天寶元年改爲巴西郡。乾元元年復爲綿州。領縣九:巴西、涪城、昌明、魏城、萬安(羅江)、神泉、鹽泉、龍安、西昌。

張道源　　武德中

《新書》本傳:"令守趙州,爲竇建德所執……俄而賊平,還,拜大理卿……天子見其年耆,拜綿州刺史。卒。"按《舊書》本傳:"拜大理卿……尋轉太僕卿,後歷相州都督。武德七年卒官。"未及刺綿州事。

韋　澄　　約武德中

《舊書·韋雲起傳》:"伯父澄,武德初國子祭酒、綿州刺史。"《新表四上》韋氏彭城公房:"澄字清仁,綿州刺史。"北圖藏拓片《大唐故銀青光禄大夫衛尉卿扶陽縣開國公護軍韋公(頊)墓誌銘并序》(開元六年七月二十九日):"祖澄,隋大丞相府法曹、東京兵部侍郎、定陵郡守、司勳侍郎、朝請大夫尚書左丞、通議大夫國子司業,皇朝上開府國子祭酒、金紫光禄大夫使持節綿州諸軍事綿州刺史。"頊卒開元四年四月十日,年八十一。

劉德威　　約貞觀七、八年(約 633、634)

《舊書》本傳:"貞觀初,歷大理、太僕二卿,加金紫光禄大夫。俄出爲綿州刺史,以廉平著稱,百姓爲之立碑。尋檢校益州大都督府長史。十一年，復授大理卿。”《新書》本傳略同。又見《元龜》卷六七七、卷八二〇。《續高僧傳》卷二〇《唐綿州大施寺釋世瑜傳》：“便往綿州，住大施寺，刺史劉德威慶所未聞，作龕坐之，三年不倒，春秋六十三矣。”【補遺】《唐研究》第二卷（1996年版）《西安新出閭立德之子閭莊墓誌銘》：“夫人劉氏，彭城縣君，皇朝綿幽晋同四州刺史、大理卿、刑部尚書、上柱國，彭城襄公德威之女，工部尚書兼檢校左衛大將軍、上柱國，彭城郡公審禮之妹也。”

鄭　筠　　約貞觀中

《新表五上》南祖鄭氏：“筠，綿州刺史。”《芒洛三編·大唐王屋縣丞白知新妻滎陽鄭氏（叔）墓誌銘并序》：“曾祖筠，唐衛尉卿，眉、邛、綿、梓四州諸軍事四州刺史。”夫人卒景雲二年五月廿九日，春秋四十。

李素立　　約貞觀末—永徽初

《舊書》本傳：“爲瀚海都護……久之，轉綿州刺史。永徽初，遷蒲州刺史……道病卒。”《新書》本傳略同。又見《元龜》卷三九七。

李　貞　　顯慶中

昭陵博物館藏《唐故太子少保豫州刺史越王（貞）墓誌銘》（開元六年正月二十六日）：“歷安、徐、揚三州都督，相州刺史，遷絳州刺史……乃授綿州刺史，又遷豫州刺史。”《全詩》卷二二〇杜甫《越王樓歌》注：“太宗子越王貞爲綿州刺史，作臺於州城西北，樓在臺上。”詩云：“綿州州府何磊落，顯慶年中越王作。”兩《唐書》本傳未及刺綿州事。

杜善賢　　高宗時？

《姓纂》卷六陝郡杜氏：“善賢，綿州刺史。”按杜善賢爲長安令，與李叔慎、賀蘭僧伽三人皆黑，劉行敏嘲之，見《廣記》卷二五四引《啓顏錄》。

白大威　　約武后時

《千唐誌·唐故中大夫行太子內直監白府君（羨言）墓誌銘并序》（開元廿三年八月十九日）："皇考大威，持節滄、綿、梓三州刺史。公則梓州府君之第二子也。"羨言卒先天二年正月二十七日，享年七十。拓本《大唐故定州無極縣丞白府君（慶先）墓誌并序》："祖大威，歷滄、綿、梓三州刺史。"

唐啓心　　約武后時

《新表四下》唐氏："啓心，綿州刺史。"乃唐儉之孫，洋州刺史唐嘉會之子，河南尹唐昭之叔父。

畢重華　　約武后時

《姓纂》卷一〇太原畢氏："重華，綿州刺史。"乃開元十二年正字畢彥雄之父、貞觀八年台州刺史畢操之孫。

崔　融　　久視元年（700）

《蜀中名勝記》卷九綿州引《成都文類》："魏城縣南五里，有長嶺……旁有舊銘，隱磷餘字，即久視元年崔司業融守蒞茲邑，高禖致禱，刻石斯存焉。"按兩《唐書》本傳未及爲綿州刺史事。唯《舊傳》云："久視元年，坐忤張昌宗意，左授婺州長史。頃之，昌宗怒解，又請召爲春官郎中、知制誥事。"豈由婺州長史量移綿州刺史歟？

劉文昭　　武后時

《柳河東集》卷一三《故尚書户部侍郎王君先太夫人河間劉氏誌文》："至於唐，有文昭者，爲綿州刺史……其嗣慎言，爲仙居令、光州長史……光州，夫人之父也。"夫人卒貞元二十一年六月二十日，年七十九。

王希儁　　中宗時

《全文》卷二九三張九齡《故太僕卿上柱國華容縣男王府君墓誌

銘并序》：“再領遂、綿二州刺史……乃拜相州刺史。景雲歲……遂作越州都督。”按王府君即王希儁。上圖藏拓片《唐故滑州匡城縣令王公（虔暢）墓誌銘并序》（咸通八年二月一日）：“希儁，官隨、遂、綿、相、越五州刺史……謚曰貞公。”乃虔暢高祖。虔暢卒咸通七年六月，享年六十六。又見《唐故潞府參軍博陵崔公夫人琅耶王氏墓誌銘并序》（元和十四年四月二十六日）。

孫何師　　景雲中

《千唐誌·孫何師墓誌》（景雲三年正月六日）：“惟大唐景雲二年歲次壬子正月辛未朔，洛州河南縣允望鄉懷惠里故散騎常侍華容縣開國公綿州刺史孫何師，則年六十三，以十二月廿二日丑時卒於洛陽縣殖業坊之第。”

鍾紹京　　約開元初期

《舊書》本傳：“玄宗即位，復召拜户部尚書，遷太子詹事。時姚崇素惡紹京之爲人，因奏紹京發言怨望，左遷綿州刺史。及坐事，累貶琰川尉，盡削其階爵及實封。俄又歷遷温州別駕。開元十五年，入朝。”《新書》本傳作“貶果州刺史”，未及爲綿刺事。《姓纂》卷一南康鍾氏：“紹京，中書令，户部尚書，越國公，綿、蜀、彭三州刺史。”

薛　光　　開元前期？

《隋唐五代墓誌匯編·陝西卷》第四册《唐故坊州中部縣令柳府君夫人河東薛氏合袝墓誌銘并序》（丁卯歲十一月四日）：“夫人同郡薛氏，綿州刺史贈禮部尚書光之孫，銀青光禄大夫洺州刺史洽之女。”按《新表三下》薛氏，薛光乃司禮主簿薛慎惑子。

陶　禹　　約開元十五、十六年（約 727、728）

北圖藏拓片《大唐故銀青光禄大夫使持節陳州諸軍事陳州刺史上柱國陶府君（禹）墓誌銘并序》：“累牧綿、澤、陳三郡……以開元十九年二月十二日終於許州之旅館。”未言享年及葬年。禹乃陶大舉子,姚崇婿。

【補遺】崔慎先 開元中?

《故河南府伊闕縣丞博陵崔府君(迥)墓誌銘並序》（天寶十載十一月五日）:"君諱迥,字公遠,綿州刺史慎先之長子,故相韋承慶外甥。"（周紹良、趙超《唐代墓誌匯編續集》,上海古籍出版社2001年版）

韋元晟 約開元中

《姓纂》卷二東眷韋氏彭城公房:"元晟,綿州刺史。"《新表四上》韋氏彭城公房同。乃開元七年兗州刺史韋元珪之兄。

皇甫恂 約開元中

《廣記》卷三〇二引《通幽記》:"皇甫恂,字君和,開元中,授華州參軍⋯⋯後果爲太府卿,貶綿州刺史而卒。"按開元八年前恂曾任益州司馬,見《舊書·蘇頲傳》。

王 祥 約開元中

《千唐誌·唐故大理評事贈左贊善大夫江夏李府君(翹)墓誌銘并叙》（元和九年七月二十日）:"公娶太原王氏夫人第二房,祖祥,皇綿州刺史。父遂休,皇桂州荔浦縣令。夫人即荔浦長女。"夫人卒大曆六年十一月九日,享年三十一。

薛 繪 約開元中

《全文》卷六〇九劉禹錫《唐故福建等州都團練觀察處置使福州刺史兼御史中丞贈左散騎常侍薛公(謇)神道碑》:"王父繪,有雋材。刺三郡:金、密、綿,皆以治聞。"薛謇卒元和十年,年六十七。按薛繪弟絋,約開元中爲華州刺史。

崔 渙 天寶十五載(756)

《舊書·玄宗紀下》:天寶十五載七月"庚午,次巴西郡,太守崔渙奉迎"。《新書·玄宗紀》、《通鑑·至德元載》同。又見《元龜》卷七二。《新書》本傳："楊國忠惡不附己，出爲巴西太守。玄宗西狩，迎謁於道……即日拜門下侍郎、同中書門下平章事。"《舊書》本傳未及。《全文》卷七八四穆員《相國崔公（渙）墓誌銘》："天寶中歷屯田、左司二員外郎，出爲歙州刺史，換綿州……大駕南巡……擢拜門下侍郎平章事。"

楊　愷　　約肅宗、代宗間

《新表一下》楊氏觀王房："愷，綿州刺史。"按其叔楊愻，約開元中爲安州都督；楊愿，約開元中爲汝州刺史。

【補遺】李　奐　　上元二年（761）

《舊唐書·肅宗紀》："〔上元二年四月〕壬午，梓州刺史段子璋叛，襲破遂州，殺刺史嗣虢王巨，東川節度使李奐戰敗，奔成都。"按從至德二載到廣德二年東川節度使治所在綿州。武秀成《舊唐書辨證》云："劍南東西兩川，分而又合，合而復分，情況較爲複雜。其東川治所亦非一無變更。……《舊唐書·肅宗本紀》（載段子璋反叛事）叙之稍詳……《李巨傳》又載：'（李巨）貶爲遂州刺史。屬劍南東川節度兵馬使、梓州刺史段子璋反，以衆襲節度使李奐於綿州。路經遂州，巨蒼黃修屬郡禮迎之，爲子璋所殺。'《資治通鑑·唐紀三十八》與《李巨傳》略同。文曰：'上元二年四月壬午，梓州刺史段子璋反……東川節度使李奐奏替之，子璋舉兵，襲奐於綿州。道過遂州，刺史虢王巨蒼黃修屬郡禮迎之，子璋殺之。李奐戰敗，奔成都。'據《李巨傳》及《通鑑》可知，遂州刺史李巨並未與段子璋交戰，而是開門迎降，《舊紀》言'襲破遂州'，疑有訛誤。檢《册府元龜》卷一二二《帝王部·征討二》亦載此事，云：'（上元）二年四月，梓州刺史段子璋反，襲破綿州，殺遂州刺史嗣虢王巨，東川節度李奐戰敗。'……此條文字與《舊唐書》本紀頗爲相同，當皆本於國史，而'襲破遂州'則作'襲破綿州'。參考《新唐書·肅宗本紀》……作'陷綿州'，亦可推知舊史原文當作'襲破綿州'，而非'襲破遂州'也。《舊唐書》編者蓋未暇詳考，以爲下句言

'殺某州刺史'，據文法則上句所言'襲破某州'當指同一州郡，此處下文既言'殺遂州刺史'，則以爲此句當作'襲破遂州'，遂誤改之。既改作'襲破遂州'，則下句'殺遂州刺史'之'遂州'必承上略之，而不知國史舊文此二句並非先後相承的因果關係。然則段子璋何以要攻襲綿州？《李巨傳》與《通鑒》交待甚明：因東川節度使李奐駐於綿州也。節度使既駐在綿州，則此爲東川治所似亦可知矣。又據節度使兼本州刺史之慣例，此時梓州刺史既爲段子璋而非劍南東川節度使李奐，亦可推知節度治所不在梓州而在綿州。……另杜甫有《戲作花卿歌》詩，宋蔡夢弼注曰：'花卿，名敬定，劍南節度崔光遠之末將也。時梓州副使段子璋反，東川節度李奐敗走，於是光遠率敬定討之。'其'綿州副使着柘黃，我卿掃除即日平'句即咏此事，'綿州副使'即指段子璋（'我卿'指花敬定，《舊唐書·崔光遠傳》及《高適傳》作'花驚定'）。段子璋爲梓州刺史兼劍南東川節度副使，杜甫何以稱之爲'綿州副使'呢？《集千家注分類杜工部詩》卷五'趙（次公）曰：公詩云"綿州"，則"梓州"字誤傳爲"綿州"乎？柘黃，天子之服也。《補注》：鶴曰：……按舊史，東川節度治梓州……則不當云"綿州副使"，然是時治綿州，趙未之考也。'黃氏所辨甚是，杜詩稱段爲'綿州副使'，正因爲東川節度治所時在綿州之故，否則無解。然則《高適傳》云'劍南自玄宗還京後，於綿、益二州各置一節度'非但無誤字，且恰可證明劍南初分東西兩川時，其東川節度治所不在梓州而在綿州。"（武秀成《舊唐書辨證》，上海古籍出版社 2003 年版）

【補遺】嚴　武　　上元二年（761）

《舊唐書》本傳："出爲綿州刺史，遷劍南東川節度使；入爲太子賓客、兼御史中丞。"《新唐書》本傳略同。按《全編》誤係於梓州，應移至此，並改係於上元二年，爲李奐後任。《冊府元龜》卷九一七《總錄部·矜衒》載："唐嚴武……肅宗至德中，房琯爲相，薦爲京兆少尹，時年三十二。以史思明阻兵不之官，優遊京師，頗自矜大。出爲綿州刺史、劍南東川節度使。"《黃氏集千家注杜工部詩史補遺》卷三《奉和嚴中丞西城晚眺十韻》集注引《唐書》："上元二年十二月乙亥二十七日，

綿州刺史、劍東節度嚴武（爲）劍南兩川節度。”武秀成《舊唐書辨證》
按：“今各本《舊唐書》脱此年十月以下數月紀事，此或即其佚文，或爲
韋述等所撰之《唐書》佚文。是嚴武爲東川節度時亦帶綿州刺史職，
且其受任正在平定段子璋叛亂後，足可證東川節度治所當時應在綿
州而非梓州。又宋魯訔《杜工部詩年譜》引《詩史》云：‘《地志》：劍西，
益、彭、蜀，其州二十有八；劍東，梓、綿、劍、普十州，綿爲都會。’此特
地表明綿州是劍南東川之‘都會’，其意即謂綿州是劍東節度治所。
上引《奉和嚴中丞西城晚眺十韻》集注引《地志》文同《年譜》，而末句
則徑稱：‘綿，劍東節度治府。’此《地志》雖已難考其詳，‘綿，劍東節度
治府’一句是否爲《地志》原文亦不能必，但宋人尚知綿州曾爲東川節度
治所則可無疑。”（武秀成《舊唐書辨證》，上海古籍出版社 2003 年版）

杜　濟　　寶應元年(762)

《全文》卷三四四顔真卿《京兆尹御史中丞梓遂杭三州刺史劍南
東川節度使杜公(濟)神道碑銘》：“裴冕爲劍南節度，奏公爲成都令，
遷綿州刺史……屬徐知道作亂，使裨將曹懷信招公，公執以歸朝……
廣德中，檢校駕部郎中。”又《京兆尹兼中丞杭州刺史劍南東川節度使
杜公(濟)墓誌銘》同。杜甫有《同嚴侍郎到綿州同登杜使君江樓》、
《陪王漢州留杜綿州泛房公西湖》，杜綿州即杜濟。

竇　某　　廣德元年(763)

《全詩》卷二二八杜甫有《巴西驛亭觀江漲呈竇使君(一作竇十五
使君)》，仇注謂廣德元年作。

喬　琳　　大曆中

《舊書》本傳：“充山南節度張獻誠行軍司馬。使罷，爲劍南東川
節度鮮于叔明判官。改檢校駕部郎中，果、綿、遂三州刺史、兼御史中
丞。”《新書》本傳略同。又見《唐詩紀事》卷五三。《宋高僧傳》卷六
《唐梓州慧義寺神清傳》：“時故相喬琳爲綿郡太守，驚其幼俊，躬而降
禮請削染焉，則大曆中也。”按張獻誠大曆三年四月罷山南西道節度，

鮮于叔明是年五月鎮東川，見《舊紀》。

王 鋌 大曆中

《唐詩紀事》卷五三：“大曆中代喬琳爲綿州刺史。”

李 漸 约大曆中

《新書·宗室世系表下》紀王房：“綿、蜀等州刺史漸。”乃均州刺史李洧之弟，汴州節度使李行褘之子。

任 朏 约貞元中

《千唐誌·大唐故亳州録事參軍任公（修）墓誌銘并叙》（大和四年十二月六日）：“父朏，皇綿州刺史。”任修卒大和四年七月，春秋六十八。

郭 彦 約貞元、元和間

《姓纂》卷一〇諸郡郭氏：“彦，綿州刺史。”乃天寶四年户部侍郎郭虚己子。按《全文》卷五二三有楊於陵《爲判官郭彦郎中謝手詔表》，殆即此人。【補遺】《文物》2000 年第 10 期樊有升、鮑虎欣《偃師出土顏真卿撰並書郭虚已墓誌》云：“1997 年 10 月，偃師市首陽山鎮磚廠在生產施工中，發現唐墓一座。偃師市文物管理委員會當即派員進行了搶救性發掘。……在郭虚己墓誌出土不久，又在其東北方距此墓約 30 米處出土了一方唐故太原郭府君墓誌，誌文記載：‘府君諱修，字懿夫，其先太原人也。……曾祖郭虚己，皇檢校工部尚書、蜀郡大都督府長史、劍南節度使並山南西道采訪處置等使。……祖彦，皇檢校禮部郎中綿州刺史。”

陶 鍠 元和二年—三年（807—808）

《全文》卷六五一元稹《彈奏劍南東川節度使狀》：“諸州刺史名銜并所收色目謹具如後……綿州刺史陶鍠，擅没收……徵草八萬八千六百八十八束。”下注：“元和二年三萬八千九十三束，元和三年五萬五百九十五束。”

韋弘景　　約元和九年—十一年(約 814—816)

《舊書》本傳:"張仲方貶李吉甫謚,上怒,貶仲方。弘景坐與仲方善,出爲綿州刺史。宰相李夷簡出鎮淮南,奏爲副使。"《新書》本傳略同。又見《元龜》卷九二五。《元龜》卷四八一:"韋弘景爲吏部郎中,元和十三年⋯⋯弘景爲綿州刺史。"按李吉甫元和九年冬卒,李夷簡元和十三年出鎮淮南。

韋洪皋　　約元和十二年(約 817)

《全詩》卷五六四李續《和綿州于中丞登越王樓見寄》:"早年登此樓,退想不勝愁。地遠二千里,時將四十秋。"注:"續相從東川奏舉,過綿州,刺史韋洪皋尚書攜登此樓,於今三十七年矣。"又見《唐詩紀事》卷五三。按《全詩》卷五六四于瓌《和綿州于中丞登越王樓作二首》原注:"時爲校書郎。"據《登科記考》,于瓌大中七年進士及第,上推三十七年,爲元和十二年。

樊宗師　　約長慶元年(約 821)

《新書》本傳:"元和三年,擢軍謀宏遠科,授著作佐郎。歷金部郎中、綿州刺史。徙絳州,治有迹。"《韓昌黎集》卷三四《南陽樊紹述(宗師)墓誌銘》:"嘗以金部郎中告哀南方,還言某師不治,罷之,以此出爲綿州刺史。一年,徵拜左司郎中,又出刺絳州。"按元和十五年,憲宗崩,宗師以金部郎中告哀南方。

李　駢　　約大和初

《新書·宗室世系表上》郇王房:"綿州刺史駢。"乃奉先令如仙子。其弟回,相武宗。

鄭　綽　　大和五年(831)

《舊書·文宗紀下》:大和五年"冬十月乙丑朔,以前綿州刺史鄭綽爲安南都護"。

裴　休　　會昌三年(843)

《新書・何易于傳》："爲益昌令……遷羅江令，刺史裴休嘗至其邑。"《全文》卷七九五孫樵《書何易于》："何易于嘗爲益昌令……治益昌三年……改綿州羅江令，其治視益昌。是時，故相國裴公刺史綿州，獨能嘉易于治……會昌五年，樵道出益昌，民有能言何易于治狀者。"《四川通志》亦謂裴休，疑休由洪州貶綿州，又遷潭州。

李正卿　　會昌四年(844)

《千唐誌・唐故綿州刺史江夏李公(正卿)墓誌銘并序》："有唐會昌四年四月十一日左綿守李公歿於位……爲淄州刺史。卒歲，拜綿州刺史……未幾，寢疾而歿，享年七十有四。"《唐文續拾》卷五李潛《尊勝經幢後記》："先考故綿州刺史李君封樹前尊勝真言石幢之餘石……逮會昌癸亥歲，始升名太常第。既成事，歸覲巴西郡，先君撫以泣曰：吾□□代稱文儒……唐會昌四年歲次甲子十二月己卯朔十九日丁酉孤子李潛泣血長號書。"又見《金石補正》卷四七。按《新表二上》江夏李氏稱：正卿子公敏，公敏子潛。大誤。

王叔政　　約會昌末

《全文》卷七二六崔嘏《授王叔政洪州別駕等制》："敕前綿州刺史王叔政等，罷專城之印，題別駕之榮。"按崔嘏會昌末爲中書舍人，見《新書・李德裕傳》。

于興宗　　約大中七、八年(約 853、854)

《唐詩紀事》卷五三："〔于興宗〕大中時，以御史中丞守綿州，後爲洋川節度。"《全詩》卷五三五許渾有《酬綿州于中丞使君見寄》，又卷五六九李群玉有《辱綿州于中丞書信》。按于瓌和詩注"時爲校書郎"，證知必作於大中七年之後，因于瓌大中七年始進士登第。如果及第後即通過吏部拔萃試合格，釋褐即爲校書郎，則于興宗約大中七、八年在任。

劉　璐　　約大中十二年前後（約 858 前後）

《唐詩紀事》卷五三："〔劉〕璐爲綿州刺史，隔政代〔于〕興宗。璐曾刺蜀州。"按《全詩》卷五六四劉璐《洋州于中丞頔牧左綿題詩越王樓上朝賢繼和輒課四韻》："隔政代君侯，多慚迹令猷……至今謠未已，注意在洋州。"證知于興宗與劉璐之間，尚有一人任綿刺。并證知劉璐刺綿時，于興宗在洋州刺史任。則時約大中十二年前後。

蕭　某　　約咸通五、六年（約 864、865）

《全詩》卷五四八薛逢《座中走筆送前蕭使君》："芙蓉欲綻溪邊蕊，楊柳初迷渡口烟。自笑無成今老大，送君垂淚郭門前。"芙蓉溪在綿州。《方輿勝覽》卷五四綿州："芙蓉溪，在郡北官道傍，有亭下瞰，一名蚌溪。"古爲綿州北歸必經之處。薛逢曾爲綿州刺史，蕭某當爲其前任。

薛　逢　　約咸通六、七年（約 865、866）

《新書》本傳："〔楊〕收輔政，逢有詩微詞譏訕，收銜之，復斥蓬、綿二州刺史。收罷，以太常少卿招還，歷給事中。"又見《唐詩紀事》卷五九，《唐才子傳》卷七。《舊書》本傳未及。按楊收咸通四年五月入相，七年十月罷爲宣歙觀察，見《新書·宰相表下》。《唐詩紀事》卷五三高璩："璩自梓州刺史入朝，經綿州，與刺史薛逢登越王樓，逢以詩贈別。"按高璩咸通六年罷梓州刺史。又見《北夢瑣言》卷五，《廣記》卷五四引《神仙感遇傳》。

皇甫鏞　　乾符四年前（877 前）

《舊書·僖宗紀》：乾符四年五月，"以前綿州刺史皇甫鏞爲祕書少監"。

高　枳　　約中和、光啓間

《桂苑筆耕集》卷四《謝弟枳再除綿州刺史狀》："綿州刺史高枳。""右件官是臣堂弟……依前授綿州刺史者。"又見《唐文拾遺》卷三五、卷三六。《唐詩紀事》卷一八李白："東蜀楊天惠《彰明逸事》云……清廉鄉故居，遺地尚在，廢爲寺，名隴西院，有唐梓州刺史碑（失其名）及綿州刺史高枕記。"

楊守厚（楊守寬、常厚） 大順二年—乾寧二年（891—895）

《新書·楊守亮傳》："〔楊〕復恭又以假子……守厚爲綿州刺史。"《通鑑·大順二年》：十月，"〔楊〕復恭至興元，楊守亮、楊守忠、楊守貞及綿州刺史楊守厚同舉兵拒朝廷"。又《乾寧元年》：七月，"綿州刺史楊守厚卒"。又見《十國春秋·前蜀高祖本紀上》。《全文》卷八一九韋昌謀《靈應廟記》："天子以吳郡公爲東川節度，命中使錫節旄。綿州刺史楊守厚留中使，舉兵向東川。"按《元龜》卷一七八："不謂綿州刺史楊守寬鴟張要路，蟻聚通津。"又見《全文》卷八四三李茂貞《請再降東川節度使顧彥暉制命表》。疑"守寬"爲"守厚"之誤。又按《新五代史·王建傳》："唐遣宦者宗道弼賜〔顧〕彥暉東川旄節，綿州刺史常厚執道弼以攻梓州，建遣李簡、王宗滌討厚……厚走還綿州。"又見《九國志·王宗侃傳》。按常厚當即楊守厚。

李彥徽 乾寧三年（896）

《通鑑·乾寧三年》：十一月，"湖州刺史李師悦求旄節……戊子，師悦卒。楊行密表師悦子前綿州刺史彥徽知州事"。《嘉泰吳興志》卷一四郡守題名："李彥徽，前綿州刺史，起復繼父位，權兵馬留後，因災變爲衆所逐。"

王宗佶 乾寧中

《九國志》本傳："乾寧中，〔王〕建克綿州，以宗佶爲兵馬留後，尋加檢校太傅知節度事。未幾，移鎮梓州。"

王宗播 唐末

《九國志》本傳："宗播奔成都，建得之甚喜……賜姓名，奏授綿州刺史。"

卷二二八　劍州（始州、普安郡）

隋普安郡。武德元年改爲始州。先天二年改始州爲劍州。天寶元年改爲普安郡。乾元元年復爲劍州。領縣八：普安、黃安、永歸、梓潼、陰平、武連、臨津、劍門。

李　瑊　　武德中

《舊書·李孝恭傳》："弟瑊，武德中，爲尚書右丞，封濟北郡王，卒於始州刺史。"《新書》本傳略同。《元龜》卷二八一："孝恭弟齊（濟）北郡公瑊，武德中爲始州刺史。"

裴之隱　　約武德、貞觀間

《全文》卷二八二李迥秀《唐齊州長史裴府君（希惇）神道碑》："父之隱，隋侍御史……皇太僕、司農二少卿，武安郡太守，始州刺史，通直散騎常侍，益州長史，會稽縣開國男。"希惇卒永徽元年三月四日，春秋六十三。

榮建緒　　約貞觀初期

《唐文拾遺》卷六六闕名《大唐大安國寺故大德惠隱禪師塔銘并序》（開元二十六年二月六日）："禪師俗姓榮……祖建緒，銀青光禄大夫使持節息、始、洪諸軍事三州刺史，東阿郡開國公。"禪師以開元二十二年七月十一日壽終於安國道場，春秋七十有六。又見《金石補正》卷五六，《芒洛補遺》。

劉師立　　貞觀十四年前（640 前）

《舊書》本傳："檢校岐州都督……轉始州刺史。〔貞觀〕十四年卒。"《新書》本傳略同。《元龜》卷一三○："總章元年三月，詔曰……故始州刺史襄武郡公劉師〔立〕等並立爲第一等功臣。"又見《全文》卷一三高宗《授武士彠等子孫官詔》，《會要》卷四五、卷七九。《新書·忠義傳上》武德以來功臣有"始州刺史、左屯衞大將軍、襄武郡公劉師立"。

歐陽胤　　貞觀中？

《姓纂》卷五長沙臨湘歐陽氏："允，始州刺史。"按《新表四下》歐陽氏："胤，光州刺史。"

嚴　哲　　貞觀中？

《全文》卷四九七權德輿《唐故劍南東川節度副大使知節度事梓州刺史嚴公（礪）神道碑銘并序》："曾王父哲……繇荆王府司馬出爲劍州刺史。"按荆王疑指高祖子元景，貞觀十年封荆王，永徽四年賜死，國除。則嚴哲約仕貞觀中。

武惟良　　約顯慶中—乾封元年（？—666）

《舊書·武承嗣傳》："楊氏改封爲榮國夫人。時〔武〕元慶仕爲宗正少卿，元爽爲少府少監，惟良爲衞尉少卿……〔榮國夫人〕諷皇后抗疏請出元慶等爲外職，佯爲退讓，其實惡之也。於是元慶爲龍州刺史，元爽爲濠州刺史，惟良爲始州刺史。"《新書·武士彠傳》、《后妃·高宗則天順聖皇后武氏傳》略同。按代國夫人楊氏顯慶五年十月改封爲榮國夫人，見《舊書·高宗紀下》。《新書·高宗紀》：乾封元年八月"丁未，殺始州刺史武惟良"。又見《通鑑·乾封元年》。《新表四上》武氏："守官字惟良，始州刺史、建安郡王。"

陶大舉　　上元二年—儀鳳四年（675—679）

《全文》卷九一二《唐宣州刺史陶府君德政碑》："至上元二年，授使持節始州諸軍事守始州刺史，散官如故……至儀鳳四年，授中大夫

使持節都督四州諸軍事守梁州刺史。”《江蘇金石志》卷四謂陶府君爲
陶大舉。

楊執一　　景雲中

賀知章撰《大唐故金紫光禄大夫行鄜州刺史楊府君（執一）墓誌
銘并序》（開元十五年九月三日）：“景龍四載，維帝念功，擢拜衛尉卿，
還復勳爵。俄除劍州刺史。丁内憂，創巨逾昔。今上載懷王業，將幸
晉陽，起府君爲汾州刺史。”（《文物》1961 年第 8 期）又見《全文》卷二
二九張説《贈户部尚書河東公楊君（執一）神道碑》。

郭　某　　開元六年—七年(718—719)

《隋唐五代墓誌匯編·河南卷·大唐故通議大夫上柱國劍州刺
史晉陽縣開國男郭府君夫人新鄭郡君河南元氏權殯墓誌銘》（天寶五
載二月三日）：“府君歷棣、泗、劍三州刺史，開元七年即世。”

獨孤炫　　約開元二十二年（約 734）

《千唐誌·大唐故漢州刺史獨孤公（炫）墓誌銘并序》（開元二十
四年十一月二十七日）：“出牧巴州……乃遷隴郡，如巴之政……復轉
劍部，歷一歲……又拜漢州。”開元二十四年卒。

崔　涣　　天寶末

《舊書》本傳：“天寶末，楊國忠出不附己者，涣出爲劍州刺史。”按
《新書》本傳：“楊國忠惡不附己，出爲巴西太守。”未及刺劍州事。

賈　深　　至德二載(757)

《唐詩紀事》卷二明皇：“帝幸蜀，西至劍門，題詩……至德二年，
普安郡守賈深勒石。”又見《全詩》卷三明皇帝《幸蜀西至劍門》注。

張通幽　　至德二載(757)

《通鑑·乾元元年》：“杲卿之死也，楊國忠用張通幽之譖，竟無褒

贈。上在鳳翔，顏真卿爲御史大夫，泣訴於上，上乃出通幽爲普安太守，具奏其狀於上皇，上皇杖殺通幽。"《新書‧顏杲卿傳》略同。

李昌巎　大曆元年（766）

《舊書‧杜鴻漸傳》：永泰元年十月，"邛州衙將柏貞節、瀘州衙將楊子琳、劍州衙將李昌巎等興兵討〔崔〕旰，西蜀大亂"。《代宗紀》"劍州"誤作"劍南"。《通鑑‧永泰元年》閏十月同。又《大曆元年》：八月，"以柏茂琳、楊子琳、李昌巎各爲本州刺史"。《全詩》卷二二八杜甫《將赴荆南寄別李劍州》，此"李劍州"疑即李昌巎。仇注以此詩爲廣德二年春初作，疑誤。

李　椿　約大曆中

《新書‧宗室世系表下》讓皇帝房："隴西縣男、劍州刺史椿。"乃汝陽王李璡子。

【張　彧　建中時（未之任）】

《舊書‧李晟傳》："晟以〔李〕懷光反狀已明，緩急宜有所備，蜀、漢之路，不可壅也，請以禆將趙光銑爲洋州刺史，唐良臣爲利州刺史，晟子婿張彧爲劍州刺史，各將兵五百人以防未然。上初納之，未果行。"《新書‧李晟傳》略同。又見《元龜》卷四〇五。

韋明宬（韋明宸）　約貞元中

《姓纂》卷二東眷韋氏彭城公房："明宬，劍州刺史。"乃乾元元年廣州節度韋利己之子。《新表四上》韋氏彭城公房作"明宸，劍州刺史"。爲同一人。

裴　儉　約貞元中

《新表一上》東眷裴氏："儉，劍州刺史。"乃代宗時宰相裴冕之姪。

李　某　貞元二十年前（804 前）

《寶刻叢編》卷一〇引《諸道石刻錄》："《唐劍州刺史贈太僕少卿

李公碑》，唐鄭雲逵撰并書，袁滋篆額，貞元二十年立。”

文德昭（武德昭）　　元和元年（806）

《通鑑·元和元年》：“劉闢陷梓州，執李康。二月，嚴礪拔劍州，斬其刺史文德昭。”《全文》卷五二三楊於陵《賀收劍門表》：“嚴公既奏，正月二十二日復收劍門……斬僞授劍州刺史武德昭訖。”卷九六三重出《賀收劍門表》，闕名。

崔實成　　元和二年（807）

《全文》卷六五一元稹《彈奏劍南東川節度使狀》：“諸州刺史名銜并所收色目謹具如後……劍州刺史崔實成，元和二年十一月五日改授邛州刺史……徵草二萬一千八百一十七束。”注：“元和二年九千三十九束，元和三年一萬二千七百七十八束。”

王潛　　元和中

《元龜》卷九四五：“王潛自陝州左司馬、劍彭二州刺史，遷將作監，輸賄權幸，拜涇原節度使。”《新書》本傳未及。按王潛元和十年至長慶元年爲涇原節度使。

李宗閔　　長慶元年（821）

《舊書·穆宗紀》：長慶元年四月丁丑，“〔貶〕中書舍人李宗閔爲劍州刺史”。又見《錢徽傳》，《元龜》卷三三七，《通鑑·長慶元年》。《舊書》本傳：長慶元年，“貶劍州刺史……復入中書舍人。三年冬，權知禮部侍部”。《新書》本傳略同。

邢册　　長慶四年（824）

《輿地碑記目》卷四《隆慶府碑記》有《魏太尉鄧公神廟記》，注：“唐長慶四年，劍州刺史邢册題。”

王某　　開成中

《雲溪友議》卷中《弘農忿》：“〔柳棠〕開成二年上第。後歸東

川……不謁府主楊尚書汝士……遂之劍州王使君。使君者,善畫松
竹狗兔,以十五侯而四郡守。棠至,聯夕而飲。"

蔣 侑　　大中六年—八年(852—854)

《輿地碑記目》卷四《隆慶府碑記》有《唐李商隱重陽亭銘》,注:
"唐大中八年,太守蔣公侑創亭,李商隱序而銘之。"按《全文》卷七七
九李商隱《劍州重陽亭銘》:"〔在郡〕三年,民恐即去,遮觀〔察使〕請
留……侯蔣氏,名侑……唐大中八年九月一日,太常博士河南(内)李
商隱撰。"證知大中六年至八年在任。

劉成師　　大中八年—九年(854—855)

《新書·南蠻下·南平獠傳》:"立酋長始艾爲王,逾梓潼,所過焚
剽,刺史劉成師誘降其黨,斬首領七十餘人。餘衆遁至東川,節度使
柳仲郢諭降之。"按梓潼爲劍州屬縣,刺史當爲劍州刺史。柳仲郢大
中五年至九年在梓州刺史、劍南東川節度使任。

李弘毅　　大中、咸通間?

《新書·宗室世系表下》讓皇帝房:"蓬、劍、滁、光等州刺史弘
毅。"乃文宗時嶺南節度李從易之子。

李 諷　　咸通十四年(873)

《金石補正》卷五一《劍州刺史李諷修佛題記》:"朝議大夫守劍州
刺史上柱國賜紫金魚袋李諷,咸通十四年二月十五日挈家赴郡,捨錢
伍仟文,修當陽佛一龕。"

蘇 導　　廣明中

《廣記》卷一八三引《盧氏雜説》:"廣明中,蘇導給事刺劍州。"

姚卓文(姚卓)　　中和四年—五年(884—885)

《大詔令集》卷一二〇(《全文》卷八七)《討楊師立制》:"據劍州申

報，楊師立與刺史姚卓文欲領兵士直赴西川，兼署姚卓文充指揮使……反狀具明……中和四年二月。”《寶刻叢編》卷一八引《復齋碑録》：“《唐册贈鄧艾衛聖侯敕碑》，唐劍州刺史姚卓狀，鄧乾裕書并篆額，中和五年八月十日立。”

郭　淮　　中和五年（885）

《輿地碑記目》卷四《隆慶府碑記》有《鄧艾衛聖侯碑》，注：“在普安縣北十五里，唐中和五年八月，劍州刺史郭淮立石。”未知誤否。

張彦昭　　乾寧中？

《九國志·張造傳》：“子彦昭爲感德都知兵馬使，從〔王〕建收巴西，破葛佐，授劍州刺史。建圍梓州，彦昭攻堅力戰，殁於陣。”

王宗偉　　天復元年—二年（901—902）

《十國春秋》本傳：“天復初，官劍州刺史。已而遷利州制置使。”《通鑑·天復二年》：二月，“王建以劍州刺史王宗偉爲利州制置使”。又見《十國春秋·前蜀高祖本紀上》。

王　朏　　唐末？

《歷代名畫記》卷三《叙古今公私印記》有“劍州刺史王朏印”。又卷一〇：“太原王朏，終劍州刺史，師〔周〕昉。”又見《宣和書譜》卷六，《圖繪寶鑒》卷二。

待考録

郭佐殷

《姓纂》卷一〇京兆郭氏：“佐殷，劍州刺史。”乃榮州刺史郭渙之子。

卷二二九　梓州（梓潼郡）

隋新城郡。武德元年改爲梓州。天寶元年改爲梓潼郡。乾元元年復爲梓州。乾元後，分蜀爲東、西川，梓州恒爲東川節度使治所。領縣八：郪、射洪、通泉、玄武、鹽亭、飛烏、永泰、銅山。

夏侯端（夏侯審端）　　武德中—貞觀元年（？—627）

《舊書》本傳："復以爲祕書監。俄出爲梓州刺史，所得料錢，皆散施孤寡。貞觀元年病卒。"《新書》本傳略同。又見《姓纂》卷七夏侯氏。

李　端（李藥王）　　約貞觀中

《新書·李靖傳》："靖兄端，字藥王，以靖功襲永康公，梓州刺史。"又見《古今姓氏書辯證》卷二一丹陽房李氏。

李文博　　貞觀十年（636）

孫思邈《千金要方》卷二一："貞觀十年，梓州刺史李文博先服白石英，久忽房道强，經月餘漸患渴。"（《文獻》1987 年第 1 期馮漢鏞《從兩部千金看醫書中的史料》）

鄭　筠　　約貞觀中

《芒洛三編·大唐王屋縣丞白知新妻滎陽鄭氏墓誌銘并序》："曾祖筠，唐衛尉卿，眉、邛、綿、梓四州諸軍事四州刺史。"夫人卒大唐景雲二年五月二十九日，春秋四十。

李　震（徐震）　　龍朔二年—麟德二年（662—665）

《新表五下》高平徐氏北祖上房：“震，梓州刺史。”昭陵有梓州刺史李震陪葬墓，顯慶五年葬。《會要》卷七九昭陵陪葬名氏中亦有梓州刺史李震。昭陵博物館藏《大唐故梓州刺史李公（震）墓誌銘并序》（麟德二年十一月）稱：父今司空、英國公。〔震〕永徽四年爲澤州刺史，顯慶二年轉趙州刺史，龍朔二年授梓州刺史，麟德二年薨。《舊書·李勣傳》稱：“勣長子震，顯慶初，官至梓州刺史，先勣卒。”“顯慶初”誤。

盧世矩　　約高宗時

《新表三上》盧氏：“世矩，梓、慎七州刺史，北平元公。”乃聖曆中汝州刺史弘懌叔。

李崇敬　　約武后時

《新書·宗室世系表上》蔡王房：“襲濟北郡公、梓州刺史崇敬。”今本列爲隋右領軍大將軍李安之子，誤。合鈔本降低一格，爲濟北郡王瑊子，是。其從父弟崇義、崇真均仕高宗、武后時。

白大威　　約武后時

《新表五下》白氏：“大威，梓州刺史。”《千唐誌·唐故中大夫行太子内直監白府君（羨言）墓誌銘并序》（開元二十三年八月十九日）：“皇考大威，持節滄、綿、梓三州刺史。公則梓州府君之第二子也……享齡七十，以先天二年正月廿七日終於京兆里第。”又見拓本《大唐故定州無極縣丞白府君（慶先）墓誌并序》。

杜無忝　　武后時？

《隋唐五代墓誌匯編·洛陽卷》第十二册《大唐故右領軍衛倉曹參軍杜府君（鈒）墓誌銘并序》（大曆四年十月二十七日）：“曾祖諱義

寬，蘇州司馬。祖諱無忝，梓州刺史。考諱兼抔，江陽縣令。"鈒卒天寶二年五月八日，享年五十一。

崔泰之　　中宗、睿宗間

《千唐誌·大唐故銀青光禄大夫守工部尚書崔君（泰之）墓誌銘并序》（開元十一年十月五日）："奸臣武三思竊弄國柄，稍斥朝賢，出公爲洺州刺史……轉德州刺史，又換梓州刺史，左遷開州刺史，降爲資州司馬……今天子肇揚天光……起爲濟州刺史。未到官，旋拜國子司業……春秋五十有七，以開元十一年六月七日寢疾薨於京平康里第。"

王　晙　　開元九年—十年（721—722）

《舊書》本傳：開元九年，"晙坐左遷梓州刺史。十年，拜太子詹事"。《新書》本傳略同。

韋抱貞（韋抱真）　　約開元十二年（約 724）

《姓纂》卷二：東眷韋氏郿公房："抱貞，梓州刺史。"《新表四上》同。《全文》卷七五四杜牧《唐故江西觀察使武陽公韋公遺愛碑》："抱貞爲梓州刺史；生政，爲漢州雒縣丞……雒縣生武陽公。"按開元初陸象先爲益州長史時，韋抱貞爲益州司馬，見《元龜》卷六八〇及《舊書·陸象先傳》。《全詩》卷七四蘇頲《夜聞故梓州韋使君明當引紼感而成章》。韋使君即指韋抱貞。詩作於開元十五年。詩云："對連時亦早，交喜歲纔周……詎期危露盡，相續逝川流。臥疾無三吊，居閑有百憂。"詩中"連"指謝惠連，暗喻韋抗，開元十四年卒。"喜"指稽喜，暗喻韋抱貞，亦已亡故，故云"相續逝川流"。時蘇頲正臥病長安。又按張九齡《和韋尚書答梓州兄南亭宴集》"梓州兄"，亦當指韋抱貞。時約在開元十二年。

張　某　　開元十七年（729）

《樊南文集補編》卷九《梓州道興觀碑銘》："開元十七年，太守張公重構石臺。"

權若訥　　開元中

《新書·藝文志四》：《權若訥集》十卷，注：“開元梓州刺史。”《全文》卷四九三權德輿《唐故通議大夫梓州諸軍事梓州刺史上柱國權公（若訥）文集序》：“出爲蜀州司馬，改梓州長史……拜歙州刺史，遷桂州都督、梓州刺史。”《新表五下》權氏：“若訥，桂、歙、梓三州刺史。”又見《新安志》卷九，《古今姓氏書辯證》卷九權氏，《全文》卷五〇一權德輿《唐故東京安國寺契微和尚塔銘并序》、卷五〇三《再從叔故試大理評事兼徐州蘄縣令府君（權有方）墓誌銘并序》、卷五〇四《再從叔故京兆府咸陽縣丞府君（權達）墓誌銘并序》）。

宋温璩　　開元中

《姓纂》卷八河南宋氏：“温璩，梓州刺史。”《全文》卷二九六宋温璩有開元六年《哀皇后哀册文》）。

裴　晉　　約開元中

《新表一上》洗馬裴氏：“晉，梓州刺史。”乃永徽時幽州都督裴行方之孫。

蘇務寂　　約開元中

《新表四上》蘇氏：“務寂，梓州刺史。”乃高宗時宰相蘇良嗣之孫。

竇履温（竇履庭、竇履廷）　　天寶四載前（745前）

《寶刻叢編》卷八引《京兆金石錄》有《唐梓潼太守竇履温碑》：“唐李之芳撰，天寶四年。”按《姓纂》卷九河南洛陽竇氏：“履廷，梓州刺史。”《新表一下》竇氏三祖房：“履庭，梓州刺史。”乃鴻臚卿竇履信之兄，岑仲勉謂“想是同人”。

元孝綽　　玄宗時

《姓纂》卷四河南洛陽元氏：“孝綽，梓州刺史。”乃汾州刺史、貞觀二十二年燕然副都護元禮臣之姪曾孫。《精舍碑》有元孝綽，在李憕後，王元瑾、皇甫佚前。

韋　濬　　約玄宗時

《姓纂》卷二襄陽韋氏："濬，梓州刺史。"《新表四上》韋氏小逍遙公房同。乃金部郎中奉先子。

武　集　　玄宗時？

《姓纂》卷六沛國武氏："集，梓州刺史。"《新表四上》武氏同。乃武元衡之伯父。

李　謙　　至德、乾元中？

《新書・李璆傳》："二子：謙爲郫國公、梓州刺史。"《新書・宗室世系表下》許王房："郫國公、梓州刺史謙。"按其父璆，天寶九載卒。疑謙仕至肅宗時。《全詩》卷一二六王維有《送梓州李使君》，未知即其人否。

段子璋　　上元二年（761）

《舊書・肅宗紀》：上元二年四月"壬午，梓州刺史段子璋叛"。又見《新書・肅宗紀》，《元龜》卷一二二。《通鑑》作上元二年二月。

郝　某　　寶應元年？（762？）

杜甫《春日戲題惱郝使君兄》詩："通泉百里近梓州。"黄鶴注："寶應元年十一月，公至通泉時，郝招飲，出二姬以侑樽。次年春，公在梓州，因作此詩以戲之。"

李　某　　寶應元年—廣德元年（762—763）

杜甫《送梓州李使君之任》詩黄鶴注："李梓州赴任，在寶應元年之夏……爾時公在綿州也。廣德元年，有《陪李梓州泛江》、《陪李梓州使君登惠義寺》詩，乃次年事。"

章　彝　　廣德元年—二年(763—764)

《舊書·嚴武傳》:"前後在蜀累年,肆志逞欲,恣行猛政。梓州刺史章彝初爲武判官,及是小不副意,〔召〕赴成都杖殺之。"《新書·嚴武傳》、《杜甫傳》略同。又見《元龜》卷四四八、《通鑑·永泰元年》四月,《古今姓氏書辯證》卷一三吳興章氏。《全詩》卷二二〇杜甫《將適吳楚留別章使君留後兼幕府諸公得柳字》:"眷眷章梓州,開宴俯高柳。"又《冬狩行》注:"時梓州刺史章彝兼侍御使留後東川。"卷二二七《章梓州(一作使君)橘亭餞成都竇少尹》。據聞一多《少陵先生年譜會箋》考證,廣德元年夏章彝守梓州,二年二月,罷職將入朝,嚴武因事殺之。《全詩》卷二二八杜甫又有《奉寄章十侍御》注:"時初罷梓州刺史東川留後,將赴朝廷。章彝初爲嚴武判官,後爲武所殺。武再鎮蜀,彝已入觀,豈未行而殺之耶?"按卷二二七有《陪李(一作章)梓州王閬州蘇遂州李果州四使君登惠義寺》、《數陪李(一作章)梓州泛江》,疑"一作章"是,當指章彝。

楊　某　　廣德二年?(764?)

《全詩》卷二二八杜甫有《答楊梓州》。

李季貞(李栝)　　永泰中?

《新書·宗室世系表上》蜀王房:"梓州刺史季貞,初名栝。"乃大曆七至十年福建觀察使李椅之弟。

李　某　　大曆初

《全文》卷四二五于邵《爲吳王請罪表》:"臣祗言:臣長男岵受國恩榮,出典藩翰,不能昭宣聖理,協和上下,爰抵憲章,自貽剿絕……謹詣明堂并領男前梓州刺史某等束身請罪。"此李祗子不知名誰。按李岵大曆四年正月賜自盡。

張獻誠　　大曆元年(766)

《舊書·代宗紀》:大曆元年二月"癸丑,以山南西道節度使、梁州刺史張獻誠兼充劍南東川節度觀察使”。又本傳：“大曆元年正月……兼充劍南東川節度觀察使，封鄧國公。西川崔旰殺郭英乂，獻誠率衆戰於梓州，爲旰所敗。”《新書》本傳略同。《隋唐五代墓誌匯編·洛陽卷》第十二册《唐故開府儀同三司檢校户部尚書知省事鄧國公張公（獻誠）墓誌銘并序》（大曆四年二月三日）：“又加劍南東川之節。”

杜　濟　　大曆元年—二年（766—767）

《全文》卷三四四顏真卿《京兆尹御史中丞梓遂杭三州刺史劍南東川節度使杜公（濟）神道碑銘》：“大曆初，杜鴻漸分蜀爲東西川，公爲副元帥判官知東川節度，拜大中大夫綿劍梓遂渝合龍普等州都防禦使梓州刺史……尋拜東川節度使。俄而移軍，復爲遂州都督。徵拜給事中。”《寶刻叢編》卷八引《金石録》：“《唐梓州刺史杜濟碑》，顏真卿撰并正書，大曆十二年十一月。”引《集古録目》同。又見北圖藏拓片《杜濟墓誌銘》（大曆十二年十一月二十四日）。《全文》卷四一三常袞《授杜濟東川防禦使制》：“尚書駕部郎中、兼侍御史，充山南劍邛副元帥判官，勾當劍南東川事杜濟……可使持節梓州諸軍事守梓州刺史、兼御史中丞，充劍南東川防禦使。”又見《新書·李輔國傳》。

李　長　　約大曆二年—三年（約767—768）

《全文》卷五二〇梁肅《明州刺史李公（長）墓誌銘》：“大曆七年冬十月甲子前明州刺史李公寢疾終……出爲梓州，又換明州……剖符分憂者八……享年七十。”

鮮于叔明（李叔明）　　大曆三年—貞元二年（768—786）

《舊書·代宗紀》：大曆三年五月“庚午，以邛（遂？）州刺史鮮于叔明爲梓州刺史，充劍南東川節度使”。十二年“八月癸巳，賜東川節度使鮮于叔明姓李氏”。又《德宗紀上》：貞元二年四月“丁未，以劍南東川節度使李叔明爲太子太傅”。本傳：“出爲邛州刺史。尋拜東川節度、遂州刺史，後移鎮梓州……理之近二十年。”《新書》本傳略同。又見《姓纂》卷五閩中鮮于氏,《全文》卷四六二陸贄《李叔明右僕射制》、卷七三二趙儋《大唐劍南東川節度御史大夫梓州刺史鮮于公爲故拾遺陳公(子昂)建旌德之碑》等。北圖藏拓片《大唐故左武衛翊府左郎將趙府君夫人漁陽縣太君鮮于氏墓誌銘并序》(貞元四年十一月二十二日):"堂弟左僕射叔明,節制東川。"

【于　邵　　約大曆六年(約 771)(未之任)】

《舊書》本傳:"出爲道州刺史,未就道,轉巴州。時歲儉,夷獠數千相聚山澤,圍州掠衆……邵儒服出城,盜羅拜而降,圍解。節度使李抱玉以聞,超遷梓州,以疾不至,遷兵部郎中。西川節度使崔寧請留爲支度副使。"《新書》本傳略同。又見《元龜》卷六八〇、卷六九四。按李抱玉大曆五年至六年兼山南西道節度使、判梁州事,見《舊紀》。《太平寰宇記》卷八三綿州彰明縣:"李白碑在寧梵寺門下,梓州刺史于邵文。"

王叔邕　　貞元二年—約十八年(786—約 802)

《舊書·德宗紀上》:貞元二年四月丁未,"以東川兵馬使王叔邕爲梓州刺史、劍南東川節度使"。《元龜》卷一七六:貞元十二年二月乙亥,加"劍南東川節度……静戎軍使、檢校工部尚書兼梓州刺史御史大夫王叔邕……檢校右僕射"。

李　康　　貞元十八年—元和元年(802—806)

《舊書·德宗紀下》:貞元十八年"三月癸未,以劍南東川行軍司馬李康爲梓州刺史、兼御史大夫、劍南東川節度使"。《新書·憲宗紀》:元和元年正月癸未,"〔高崇文〕率左右神策京西行營兵馬使李元奕、山南西道節度使嚴礪、劍南東川節度使李康以討劉闢……劉闢陷梓州,執李康"。《通鑑·元和元年》正月同。又見《舊書·憲宗紀上》,《大詔令集》卷一一八,《唐語林》卷一。

【韋　丹　　永貞元年—元和元年(805—806)(未之任)】

《舊書·憲宗紀上》:永貞元年十二月"壬子,以右諫議大夫韋丹爲梓州刺史，充劍南東川節度使”。元和元年“〔四月〕己亥，以前劍南東川節度使韋丹爲晉絳觀察使”。《新書》本傳：“會劉闢圍梓州，乃授丹劍南東川節度使，代李康。至漢中，上言康守方盡力。召還議蜀事。闢去梓，因以讓高崇文，乃拜晉慈隰州觀察使。”《韓昌黎集》卷二五《唐故江西觀察使韋公（丹）墓誌銘》：“劉闢反，圍梓州，詔以公爲東川節度使、御史大夫。公行至漢中，上疏言梓州在圍間，守方盡力，不可易將。徵還，入議蜀事。劉闢去梓州，因以梓州讓高崇文，拜晉慈隰等州觀察防禦使。”又見《全文》卷七一三許志雍《唐故江南西道觀察判官御史大夫裏行太原王公（叔雅）墓誌銘》、卷七五四杜牧《唐故江西觀察使武陽公韋公（丹）遺愛碑》。

高崇文 元和元年（806）

《舊書・憲宗紀上》：元和元年三月壬辰，“以右神策行營節度高崇文檢校兵部尚書、梓州刺史、劍南東川節度”。九月“丙寅，以劍南東川節度使、檢校兵部尚書、梓州刺史、封渤海郡王高崇文檢校司空、兼成都尹、御史大夫，充劍南西川節度副大使知節度事……兼雲南安撫等使”。又見兩《唐書》本傳，《全文》卷五六憲宗《授高崇文劍南西川節度使制》。

嚴 礪 元和元年—四年（806—809）

《舊書・憲宗紀上》：元和元年九月“戊戌，以山南西道節度使嚴礪爲梓州刺史、劍南東川節度使”。《新書》本傳：“檢校尚書左僕射，節度東川……元和四年，卒。”《舊書》本傳未及。《全文》卷四九七權德輿《唐故劍南東川節度副大使知節度事檢校尚書左僕射使持節梓州諸軍事兼梓州刺史嚴公（礪）神道碑銘并序》：“元和元年，遷尚書左僕射。三蜀既平，拜梓州刺史、劍南東川節度觀察使……四年感疾，春三月甲申，薨於理所，享年六十有七。”又見卷六五一元稹《彈奏劍南東川節度使狀》。《千唐誌・唐故朝散大夫光禄卿致仕上柱國賜紫金魚袋崔公（廷）□□□》（長慶四年）：“元和初，〔嚴〕礪移鎮劍南東川。”

潘孟陽　　元和四年—八年（809—813）

　　《舊書》本傳：“〔元和〕三年，出爲華州刺史，遷梓州刺史、劍南東川節度使。與武元衡有舊，元衡作相，復召爲户部侍郎、判度支。”《新書》本傳略同。《白居易集》卷五七《與潘孟陽詔》：“今授卿劍南東川節度觀察等使。”《全文》卷六五三元稹《文藁自叙》：“會潘孟陽代〔嚴〕礪爲節度使，貪過礪，且有所承迎。”《舊書·憲宗紀下》：元和八年八月“辛丑，以東川節度使潘孟陽爲户部侍郎、判度支”。《元龜》卷二五：“〔元和〕七年十一月，東川觀察使潘孟陽上言。”

盧　坦　　元和八年—十二年（813—817）

　　《舊書·憲宗紀下》：元和八年八月辛丑，“盧坦爲梓州刺史、劍南東川節度使”。十二年九月“戊戌，劍南東川節度盧坦卒”。又見兩《唐書》本傳，《新表三上》盧氏，《全文》卷四九七權德輿《唐故劍南東川節度副大使知節度事持節梓州諸軍事守梓州刺史兼御史大夫盧公（坦）神道碑銘并序》、卷六四〇李翺《故東川節度盧公（坦）傳》。

李逢吉　　元和十二年—十五年（817—820）

　　《舊書·憲宗紀下》：元和十二年九月“丁未，以朝議大夫、門下侍郎、同平章事李逢吉檢校兵部尚書、使持節梓州諸軍事、梓州刺史，充劍南東川節度副大使、知節度事”。又《穆宗紀》：元和十五年正月“丁巳，以劍南東川節度使李逢吉爲襄州刺史，充山南東道節度使”。又見兩《唐書》本傳。《大詔令集》卷五三（《全文》卷五八）有《李逢吉東川節度使制》。

王　涯　　元和十五年—長慶三年（820—823）

　　《舊書·穆宗紀》：元和十五年正月丁巳，“以吏部侍郎王涯檢校禮部尚書、梓州刺史，充劍南東川節度使”。又本傳：“穆宗即位，以檢校禮部尚書、梓州刺史、劍南東川節度使……〔長慶〕三年，入爲御史大夫。”《新書》本傳略同。《劉禹錫集》卷二《代郡開國公王氏先廟碑》："維長慶三年,前相國王公始卜廟於西京崇業里。公時鎮劍南東川,上章曰:'臣涯官秩印綬品俱第三,請如式以奉宗廟。'明年,公入爲御史大夫。"

李 絳　　長慶三年—寶曆元年(823—825)

《新書》本傳:"歷東都留守,徙東川節度使,復爲留守。寶曆初,拜尚書左僕射。"《舊書·敬宗紀》:長慶四年八月,"〔牛心山〕山上有仙人李龍遷祠……群臣言宜須修築。時方沍寒,役民數萬計,東川節度使李絳表訴之"。寶曆元年四月"乙亥,以劍南東川節度、檢校司空李絳爲左僕射"。本傳未及。

郭 釗　　寶曆元年—大和三年(825—829)

《舊書·敬宗紀》:寶曆元年"三月乙巳朔,以兵部尚書郭釗爲梓州刺史、劍南東川節度使"。又《文宗紀上》:大和三年十二月丁未,"以劍南東川節度使郭釗爲西川節度使,仍權東川事"。又見兩《唐書》本傳,《宣室志》卷二。

劉遵古　　大和四年—六年(830—832)

《舊書·文宗紀下》:大和四年正月"癸巳,以前邠寧節度使劉遵古爲劍南東川節度使"。《廣記》卷一五六引《宣室志》:"故刑部尚書沛國劉遵古,大和四年,節度東蜀軍……明年夏,涪江大汛……劉之圖書器玩,盡爲暴水濡污。"按大和八年六月壬午大理卿劉遵古卒,見《舊書·文宗紀下》。

楊嗣復　　大和七年—九年(833—835)

《舊書·文宗紀下》:大和七年七月乙巳,"以左丞楊嗣復檢校禮部尚書,充劍南東川節度使"。大和九年三月"庚申,以劍南東川節度使楊嗣復檢校户部尚書,兼成都尹、西川節度使"。又見兩《唐書》本傳。

馮　宿　　大和九年—開成元年(835—836)

《舊書》本傳："〔大和〕九年,出爲劍南東川節度使,檢校禮部尚書。開成元年十二月卒。"《新書》本傳略同。《舊書·文宗紀下》:開成元年十二月"辛亥,劍南東川節度使馮宿卒"。《全文》卷六四三王起《銀青光禄大夫檢校禮部尚書使持節梓州諸軍事兼梓州刺史御史大夫充劍南東川節度副大使知節度事管内觀察處置静戎軍等使馮公(宿)神道碑銘并序》;"惟唐開成元年,歲在執徐,十二月三日,檢校禮部尚書東川節度使長樂公,享年七十,薨於位。"又見卷七五五杜牧《唐故處州刺史李君(方元)墓誌銘并序》,《樊南文集》卷九《梓州道興觀碑銘》。

楊汝士　　開成元年—四年(836—839)

《舊書·文宗紀下》:開成元年十二月"癸丑,以兵部侍郎楊汝士檢校禮部尚書,充劍南東川節度使"。四年九月"辛卯,以劍南東川節度使楊汝士爲吏部侍郎"。又見兩《唐書》本傳,《唐摭言》卷三、卷一五。《雲溪友議》卷中《弘農忿》:"東川處士柳全節……有子棠……開成二年上第後歸東川……不謁府主楊尚書汝士。"

鄭　復　　開成四年—會昌元年(839—841)

《舊書·文宗紀下》:開成四年九月"甲辰,以京兆尹鄭復爲劍南東川節度使"。又見《元龜》卷四六九。《會要》卷二四:"會昌元年六月敕,〔劍南〕東道節度使鄭復,雖稱有疾,擅離本道,宜釋放。"《全文》卷七九四孫樵《梓潼移江記》:"滎陽公始至,則思所以洗民患……未幾,新江告成……滎陽公既已上聞,有司劾其不先白,詔奪俸錢一月之半……是歲,開成五年也。"滎陽公即鄭復。

歸　融　　會昌元年—二年(841—842)

《新書》本傳:"出爲山南西道節度使,徙東川。還,歷兵部尚書。"《舊書》本傳未及。按會昌五年正月,歸融在兵尚任,見《舊紀》;嚴氏《僕尚丞郎表》以爲會昌四年冬始遷兵尚。

盧弘宣　　會昌三年—四年（843—844）

　　《新書》本傳："遷京兆尹、刑部侍郎。拜劍南東川節度使……徙義武節度使。"《千唐誌·唐故朝請大夫尚書刑部郎中上柱國范陽盧府君（就）墓誌銘并序》（大中六年二月二十三日）："會昌初，刑部侍郎弘宣出爲東川節度使，即君之從高祖兄也，奏假殿中侍御史，充支使。及盧公移鎮易定，改侍御史，充觀察判官。"按嚴氏《僕尚丞郎表》以爲盧弘宣會昌初約二三年，在刑侍任。又按會昌五年正月，弘宣自祕書監爲義武節度，見《通鑑》。

盧　商　　會昌四年—五年（844—845）

　　《舊書》本傳："逆〔劉〕積蕩平，加檢校禮部尚書、梓州刺史、劍南東川節度使。宣宗即位，入爲兵部侍郎。尋以本官同平章事。"《新書》本傳略同。《全文》卷二二八封敖有《授盧商東川節度使制》。

杜　悰　　會昌五年—大中二年（845—848）

　　《新書》本傳："劉積平，進左僕射、兼門下侍郎。未幾，以本官罷，出爲劍南東川節度使，徙西川。"《舊書》本傳未及。按會昌五年五月罷相，見《新書·宰相表下》。又按《通鑑考異·大中二年》：八月，"〔杜〕悰今年二月始爲西川節度"。

周　墀　　大中三年—五年（849—851）

　　《新書·宰相表下》：大中三年四月乙酉，"〔周〕墀檢校刑部尚書，東川節度使"。《通鑑·大中三年》四月同。《舊紀》作"三月"。又見兩《唐書》本傳。《全文》卷七五五杜牧《唐故東川節度使檢校右僕射兼御史大夫贈司徒周公墓誌銘》："今天子即位二年五月，以本官平章事……因河湟事議不合旨，以檢校刑部尚書出爲劍南東川節度使。明日入謝，面加檢校右僕射……及鎮東蜀一歲，欲歸閑洛師，微得風恙……大中五年歲在辛未二月十七日，薨於位。"周公即周墀。又見卷八一〇司空圖《故宣州觀察使檢校禮部王公（凝）行狀》。

柳仲郢　　大中五年—九年（851—855）

《舊書》本傳：“大中年，轉梓州刺史、劍南東川節度使……在鎮五年，美績流聞，徵爲吏部侍郎。入朝未謝，改兵部侍郎，充諸道鹽鐵轉運使。”《新書》本傳略同。按大中九年十一月，吏部侍郎柳仲郢爲兵部侍郎，見《通鑑》。《全文》卷七九〇崔珝有《授柳仲郢東川節度使制》。《全文》卷七四九杜牧《石賀除義武軍書記崔涓除東川判官制》稱“守臣公度、仲郢所請賀等”。又卷七八〇李商隱《唐梓州慧義精舍南禪院四證堂碑銘并序》：“我幕府河東公……號鳴文苑，陟降朝階。”“河東公”指柳仲郢。

韋有翼　　大中九年—十二年（855—858）

《全文》卷九六二闕名《授韋有翼劍南東川節度使制》：“朝散大夫守尚書兵部侍郎兼御史大夫充諸道鹽鐵轉運使上柱國賜紫金魚袋韋有翼……可檢校工部尚書、使持節梓州諸軍事兼梓州刺史、御史大夫，充劍南東川節度副大使知節度事、管内觀察處置等使。”《舊書·宣宗紀》：大中十二年正月，“以〔東川節度韋〕有翼爲吏部侍郎”。《全文》卷八〇六侯圭《東山觀音院記》：“〔大中〕十年秋，川主尚書韋公請〔洪照〕居慧義般舟院。”又見《唐語林》卷一。

崔慎由　　大中十二年—咸通初？（858—？）

《舊書·宣宗紀》：大中十二年正月，“以太中大夫、守中書侍郎、兼禮部尚書、同平章事、監修國史、上柱國、賜紫金魚袋崔慎由檢校禮部尚書、梓州刺史、御史大夫、劍南東川節度副大使、知節度事，代韋有翼。”《新書·宰相表下》作大中十二年二月。《全文》卷八〇及《大詔令集》卷五四有《崔慎由東川節度制》。又見《東觀奏記》卷中。《隋唐五代墓誌匯編·北京卷》第二册《唐太子太保分司東都贈太尉清河崔府君（慎由）墓誌銘并序》（咸通九年八月二十九日）：“歷……中書侍郎兼禮部尚書、同中書門下平章事、監修國史，檢校禮部尚書，兼御史大夫、劍南東川節度觀察等使，就遷檢校兵部尚書，入拜刑部尚書。”似未到咸通三年即已離任。

嚴　某　　咸通初？

《全唐詩》卷五四八薛逢《席上酬東川嚴中丞叙舊見贈》:"昔記披雲日,合逾二十年。聲名俱是夢,思舊半歸泉。"熊飛謂此東川嚴中丞,當爲東川節度,時薛逢在綿州。

薛　耽　　咸通三年(862)

《新表三下》西祖房薛氏:"耽字敬交,東川節度使。"《全文》卷八三懿宗《授高璩劍南東川節度使制》:"前以幢蓋劇權,委任嚴郎舊德……改命廷臣,俾嗣仁化。按節而去,自春徂秋。既以疾聞,則以代用。"按"舊德"即謂崔慎由,"廷臣"蓋指薛耽。又按咸通元年十一月,中書舍人薛耽知禮部貢舉,見《舊紀》。

高　璩　　咸通三年—六年(862—865)

《重修承旨學士壁記》:"高璩……〔咸通三年〕八月十九日,加檢校禮部尚書、東川節度使。"《新書》本傳:"懿宗時,拜劍南東川節度使,召拜中書侍郎、同中書門下平章事。"又《宰相表下》:咸通六年"四月,劍南東川節度使高璩爲兵部侍郎、同中書門下平章事"。《全文》卷八三懿宗有《授高璩劍南東川節度使制》。《全詩》卷五四八薛逢有《越王樓送高梓州入朝》,高梓州即高璩。又見《新書·懿宗紀》,《唐詩紀事》卷五三。《舊書》本傳未及。

王承業　　咸通六年(865)

《長安志》卷七崇義坊:"劍南東川節度使王承業宅。"注:"武俊之孫,士真之子也。"《金石錄》卷一〇:"《唐兵部尚書王承業墓誌》,鄭言撰,柳仲年正書,咸通十年二月。"

獨孤雲　　咸通七年—十一年(866—870)

《廣記》卷二七三引《玉泉子》:"〔韋〕保衡既登第,獨孤雲除東川,辟在幕下……無何,堂牒追保衡赴輦下,乃尚同昌公主也……不日,保衡復入翰林。"按韋保衡咸通五年登進士第,見《舊書》本傳;咸通十年正月，同昌公主適右拾遺韋保衡，見《通鑑》。《姓纂》卷一〇獨孤氏（岑仲勉補）："雲，吏部侍郎、東川節度。"按咸通十三年三月獨孤雲在吏侍任，見《舊紀》。吳氏《方鎮年表》列於咸通七年至十一年。從之。

顏慶復　　咸通十一年—約十二年（870—約871）

《通鑑·咸通十一年》：二月，"以顏慶復爲東川節度使，凡援蜀諸軍，皆受慶復節制"。又見《新書·懿宗紀》。

崔　充　　咸通十三年—乾符二年（872—875）

《重修承旨學士壁記》："崔充，咸通……十三年六月十日宣充承旨；九月二十八日加檢校工部尚書、東川節度使。"《舊書·僖宗紀》：乾符二年四月，"以東川節度使、檢校户部尚書崔充爲河南尹"。

吳行魯　　乾符二年—四年（875—877）

《舊書·僖宗紀》：乾符二年四月，"東川點檢兵馬使吳行魯可金紫光禄大夫，檢校兵部尚書，兼梓州刺史、御史大夫，充劍南東川節度等使"。《寶刻叢編》卷一八引《復齋碑録》："《唐百神堂記》，唐節度吳行魯記，正書大字，無姓名，乾符三年歲寄丙申四月二十日記。"《北夢瑣言》卷三謂吳行魯"歷東西川山南三鎮節度"。

李　璧　　乾符四年—五年（877—878）

《北夢瑣言》卷一一："唐李璧尚書出鎮東川，有律僧臨壇度人……嗜欲之心熾焉，一旦發露……八座戮之。"按乾符元年十一月，以長安令李璧爲諫議大夫，見《舊紀》。吳氏《方鎮年表》列於乾符四年至五年，從之。

王　渢（王渢）　　約乾符五年—六年（約878—879）

《全文》卷七九一王渢小傳："乾符中入爲工部尚書、檢校户部尚書、東都留守、劍南東川道節度使。"按乾符三年至五年，王渢在東都留守任。

楊師立　廣明元年—中和四年（880—884）

《通鑑·廣明元年》：四月，“以楊師立爲東川節度使”。又《中和四年》：正月，“東川節度使楊師立以陳敬瑄兄弟權寵之勝，心不能平”。二月，“楊師立得詔書，怒，不受代”。六月“壬辰，東川留後高仁厚奏鄭君雄斬楊師立出降”。

高仁厚　中和四年—光啓二年（884—886）

《通鑑·中和四年》：六月，“以高仁厚爲東川節度使”。《光啓二年》：三月，“陳敬瑄疑東川節度使高仁厚……殺之”。《新書·僖宗紀》：中和四年五月“癸酉，高仁厚爲劍南東川節度使以討楊師立”。

顧彦朗　光啓三年—大順二年（887—891）

《通鑑·光啓三年》：正月，“右衛大將軍顧彦朗爲東川節度使”。《大順二年》：九月，“東川節度使顧彦朗薨”。《新書·昭宗紀》作大順元年五月。又見《新書》本傳，《舊五代史·王建傳》，《十國春秋·前蜀高祖本紀》。《全文》卷九二〇登輝《護聖寺鐘銘》：“惟唐龍紀元年十月十七日，梓州三軍官吏百姓等，以節度使吳郡顧公繕甲治兵扈僖皇帝有功，授鉞典我邦稱禮……以法家財施，命其季漢州刺史彦暉叔僧棲讓鑄重五百鈞。”

顧彦暉　大順二年—乾寧四年（891—897）

《通鑑·大順二年》：九月，“東川節度使顧彦朗薨，軍中推其弟彦暉知留後”。十二月，“以顧彦暉爲東川節度使”。《舊書·昭宗紀》作景福二年。《通鑑·乾寧四年》：十月，“〔王〕建攻梓州益急。庚申，顧彦暉聚其宗族及假子共飲……然後自殺”。又見《新書·昭宗紀》，兩《五代史·王建傳》，《新書》本傳，《十國春秋·前蜀高祖本紀》，《全文》卷八一九韋昌謀《靈應廟記》、卷八四三李茂貞《請再降東川節度使顧彦暉制命表》。

【李茂貞　　乾寧三年(896)(未之任)】

《舊五代史》本傳：“乾寧二年五月，茂貞與王行瑜、韓建稱兵入覲……明年五月，制授茂貞東川節度使。”

【劉崇望　　乾寧五年(898)(未之任)】

《十國春秋·前蜀高祖本紀上》：“〔乾寧〕五年春正月，唐以兵部尚書劉崇望同平章事，充東川節度使。夏五月，昭宗聞〔王〕宗滌已爲東川留後，召崇望還，仍以宗滌爲留後。”又見兩《唐書》本傳。《全文》卷八二〇吳融有《授劉崇望東川節度使制》。

王宗滌(華洪)　　乾寧四年—天復元年(897—901)

《通鑑·乾寧四年》：二月，“〔王建〕以王宗滌爲東川留後”。《光化元年》：十月“丁巳，以東川節度留後王宗滌爲節度使”。《光化三年》：“六月癸亥，加東川節度使王宗滌同平章事。”《天復元年》：四月，“東川節度使王宗滌以疾求代”。又見《新書·顧彥暉傳》，《新五代史·王建傳》，《九國志》本傳，《十國春秋》本傳、《前蜀高祖本紀上》。

王宗裕　　天復元年—天祐元年(901—904)

《通鑑·天復元年》：四月，“東川節度使王宗滌以疾求代，王建表馬步使王宗裕爲留後”。《九國志》本傳：“東川平……爲東川留守，昭宗下詔加以真命，武成初召歸。”又見《十國春秋·前蜀高祖本紀上》。

王宗佶　　天祐二年—四年(905—907)

《九國志》本傳：“乾寧中，〔王〕建克綿州，以宗佶爲兵馬留後，尋加檢校太傅、知節度事。未幾，移鎮梓州。昭宗幸鳳翔，建遣宗佶與宗滌等率步騎迎駕。”《通鑑·開平元年》：九月“己亥，〔王建〕即皇帝位，國號大蜀。辛丑，以前東川節度使兼侍中王宗佶爲中書令”。又見《十國春秋·前蜀高祖本紀上》。

卷二三〇 遂州（遂寧郡）

隋遂寧郡。武德元年改爲遂州。二年置總管府。貞觀元年罷總管。十年復置都督。十七年罷都督府。天寶元年改爲遂寧郡。乾元元年復爲遂州。領縣五：方義、長江、唐興（蓬溪）、青石、遂寧。

劉永日　武德初

上圖藏拓片《大唐故劉君（延壽）墓誌銘》（顯慶五年四月十五日）：“祖永日，遂州刺史。”延壽卒顯慶四年八月三十日，年六十一。

張長遜　武德中

《舊書》本傳：“及寶軌率巴蜀兵擊王世充，以長遜檢校益州行臺左僕射，歷遂、夔二總管，所在皆有惠政。貞觀十一年卒。”《新書》本傳略同。《續高僧傳》卷一五《唐蒲州仁壽寺釋志寬傳》：“遂州都督張〔長〕遜，遠聞慈德，遣人往迎……貞觀之歲還反蒲壤。”按上圖藏拓片《大周故慕容君妻張氏志》（聖曆二年八月九日）稱：“祖長愻，隋遂州刺史。”“隋”疑爲“唐”之誤。

柏季纂　約武德中

《姓纂》卷一〇魏郡柏氏：“季纂，唐司農卿，汝、遂、宜、虞四州刺史，武陽公。”按柏季纂武德中歷屯田農圃監，再爲司農少卿，見《元龜》卷六二〇。

韋雲起　　武德中

《舊書》本傳："〔武德〕四年，授西麟州刺史、司農卿如故。尋代趙郡王孝恭爲夔州刺史，轉遂州都督，懷柔夷獠，咸得衆心。遷益州行臺民部尚書。"《新書》本傳略同。

唐　儉　　貞觀元年（627）

《隋唐石刻拾遺卷上・重刻莒國公唐儉碑》："貞觀元年，授使持節都督遂、梓、普等五州諸軍事（下缺七字），加鴻臚卿……春秋七十八薨。"《舊書》本傳："拜禮部尚書，授天策府長史，兼檢校黃門侍郎，封莒國公，與功臣等元勳恕一死，仍除遂州都督……貞觀初，使於突厥，説誘之。"《新書》本傳略同。《隋唐五代墓誌匯編・陝西卷》第一册《大唐故開府儀同三司特進户部尚書上柱國莒國公唐公（儉）墓誌銘》（顯慶元年十一月廿四日）："轉衛尉卿。尋爲遂州都督。"顯慶元年卒，春秋七十八。又《大唐故殿中少監上柱國唐府君（河上）墓誌銘并序》（儀鳳三年二月十四日）："父儉，今朝内史侍郎、禮部尚書、天策府長史、遂州都督、鴻臚卿、户部尚書、右光禄大夫、特進、上柱國、莒國公。"河上卒儀鳳三年，春秋六十五。

【陳叔達　　貞觀前期（未之任）】

《舊書》本傳："貞觀初，加授光禄大夫，尋坐與蕭瑀對御忿争免官。未幾，丁母憂……服闋，授遂州都督，以疾不行。"《新書》本傳略同。

李元則　　貞觀十年—十一年（636—637）

《舊書》本傳："〔貞觀〕十年，改封彭王，除遂州都督。尋坐章服奢僭免官。十七年，拜澧州刺史。"又《李元景傳》："〔貞觀〕十一年，定制元景等爲代襲刺史……遂州都督彭王元則。"《新書》本傳、《李元景傳》略同。又見《元龜》卷四六、卷二七四、卷二八一、卷二九八，《通鑑・貞觀十年》二月乙丑，《全文》卷六太宗《荆王元景等子孫代襲刺史詔》，《大詔令集》卷三四（《全文》卷一五〇）岑文本《册遂州都督彭王元則文》。

劉德威　　貞觀十八年(644)

《舊書》本傳:"〔貞觀〕十八年,起爲遂州刺史,三遷同州刺史。"又見《元龜》卷八六二。《新書》本傳未及。

李元嘉　　永徽五年(654)

《金石萃編》卷五〇《萬年宮銘碑陰題名》:"使持節遂州諸軍事遂州刺史上柱國韓王臣元嘉。"永徽五年五月十五日建。兩《唐書》本傳未及。

【柳　奭　　永徽六年(655)(未之任)】

《通鑑・永徽六年》:"七月戊寅,貶吏部尚書柳奭爲遂州刺史。"《元龜》卷九三三:"出爲遂州刺史。行至扶風,〔于〕承素希旨奏傳奭漏泄禁中之言,復坐貶爲榮州刺史。"按《舊書》本傳稱"累貶愛州刺史",未及貶遂刺事。《新書》本傳略同。

李　孝　　顯慶三年—麟德元年(658—664)

《舊書》本傳:"顯慶三年,累除遂州刺史。麟德元年薨。"《通鑑・麟德元年》:"五月戊申朔,遂州刺史許悼王孝薨。"又見《元龜》卷二八一。《新書》本傳未及。

李　惲　　約乾封中

《舊書》本傳:"永徽三年,除梁州都督……後歷遂、相二州刺史。上元年,有人詣闕告惲謀反,惶懼自殺。"又見《元龜》卷二八一。《新書》本傳未及。

李　璥　　高宗時

《新書・宗室世系表下》小鄭王房:"嗣王、遂州刺史璥。"按《舊書・李元懿傳》稱:"子璥,上元初,封爲嗣鄭王,官至鄂州刺史。"《新書》本傳略同。未及爲遂刺事。

郭時英　　約高宗、武后間

上圖藏拓片《故承務郎許州司户參軍郭府君（瑶）之墓誌并序》（大曆十三年八月廿九日）：“曾祖時英，皇任遂州刺史。”瑶大曆十三年六月四日卒。

王希儁　　約武后末

上圖藏拓片《唐故滑州匡城縣令王公（虔暢）墓誌銘并序》（咸通八年二月一日）：“秦漢已降，代光史册。及國朝，則材冠群英、名高華省曰守真……實生希儁，官隨、遂、綿、相、越五州刺史。”《全文》卷二九三張九齡《故太僕卿上柱國華容縣男王府君墓誌銘并序》：“再領遂、綿二州刺史……乃拜相州刺史。景雲歲……遂作越州都督。”王府君當即希儁。北圖藏拓片《唐故潞府參軍博陵崔公夫人琅耶王氏墓誌銘并序》（元和十四年四月二十六日）：“曾王父希儁，皇銀青光禄大夫，隨、遂、綿、相、越五州刺史，京兆尹，太僕卿，華容縣開國男。謚曰貞公。”夫人卒元和十四年，享年八十。

韋利賓　　開元三年（715）

《金石補正》卷三二邱悦《大彌陀等身像贊》：“前祕書少監韋利器、前遂州刺史利賓、前藍田尉利涉奉爲亡姊故扶陽郡太夫人天水趙氏所造……大唐開元三年歲次乙卯八月十日，小子利涉書。”又見《唐文續拾》卷三。

崔　誠　　開元十三年（725）

《新書·許景先傳》：“〔開元〕十三年，帝自擇刺史，景先由吏部侍郎爲刺史治虢州……左衛將軍裴觀滄州，衛率崔誠遂州，凡十一人。”又見《元龜》卷六七一。《唐詩紀事》卷二、《全唐詩》卷三作開元十六年，誤。

陸大同　　約開元中

《姓纂》卷一○河南洛陽陸氏："大同，遂州刺史。"按大同中宗朝官雍州司田，見《全文》卷二七六陸大同小傳。

竇　瑋　　約開元中

《姓纂》卷九河南洛陽竇氏："瑋，遂州刺史。"《新表一下》竇氏三祖房同。乃天授三年涇縣令竇孝禮之子。

鄭老萊　　開元中

《全文》卷七八四穆員《福建觀察使鄭公（叔則）墓誌銘》："唐貞元八年四月十六日，福建團練觀察使福州刺史兼御史大夫鄭公（叔則）薨於位……皇朝遂州刺史老萊……公則遂州之冢子。"《芒洛補遺·唐故邵州鄭使君（珤）墓誌》："使君貞元辛未年生，大中景子年殁……使君之曾王父，開元聞人，用前進士科，官至遂寧守，諱老萊。"又見《芒洛遺文》卷中《唐故祕書郎兼河中府寶鼎縣令趙郡李府君夫人滎陽鄭氏（秀實）墓誌銘并序》。

楊　回　　天寶中

《新表一下》楊氏觀王房："回，遂寧太守。"乃中宗時宰相楊綝之姪。《十國春秋·楊洞潛傳》："先世自唐祭酒潤生遂寧太守回，回生勉，由蜀逾嶺，因家焉。"

李　巨　　乾元二年—上元二年（759—761）

《舊書·肅宗紀》：乾元二年二月，"貶東京留守、嗣虢王巨以遂州刺史"。上元二年四月，"段子璋反，襲破遂州，殺刺史嗣虢王巨"。《新書·肅宗紀》、《通鑑·上元二年》同。又見兩《唐書》本傳，《元龜》卷一二二、卷二九七。

嚴　某　　廣德元年（763）

《全詩》卷二二八杜甫《行次鹽亭縣聊題四韻奉簡嚴遂州蓬州兩

使君諮議諸昆季》注：“嚴震及弟礪皆梓州鹽亭人。”按鶴注及浦起龍
《讀杜心解》皆謂此詩廣德元年作。仇兆鰲注：“諮議諸昆季，蓋嚴震
及礪也。其嚴遂州、蓬州二使君名，不可考矣。”

蘇　某　廣德元年(763)

《全詩》卷二二七杜甫有《陪李(一作章)梓州王閬州蘇遂州李果
州四使君登惠義寺》。據聞一多《少陵先生年譜會箋》，杜甫廣德元年
秋赴閬州。秋末返梓州。

蕭　某　廣德二年(764)

《全詩》卷二二八杜甫有《江亭王閬中筵餞蕭遂州》。據聞一多考
證，廣德二年正月，杜甫又自梓州赴閬州。三月，自閬州歸成都。

杜　濟　大曆二年(767)

《舊書·代宗紀》：大曆二年七月：“遂州刺史杜濟爲劍南東道節
度觀察使。”《全文》卷三四四顏真卿《京兆尹御史中丞梓遂杭三州刺
史劍南東川節度使杜公(濟)神道碑銘》：“大曆初，杜鴻漸分蜀爲東西
川，公爲副元帥判官知東川節度，拜大中大夫、綿劍梓遂渝合龍普等
州都防禦使、梓州刺史……尋拜東川節度使。俄而移軍，復爲遂州都
督。徵拜給事中。”又《京兆尹兼中丞杭州刺史劍南東川節度使杜公
(濟)墓誌銘》略同。

鮮于叔明(李叔明)　大曆二年(767)

《舊書》本傳：“出爲邛州刺史。尋拜東川節度、遂州刺史。後移
鎮梓州。”《新書》本傳略同。《唐文續拾》卷四韓雲卿《鮮于氏里門碑
并序》：“幼曰叔明，(缺)金商等州採訪使，入爲京兆尹，自左庶子出爲
遂州都督，兼御史中(缺)。”

喬　琳　大曆中

《舊書》本傳：“爲劍南東川節度鮮于叔明判官。改檢校駕部郎

中，果、綿、遂三州刺史兼御史中丞。入爲大理少卿、國子祭酒。出爲懷州刺史。”《新書》本傳略同。又見《唐詩紀事》卷五三。

張　縑　　大曆中？

《新表二下》清河張氏：“縑，遂州刺史。”乃太僕少卿詢孝孫。

【補遺】錢　某　　大曆、貞元間

崔説《大唐故遂州刺史侍御史錢府君夫人万俟氏墓誌銘》云：“夫人河南郡人也。……以貞元七年龍集己未四月廿九日，終於清化里之私第，時年六十九。”（《中國書法》2003 年第 5 期）則此錢某當是大曆、貞元間遂州刺史。

韋　武　　貞元三年（787）

《元龜》卷七〇一：“韋武爲昭應令……貞元三年五月詔，以……武爲遂州刺史……録善政也。”又見《御覽》卷二五五。《唐文拾遺》卷二七《足本吕衡州集・唐故銀青光禄大夫京兆尹兼御史大夫上柱國贈吏部尚書京兆韋公（武）神道碑銘并序》：“檢校本官兼昭應縣令……改遂州刺史……召拜户部郎中……除萬年令……遷京兆少尹……出爲絳州刺史。”

韋　昉　　貞元六年（790）

《元龜》卷九三三：“王叔邕爲劍南東川觀察使。貞元六年八月，叔邕奏：得遂州刺史韋昉狀，別駕崔位緣自憲官除此郡佐，心懷怨望。”又見《全文》卷五二七王叔邕《彈崔位狀》。

元　澄　　約貞元中

《姓纂》卷四河南洛陽元氏：“澄，遂州刺史。”按大曆八年《華嶽題名》有虞部員外兼殿中侍御史元澄。

楊　炅　　約貞元中

《新表一下》楊氏觀王房：“炅，遂州刺史。”乃遂寧太守楊回之子。

柳　蒙　元和四年（809）

《全文》卷六五一元稹《彈奏劍南東川節度使狀》：“〔東川節度使〕嚴礪元和四年三月八日身亡……遂州刺史柳蒙，擅收没李簡等莊八所。”

張九宗　元和十二年（817）

《輿地碑記目》卷四《遂寧府碑記》有《唐覺苑寺鑄鐘記》，注：“在蓬溪縣覺苑寺。唐元和十二年，遂州刺史張九宗撰鑄鐘記兼書。”又有《唐張九宗題記》。

李　繁　長慶二年（822）

《白居易集》卷四八《楊潛可洋州刺史李繁可遂州刺史史備可濛州刺史制》：“朝議大夫前使持節吉州諸軍事〔守〕吉州刺史上柱國〔襲鄡縣開國侯〕李繁……可使持節都督遂州諸軍事守遂州刺史。”兩《唐書》本傳未及。《全詩》卷五七四賈島有《處州李使君改任遂州因寄贈》，李使君即李繁。

蕭　澣　大和九年（835）

《舊書·文宗紀下》：大和九年七月，“貶刑部侍郎蕭澣爲遂州刺史”。《通鑑·大和九年》七月同。《樊南文集》卷八《刑部尚書致仕贈尚書右僕射太原白公（居易）墓碑銘》：“補盩厔尉。明年試進士，取故蕭遂州澣爲第一。”《全詩》卷五四一李商隱有《哭遂州蕭侍郎二十韻》，又見《酉陽雜俎》卷四。

李文通　約文宗時

《新書·宗室世系表上》郇王房：“壽州團練使文通破蔡州有功，終遂州刺史。”乃婺州刺史李思忠之曾孫。

封　載　約大中六年（約852）

《全文》卷七四九杜牧有《陸紹除信州刺史封載除遂州刺史

等制》。

韓 鄌　　約咸通、乾符間

《新表三上》韓氏："鄌，字正封，遂州刺史。"乃亳州刺史韓賓之子。

鄭君雄　　光啓二年（886）

《新書·僖宗紀》：光啓二年三月壬午，"遂州刺史鄭君雄陷漢州"。又《高仁厚傳》："光啓二年，遂據梓州，絕〔陳〕敬瑄。〔鄭〕君雄時爲遂州刺史，亦陷漢州，攻成都。敬瑄使部將李順之逆戰，君雄死。"《通鑑·光啓二年》三月作"鄭君立"；嚴注："立"改"雄"。又見《廣記》卷三一三引《錄異記》。

侯 紹　　乾寧四年（897）

《新書·昭宗紀》：乾寧四年十月"壬子，遂州刺史侯紹叛附於王建"。又見《十國春秋·前蜀高祖本紀上》。

王宗佶　　光化二年（899）

《通鑑·光化二年》："五月甲午，置武信軍於遂州。"六月，"以西川大將王宗佶爲武信節度使"。又見《十國春秋·前蜀高祖本紀上》、本傳。

王宗侃　　約天復中

《九國志》本傳："奏授宗侃雅州刺史，遷眉州團練使。未幾，授武信軍節度使。"按乾寧二年十一月王宗侃在雅州刺史任。

張 琳　　約天復中

《十國春秋·前蜀高祖本紀下》：王建即位赦文："故武信軍節度使張琳……并宜追贈。"

王宗瑶　　天復中

　　《九國志》本傳:"奏授嘉州刺史。天復中授武信軍節度使。建開國,加太子少傅。"

趙匡明　　約天祐三年—四年(906—907)

　　《新書·趙匡凝傳》:"匡明亦謀奔淮南,子承規諫……匡明謂然,乃趨成都,王建待以賓禮,授武信軍節度使……全忠遂有荊南。"

待考録

盧　諤

　　《新表三上》盧氏:"諤,遂州刺史。"乃歙州刺史盧庭昌之姪。

白子昉

　　《蜀中名勝記》卷三〇遂寧縣:"按尋香山本名血腥山,唐刺史白子昉改今名。"

卷二三一　普州（安岳郡）

武德二年，析資州置普州。天寶元年改爲安岳郡。乾元元年復爲普州。領縣六：安岳、安居、普康、崇龕、普慈、樂至。

長孫洪　　武德中？

《新表二上》長孫氏：“洪，普州刺史。”按《隋書》附《長孫覽傳》，稱“子洪嗣。仕歷宋、順、臨三州刺史，司農少卿，北平太守”。未及普州刺史。疑普刺爲入唐後官。

程知節　　貞觀十一年（637）

《舊書·長孫無忌傳》：“〔貞觀〕十一年，令與諸功臣世襲刺史。詔曰……左領軍大將軍、宿國公程知節可普州刺史，改封盧國公……無忌等上言曰：‘臣等披荆棘以事陛下，今海内寧一，不願違離……’於是遂止。”又見《舊書》本傳，《元龜》卷一二九，《全文》卷六太宗《功臣世襲刺史詔》。《新書》本傳未及。按北圖藏拓片《程知節碑》（麟德二年十月十一日）：“〔貞觀〕十一年檢校蔣王府長史，其年改封盧國公，授普州刺史。”麟德二年二月七日卒。《隋唐五代墓誌彙編·陝西卷》第一册《大唐〔贈〕驃騎大將軍益州大都督上柱國盧國公程使君墓誌銘并序》（麟德二年十月二十二日）：“十一年封建功臣，以公爲普州刺史，改封盧國公……出藩之日，帶以京官。”

李孝同　　顯慶二年（657）

《全文》卷九九二闕名《右衛將軍贈左武衛大將軍代州都督柱國

2940

淄川公李府君（孝同）碑》：“顯慶二年，授使持節普州諸軍事、普州刺史……俄以他事坐爲士伍。尋授播州刺史。舉計入朝，詔復本官……乾封二年，遷右衛將軍。”

李義府 顯慶三年—四年（658—659）

《舊書·高宗紀上》：顯慶三年“冬十一月乙酉，兼中書令、皇太子賓客兼檢校御史大夫、河間郡公李義府左授普州刺史”。四年“秋七月壬子，普州刺史李義府爲吏部尚書、同中書門下三品”。又見兩《唐書》本傳，《新書·高宗紀》、《宰相表上》、《通鑑·顯慶三年》、《顯慶四年》，《元龜》卷七二、卷三三七。

張大安 永隆元年—永淳二年（680—683）

《舊書·高宗紀》：永隆元年八月，“太子左庶子、同中書門下三品張大安坐庶人左遷普州刺史”。又見兩《唐書》本傳，《新書·高宗紀》、《宰相表上》、《李賢傳》、《通鑑·永隆元年》、《唐詩紀事》卷五。《嚴州圖經》卷一題名：“張大安，永淳二年五月十九日自普州刺史拜。”

【劉齊賢（劉景先） 光宅元年（未之任）】

《通鑑·光宅元年》：十月丙申，“劉景先貶普州刺史”。《舊書》本傳：“則天臨朝，代裴炎爲侍中。及裴炎下獄，景先與鳳閣侍郎胡元範抗詞明其不反，則天甚怒之。炎既誅死，景先左遷普州刺史，未到，又貶吉州長史。永昌年，爲酷吏所陷，繫於獄，自縊死。”《新書》本傳略同。上圖藏拓片《周故吉州長史劉君（齊賢）墓誌銘并序》：“左遷普、辰二州刺史、吉州長史……春秋六十有二，薨於滏郡。”

姚 良 約武后時

《千唐誌·大唐故恒州真定縣丞姚府君（如衡）墓誌銘并序》（開元二十七年四月九日）：“祖感，皇大中大夫、陳州刺史。父良，正議大夫、普州刺史。”如衡卒開元二十六年六月，年六十七。

盧元莊　約武后時

《芒洛四編》卷六《唐故太子司議郎盧府君（寂）墓誌銘并序》：“祖元莊，沔、普、嘉三州刺史。”劉寂卒貞元九年五月八日，年八十一。《千唐誌·大唐故銀青光禄大夫檢校太子賓客上柱國范陽郡開國子兼監察御史盧公（翊）墓誌銘并序》（貞元二十年八月二十八日）：“曾祖元莊，銀青光禄大夫，普、沔、嘉三州刺史。”盧翊卒貞元二十年三月五日，享年四十四。

劉肱　開元初

《廣記》卷一一二引《報應記》：“唐晏，梓州人，持經日七遍。唐開元初，避事晉州安岳縣。與人有隙，讒於使君劉肱。肱令人捉晏。”按“晉州”無安岳縣，當爲“普州”之訛。

韋忠　開元十年（722）

《姓纂》卷二東眷韋氏閬公房：“忠，普州刺史。”《新表四上》同。《輿地碑記目》卷四有《唐西巖禪師受戒序》，注：“普州刺史韋忠開元十年建。”《文物》1988年第8期《四川石窟雜識》：“安岳石窟現存造像多爲盛唐以後遺物……第56窟開元十年普州刺史韋忠造像記。”

李瓊　約玄宗時

《新表二上》隴西李氏姑臧房：“瓊，普州刺史。”乃工部侍郎李義琛之孫。

韓澄　永泰元年（765）

《新書·代宗紀》：永泰元年閏十月，“〔西川〕節度使郭英乂奔於靈池，普州刺史韓澄殺之”。又見兩《唐書·郭英乂傳》，《通鑑·永泰元年》。

李恕　元和二、三年（807、808）

《全文》卷六五一元稹《彈奏劍南東川節度使狀》：“諸州刺史名

衙、并所收色目謹具如後……普州刺史李忿,元和二年加徵錢草六千
束;三年加徵草九千四百五十束。"

姜沔　元和中?

《隋唐五代墓誌匯編・陝西卷》第四册《唐朝議郎漢州什邡縣令
京兆田行源亡室隴西李氏墓誌銘并叙》(大中八年十一月二十五日):
"父暄,戎、瀘二州刺史。妣姜氏。外祖邑慶,贊善大夫。舅沔,歷刺
普、簡二郡。"李氏卒大中八年,享年六十二。

王承迪　長慶元年(821)

《全文》卷六四八元稹《授王承迪等刺史王府司馬制》:"敕莒王府
司馬王承迪……可守普州刺史。"

樂某　開成五年(840)

《全詩》卷五七三賈島《讓糾曹上樂使君》:"雖然叩一揆,還似説
三乘。瓶汲南溪水,書來北嶽僧。"李嘉言《賈島年譜》推斷開成五年
作於普州。按賈島開成至會昌中爲普州司倉參軍。時或有攝糾曹之
命,遂讓之。

韓瞻　大中五年(851)

李商隱《迎寄韓魯州瞻同年》詩,馮浩在"魯"字下注:"誤,似當作
'果'。"張采田《玉溪生年譜會箋》大中五年云:"其後義山赴東川,而
畏之亦出刺果州。故又有《迎寄》之作。所謂'迎寄'者,以果州近梓,
故云。"又將此詩繫於大中五年下,并云:"'魯州'當從馮注作'果州'。
義山到梓,畏之(韓瞻之字)旋出刺果,故有此迎寄之作。"今按友人陶
敏謂"魯"、"果"形音相去甚遠,且自京赴果州不須入蜀,李商隱又
不能擅離東川到果州去迎。"魯"當爲"普"之訛。普州亦屬東川,
且在梓州之南,韓瞻赴普州任,必經梓州,故李商隱得以迎而先以
詩寄之。

張　爽　　約大中時

《古刻叢鈔·唐故宣義郎侍御史内供奉知鹽鐵嘉興監事張府君（中立）墓誌銘并序》:"金州生普州刺史諱爽,進士及第,登朝爲殿中侍御史,□稱其□,享年不永,竟不至高位,當時惜之。君即普州第二子也。"張中立卒乾符六年二月三十日,年五十五。又見《唐文拾遺》卷五二。

馮　彭　　咸通十三年(872)

《舊書·懿宗紀》:咸通十三年五月,"前興元少尹馮彭爲普州刺史"。

韋君靖　　中和二年(882)

《金石續編》卷一二《韋君靖建永昌寨》:"韓秀昇勃亂黔峽,侵軼巴渝,公乃統率義軍討除逆黨……渝牧田公備録奏聞□忠節,檢校御史大夫,除拜普州刺史。"按韓秀昇亂黔峽在中和二年十月,見《通鑑》。

待考録

薛　昭

《新表三下》薛氏:"昭,普州刺史。"乃右金吾將軍薛思行子。

卷二三二　陵州(仁壽郡)

　　隋隆山郡。武德元年改爲陵州。天寶元年改爲仁壽郡。乾元元年復爲陵州。領縣五:仁壽、貴平、井研、始建、籍。

徐　蓋　　武德二年—四年(619—621)

　　《新表五下》高平北祖上房徐氏:"蓋字廣濟,陵州刺史,舒國公。"《舊書·李勣傳》:武德二年,"封其父蓋爲濟陰王,蓋固辭王爵,乃封舒國公,授散騎常侍、陵州刺史"。又見《元龜》卷一三〇。按《元龜》卷三五七稱"李勣武德四年以陵州刺史從太宗伐王世充於東都",誤。

韋　津　　武德中

　　《舊書·韋安石傳》:"祖津,大業末爲民部侍郎……及洛陽平,高祖與津有舊,徵授諫議大夫,檢校黃門侍郎。出爲陵州刺史,卒。"《新書·韋安石傳》略同。《新表四上》韋氏鄖公房:"津,陵州刺史,壽光縣男。"《全文》卷二五八蘇頲《刑部尚書韋公(抗)神道碑》:"鄖之子太僕少卿、陵州刺史、武陽公諱津。"卷三二六王維《大唐故臨汝郡太守贈祕書監京兆韋公(斌)神道碑銘》:"曾祖津,陵州刺史,壽光縣男。祖琬,成州刺史。"《隋唐五代墓誌匯編·陝西卷》第三册《大唐前安州都督參軍元琰妻韋誌銘并序》(永淳二年正月廿八日):"祖津,皇朝太僕少卿、陵州刺史、壽光男。父琬,皇朝成州刺史,壽光男。君即公之次女。"韋氏卒永淳二年,春秋十五。又見《大周故朝散大夫行洛州陸渾縣令韋府君(愔)墓誌銘并序》(聖曆元年三月二十五日)。

冉仁才　　貞觀中

拓本殘墓誌：“貞觀六年除澧州刺史，十一年遷□州刺史……服
闋除陵州刺史……遷永州刺史。”據四川省博物館考證，當是冉仁才
墓誌（見《考古學報》1980 年第 4 期《四川萬縣唐墓》）。

李高遷　　約貞觀、永徽間

《舊書》本傳：“武德初，突厥寇馬邑，朔州總管高滿政請救，高祖
令高遷督兵助鎮……高遷乃斬關宵遁，其將士皆没，竟坐除名徙邊。
後以佐命功，拜陵州刺史。永徽五年卒，贈梁州都督。”《新書》本傳
稱：“歷資州刺史，卒。”未及刺陵州事。

賀遂亮?　　顯慶元年（660）

《全文》卷二〇〇賀遂亮小傳：“顯慶中官侍御史，出爲陵州刺
史。”《金石萃編》卷五三《大唐平百濟國碑銘》，顯慶五年八月十五日
立，洪良浩引東史云：“撰者，陵州刺史賀遂亮。書者，洛州河南權懷
素。”然文内有：“□州長史判兵曹賀遂亮，濫以庸才，謬司文翰。”明稱
“長史”，疑有誤。

蕭　鍇　　約武后時

《芒洛四編》卷五《大唐故董府君（守貞）墓誌銘并序》：“夫人蘭
陵縣蕭氏，即皇唐武、易、蘄、陵四州刺史鍇之第六女也……以開元
十一年二月一日合葬於洛陽北原。”董守貞卒開元十年八月七日，
年五十七。按《新表一下》蕭氏：“鍇，虞部郎中。”高祖時宰相蕭瑀
之子。

于光遠　　約武后時

《新表二下》于氏：“光遠，通、陵二州刺史。”按《姓纂》卷二河南洛
陽于氏：“光遠，職方郎中。”《英華》卷四一七有李嶠《授通州刺史于光
遠加階制》。

楊務廉　神龍初

《舊書·袁恕己傳》："中興初，恕己恐其（楊務廉）更啓遊娛侈靡之端，言於中宗曰：'務廉致位九卿……每宮室營構，必務其侈，若不斥之，何以廣昭聖德？'由是左授務廉陵州刺史。"《新書·袁恕己傳》略同。又見《御覽》卷四五四。

崔子儀　約開元初

北圖藏拓片《大唐故越州諸暨縣主簿崔君（齊榮）墓誌銘并序》（開元十六年七月二十六日）："考子儀，太僕少卿，楚、陵、通三州刺史……君即通州君之次子也。"齊榮卒開元十六年。未言享年。

唐　瑊　約開元中

《新表四下》唐氏："瑊，鄆、陵二州刺史。"乃延、濮、青、汴、邠等州刺史唐敏之孫。

路　某　廣德元年（763）

《全詩》卷二二七杜甫有《送陵州路使君赴（一作之）任》。

崔嗣童　約代宗時

《新表二下》崔氏清河大房："嗣童，陵州刺史。"乃杭州刺史元獎孫，冀州刺史庭玉子，駙馬都尉惠童兄。

韋　漸　大曆中？

《姓纂》卷二京兆杜陵西眷韋氏："漸，陵州刺史。"《新表四上》韋氏平齊公房同。

任　鵬　約德宗前期

《姓纂》卷五渭州任氏："鵬，陵州刺史。"《新表三上》同。乃易定節度使任迪簡之父。

李正卿 元和十五年—寶曆元年(820—825)

《白居易集》卷五三《權知陵州刺史李正卿正除刺史制》："李正卿頗窺吏道，因假郡符……可陵州刺史。"《輿地碑記目》卷四《隆州碑記》："《張天師靈廟碑》，元和十五年，知陵州李正卿撰。"又見《唐文拾遺》卷五〇杜光庭《焰陽洞記》。《千唐誌·唐故綿州刺史江夏李公(正卿)墓誌銘并序》(會昌四年十二月十九日)："憲宗問守宰善政……拜成都令，遷陵、閬二郡刺史，入爲少府少監；文宗思共理者，復用爲邛州刺史。"卒會昌四年四月十一日，年七十四。《蜀中名勝記》卷八引《碑目》云："《貴平縣文宣王廟碑》，長慶五年陵州刺史李正卿撰。"按長慶無五年，當即寶曆元年，證知其年尚在任。

謝少莒 寶曆二年(826)

《元龜》卷八六二："謝少莒，敬宗寶曆二年以前陵州刺史起復爲雲麾將軍、左驍衛將軍同正兼州刺史。"

王承休 寶曆、大和間

《全文》卷六九三李虞仲《授王承休等諸州刺史制》："御史中丞王承休……可朝議郎、使持節陵州諸軍事陵州刺史。"按李虞仲寶曆中轉兵部郎中，知制誥，拜中書舍人。大和四年，出爲華州刺史。

劉 縱 開成中

《千唐誌·唐滑州匡城縣尉博陵崔君故夫人彭城劉氏(琬)墓誌銘并序》(大中元年十月二十八日)："祖諱昌裔，皇左僕射，陳許等州節度使，贈太尉。父諱縱，皇陵州刺史……夫人即陵州刺史之女。"劉琬卒大中元年五月，年二十三。《廣記》卷一九四引《傳奇》："開成年，〔劉〕昌裔子縱除陵州刺史。"

何 溢 會昌末、大中初

《大唐故銀青光禄大夫使持節茂州諸軍事行茂州刺史何公

(溢)墓誌銘并序》(大中四年十一月二十八日):"拜循州刺史……連帥范陽盧公貞復以表論,拜陵州刺史……後拜是邦……化涖三年。"大中四年卒(《西安郊區隋唐墓》)。

李 瓊　　咸通中

《雲笈七籤》卷一一九《李瓊夢遇天師告授陵州刺史驗》:"李瓊,咸通中爲王府長史……中夜而寐,夢入深山窮谷……俄而升殿,見像設尊儀……是冬頻訴於宰執,復希入用,乃授陵州刺史之任。"注:"瓊即西平王孫也。"

周 遇　　咸通中?

《廣記》卷四八三引《嶺表録異》:"陵州刺史周遇不茹葷血。"按《全文》卷七九一有周遇撰《劉氏太原縣君霍夫人墓誌銘并序》,小傳云:"遇,大中時守彭王府諮議參軍。"未知即此人否。

劉 權　　廣明二年?　(881?)

《寶刻叢編》卷三引《集古録目》襄州:"唐新立《鎮南將軍劉表廟碑》,唐陵州刺史劉權撰并書……僖宗時,山南東道節度使劉巨容常夢見之,故爲立廟,巨容自稱裔孫。碑以廣明二年立。"

蕭 兓　　廣明二年(881)

《輿地碑記目》卷四《隆州碑記》:"《超覺寺記》,廣明二年陵州刺史蕭兓記。"

謝 曈(謝曈)　　約光啓中

《舊五代史》本傳:"爲陵州刺史。治郡一歲,改檢校右散騎常侍、通州刺史。在任四考,頗有政績。秋罷……龍紀二年,至東京。"《全文》卷八一二劉崇望有《授陵州謝曈兼御史中丞前舒州司馬倪徽端州刺史制》。按劉崇望約光啓二年至龍紀元年爲翰林學士。

陳　聞　　約昭宗時

《新表一下》陳氏："聞，陵州刺史。"乃文宗相陳夷行之姪曾孫。

待考録

李　鎔

《新表二上》隴西李氏姑臧房："鎔，陵、嘉二州刺史。"

卷二三三　資州（資陽郡）

隋資陽郡。武德元年改爲資州。天寶元年改爲資陽郡。乾元元年復爲資州。領縣八：盤石、資陽、牛鞞、内江、月山、龍水、銀山、丹山。

李普定　　武德中

北圖藏拓片《唐故朝議郎行汴州司倉參軍員外置同正員隴西李府君（頠）及夫人南陽張氏墓誌》（貞元十□年）："曾祖普定，國初洮岷六州總管岷州刺史，歷資、眉、□、□等州刺史，封西平郡王。祖玄崱，鄜州長史。父元明，資州資陽縣令。"元年建丑月卒，年五十二。

薛　獻　　約貞觀十二年（約638）

《唐文拾遺》卷六四闕名《大唐太子左衛杜長史故妻薛氏（瑶華）墓誌》："祖獻，工部侍郎，泉、資、定、隴四州刺史，贈洪州都督，内陽穆公。"瑶華顯慶二年卒，時年二十六。又見《金石補正》卷三六。按薛獻貞觀十五年爲定州刺史，十八年爲隴州刺史。

皇甫珍義　　貞觀中

《新表五下》皇甫氏："珍義，資、建二州刺史。"乃洛州、揚州長史皇甫知常祖父。又見《白居易集》卷七〇《唐〔故〕銀青光禄大夫太子少保安定皇甫公墓誌銘并序》。北圖藏拓片《大唐故徵士皇甫君（鏡幾）墓誌銘并序》（文明元年八月五日）："祖珍義，皇朝朝散大夫、資州

2951

刺史。父文房，皇朝朝散大夫、太子舍人、洺州司馬。"鏡幾卒麟德二年，年廿三。

元文豪　　貞觀中？

《隋唐五代墓誌匯編·洛陽卷》第七册《大周故柳府君（懷素）墓誌并序》（延載元年七月二十七日）："夫人元氏，昭成帝樂平王孫，唐太僕卿、資州刺史文豪之女。"夫人卒儀鳳年間。

常　何　　貞觀二十一年—永徽三年（647—652）

抄本《大唐故使持節都督黔思費等十六州諸軍事黔州刺史常府君（何）之碑》："〔貞觀〕廿一年除資州諸軍事資州刺史……永徽三年，遷使持節都督黔思費等十六州諸軍事黔州刺史。"（《燉煌吐魯番文獻研究論集·燉煌寫本常何墓碑考釋》）

李高遷　　永徽五年前（654 前）

《新書》本傳："坐除名徙邊。後歷資州刺史，卒，贈涼州都督。"《元龜》卷一三八：永徽五年二月庚申，"故資州刺史李高遷贈涼州都督"。按《舊書》本傳稱："坐除名徙邊。後以佐命功，拜陵州刺史。永徽五年卒，贈梁州都督。"

王師感　　約高宗時

《全文》卷七一三許志雍《唐故江南西道觀察判官監察御史裏行太原王公（叔雅）墓誌銘并序》："皇朝比部郎中、資州刺史師感，公之高祖也……金紫光禄大夫、祕書監、御史中丞、衢州刺史，贈揚府大都督諱承俊，公之先考也……公即中丞第四子也。"王叔雅卒元和四年正月七日，年五十五。又見《古刻叢鈔》。

鄭　某　　約武后時

《全文》卷二一〇陳子昂有《爲資州鄭使君讓官表》。

楊元禧　　武后時

《新書》本傳：“嘗忤張易之……貶〔楊〕元亨睦州刺史，元禧資州刺史。”按《舊書》本傳作“資州長史”。

房玄静　　武后時？

《韓昌黎集》卷二五《興元少尹房君墓誌》：“公曾祖諱玄静，尚書膳部郎中，歷資、簡、涇、隰四州刺史，太尉（房琯）之叔父也。”

王　曄　　開元初

《宋高僧傳》卷二〇《唐資州山北蘭若處寂傳》：“開元初，新除太守王曄，本黄冠也。景雲中曾立少功，刺于是郡。”

楊　涉　　約開元中

《新表一下》楊氏觀王房：“涉，資州刺史，廣平郡公。”乃武后時宰相楊執柔之姪，新安令楊執虚之子。

呂仁誨　　約開元中

《全文》卷五二二梁肅《外王父贈祕書少監東平呂公神道表銘》：“璡，皇朝晉陽令，贈郴州刺史。郴州之嗣曰仁誨……仁誨由成王文學轉岐王府屬，累遷右庶子，金吾中郎將，資州刺史。除許州，未拜而薨，以孝行聞。”

房　涣　　開元中？

《輿地碑記目》卷四《資州碑記》：“《唐開元棲神山略記》，在法鉢池前，刺史房涣文。”

韋　光　　天寶三載（744）

《金石録》卷七：“《唐資州刺史韋光碑》，趙良器撰，族子若訥八分書，天寶三載七月。”又見《寶刻叢編》卷二〇引。《姓纂》卷二東眷韋氏南皮公房：“光，資州刺史。”《新表四上》韋氏南皮公房同。

盧知遠　　蕭宗時？

《新表三上》盧氏：“知遠，資州刺史。”乃高宗時宰相盧承慶之姪孫，嘉州刺史盧元莊之子。《千唐誌·大唐故銀青光禄大夫檢校太子賓客上柱國范陽郡開國公兼監察御史盧公（翊）墓誌銘并序》（貞元二十年八月十八日）：“祖知遠，銀青光禄大夫、資州刺史。”盧翊卒貞元二十年三月五日，年四十四。《芒洛遺文》卷中《唐故鄉貢進士范陽盧府君墓誌》：“曾王父知遠，資州刺史。”盧君（諱□，字子鷟）卒長慶四年五月十八日，年三十七。按知遠天寶八、九載在襄陽郡司馬任，見《大唐故譙郡城父縣尉盧府君（復）墓誌銘》（天寶九載二月十三日）。其刺資州疑在蕭宗時。

韓　泛　　乾元三年（760）

《宋高僧傳》卷一九《唐成都净衆寺元相傳》：“乾元三年，資州刺史韓泛撰碑。”按韓泛上元中終諫議大夫，見兩《唐書·韓休傳》。

叱干公　　大曆二年—六年（767—771）

《全文》卷四四四李去泰《資州刺史叱干公三教道場文》：“察其規制，即資州刺史叱干公作禮虔誠，大曆二年十月奉爲我國家之所造也。”《金石補正》卷三六稱“大曆六年四月十五日”。

李　渭　　約大曆中

《隋唐五代墓誌匯編·洛陽卷》第十四冊《唐故處士李府君（寧）墓誌銘并序》（大中十年四月二十五日）：“祖禮部尚書、東京留守、贈太尉忠懿公諱憕，考資州刺史諱渭，府君即資州府君第二子也。”寧卒大中十年，享年八十三。《輿地紀勝》卷一五七《資州·官吏》：“李渭，爲本郡刺史，有詩刻留等慈寺。時與前進士崔公輔同遊，崔有詩云：‘淮陽清净理，永嘉山水心。’”又見《蜀中名勝記》卷六引《蜀志補遺》。按李憕安史亂時遇難，其子疑仕大曆中。又按崔公輔爲杜甫交遊，杜甫有《贈崔十三評事公輔》詩。

李延業　　大曆中

《全文》卷五〇〇權德輿《故太子右庶子集賢院學士贈左散騎常侍王公(定)神道碑銘并序》：“興元元年春二月，太子右庶子王公薨貞歸全於京師新昌里……夫人隴西李氏，右金吾衛將軍、資州刺史延業之女。”

龐　復　　貞元五年(789)

《舊書・德宗紀下》：貞元五年三月“癸亥，以資州刺史龐復爲安南都護、本管經略使”。

鄭　鋼(鄭綱)　　貞元中？

《全詩》卷三三二羊士諤有《寒食宴城北山池即故郡守滎陽鄭鋼(一作綱)目爲折柳亭》。

羊士諤　　元和八年—十年(813—815)

《元龜》卷五二二：“元和三年，〔李〕吉甫擢〔竇群〕爲御史中丞，及得權，反與知雜事呂溫、侍御史羊士諤等黨比，同構陷吉甫……憲宗召〔陳〕登立辨其僞，貶溫均州刺史，士諤資州刺史。”兩《唐書・呂溫傳》略同。又見《唐才子傳》卷五。按士諤是年未赴資州，即再貶巴州。《全文》卷六一六孟簡《建南鎮碣記》：“太山諫卿〔羊士諤〕……出爲巴州刺史……理行居最，再移資州，如巴之政；今復爲洋州……十年十月十日建。”按元和八年士諤再移資州。十年徙洋州。《全詩》卷二七一竇群有《雨後月下寄懷羊二十七資州》。《輿地碑記目》有《毗沙門天王讚》，注：“唐羊士諤爲刺史撰并書。”

第五申　　元和十四年前(819前)

《元龜》卷七〇〇：“第五申爲資州刺史，元和十四年坐贓，貶連州司馬。”

李　邴　　元和十四年？(819？)

《全文》卷五六三韓愈《中大夫陝府左司馬李公(邴)墓誌銘》：“拜

宗正丞，宰相以文理白爲資州刺史……改拜陝府左司馬……長慶元年正月丙辰，以疾卒，春秋七十三。”

李師素 元和十五年(820)

《元龜》卷四八一：“李師素，爲兵部員外郎，元和十五年九月，坐與令狐楚親，出爲資州刺史。”

王師閔 大和二年(828)

《金石苑》卷二《唐王師閔詩》：“大和二年正月七日……資州刺史王師閔題。”

丁　俛 大和中

《金石萃編》卷一〇五《韋臯紀功碑碑陰》：“前刺史丁公俛起屋立石。”王昶按：“其‘前刺史丁公俛’云云一段後無年月，殆即《輿地碑記》所謂開成元年臯從孫鋌爲本州守紀述之語也。”按《輿地碑記》謂“碑在資州”。丁俛當爲韋鋌前任。

韋　鋌 開成元年(836)

《輿地碑記目》卷四《資州碑記》有《唐韋臯紀功碑》，注：“惟碑陰乃開成元年臯從孫鋌爲本州守日紀述，其文具全，遂復覆之。”《蜀中名勝記》作“簡州”，未知孰是，姑兩存之。

盧　并 文宗時

《全詩》卷七九五盧并詩句注：“文宗朝資州守。”

盧　某 咸通中？

《全詩》卷五四八薛逢有《芙蓉溪送前資州裴使君歸京寧拜户部裴侍郎》。

師弘禮 乾符三年—四年(876—877)

《唐故銀青光禄大夫使持節資州諸軍事守資州刺史兼安夷軍使

殿中侍御史柱國平原師府君（弘禮）墓誌銘并序》（廣明元年四月廿五日）：“除藤州刺史……未幾，拜資州刺史兼安夷軍使、殿中侍御史、柱國……會遭不協者疏，詔罷，因遊江西，復遇逆寇，公忿然有剪滅之志，而無其位，因而構疾。乾符四年十月九日終於洪州旅次，享齡四十有八。”（《考古與文物》1983 年第 2 期）

楊　戡　　大順元年（890）

《新書·昭宗紀》：大順元年二月“己未，資州將侯元綽執其刺史楊戡，叛附於〔王〕建”。《通鑑·大順元年》、《十國春秋·前蜀高祖本紀上》同。

侯元綽　　大順元年（890）

《通鑑·大順元年》：二月“己未，資州將侯元綽執刺史降於〔王〕建，建以侯元綽知州事”。《十國春秋·前蜀高祖本紀》同。

卷二三四　榮州（和義郡）

武德元年置榮州。天寶元年改爲和義郡。乾元元年復爲榮州。領縣六：大牢、公井、威遠、旭川、咨官、和義。

魏　陸　　武德三年(620)

《元龜》卷一二六：武德三年十月"景辰，王世充榮州刺史魏陸執世充大將軍張志等四將來降"。

柳　奭　　永徽六年—顯慶二年(655—657)

《通鑑·永徽六年》："七月戊寅，貶吏部尚書柳奭爲遂州刺史。奭行至扶風，岐州長史于承素希旨奏奭漏泄禁中語，復貶榮州刺史。"《顯慶二年》：八月，"又貶褚遂良爲愛州刺史，榮州刺史柳奭爲象州刺史"。又見《元龜》卷九三三。兩《唐書》本傳未及。

于志寧　　顯慶四年(659)

《舊書》本傳："〔顯慶〕四年，表請致仕，聽解尚書左僕射，拜太子太師，仍同中書門下三品……尋降授榮州刺史。麟德元年，累轉華州刺史。"《新書》本傳略同。《通鑑·顯慶四年》：八月，"于志寧貶榮州刺史"。《全文》卷一三七令狐德棻《大唐故柱國燕國公于君碑銘并序》："遷太子太師、同中書門下參□□□□□□事□□□榮州刺史，公□言□□待罪鞠躬，俄有恩詔遷岐州刺史，考績入□□除華州。"按《金石萃編》卷七一："《于知微碑》，碑云：志寧官蒲、岐、華三州刺史。

《新書》云：'出爲榮州刺史，改華州。'以蒲爲榮，又不云岐州，是其缺誤也。"疑《萃編》有誤。

樊　侃　　約開元初

《全文》卷二五三蘇頲《授樊侃益州司馬制》："太中大夫前守榮州都督借紫金魚袋上柱國樊侃……可行益州大都督府司馬，餘如故。"

高智静　　開元中

北圖藏拓片《大唐吏部選彭城劉君故妻高氏墓誌銘并序》（天寶八載六月九日）："君諱婉，字温，渤海蓨人也……祖應，皇進士及第，考功射策□常登科……父智静，皇朝議大夫，榮、禮（澧）二州刺史，删定格式，中外□□。"高氏卒天寶五載，春秋三十四。按高智静開元七年在大理司直任，上《開元後格式》，見《新書·藝文志二》。其刺榮州當在開元中。

李　璿　　約開元中

《全文》卷五三〇顧況《饒州刺史趙郡李府君（端）墓誌銘》："榮州刺史璿孫，贈尚書郎銛子，諱端，字公表……貞元八年秋七月絶於郡署，年六十一。"

薛高邱　　開元二十年（732）

《輿地碑記目》卷四《榮州碑記》有《唐刺史薛高邱磨崖碑》，注："在榮德山，唐開元二十年，刺史薛高邱磨崖碑，多載仙靈事，今字畫已磨滅。"又有《榮德山薛刺史磨崖碑》。

元無泚　　約開元中

《姓纂》卷四河南洛陽元氏："無泚，榮州刺史。"乃江州刺史元邕之弟。

韋 玠　　約大曆中

《姓纂》卷二東眷韋氏閬公房：“玠，榮州刺史。”《新表四上》同。
乃鄂州刺史韋延安之再從兄弟。

段 諤　　建中時

《新表五下》段氏：“諤，榮州刺史。”乃穆宗時宰相段文昌之父。
按《舊書·段文昌傳》：“父諤，循州刺史，贈左僕射。”又按《全文》卷七
〇八李德裕《丞相鄒平公新置資福院記》：“建中初，先僕射以柱下史
參梓潼軍計，典昌、榮二郡。”按“丞相鄒平公”乃指段文昌。《新書·
段文昌傳》：“文宗立，拜御史大夫，進封鄒平郡公。”“先僕射”當指文
昌父諤。證知建中時在任。

鮮于晁采　　貞元四年（788）

北圖藏拓片《大唐故左武衛翊府左郎將趙府君夫人漁陽縣太君
鮮于氏墓誌銘并序》（貞元四年十一月二十二日）：“弟晁采，皇榮州刺
史。”夫人卒貞元四年，享年八十二。

陳 當　　元和五年前（810前）

《元龜》卷七〇〇：“陳當爲榮州刺史，元和五年貶爲羅州吳川縣
尉，以坐贓故也。”《全文》卷六五一元稹《彈奏劍南東川節度使狀》：
“諸州刺史名銜、并所收色目謹具如後……榮州刺史陳當，元和二年
加徵草九千四百三束，三年加徵草五千六百二十七束。”

王源茂　　約元和中

《新表二中》琅邪王氏：“源茂，榮州刺史。”乃沂海觀察使王遂
之兄。

鄭 操　　約會昌六年—大中元年（約846—847）

《唐文續拾》卷一〇闕名《天王院記》：“龍興寺後（缺）二龕（缺）四
間，於會昌六年九月十□□起功，至大中元年五月八日功（缺）使持節

榮州諸軍事榮州刺史賜緋魚袋滎陽鄭操所捨月俸，修前□功德。"

鄭　珤　　約大中初

《芒洛補遺·唐故邵州鄭使君（珤）墓誌》："使君貞元辛未年
（791）生，大中景（丙）子（856）年殁……使君即淄州（紳）之長子，諱
珤，字君嚴……遷侍御史，爲營田副使、知懷州事……歷太子中允，鳳
翔少尹，改榮州，轉邵州。秩滿臥病，終於滎澤之別墅。"

李弘度　　約大中、咸通間

《新書·宗室世系表下》讓皇帝房："榮州刺史弘度。"乃嶺南節度
使李從易之子。

于　盾　　咸通中？

《新表二下》于氏："盾，滎州刺史。"按"滎"疑爲"榮"之訛。乃于
季友子。

待考録

郭　渙

《姓纂》卷一〇京兆郭氏："肅宗孫渙，榮州刺史。"

卷二三五　簡州（陽安郡）

武德三年析益州置。天寶元年改爲陽安郡。乾元元年復爲簡州。領縣三：陽安、金水、平泉。

獨孤義順　　約武德中

《新表五下》獨孤氏："義順字偉悌，虞、杭、簡三州刺史。"按義順武德中歷民（户）部侍郎、尚書左丞、光禄大夫，封洛南郡公，見《毗陵集》卷一〇《獨孤通理靈表》。《唐長安城郊隋唐墓・大周故朝議大夫行乾陵令上護軍公士獨孤府君（思貞）墓誌銘并序》（神功二年正月十日）："祖義順，唐右光禄大夫，太僕卿，凉州都督，虞、杭、簡三州刺史，上柱國，洛南郡公。"思貞卒萬歲通天二年，春秋五十六。

李　端　　約貞觀中

《千唐誌・大周隴西成紀郡李夫人墓誌銘》（萬歲通天二年二月十七日）："祖端，唐簡州刺史。父守節，博〔州〕長史。"夫人卒載初元年五月廿九日，年四十八。

李　政　　貞觀、永徽間？

《會要》卷二一：昭陵陪葬名氏有"簡州刺史李政"。

崔仁師　　永徽初

《舊書》本傳："永徽初，起授簡州刺史，尋卒。"《新書》本傳略同。

薛元超（薛振） 龍朔三年—麟德元年（663—664）

《舊書》本傳："〔龍朔〕三年，拜東臺侍郎。右相李義府以罪配流
巂州，舊制流人禁乘馬，元超奏請給之，坐貶爲簡州刺史。歲餘，西臺
侍郎上官儀誅，又坐與文章款密，配流巂州。上元初，遇赦還。"《新
書》本傳略同。又見《元龜》卷九三三。按李義府龍朔三年四月罷相
流巂州；上官儀麟德元年十二月丙戌被殺，見《新書·宰相表上》。
《楊炯集》卷一〇《中書令汾陰公薛振（元超）行狀》："四十，復爲東臺
侍郎。是歲也，放李義府於邛筜……公爲之言，左遷簡州刺史。歲
餘，上官儀伏誅，坐詞翰往來，徙居越巂。"光宅元年卒，年六十二。按
以《行狀》推之，薛元超年四十乃龍朔二年。《隋唐五代墓誌匯編·陝
西卷》第一册《大唐故中書令兼檢校太子左庶子户部尚書汾陰男薛公
（元超）墓誌銘并序》（垂拱元年四月二十二日）："四十一復爲東臺侍
郎，獻《封禪書》、《平東夷策》。以事復出爲簡州刺史。歲餘，上官儀
伏誅，以公嘗詞翰往來，放於越巂之邛都。"

虞　遜 高宗時

《千唐誌·唐故銀青光禄大夫和州刺史上柱國琅琊縣開國伯顏
府君（謀道）墓誌銘》（開元九年十月十日）："〔顏府君〕春秋八十，以開
元九年七月廿九日薨於東都之興藝坊之私第。夫人會稽郡夫人會稽
虞氏，隋内史侍郎世基之孫，簡州刺史遜之女。"

張　彦 高宗時？

《千唐誌·唐故中大夫户部侍郎兼御史大夫諸道鹽鐵轉運等使
清河張公（滂）墓誌銘并序》（貞元十七年九月二十六日）："高祖彦，皇
比部員外，簡州刺史……曾祖翊……祖獻可……考貽玘。"張滂卒貞
元十六年十月十九日，年七十六。

竇孝忠 約武后時

《新表一下》竇氏三祖房："孝忠，簡州刺史。"乃高祖時宰相竇抗
之孫。按《姓纂》卷九河南洛陽竇氏："孝忠，蘭州刺史。"蘭、簡易互

訛，唐初蘭州稱都督，似《新表》近是。

沈成福　　約武后時

《姓纂》卷七吳興武康縣沈氏："成福，簡、台、廬等州刺史。"按成福有《議移睦州治所疏略》，《全文》卷二〇〇小傳：永徽時人。《嘉定赤城志》卷八有垂拱四年刺史沈福，當即成福。拓本《龍門尉沈知敏誌》："父成福，通議大夫，台州刺史。"知敏乃成福第三子，卒天寶元年，年四十八。

房玄静　　武后時？

《韓昌黎集》卷二五《興元少尹房君（武）墓誌銘》："公曾祖諱玄静……歷資、簡、涇、隰四州刺史，太尉（房琯）之叔父也。"

李弘泰　　約開元中

《韓昌黎集》卷二五《河南少尹李公（素）墓誌銘》："曾祖弘泰，簡州刺史。"李素卒元和七年二月一日，年五十八。

唐　遜　　約開元中

《新表四下》唐氏："遜字志順，簡州刺史。"乃鄜州刺史唐貞休之弟。

魏　毖　　天寶中

《新表二中》魏氏："毖，陽安太守。"乃玄宗相魏知古之子。

傅　耆　　大曆四年（769）

《蜀中名勝記》卷八簡州："蟠龍山，與長松相接，大曆四年郡大夫傅耆造大佛，建院曰石門，以山石分開似之。"

郭　某　　約貞元中

《全詩》卷八〇三薛濤有《酬郭簡州寄柑子》。

韋乾度　　永貞元年—元和元年(805—806)

《全文》卷七二四韋乾度《駁左散騎常侍房式謚議》："故使太師永貞元年八月薨。其時，乾度任殿中侍御史……九月初，乾度被逐攝簡州刺史，名雖守郡，其實囚之。明年四月追回，勒攝成都縣令。"又見《會要》卷八〇，《元龜》卷五九六。

仇良輔　　元和元年(806)

《元龜》卷一六五：元和元年"九月，以西川降將……仇良輔爲簡州刺史"。

李　維　　元和二年(806)

《蜀中名勝記》卷八簡州："簡縣忠清門外，有《唐太子誦書功碑》，甚巨。元和二年朝議郎使持節簡州諸軍事守簡州刺史李維勒石。"

李彥輔　　元和十年(815)

《元龜》卷七〇〇："李彥輔爲簡州刺史，元和十年坐贓貶韶州司馬。"

韋　繡(韋勳)　　元和十一年(816)

《元龜》卷九二五："〔韋〕貫之以議兵不合帝旨，罷……貫之弟虢州刺史繡亦以清操爲搢紳所慕，亦坐貫之貶簡州刺史，議者惜之。"按韋貫之元和十一年罷相，見《新書·宰相表中》。《全文》卷六三五李翱《答韓侍郎書》："其鑒賞稱頌人物，初未甚信，其後卒享盛名爲賢士者，故陸歙州、韋簡州是也。"又卷六五三元稹《上門下裴相公書》："如故韋簡州勳及稹等，拔於疑礙。"

姜　沔　　元和中？

《隋唐五代墓誌匯編·陝西卷》第四册《唐朝議郎漢州什邡縣令京兆田行源亡室隴西李氏墓誌銘并叙》(大中八年十一月二十五日)："父暄，戎、瀘二州刺史。妣姜氏，外祖邑慶，贊善大夫。舅沔，歷刺普、簡二郡。”李氏卒大中八年，享年六十二。

張　炎　　寶曆元年(825)

《蜀中名勝記》卷八簡州引《方輿勝覽》：“簡郡設廳，棟宇盡唐制，梁上題寶曆元年刺史張炎建。”

丁　俛　　大和中？

《金石萃編》卷一〇五《韋皋紀功碑碑陰》：“前刺史丁公俛起屋立石……朝議郎使持節簡州諸軍事守簡州刺史（闕）。”王昶按：“其‘前刺史丁公俛’云云一段後無年月，殆即《輿地碑記》所謂開成元年皋從孫鋌爲本州守紀述之語也。”

韋　鋌　　開成元年(836)

《蜀中名勝記》卷八簡州引《碑目》：“《南康郡王紀功碑》……惟碑陰乃開成元年皋從孫鋌爲本州守日紀述。”

雍　陶　　大中八年(854)

《新書·藝文志四》“《雍陶詩集》十卷”注：“字國鈞，大中八年自國子《毛詩》博士出爲簡州刺史。”《唐詩紀事》卷五六同。又云：“陶典陽安，送客至情盡橋。”又見《廣記》卷二三九引《雲溪友議》，《唐才子傳》卷七。

張　造　　龍紀元年(889)

《新書·陳敬瑄傳》：“龍紀元年，〔韋〕昭度至軍中，持節諭入，約開門。守陴者詬曰……敬瑄屯彌牟、德陽，樹二壁拒〔王〕建……建、昭度傅城而壘，簡州刺史張造攻笮橋，大敗，死之。”

員虔嵩　　大順元年(890)

《新書·昭宗紀》：大順元年正月“壬寅，簡州將杜有遷執其刺史員虔嵩，叛附於王建”。又見《通鑑·大順元年》，《十國春秋·前蜀高祖本紀上》。

杜有遷　　大順元年（890）

《通鑑‧大順元年》：正月“辛亥，簡州將杜有遷執刺史員虔嵩降於〔王〕建，建以有遷知州事”。又見《十國春秋‧前蜀高祖本紀上》。

王宗瑶　　乾寧二年（895）

《十國春秋》本傳：“景福初，官茂州刺史。將兵攻彭州，敗楊晟於城下。未幾，徙簡州。乾寧二年，三鎮犯闕，宗瑶率師赴鎮，屯兵於綿州。”《通鑑‧乾寧二年》：九月，“王建遣簡州刺史王宗瑶等將兵赴難。”又見《十國春秋‧前蜀高祖本紀上》。

孟思恭　　昭宗時

《九國志》本傳：“及〔王〕建霸蜀，遣使迎之，授簡州刺史，遷漢州團練使。”

待考録

郭封穎

《新表四上》華陰郭氏：“封穎，簡州刺史。”乃郭子儀之玄孫。

李　詠

《北夢瑣言》卷一一：“鄙夫蜀鄉，與前簡刺李詠使君有分。”

杜　武

朱玉麒云，《道教靈驗記》卷一二杜簡州九幽拔罪經驗：“京兆杜武爲成都右職，清正公直，衆所推仰。因有微恙，請告數日。其家私召巫者看之……答云……兄當立遷劇職，作兩任刺史……月餘，武遷府城使。尋授簡州刺史。秩滿復載領簡州。”

卷二三六　嘉州（犍爲郡）

　　隋眉山郡。武德元年改爲嘉州。天寶元年改爲犍爲郡。乾元元年復爲嘉州。三月升爲中都督府。尋罷。領縣八：龍遊、平羌、峨眉、夾江、玉津、綏山、羅目、犍爲。

周孝節？　　約武德中

　　《姓纂》卷五永安周氏："孝節，唐嘉州刺史。"《新表四下》永安周氏同。按武德四年五月真定令周法明遣孝節攻蘄春，見《通鑑》；約武德中爲括州刺史，見《續高僧傳》卷一九。疑此"嘉州"或爲"東嘉州"，即溫州，姑存疑。

尹　勢　　約武德、貞觀間

　　《姓纂》卷六河間尹氏："勢，唐嘉州刺史。"乃隋貝州刺史尹軌子。

元仁師　　貞觀中

　　上圖藏拓片《唐故郎州都督元府君（仁師）墓誌銘并序》（調露元年十月二日）："貞觀元年授左衛郎將，俄轉右親衛中郎將……擢授嘉州刺史，又遷郎州都督，累勳上柱國，錫爵襄鄉縣開國伯……春秋五十，以貞觀廿年十二月十六日終於郎州之官舍。"

盧士珵　　貞觀中

　　《蜀中名勝記》卷一一嘉定州引《蜀志補罅》："嘉州十五景，唐貞觀中刺史盧士珵記。"

白君懋　　約貞觀中

《芒洛三編・大唐故汴州封丘縣令白府君（知新）墓誌銘并序》：
"曾祖遜，北齊散騎常侍。祖君懋，皇嘉州刺史。"白知新卒開元三年
九月十七日，年六十一。

王　道　　貞觀中？

《隋唐五代墓誌匯編・洛陽卷》第十册《唐故國子司業贈慶王傅
侯府君夫人王氏墓誌銘并序》（開元二十三年八月十九日）："隋幽州
都督琰，生道，官至嘉州刺史。刺史生昊，則天聖后稱制，至襃州南鄭
令……夫人則南鄭之第十四女也。"開元廿三年卒，享年三十九。

李思行　　貞觀中—永徽初

《舊書》本傳："累授嘉州刺史，封安樂郡公。永徽初卒。"《新書》
本傳略同。《新表二上》趙郡李氏西祖房："思行，嘉州刺史。"《元龜》
卷一三八："永徽五年二月庚申……故嘉州刺史李思行贈洪州都督。"

沈伯儀　　垂拱四年（688）

《千唐誌・大周故左衛翊衛沈君（浩禕）墓誌銘并序》："祖伯儀，
成均祭酒，嘉、婺、亳、許四州刺史，武康縣開國男。父齊文，唐右金吾
衛冑曹參軍。"沈浩禕卒聖曆元年三月，春秋二十一。又《唐故右金吾
衛冑曹參軍沈君（齊文）墓誌銘》（垂拱四年十月十七日）："父伯儀，皇
朝英□友、太子洗馬、太子中允、率更令、太子右諭德、弘文館學士、武
康縣開國男……使持節嘉州諸軍事守嘉州刺史。"齊文卒垂拱四年五
月三日，春秋五十五。又見《唐故中散大夫行汾州長史□□□（沈浩
豐）墓誌銘并序》（開元廿九年十一月十四日）。按《新書》本傳唯稱：
伯儀武后時爲太子右諭德，歷國子祭酒、修文館學士，卒；未及刺嘉
州事。

劉崇直　　約武后時

《姓纂》卷五彭城劉氏："崇直，嘉州刺史。"唐初施州刺史劉德敏之子。《新表一上》劉氏謂滁州刺史劉德智子。

盧元莊　　約武后時

《新表三上》盧氏："元莊，嘉州刺史。"乃高宗時宰相盧承慶之姪。上圖藏拓片《大唐故譙郡城父縣尉盧府君（復）墓誌銘》（天寶九載二月十三日）："祖元莊，皇朝通議大夫、嘉州刺史……父知遠，朝議大夫，見任襄陽郡司馬。"盧復卒天寶八載九月四日，春秋三十六。又見《芒洛四編》卷五。《千唐誌·太原府少尹上柱國盧君（明遠）墓誌銘并序》（天寶六載十月十九日）："考元莊，位至嘉州刺史……公即嘉州府君之第三子也……以天寶五載冬十有二日終於太原之官次，享年五十八。"又見《大唐故銀青光祿大夫檢校太子賓客上柱國范陽郡開國子兼監察御史盧公（翊）墓誌銘并序》（貞元二十年八月十八日），《芒洛四編》卷六《唐故太子司議郎盧府君（寂）墓誌銘并序》（貞元九年十月二十六日）。

高　某　　約中宗時

《寶刻叢編》卷八引《京兆金石錄》："《唐嘉州刺史高君墓誌》，唐員半千撰，子謙書，開元中刻。"

馮守忠　　開元十五年（727）

《千唐誌·唐大理正□□□□□長樂馮氏（誠）墓誌并序》（開元十五年二月二十九日）："夫人即嘉州刺史守忠之長女……春秋廿二，神龍初從夫任瀛州河間尉，歲三年二月九日卒於縣之廨舍。"

馬正會　　開元前期

《全文》卷二六三熊執易《武陵郡王馬公（旰）神道碑》："松、安、巂、鄯四府都督，隴西節度，加（嘉）、郿（眉）、郿三州刺史……諱正會，公之曾祖也。"按開元十六年馬正會在安州都督任。【補遺】《唐故朝請郎行右衛騎曹參軍馬君（晤）墓誌銘並序》：“曾祖正會，皇松、雟、鄯、安四府都督，嘉、鄅、鄜三州刺史，隴右節度使；大父晟，皇左衛兵曹，贈太子太保；父璘，皇尚書左僕射，四鎮北庭兼涇原、鄭、潁等州節度使，扶風郡王，贈司徒。”（王育龍、程蕊萍《陝西西安新出唐代墓誌銘五則》，《唐研究》第七卷，北京大學出版社 2001 年版）

韋　渙　　開元中？

《姓纂》卷二東眷韋氏郿公二房：“渙，嘉州刺史。”《新表四上》韋氏郿公房同。乃澧州刺史韋潛之弟。

【補遺】孫　俊　　開元中

《洛陽新獲墓誌 54·故荆州大都督府長史上柱國樂安縣開國伯孫公（俊）之碑並序》（開元二十九年正月十日）：“公諱俊，字□，吳郡富春人也。……除嘉州刺史。……除公安北都護。……改靈州都督。……又授公邢州刺史。……頃以荆州申奏，歲頻不稔，百姓不寧。……令公力疾卧理荆州。……行未達於□部，疾將□□，恩制追還。……以其年八月丁□日薨於河南寬政里之私第也，春秋六十有三。”據此，其爲嘉州刺史應在開元中。

李謙順　　約開元末

《隋唐五代墓誌匯編·山西卷·大唐版授本郡上黨郡司馬李府君（謙順）誌銘并序》（天寶六載四月十六日）：“初授萬州刺史，次任嘉州刺史，改授本郡司馬。歷官雖居三正，襄帷未闓六條。”天寶六載卒，年九十七。

李行岡　　肅宗時？

《新書·宗室世系表下》紀王房：“嘉州刺史行岡。”乃紀王慎之孫，定州刺史李澄之子。

張　某　　乾元、上元間

《全文》卷四二七于邵《送張都督赴嘉州序》：“尚書左僕射冀國

公，審才以底用，論定而後請，將欲更蘇息復整齊。且如張公，無出其右，縶受授則爲憪怚，彼嘉陽之人，所益多矣。"按冀國公指裴冕，乾元二年至上元元年爲劍南節度使。

崔　某　　廣德元年（763）

《全詩》卷二二〇杜甫有《陪章留後惠義寺餞嘉州崔都督赴州》。按"章留後"指章彝，廣德元年爲梓州刺史、東川留後。是年杜甫在梓州。

岑　參　　永泰元年—大曆三年（765—768）

《姓纂》卷五南陽棘陽岑氏："參，嘉州刺史。"《新表二中》岑氏："參，庫部郎中、嘉州都督。"又見《全文》卷四五九杜確《岑嘉州（參）集序》。《全詩》卷二二九杜甫有《寄岑嘉州》。據聞一多《岑嘉州繫年考證》，岑參於永泰元年十月出刺嘉州，因蜀中亂，行至梁州而還。大曆元年隨杜鴻漸入蜀，七月抵成都，大曆二年六月始赴嘉州刺史任。大曆三年七月，罷職東歸。

李　浚　　大曆中？

《新表二上》隴西李氏丹楊房："浚，嘉州刺史。"乃太宗相李靖玄孫。

崔　某　　大曆中

《廣記》卷四三引《宣室記》："大曆中，有清河崔君，爲犍爲守。崔君素以剛果自恃，既至郡，聞有尹真人函……即詣之，且命破鎖。"又卷三八四引《宣室志》："故崔寧鎮蜀時，犍爲守清河崔君，既以啓尹真人函，是夕，崔君爲冥司所召……崔即治裝，盡室往蜀，具告於寧，寧遂署攝副使……時元載方執國政……後月餘，元載籍没。"又見《北夢瑣言》卷四。《雲笈七籤》卷一二二《嘉州東觀尹真人石函驗》："大曆中，清河崔公爲太守，惟剛果自恃。"

張評士　　約貞元中

《雲笈七籤》卷七七《方藥·太白星官洗眼方》："嘉州刺史張評士中年已來，夫婦俱患瞖疾，求方術之士不能致，退居別墅……歲久家業漸虛，精誠不退。元和七年壬辰八月十七日，有書生詣門請謁。"

崔佐時　　貞元中—永貞元年（?—805）

《元龜》卷一四〇："元和元年十二月，贈故嘉州刺史崔佐時大理卿，佐時爲西川留後劉闢所殺故也。"

王良士　　元和八年（813）

《全文》卷五三八裴度《劉府君（太真）神道碑銘并序》："以貞元八年三月八日，薨於餘干縣之旅館……公之徽烈，將示於來裔。而高碑未刻，良允繼没。於是門生之在朝廷者，諫議大夫杜羔、中書舍人裴度……在藩牧者，浙東觀察都團練使、御史中丞李遜……嘉州刺史王良士。"按此碑于元和八年作。

王正雅　　約開成三年（約 838）

《元龜》卷三一七："開成四年閏正月，文宗内殿議政，楊嗣復曰：前嘉州刺史王正雅，緣是李晟外孫，與上佐，以其孝行不全，令欲貶。"

李　翺　　文宗時？

《新書·宗室世系表下》惠莊太子房："嘉、衡二州刺史翺。"乃惠莊太子李撝之曾孫。

李宗長　　約大中、咸通間

《新書·宗室世系表上》大鄭王房："嘉州刺史宗長。"乃約大和前後禮部尚書李恬子，約僖宗、昭宗時漳州刺史李璟之叔。

吴行魯（吴行曾）　　約咸通八、九年（約 867、868）

《全文》卷八〇四陳黯《彭州新置唐昌縣建德草市歇馬亭鎮并天

王院記》：“遂命御史中丞、渤海吳公行曾持節出刺雅安……復升於犍爲……天子以彭門名都而賞其勳……連牧三郡而皆勳績絕倫……咸通十年五月十五日記。”按《通鑑·咸通十一年》稱彭州刺史吳行魯，當即此人。“行曾”殆爲“行魯”之訛。

楊　忞　　咸通十年(869)

《通鑑·咸通十年》：十二月，“蠻軍大集於陵雲寺，與嘉州對岸，刺史楊忞與定邊監軍張允瓊勒兵拒之。蠻潛遣奇兵自東津濟……忞、允瓊脱身走。壬子，陷嘉州”。又見《新書·南蠻中·南詔傳下》。

薛　能　　咸通中

《唐詩紀事》卷六〇：“咸通中，攝嘉州刺史。歸朝，遷主客、度支、刑部郎中，俄刺同州。”《唐才子傳》卷七略同。《北夢瑣言》卷一〇：“僧鸞有逸才而不拘檢，早歲稱卿御，謁薛氏能尚書於嘉州。”

束鄉勵　　乾符三年(876)

《舊書·僖宗紀》：乾符三年五月，“金州刺史束鄉勵爲嘉州刺史”。

王宗瑶　　約光啓中

《九國志》本傳：“破常厚，授蜀州刺史。昭宗幸蜀石門，詔〔王〕建赴難，以宗瑶爲北路行營都指揮使，奏授嘉州刺史。天復中，授武信軍節度使。”

朱　實　　大順元年(890)

《舊書·昭宗紀》：大順元年四月“丙寅，嘉州刺史朱實叛附於〔王〕建”。《通鑑·大順元年》同。又見《十國春秋·前蜀高祖本紀上》。

王宗裕　　景福元年(892)

《通鑑·景福元年》：二月“辛丑，王建遣族子嘉州刺史宗裕、雅州刺史王宗侃……將兵五萬攻彭州”。又見《十國春秋·前蜀高祖本紀上》。《十國春秋》本傳：“唐昭宗時從高祖鎮西川，官嘉州刺史……天復元年，代王宗滌爲東川留後。”

王宗佶　　約景福、乾寧間

《九國志》本傳：“從〔王〕建入閬中，隨諸將征討有功，補貔虎都指揮使，遷嘉州刺史。乾寧中，建克綿州，以宗佶爲兵馬留後。”

王宗弼　　乾寧中？

《九國志》本傳：“〔王〕建取閬中，補義勇都十將，賜姓名。及入成都，改左驍騎都知兵馬使，累遷嘉、眉二州刺史。”

王宗弼　　光化中？

《九國志》本傳：“〔王〕建入梓州，宗弼束身自歸，建待之如故。逾年夏令將上軍，再授嘉州刺史，封鉅鹿郡王。”

周　庠（周博雅）　　天祐中？

《九國志》本傳：“〔王〕建急攻成都克之，奏授博雅觀察判官。後出知渝州。未幾，詔加節度判官，遷嘉州刺史。建開國，召拜成都尹。”

待考録

李　鎔

《新表二上》隴西李氏姑臧房：“鎔，陵、嘉二州刺史。”

王　某

《全文》卷九四二杜光庭《嘉州王僕射五符鎮宅詞》。

卷二三七　邛州(臨邛郡)

武德元年置邛州於依政縣。顯慶二年移州治於臨邛。天寶元年改爲臨邛郡。乾元元年復爲邛州。領縣七:臨邛、依政、安仁、大邑、蒲江、臨溪、火井。

宋大辨　　武德中?

《新表五上》宋氏:"大辨,邛州刺史。"乃北齊東郡太守宋良之孫。

元慈政　　武德中?

《姓纂》卷四河南洛陽元氏:"慈政,唐卬州刺史。"乃北齊太保元景安之孫。按唐無卬州,疑是邛州之訛。

柳　亨　　約貞觀初期

《舊書》本傳:"隋末歷熊耳、王屋二縣長,陷於李密。密敗歸國,累授駕部郎中……三遷左衛中郎將……未幾,以譴出爲邛州刺史,加散騎常侍,被代還,數年不調。因兄葬,遇太宗遊於南山……〔貞觀〕二十三年,以修太廟功,加金紫光祿大夫。"《新書·柳澤傳》略同。又見《廣記》卷二九八引《冥報錄》。

辛君昌　　貞觀七年前(633前)

《冥報記》中:"臨邛韋仲珪者,天性孝悌……父卒,謝遣妻妾,廬於墓左……時辛君昌爲刺史……共至墓所察之……君昌等尤深嗟

2976

嘆，採芝封奏，詔表門閭。〔唐〕臨以貞觀七年奉使江東，揚州針醫飄陀爲臨說此。”

鄭　筠　　約貞觀中

《芒洛三編・大唐王屋縣丞白知新妻滎陽鄭氏墓誌銘并序》：“曾祖筠，唐衛尉卿，眉、邛、綿、梓四州諸軍事四州刺史。”夫人卒景雲二年五月二十九日，春秋四十。

盧君胤　　約貞觀中

《千唐誌・唐故通議大夫鄂州刺史上柱國盧府君（翊）墓誌銘并序》（開元二十一年十月十六日）：“邛州刺史君胤，即公王父之父。”盧翊卒開元十九年十月十四日，年六十二。

元　純　　貞觀中？

《姓纂》卷四河南洛陽元氏：“純，邛州刺史。”乃隋魏州刺史元通之子。

李行師　　貞觀中？

《新表二上》隴西李氏姑臧房：“行師，邛州刺史。”乃隋冀州清江令李超之子。

竇師綸　　高宗時

《歷代名畫記》卷一〇：“竇師綸，字希言，納言陳國公抗之子……官至太府卿，銀、坊、邛三州刺史。”按龍朔三年至麟德元年在坊州刺史任。

唐同泰　　約高宗時

《新表四下》唐氏：“同泰，邛州刺史。”乃隋鄆州刺史唐文度之孫。

皇甫文備　　萬歲通天二年（697）

《千唐誌・大周故正義大夫使持節都督姚宗等三十六州諸軍事

守姚州刺史上柱國皇甫君（文備）墓誌》（長安四年八月十九日）："萬歲通天二年遷守邛州刺史使持節諸軍事。"長安四年卒。

皇甫思忠　　約中宗時

《姓纂》卷五安定朝那縣皇甫氏："思忠，邛州刺史。"乃沛王府長史公義四從姪。

尉遲瓛　　約開元初期

《姓纂》卷一〇河南洛陽尉遲氏："瓛，邛州刺史。"《全文》卷四二二楊炎《安州刺史杜公（鵬舉）碑》："夫人河南尉遲鄂國公之孫，邛州刺史瓛之女也。"天寶四載卒。

馬　建　　約開元初

《嘉泰吳興志》卷一四郡守題名："馬建，證聖元年自袁州刺史授；遷邛州刺史。《統記》云：太極元年。"今從《統記》。

盧　某　　約開元中

《全文》卷三二七王維《唐故潞州刺史王府君夫人榮國夫人墓誌銘》："夫人姓盧氏，范陽人也……父某，濠、淄、邛等三州刺史。"

韋容成　　約開元中

《姓纂》卷二京兆杜陵西眷韋氏："爽兄子容成，邛州刺史。"按《新表四上》作"容成，驍衛將軍"，乃武后相弘敏子。

柳　奕　　至德元載—二載（756—757）

《通鑑·至德二載》：正月"丙寅，劍南兵賈秀等五千人謀反……臨邛太守柳奕討誅之"。按天寶十載正月在太子中允任，見《舊書·禮儀志》。

魏　哲（魏喆）　　約乾元中

上圖藏拓片《唐故秦州上邽縣令豆盧府君夫人墓誌》（貞元十七

年十一月十四日）：“夫人鉅鹿魏氏……先府君諱喆，正議大夫，巴、延、邛、歙、寧五州刺史，鉅鹿縣開國男之第四女也……夫人年卅四丁先府君之憂。”辛巳歲（貞元十七年）七月廿九日卒，年七十一。又見《芒洛四編》卷六。

崔某　　約上元中

《全詩》卷一二五王維《送崔五太守》：“回與臨邛父老書。”按杜甫有《因崔五侍御寄高彭州一絶》，周勛初《高適年譜》以爲上元元年七月作，并謂崔五侍御或即崔五太守。

柏貞節（柏茂林、柏茂琳）　　大曆元年（766）

《舊書・代宗紀》：永泰二年二月癸丑，“邛州刺史柏茂林充邛南防禦史”。八月“壬寅，邛南防禦使、邛州刺史柏茂林爲邛南節度使，從杜鴻漸之請也”。《通鑑・大曆元年》作柏茂琳。《舊書・杜鴻漸傳》：大曆元年二月，“柏貞節爲邛州刺史”。《新書・杜鴻漸傳》、《崔寧傳》同。又見《元龜》卷一七六。《全文》卷四一三常袞《授柏貞節夔忠等州防禦使制》稱：“開府儀同三司試太常卿、使持節邛州諸軍事兼邛州刺史、御史中丞、劍南防禦使及邛南招討使、上柱國、鉅鹿縣開國子柏貞節。”《新書・方鎮表四》：大曆元年，“置邛南防禦使，治邛州；尋升爲節度使；未幾，廢”。

鮮于叔明（鮮于晉、李叔明）　　約大曆元年—二年（約766—767）

《全文》卷三四三顏真卿《中散大夫京兆尹漢陽郡太守贈太子少保鮮于公（向）神道碑銘》：“公弟晉，字叔明……永泰二年，有詔自太子左庶子復拜邛州刺史。”《舊書》本傳：“除右庶子，出爲邛州刺史。尋拜東川節度、遂州刺史，後移鎮梓州。”又《代宗紀》：大曆三年五月“庚午，以邛（遂？）州刺史鮮于叔明爲梓州刺史，充劍南東川節度使”。又見兩《唐書》本傳，《全文》卷四二三于邵《唐劍南東川節度使鮮于公（晉）經武頌》。

元 察 大曆中

《廣記》卷二二〇引《集異記》："大曆中，元察爲邛州刺史。"

崔 作 約建中三、四年（約782、783）

《全文》卷五一一郭雄《忠孝寺碑銘》："故太子賓客贈太子太保范陽盧公正己……太保嗣子幹（翰），今吏部侍郎。雄早趨風教。邛州刺史博陵崔作，詞場之舊；録事參軍紇干著，文吏之能。"按建中三年盧翰在吏部侍郎任，興元元年遷兵侍、同中書門下平章事。證知碑銘立於建中三、四年間，崔作任邛刺當即在此期間。

裴希先 約貞元初期

《全文》卷五〇一權德輿《唐故朝議郎使持節溫州諸軍事溫州刺史充静海軍使賜緋魚袋河東裴府君（希先）神道碑銘并序》："又爲壽安丞。後牧臨邛，乃遷永嘉，班宣六條，撫柔二郡……居三年，以疾受代，貞元六年冬十一月，殁於鍾陵之私第。"

崔 從 貞元末

《舊書》本傳："西川節度使韋皋開西南夷，置兩路運糧使，奏從掌西山運務，後權知邛州事。及皋薨，副使劉闢阻命，欲并東川，以謀告從。從以書諭闢，闢怒，出兵攻之，從嬰城拒守……盧坦在宣州，辟爲團練觀察副使。元和初入朝，累遷吏部員外郎。"《新書》本傳略同。又見《元龜》卷六八六，《通鑑・元和元年》九月。

崔實成（崔貴成） 元和二年（807）

《元氏長慶集》卷三七《彈奏劍南東川節度使狀》："劍州刺史崔實成，元和二年十一月五日改授邛州刺史。"按《新表二下》博陵崔氏第二房有"貴成，邛州刺史"，疑即"實成"，唯未知孰是。

韋良金 元和四年（809）

《金石補正》卷六八《諸葛武侯祠堂碑》（元和四年二月廿九日）碑

陰記：“左厢兵馬使開府儀同三司使持節邛州諸軍事行刺史兼御史大夫，充鎮南軍使郇國公韋良金。”

崔　勵　元和中

《元龜》卷七〇〇：“崔勵爲邛州刺史，元和十四年坐贓，決杖留驩州。”按《廣記》卷二八〇引《乾饌子》：“大曆中，邛州刺史崔勵親外甥王諸家寄綿州，往來秦蜀，頗諳京中事。”作“大曆中”，誤。

劉　旻　大和七年（833）

《舊書·文宗紀下》：大和七年五月“癸丑，以前邛州刺史劉旻爲安南都護”。

李正卿　文宗時

《千唐誌·唐故綿州刺史江夏李公（正卿）墓誌銘并序》（會昌四年十二月十九日）：“有唐會昌四年四月十一日左綿守李公殁於位……憲宗問守宰善政……拜成都令，遷陵、閬二郡刺史，入爲少府少監。文宗思共理者，復用爲邛州刺史……後自江陵少尹拜安州刺史……卒歲，拜綿州刺史。”

盧藏玘　大中五年（851）

《全文》卷七四九杜牧有《薛淙除鄧州任如愚除信州盧藏玘除邛州刺史制》。

李師望　咸通八年—十年（867—869）

《新書·方鎮表四》：“咸通八年，置定邊軍節度……領嶲、眉、蜀、邛、雅、嘉、黎七州，治邛州。”《通鑑·咸通九年》：“六月，鳳翔少尹李師望上言：‘……請建定邊軍，屯重兵於嶲州，以邛州爲理所。’朝廷以爲信然，以師望爲嶲州刺史，充定邊軍節度，眉、蜀、邛、雅、嘉等州觀察，統押諸蠻并統諸道行營、制置等使。”又見《新書·南蠻中·南詔傳下》。

竇 滂 咸通十年—十一年（869—870）

《通鑑·咸通十年》：十月，“初，南詔遣使者楊酋慶來謝釋董成之囚，定邊節度使李師望欲激怒南詔以求功，遂殺酋慶……朝廷徵還，以太府少卿竇滂代之”。又《咸通十一年》：正月“癸酉，廢定邊軍，復以七州歸西川……二月……朝廷貶竇滂爲康州司户”。又見《新書·南蠻中·南詔傳下》。

吳行魯 咸通十一年（870）

《通鑑·咸通十一年》：“五月丁丑，以邛州刺史吳行魯爲西川留後。”

張敬周 僖宗時？

《全文》卷九三六杜光庭有《邛州刺史張太博敬周爲鶴鳴化枯柏再生修金籙齋詞》。

安文祐 中和二年（882）

《舊五代史·安崇阮傳》：“父文祐……唐光啓中，潞州軍校劉廣逐節度使高潯，據其城，僖宗詔文祐平之。既殺劉廣，召赴行在，授邛州刺史。”又見《元龜》卷三五九，《通鑑考異·中和二年》。

＊王 建 文德元年—大順二年（888—891）

《通鑑·文德元年》：十二月丁亥，“割邛、蜀、黎、雅置永平軍，以王建爲節度使，治邛州，充行營諸軍都指揮使”。《大順二年》：閏九月“甲戌，〔王〕建持永平旌節入邛州”。又《大順二年》：十月“癸未，以永平節度使王建爲西川節度使；甲申，廢永平軍”。又見《九國志·周博雅傳》，《新五代史》本傳，《十國春秋·前蜀高祖本紀》。

毛 湘 大順元年（890）

《通鑑·大順元年》：正月“壬寅，王建攻邛州，陳敬瑄遣其大將彭城楊儒將兵三千助毛湘守之”。《新書·昭宗紀》：大順元年閏九月

“壬戌，邛州將任可知殺其刺史毛湘”。《通鑑·大順元年》閏九月同。又見《九國志·李簡傳》，《新書·陳敬瑄傳》，《十國春秋·前蜀高祖本紀》。

張　琳　　大順元年（890）

《通鑑·大順元年》：閏九月“甲戌，〔王〕建持永平旌節入邛州，以節度判官張琳知留後”。又見《十國春秋·前蜀高祖本紀》及本傳。

黄崇嘏　　大順二年？（891？）

《十國春秋》本傳：“從高祖於邛南，權知邛州。”

王宗夔　　約大順、景福間

《全文》卷八三八薛廷珪有《授王宗夔宗韜邛漢二州張無息蜀州刺史等制》。

王宗滌（華洪）　　景福元年—乾寧四年（892—897）

《九國志》本傳：“景福元年，授邛州刺史，爲都指揮使。”《十國春秋》本傳：“本姓華名洪……遷邛州刺史。復將兵攻東川，高祖嘉其功，更姓名曰王宗滌。”《通鑑·乾寧四年》：二月“戊午，王建遣邛州刺史華洪、彭州刺史王宗祐將兵五萬攻東川”。又見《十國春秋·前蜀高祖本紀》。

王宗祐　　約乾寧四年—天祐元年（約897—904）

《十國春秋》本傳：“授彭州刺史。已而將兵攻東川，有功，改邛州刺史。唐昭宗之東遷也，高祖命宗祐爲北路行營指揮使，將兵迎車駕。”《通鑑·天祐元年》：二月，“〔王〕建以邛州刺史王宗祐（祐）爲北路行營指揮使”。又見《十國春秋·前蜀高祖本紀下》。

李　簡　　天祐中

《九國志》本傳：“景福中，彭州部將李蕘率兵焚繁雒援常厚，〔王〕

建令簡逆擊之，臨陣斬蕘……建獻捷於朝，以簡爲邛州刺史，卒於治所。”《十國春秋》本傳略同。《全文》卷一二九王建《郊天改元赦文》：“當景運之初興，在故臣之可念，宜加洗雪，用慰幽冥……故邛州刺史李簡……等，并宜參贈。”又見《十國春秋·前蜀高祖本紀下》。

待考録

蘇　某

《全詩》卷二二〇杜甫《短歌行送祁録事歸合（一作邛）州因寄蘇使君》：“幸爲達書賢府主，江花未盡會江樓。”

卷二三八　雅州（盧山郡）

隋臨邛郡。武德元年改爲雅州。天寶元年改爲盧山郡。乾元元年復爲雅州。領縣五：嚴道、盧山、名山、百丈、榮經。

馮　慶　　武德中？

《姓纂》卷一長樂信郡馮氏：“慶，雅州刺史。”乃齊內史馮慈明之孫。

周仲隱　　貞觀十一年（637）

上圖藏拓片《大唐故上柱國通直散騎常侍使持節唐州諸軍事唐州刺史平輿縣開國公周府君（仲隱）墓誌銘并序》：“〔貞觀〕十一年，遷雅州諸軍事雅州刺史，仍進爵上護軍……廿一年改授使持節唐州諸軍事唐州刺史。”

令狐德棻　　貞觀十八年（644）

《舊書》本傳：“〔貞觀〕十八年，起爲雅州刺史，以公事免。尋有詔改撰《晉書》。”《新書》本傳略同。按《會要》卷六三作貞觀十年。又按《舊書·房玄齡傳》作“雍州刺史令狐德棻”，“雍州”當爲“雅州”之誤。

蕭　某　　貞觀中？

《全文》卷六九一符載《尚書比部郎中蕭府君（存）墓誌銘》：“五世祖唐刑部尚書生雅州都督，都督生左衛長史元恭，長史生密州莒縣主簿旻，主簿生揚州府功曹穎士。"

韓　晙　　貞觀中？

《新表三上》韓氏："晙，雅州都督。"《李太白文集》卷三〇《武昌宰韓君去思頌碑》："曾祖晙，銀青光禄大夫、雅州刺史。"

樂　卿　　貞觀中？

《山右冢墓遺文·唐故忻州司户參軍事陳君墓誌銘并序》（載初元年臘月一日）："夫人樂氏，南陽人也。父卿，三品，雅州刺史。"夫人永昌元年十月卅日奄從物化，春秋六十四。

謝　某　　約高宗初

《全詩》卷四〇上官儀《謝都督挽歌》："楚挽繞盧山，胡箛臨武庫。"證知乃雅州都督。

柳　範　　高宗前期

《唐文拾遺》卷六五《唐故榮州長史薛府君夫人河東郡君柳氏墓誌銘并序》："考範，皇朝尚書右丞，商、蔚、淄、雅、婺五州刺史，揚州大都督府長史。"又見《芒洛遺文》。兩《唐書》本傳未及。

權懷恩　　高宗時

《元龜》卷六八九："權懷恩爲變（慶？）、萊、衛、雅四州刺史，合州長史，所歷皆以威名御下，人吏重足而立。俄出爲宋州刺史。"按《舊書》本傳稱："歷慶、萊、衛、邢四州刺史，洛州長史。"未及雅州。《新書》本傳略同。未知《元龜》誤否？

王　果（王杲？）　　約高宗末

《廣記》卷三九一："唐左衛將軍王果被責，出爲雅州刺史。"按《舊書·王雄誕傳》稱：其子王果，"垂拱初官至廣州都督、安西大都護"。《通鑑·弘道元年》稱左威衛將軍王果，當即此人。《蜀中名勝記》卷一四雅州引《録異記》：“唐王杲謫雅州刺史，經平羌江中，望巖腹有鐵棺欲墜。”又按《新書‧地理志七上》禺州温水郡注：“乾封三年，將軍王杲奏析白、辯、竇、容四州置。”《舊書‧高宗紀下》：永隆二年正月，“命將軍……王杲等分兵禦之”。《姓纂》卷九八六稱：左威衛將軍王杲。疑爲同一人。

劉行實　　天授元年(690)

《新書‧則天皇后紀》：天授二年正月“戊寅，殺雅州刺史劉行實”。《舊書‧史務滋傳》：“天授中，雅州刺史劉行實及弟渠州刺史行瑜、尚衣奉御行感、并兄子左鷹揚將軍虔，並爲侍御史來子珣誣以謀反誅。”《新書‧史務滋傳》、兩《唐書‧來子珣傳》略同。又見《元龜》卷五二二。

嚴　佽　　約代宗初

《全文》卷五〇五權德輿《唐故山南西道節度營田觀察處置等使嚴公(震)墓誌銘并序》：“公從父兄佽，以含章好義，歷中執法，剖符盧山。”按嚴佽上元元年時爲監察御史，見《舊書‧崔光遠傳》。則其爲雅州刺史當在此後不久，約在代宗初期。

劉志經　　貞元中？

《新表一上》曹州南華劉氏：“志經字仲修，雅州刺史。”乃天寶中杭州刺史劉暹之子。

路惟明　　貞元十七年(801)

《元龜》卷九八九：“貞元十七年九月，西川韋皋奏：大破吐蕃於維州……又令……雅州經略使路惟明與三部落主趙日進等率兵三千進攻吐蕃。”

李　岑　　約貞元末

《新書‧宗室世系表上》蔡王房：“雅、信二州刺史岑。”按李岑貞元中爲明州刺史。

包　陳　　元和中?

《千唐誌·國子祭酒致仕包府君墓誌銘并序》(大和二年二月十六日):"君諱陳,字□□。大父融……考諱佶……〔府君〕改山南東道營田判官,監察御史裏行,劍南西川判官,殿中侍御史内供奉,襲丹陽郡開國公,授雅州刺史、本州經略使,福王府長史,□王傅,國子祭酒致仕。年五十七,終於西京昇平里第……君在雅州,爲風恙所中,及扶持至城,遂有長史、王傅之授。"按福王乃順宗第十五子李綰,貞元二十一年封福王,咸通元年册拜司空,次年卒。

袁重光　　約元和十五年(約820)

《全文》卷六四九元稹《授袁重光雅州刺史李踐方大理寺丞制》:"前鄜坊丹延等州觀察判官侍御史内供奉賜緋魚袋袁重光……可使持節雅州刺史。"

劉　旻　　約長慶初

《白居易集》卷五〇有《唐州刺史韋彪授王府長史楊歸厚授唐州刺史劉旻授雅州刺史制》。

劉　熶(劉渭)　　大和七年(833)

《新表一上》尉氏劉氏:"熶,雅州刺史。"乃劉瑑父。《千唐誌·唐故茂州刺史扶風竇君(季餘)墓誌銘并序》(大和八年三月十九日):"維唐大和七年歲次癸丑,冬十月廿三日乙巳,前茂州刺史兼監察御史扶風竇君,終於成都府華陽縣鹽泉里之寄第……享年四十九……娶雅安守河間劉公渭中女。"

【補遺】**張　渾**　　大和七、八年(833、834)

《唐故永州刺史清河張公(渾)墓誌銘並序》(大中元年二月十八日):"尋改揚子巡官。……單車赴都,拜雅州刺史。政理多能,凋瘵蘇息,節制段公甚器异之。復領永州牧,理永益能於理雅,狡蠹姦臟,剗革略盡。罷永居於洛師,與少傅白公爲嵩少琴酒之侶,遂絶意於宦途。以會昌六年八月廿三日疾,薨於河南府洛陽縣仁風里,年七十六。"（周紹良、趙超《唐代墓誌匯編續集》,上海古籍出版社 2001 年版）按段公當指段文昌,大和六年至九年爲西川節度使。

崔公輔　　開成中？

《新表二下》清河大房崔氏:"公輔,雅州刺史。"按《雲笈七籤》卷一一九《崔公輔取寶經不還驗》:"崔公輔明經及第,歷官至雅州刺史……有吏執案云:'崔公輔自此猶有三任刺史,二十三年壽……'其後歷官年壽皆如所説。此事是開成年中任雅州刺史也。"據此公輔開成中爲雅州刺史。然杜甫有《贈崔十三評事公輔》詩,又與資州刺史李渭同遊,則其時代當在大曆初,似不太可能遲至開成間爲雅州刺史。疑《雲笈七籤》有誤,或爲另一崔公輔。

渾　鉅　　文宗時？

《新表五下》渾氏:"鉅,雅州刺史。"乃德宗時宰相渾瑊之子。

王　樟　　大中五年(851)

《全文》卷七四九杜牧有《王樟除雅州刺吏（史）郭鏽除右諭德等制》。

田在賓　　大中時

《全文》卷七九五孫樵《書田將軍邊事》:"背臨邛南馳,越二百里,得嚴道郡……田在賓將軍刺嚴道三年,能條悉南蠻事,爲樵言曰。"按田在賓大中十一年爲夏州刺史、夏綏節度。又按《新表五下》未著其職,吳氏《方鎮年表考證》引作"雅州刺史",蓋誤記。

雍　陶　　大中時

《唐才子傳》卷七《雍陶傳》:"大中末,出刺簡州,時名益重……後爲雅州刺史。”按大中八年爲簡州刺史。

盧審矩 大中末

《千唐誌·唐故懷州録事參軍清河崔府君後夫人范陽盧氏墓誌銘并序》（咸通三年正月十二日）：“少女適前雅州刺史范陽盧審矩。”夫人卒大中十三年，年六十九。

吴行魯（吴行曾） 約咸通六、七年（約865、866）

《全文》卷八〇四陳黯《彭州新置唐昌縣建德草市歇馬亭鎮并天王院等記》：“聖上以南夷不虔，邊塵忿起……遂命御史中丞渤海吴公行曾持節出刺雅安……郡人以考秩將滿，預懷去思……由是復昇於犍爲……天子以彭門名都而賞其重勳……連牧三郡……咸通十年五月十五日記。”

杜 岡 乾符三年（876）

《舊書·僖宗紀》：乾符三年三月，“以黎州刺史杜岡爲雅州刺史”。

張承簡 大順元年（890）

《新書·昭宗紀》：大順元年六月“辛酉，雅州將謝從本殺其刺史張承簡，叛附於王建”。又見《通鑑·大順元年》，《十國春秋·前蜀高祖本紀》、《王宗本傳》。

陳 陶 大順二年—景福元年（891—892）

《通鑑·大順二年》：七月，“〔王〕建表〔陳〕敬瑄子陶爲雅州刺史，使隨陶之官，明年，罷歸”。又見《十國春秋·前蜀高祖本紀》。

王宗侃 景福元年—乾寧二年（892—895）

《通鑑·景福元年》：二月“辛丑，〔王〕建遣族子嘉州刺史宗裕、雅州刺史王宗侃……將兵五萬攻彭州”。又《乾寧二年》：十一月“丁丑，雅州刺史王宗侃攻拔利州，執刺史李繼顒，斬之"。又見《十國春秋·前蜀高祖本紀上》。《九國志》本傳："綿州刺史常厚奪留東川顧彥暉旌節，建令宗侃討之，破其七寨，厚奔綿谷，奏授宗侃雅州刺史，遷眉州團練使。"《十國春秋》本傳略同。

楊　堪　　乾寧二年（895）

《通鑑·乾寧二年》：五月，"貶户部尚書楊堪爲雅州刺史。堪，虞卿元子，〔韋〕昭度之舅也"。按乾符二年二月楊堪以庫部員外郎爲吏部員外郎，見《舊書·僖宗紀》。

羅　某　　乾寧初？

《宋高僧傳》卷二七《唐雅州開元寺智廣傳》："乾寧初，王氏始定成都，雅郡守羅（亡名）罷任，攜廣來謁蜀主。"

待考録

蕭善義

《因話録》卷三："梁高祖武皇帝，父諱順之，《齊書》有傳。武帝受禪，武尊文帝。文帝第三子恢……恢生宜豐侯循。循生唐太子太保造。造生威武大將軍夙。夙生雅州都督善義。"乃蕭穎士曾祖。

卷二三九　黎州（洪源郡）

大足元年置黎州。神龍三年廢。開元四年復置。天寶元年改爲洪源郡。乾元元年復爲黎州。領縣三：漢源、飛越、陽山（通望）。

【補遺】沈　悦　　約高宗時

《周故朝散大夫洛州永寧縣令上柱國杜府君（謚）墓誌銘並序》（神功元年十月廿二日）："夫人吴興縣君，唐故黎、博二州刺史、將作監少匠沈悦第六女也。"（周紹良、趙超《唐代墓誌匯編續集》，上海古籍出版社2001年版）據此，沈悦爲黎州刺史約在高宗時。

王　佺　　神龍元年（705）

北圖藏拓片《大唐故中大夫使持節黎州諸軍事守黎州刺史上柱國王府君（佺）墓誌銘并序》（景龍三年八月十八日）："俄而大人造極，寶命日新，擇良吏以觀風，徵政術以厲俗，以其前朝擢用，果有其能，特加授中大夫、上柱國、黎州諸軍事守黎州刺史……春秋五十六，以神龍元年十月九日遘病終於官舍。"

宋乾微（宋虔微）　　神龍中？

《太平寰宇記》卷七七黎州漢源縣："長安四年巡察使殷祚奏置黎州。後刺史宋乾微奏廢入雅州。"《姓纂》卷八京兆宋氏作"虔微"。

韋 晉　　貞元四年（788）

《通鑑・貞元四年》：十月，"〔韋〕皋遣黎州刺史韋晉等與東蠻連兵禦之，破吐蕃於清溪關外"。

王有道　　貞元十八年（802）

《舊書・吐蕃傳下》：貞元十八年，"黎州經略使王有道率三部落郝金信等二千過大渡河深入吐蕃界"。

郝同美　　元和八年（813）

《元龜》卷一四〇：元和八年"七月，以蜀將郝同美爲黎州刺史，褒其節也"。

張 經　　約大中時

《千唐誌・唐故天雄軍節度九軍都知兵馬使銀青光禄大夫檢校國子祭酒兼殿中侍御史清河張府君（諒）墓誌銘并序》（咸通五年十一月十九日）："烈考諱經，皇黎州刺史，充本州招討使……公即使君長子也……丁使君喪……至咸通歲直辛未，屬公之親舅大夫太原公建節秦州，寵於起復。"張諒卒咸通五年五月二十六日，年三十六。又《唐故鄉貢進士燉煌張府君（審文）墓誌銘并序》（大中十三年十一月二十一日）稱：父經，歷典馬邑、咸寧、漢源三郡。"漢源"當爲"洪源"之誤。

吴行魯（吴行曾）　　咸通中

《全文》卷八〇四李谿《彭州新置唐昌縣建德草市歇馬亭鎮并天王院等記》："遂命御史中丞渤海吴公行曾持節出刺雅安……丞相隴西公以公功業昭著，飛章上聞……仍兼知黎州……由是復昇於犍爲。"

嚴師本　　咸通十一年（870）

《通鑑・咸通十一年》：二月，"黎州刺史嚴師本收散卒數千保邛州，蠻圍之”。又見《新書·南蠻中·南詔傳下》。《隋唐五代墓誌匯編·山東卷·唐故東海嚴夫人墓誌銘并序》（咸通十四年十一月二十三日）：“父師本，前左監門衛大將軍、銀青光禄大夫、檢校國子祭酒、使持節黎州諸軍事守黎州刺史充本州團練使、守御史中丞第二十四女也。”咸通十三年卒，年三十。

黄景復　　乾符元年—二年（874—875）

《通鑑·乾符元年》：十一月，“南詔寇西川，作浮梁，濟大渡河。防河都知兵馬使、黎州刺史黄景復俟其半濟，擊之，蠻敗走”。又《乾符二年》二月《考異》：“《耆舊傳》曰：‘乾符元年三月十五日，處置前黎州刺史、充大渡河把截制置土軍都知兵馬使黄景復。’《實録》：‘乾符二年三月，〔高〕駢奏斬景復。’今事從《耆舊傳》，年從《實録》。”

杜　岡　　約乾符二、三年（約875、876）

《舊書·僖宗紀》：乾符三年三月，“以黎州刺史杜岡爲雅州刺史”。

張惠安　　乾寧中

《廣記》卷九七引《黎州圖經》：“乾寧中，刺史張惠安請門僧京師右街净衆寺惠維講《妙法蓮花經》一遍。”

山行章　　乾寧四年（897）

《十國春秋》本傳：“乾寧四年，授都押牙，出鎮黎州。”

曹　嶽　　唐末？

《全文》卷九四二杜光庭《蜀王青城山祈雨醮詞》：“謹差左都押衙檢校尚書右僕射前黎州刺史曹嶽與左右街宏教大師賜紫杜光庭虔誠章醮。”

卷二四〇　瀘州(瀘川郡)

隋瀘川郡。武德元年改爲瀘州。三年置總管府。天寶元年改爲瀘川郡，依舊設都督府。乾元元年復爲瀘州。領縣六：瀘川、富義、江安、合江、綿水、涇南。

程知節　貞觀元年—八年(627—634)

《舊書》本傳：“貞觀中，歷瀘州都督、左領軍大將軍。與長孫無忌等代襲刺史，改封盧國公，授普州刺史。十七年，累轉左屯衛大將軍。”《新書》本傳略同。《大詔令集》卷六五《長孫無忌等九人各封一子郡縣公詔》：“瀘州都督、宿國公程知節等……各封一子縣公……貞觀五年九月下。”《全文》卷五同。北圖藏拓片《程知節碑》(麟德二年十月十一日)：“貞觀元年授使持節盧(瀘)州諸軍事盧州刺史……八年檢校原州都督。”《隋唐五代墓誌匯編·陝西卷》第一册《大唐〔贈〕驃騎大將軍益州大都督上柱國盧國公程使君墓誌銘并序》(麟德二年十月二十二日)：“授使持節都督瀘戎榮三州諸軍事瀘州刺史……頃之權檢校原州都督。”

左難當　貞觀十八年(644)

《元龜》卷一一七：“唐太宗貞觀十八年十月，帝欲親總六軍以度遼海……〔十一月，〕以左領軍將軍武水縣伯常河、瀘州都督戴國公左難當爲副總管。”又見卷一一九。

王　湛　　龍朔三年—乾封二年（663—667）

《楊炯集》卷八《瀘州都督王湛神道碑》：“龍朔三年，遷使持節都督瀘榮溱珍四州諸軍事瀘州刺史……乾封二年，上書乞骸骨。”《全文》卷二一五陳子昂《申州司馬王府君墓誌》：“父湛，唐虞部郎中，荆州大都督府司馬，商、壁、鄜、許、冀五州刺史，加銀青光禄大夫、瀘州都督。”

樊伯通　　約高宗時

上圖藏拓片《故宋州虞城縣令樊君（晉客）墓誌銘并序》（開元十一年四月二十一日）：“祖伯通，皇朝任瀘州都督。父睿，皇任都水使者。”晉客卒開元十一年三月二十四日，年七十四。

趙師立　　約高宗時

《千唐誌·大唐故天水縣君趙氏（上真）墓記》（開元二十七年十月十四日）：“祖諱師立，皇任金紫光禄大夫，鍾離縣侯，瀘、松二州都督。父諱行成，早世不仕。夫人……在府君後而終，即以開元十七年七月十五日告禍。”

夏侯銛　　睿宗時？

《新書·崔行功傳》：“孫銛，尚定安公主，爲太府卿。初，主降王同皎，後降銛。主卒，皎子縹請與父合葬。給事中夏侯銛駁奏‘主與王氏絶，喪當還崔’。詔可。銛猶出爲瀘州都督。”《定安公主傳》略同。

康玄辯　　開元十三年前（725前）

《新書·藝文志四》：“《康玄辯集》十卷。”注：“字通理，開元瀘州刺史。”又見《古今姓氏書辯證》卷一五。《寶刻叢編》卷八引《京兆金石録》：“《唐瀘州刺史康玄辯墓誌》，唐王羨門撰，子晉書，開元十三年。”

蘇　元　　乾元中

《輿地碑記目》卷四《瀘州碑記・唐蘇公甘井碑》注：“在州城南門上。唐乾元中，都督蘇元開井記。”

楊子琳　　大曆元年—四年（766—769）

《舊書・杜鴻漸傳》：“〔大曆元年，〕仍以〔崔〕旰爲劍南西川行軍司馬，柏貞節爲邛州刺史，楊子琳爲瀘州刺史。”《新書・杜鴻漸傳》、《崔寧傳》略同。《新書・代宗紀》：大曆三年七月“壬申，瀘州刺史楊子琳反”。又見《元龜》卷一七六，《通鑑・大曆三年》四月，《新書・劉昌裔傳》。《舊書・代宗紀》：大曆四年二月，“以瀘州刺史楊子琳爲陝州刺史”。

韓　澄（韓潭）　　大曆中

《元龜》卷八六三：“崔寧爲劍南西川節度使，奏本管兵馬使瀘州刺史韓澄與先代諱同，請改名潭，許之。”按《姓纂》卷四南陽堵（赭陽）縣韓氏：“澄，汲郡太守。”當爲另一人。

劉文翼　　元和二年—四年（807—809）

《全文》卷六五一元稹《彈奏劍南東川節度使狀》：“諸州刺史名銜并所收色目謹具如後……瀘州刺史劉文翼，元和二年加徵草三千八百五十三束；三年加徵草三千八百五十一束。”《元龜》卷七〇〇：“劉文翼爲瀘州刺史，元和四年坐贓貶爲崖州澄邁縣尉。”

李　暄　　元和中？

《隋唐五代墓誌匯編・陝西卷》第四册《唐朝議郎漢州什邡縣令京兆田行源亡室隴西李氏墓誌銘并叙》（大中八年十一月二十五日）：“父暄，戎、瀘二州刺史。妣姜氏。”李氏卒大中八年，享年六十二。

支　竦　　會昌二年（842）

上圖藏拓片《唐故鄉貢三傳支府君（詢）墓誌銘》（大中十年五月

十八日）：“父諱竦，皇任雲、瀘、齊、光、邢五郡刺史，鄆王傅，鴻臚卿致仕……公年十七，以會昌二年八月三日終於瀘州。”又見《芒洛續編》卷下《唐故鄂州司士參軍支府君（叔向）墓誌銘并序》，《千唐誌·唐故贈隨州刺史太子少詹事殿中監支公（成）墓誌銘并序》。

劉成師　大中時

《新書·南蠻下·南平獠傳》：“大中末，昌、瀘二州刺史貪沓……〔獠〕遂叛，立酋長始艾爲王，逾梓潼，所過焚剽，刺史劉成師降其黨，斬首領七十餘人。餘衆遁至東川，節度使柳仲郢諭降之。”按柳仲郢大中五年至九年爲東川節度。

洗宗禮　約大中八、九年（約 854、855）

《全文》卷七七二李商隱有《爲京兆公乞留瀘州刺史洗宗禮狀》。按京兆公蓋即韋有翼，大中九年至十二年爲東川節度使。

楊慶復　咸通十年（869）

《新書·南蠻中·南詔傳下》：“〔咸通〕十年，乃入寇……明年正月，攻杜再榮……故瀘州刺史楊慶復爲〔盧〕耽治攻具、蘭石，置牢城兵。”《通鑑·咸通十一年》：正月，“節度使盧耽召彭州刺史吳行魯使攝參謀，與前瀘州刺史楊慶復共修守備”。

柳　玭　景福二年（893）

《通鑑·景福二年》：三月，“以渝州刺史柳玭爲瀘州刺史”。按《新書》本傳稱：“文德元年，以吏部侍郎修國史，拜御史大夫……坐事貶瀘州刺史，卒。”《北夢瑣言》卷四亦云：“唐柳大夫玭直清重德，中外憚之，謫授瀘州郡守。”《通鑑考異》以爲皆誤。《全文》小傳沿其誤，云：“文德元年以吏部侍郎拜御史大夫，貶瀘州刺史，卒。”《舊書》本傳未及。

馬敬儒　乾寧二年—四年（895—897）

《通鑑·乾寧二年》：“〔十二月，〕王建奏：‘東川節度使顧彥暉不

發兵赴難，而掠奪輜重，遣瀘州刺史馬敬儒斷峽路，請興兵討之。'"又
見《十國春秋·前蜀高祖本紀上》。《新書·昭宗紀》：乾寧四年二月
"癸丑，王建陷瀘州，刺史馬敬儒死之"。《通鑑·乾寧四年》二月、《十
國春秋·前蜀高祖本紀上》同。又見《十國春秋·王宗阮傳》。

卷二四一　茂州（會州、南會州、通化郡）

隋汶山郡。武德元年改爲會州。三年置總管府。四年改爲南會州。七年改爲都督府。貞觀八年改爲茂州。天寶元年改爲通化郡。乾元元年復爲茂州。領縣四：汶山、石泉、通化、汶川。

鄭元璹　　貞觀三年（629）

《舊書·西戎·党項羌傳》："貞觀三年，南會州都督鄭元璹遣使詔諭，其酋長細封步賴舉部內附。"《新書·西域傳上》略同。又見《御覽》卷七九五，《元龜》卷四二九，《會要》卷九八。

【李道宗　　貞觀十三年（639）（未之任）】

《舊書》本傳："〔貞觀〕十三年，起爲茂州都督，未行，轉晉州刺史。"《新書》本傳略同。又見《元龜》卷二八一。

張士貴　　貞觀二十二年（648）

《新書·太宗紀》：貞觀二十二年九月"壬寅，眉、邛、雅三州獠反，茂州都督張士貴討之"。《通鑑·貞觀二十二年》九月同。又見《新書·南蠻下·南平獠傳》，《元龜》卷九八五。《大唐輔國大將軍荆州都督虢國公張公（士貴）墓誌銘并序》："〔貞觀〕十九年，率師渡遼……凱旋之日，令公後殿……授茂州都督。雅、邛等州山獠亂，以爲雅州道行軍總管。"（《考古》1978 年第 3 期）兩《唐書》本傳未及。

獨孤騰雲（李騰雲）　　貞觀中？

《李太白文集》卷三〇《虞城縣令李公（錫）去思頌碑并序》："曾祖騰雲，皇朝廣、茂二州都督，廣武伯。"按《姓纂》卷一〇京兆獨孤氏（岑仲勉補）："滕雲，荊府長史、廣武公。"岑氏謂"滕雲"乃"騰雲"之訛。

吴黑闥　　永徽元年——二年（650—651）

昭陵博物館藏《吴黑闥（諱廣）碑》稱：貞觀二年宕州刺史。六年，除右武衛將軍。永徽元年茂州都督，二年又遷洪州都督。

臧彦雄　　高宗時？

北圖藏拓片《大唐故中大夫守撫州刺史上柱國臧府君（崇亮）墓誌銘并序》（景龍三年十一月二十日）："父彦雄，右監門郎將、茂州都督、東海公。"崇亮卒景龍二年，年七十九。

唐休琰　　約高宗、武后間

《新表四下》唐氏："休琰，茂州都督。"乃隋洛陽令世宗孫，中宗相休璟從兄。

陳大慈　　長安二年（702）

《新書·則天皇后紀》：長安二年十月"戊申，吐蕃寇悉州，茂州都督陳大慈敗之"。《通鑑·長安二年》十月同。

譚元受　　天寶中

《全文》卷三七七楊譚《兵部奏劍南節度破西山賊露布》："左羽林大將軍兼通化郡太守譚元受遣左金吾衛將軍裴振、攝維川郡長史折衝張粲……率健戇三千人，自滴博領入。競施掎角之勢，各陳擒縱之謀。"

崔　寧（崔旰）　　永泰二年（766）

《舊書·代宗紀》：永泰二年二月癸丑，"劍南西山兵馬使崔旰爲茂州刺史、充劍南西山防禦使，從杜鴻漸請也”。八月“壬寅，以茂州刺史崔旰爲成都尹、兼御史大夫、劍南西川節度行軍司馬”。又見《通鑑·大曆元年》十月。兩《唐書》本傳未及。

裴繇之　　約貞元中

《千唐誌·唐故滑州白馬縣令贈尚書刑部郎中樂安孫府君繼夫人河東縣太君裴氏墓誌銘并序》（會昌元年十二月二十五日）：“父繇之，皇茂州刺史。貞元十五年，始歸於我刑部郎君。”

李廣誠　　元和四年（809）

《金石補正》卷六八《諸葛武侯祠堂碑》碑陰記（元和四年二月二十九日）：“中軍兵馬使兼西山中北路兵馬使特進使持節都督茂州諸軍事行刺史、兼御史大夫、上柱國、隴西郡開國公李廣誠。”

竇季餘　　寶曆元年—大和七年（825—833）

《千唐誌·唐故茂州刺史扶風竇君（季餘）墓誌銘并序》（大和八年三月十九日）：“長慶之末年，廉使杜公以其績登聞，方授眉州錄事參軍事……未幾而西邊有事……遂假君茂州刺史，實任寄委，尋正其秩。己酉冬，南蠻內侮圍成都，君自茂總攝生羌……會今相國先皇公撫寧西川……無何，以從父兄故丞相司空公疾篤於岐陽，遂求休奔問。兄薨，終喪事。”《輿地碑記目》卷四《茂州碑記》：“《唐刺史題梁》……有寶曆元年刺史竇季餘。”按“廉使杜公”指杜元穎，長慶三年至大和三年爲劍南西川節度使。己酉爲大和三年。“贊皇公”指李德裕，大和四年爲西川節度。從父兄丞相司空公當指竇易直，大和五年檢校司空、鳳翔尹，七年四月卒。

何　溢　　大中二年—四年（848—850）

拓本《大唐故銀青光祿大夫使持節都督茂州諸軍事行茂州刺史何公（溢）墓誌銘并序》（大中四年十一月二十八日）：“後拜是郡……化涖三年，華夷一致……大中庚午祀（四年）……夏五月廿九日長逝

於郡舍。"(《西安郊區隋唐墓》)

劉成師　　大中三年(849)

《輿地碑記目》卷四《茂州碑記》:"《唐刺史題梁》……大中三年,刺史劉成師。"

蓋巨源　　大中十三年—咸通三年(859—862)

《輿地碑記目》卷四《茂州碑記》:"《回車院碑》,唐刺史蓋巨源撰,大中十三年立。"又:"《唐刺史題梁》……咸通三年,刺史蓋巨源題。"

李繼昌　　大順元年(890)

《通鑑·大順元年》:六月"丁巳,茂州刺史李繼昌帥衆救成都,己未,王建擊斬之"。又見《十國春秋·前蜀高祖本紀上》。

張　造　　約大順中

《九國志》本傳:"龍紀初,詔授行營諸軍馬步都虞候,遷茂州刺史。從討陳囚,引軍攻筆橋,爲陳敬瑄所敗,歿於陣。"《十國春秋》本傳略同。《全文》卷一二九王建《郊天改元赦文》:"故茂州刺史張造……並宜追贈。"

王宗瑶　　景福元年(892)

《通鑑·景福元年》:二月"辛丑,王建遣族子……茂州刺史王宗瑶將兵五萬攻彭州"。又見《十國春秋·前蜀高祖本紀上》。《十國春秋》本傳:"景福初官茂州刺史,將兵攻彭州,敗楊晟於城下。未幾,徙簡州。"

卷二四二　翼州(臨翼郡)

武德元年析會州置翼州。咸亨三年置都督府,移就悉州城内。上元二年罷都督,移還舊治。天寶元年改爲臨翼郡。乾元元年復爲翼州。領縣二:翼針(衛山)、翼水。

李玄嗣　　貞觀四年(630)

《四川茂汶縣的唐代石刻造像》:"惟大唐貞觀四年歲次庚寅九月癸亥朔十五日丁丑,大施主:持節兼翼州諸軍事翼州刺史上大將軍李玄嗣……敬造。"(《文物》1982年第10期)

衡長孫　　約貞觀中

《千唐誌·大周朝議大夫使持節伊州諸軍事伊州刺史上柱國衡府君(義整)墓誌銘并序》(天授二年二月十八日):"父長孫,唐嵐、朔、翼、渭四州刺史,左監門將軍,長山縣開國公。"義整卒永昌元年四月廿一日。

藺仁基　　高宗時

《千唐誌·大唐并州大都督府祁縣陳明府故藺夫人墓誌銘并序》(景龍二年十一月十二日):"祖仁基……唐□、□、翼、洺四州刺史,上柱國,并州長史,原、代二州都督,殿中監。"按仁基儀鳳元年前在并州長史任。

陸仁儉（陸乾迪）　　垂拱三年—天授元年（687—690）

洛陽關林藏《大周故使持節嶲州都督陸府君（仁儉）墓誌銘并序》（延載元年十月十日）：“垂拱三年拜公翼州刺史，天授元年延州刺史。”《隋唐五代墓誌匯編·洛陽卷》第七册《陸公及夫人孫氏墓誌》（延載元年十月二十日）：“父乾迪，唐使□歷岷、石、翼、延四州諸軍事，岷、石、翼、延四州刺史，大周使持節嶲州都督嶲等四十二州諸軍事嶲州刺史。”“乾迪”即仁儉字。

蘇德瑤　　約武后時

《千唐誌·唐故特進行虔王傅兼英武軍右廂兵馬使蘇公（日榮）墓誌銘并序》（貞元十四年八月七日）：“曾祖德瑤，中散大夫、翼州刺史。祖知廉，銀青光禄大夫、甘州刺史。”日榮卒貞元十四年六月二十九日，年七十九。

崔行集　　約開元中

《新表二下》崔氏清河小房：“行集，翼州刺史。”乃延州刺史行温弟。

董郤麴　　約天寶中

《全文》卷三七七楊譚《兵部奏劍南節度破西山賊露布》：“都知西山子弟兵馬副使、左金吾衛大將軍、攝臨翼郡太守董郤麴，左羽林大將軍兼静郡太守董元智……等，領八郡驍勇，并蕃漢武士等七千人，自蓬婆路取牙山。”

待考録

柳　贊

《新表三上》柳氏：“贊，翼州刺史。”乃江州刺史柳貞望之祖父。按《姓纂》卷七河東解縣柳氏作“贊，冀州刺史”，未知孰是。

卷二四三　維州（維川郡）

武德元年置維州。貞觀元年罷。貞觀二年復置維州，始屬茂州爲羈縻州。麟德二年進爲正州。尋叛，羌降，爲羈縻州。垂拱三年又爲正州。天寶元年改爲維川郡。乾元元年復爲維州。建中年間陷吐蕃。大中末維州首領內附，復隸西川。領縣二：薛城、小封。

安㟸汗　　貞觀初

《全文》卷四三五李至遠《唐維州刺史安侯（附國）神道碑》：“父㟸汗……貞觀初率所部五千餘入朝，詔置維州，即以㟸汗爲刺史……封定襄公。”

安附國　　永徽中—總章中

《全文》卷四三五李至遠《唐維州刺史安侯（附國）神道碑》：“永徽元年拜右領軍將軍……尋丁定襄公憂……復拜爲持節維州諸軍事維州刺史……龍朔中，隨府易名，改爲左戎衛將軍，總章中，進爲右戎衛大將軍，刺史勳封並如故。”

董　弄（董弁）　　咸亨二年（671）

《舊書·地理志四》維州小封縣：“咸亨二年，刺史董弄招慰生羌置也。”按《太平寰宇記》卷七八作“董弁”。《蜀中名勝記》卷七亦作“弁”。

焦　淑　　開元十五年(727)

　　岑仲勉《金石論叢·理番新發現隋會州通道記跋》："一九四五年十一月，舊同事李方桂新自理番歸成都，曾親見此碑，貽書相告……'同處又有一唐碑……'兹照錄如下：'朝散大夫，檢校維州刺史、上柱國焦淑爲吐蕃賊侵境，並董敦義投蕃，聚結逆徒數千騎，淑領羌漢兵及健兒等三千餘人，討除其賊，應時敗散。開元十五年九月十九日記。'"《文物》1961年第8期《石刻雜談》所引略同。

鄭藏林　　大曆十年(775)

　　《輿地碑記目》卷四《成都府碑記》："《石寶讚》，唐維州刺史鄭藏林撰，大曆十年，殿中侍御史李樞篆。"

虞藏儉　　大和五年(831)

　　《通鑑·大和五年》："九月，吐蕃維州副使悉怛謀請降，盡帥其衆奔成都；〔李〕德裕遣行維州刺史虞藏儉將兵入據其城。"又見《全文》卷七〇三李德裕《論大和五年八月將故維州城歸降准詔却執送本蕃狀》。

李　光　　乾符五年(878)

　　《輿地碑記目》卷四《威州碑記》："《彭角樓記》，唐維州軍事判官高測文，乾符五年十月十五日維州刺史李光置。"

裴　昶　　乾寧、光化間

　　《全文》卷八三二錢珝有《授傅德昭羅州刺史裴昶維州刺史趙贊崖州刺史等制》。

卷二四四　戎州（南溪郡）

隋犍爲郡。武德元年改爲戎州。貞觀四年置都督府。天寶元年改爲南溪郡，依舊都督府。乾元元年復爲戎州。領縣五：僰道、南溪、開邊、歸順、郁鄡（義賓）。

党仁弘　　貞觀前期

《通鑑·貞觀十六年》：“高祖入關也，隋武勇郎將党仁弘將兵二千餘人歸高祖於蒲坂，從平京城，尋除陝州總管。大軍東討，仁弘轉餉不絕。歷南寧、戎、廣州都督……〔十二月，〕黜仁弘爲庶人，徙欽州。”《元龜》卷六八九：“党仁弘爲戎州都督，夷獠之俗，賣親鬻子，仁弘制法禁斷，百姓便之。”按仁弘貞觀初爲南寧州都督，見《元龜》卷六九二。

董寶亮　　咸亨四年前（673前）

《金石錄》卷四：“唐戎州刺史董寶亮碑”，李儼撰，張遂隆八分書，咸亨四年十月。”又見《寶刻叢編》卷一引。

馬神威　　武后時

《隋唐五代墓誌匯編·洛陽卷》第七册《大周故冠軍大將軍上柱國襃信郡開國公馬府君（神威）墓誌銘并序》（久視元年十月二十八日）：“又除疊州刺史，兼充露谷軍副使……累遷洮、松、戎三州都督，仍充露谷軍大使。”久視元年卒，春秋七十九。

楊　某　　永泰元年（765）

《全詩》卷二二九杜甫有《宴戎州楊使君東樓》。聞一多《少陵先生年譜》謂作於永泰元年六月。

李　通　　德宗時？

《輿地碑記目》卷四《渠州碑記》有《唐都督戎州李通破賊碑》。按建中元年五月己卯，右金吾大將軍李通爲黔州刺史、黔中經略招討觀察鹽鐵等使，見《舊紀》，未知即此人否。

文　悦　　元和元年（806）

《元龜》卷一六五：元和元年“九月，以西川降將文悦爲戎州刺史”。

李　暄　　元和中？

《隋唐五代墓誌匯編·陝西卷》第四册《唐朝議郎漢州什邡縣令京兆田行源亡室隴西李氏墓誌銘并叙》（大中八年十一月二十五日）：“父暄，戎、瀘二州刺史。姒姜氏。”李氏卒大中八年四月三日，享年六十二。疑暄仕元和中。

張　暹　　元和十四年（819）

《通鑑·元和十四年》：二月，“詔以淄青行營副使張暹爲戎州刺史”。

趙士宗　　會昌元年（841）

《酉陽雜俎》續集卷三：“武宗之元年，戎州水漲，浮木塞江，刺史趙士宗召水軍接木，約獲百餘段。”又見《廣記》卷三六六引。

楊乾光　　約大中三年—六年（約849—852）

《千唐誌·唐故朝散大夫使持節丹州諸軍事守丹州刺史充本州防禦使上柱國弘農楊公（乾光）墓誌銘并序》（大中九年八月二十四

日）：“由伊陽〔令〕拜文州刺史，轉戎州經略使。大中六年五月授丹州防禦使。”大中七年十月十六日卒，年六十。北圖藏拓片《唐故丹州刺史兼防禦使楊府君張掖郡烏氏夫人墓誌》（咸通十二年正月十四日）：“長子坦纂……作宰伊陽，課績居最。大中初，相國白公嘉先考爲官政有奇能云。上求瘼甚切……遂剖符文州，更任戎州……及政成，歸於京輦，不日又除丹州。”

謝承恩　　大順元年（890）

《新書・昭宗紀》：大順元年四月“丙子，戎州將文武堅執其刺史謝承恩，叛附於〔王〕建”。《通鑑・大順元年》同。又見《十國春秋・前蜀高祖本紀》及《王宗阮傳》。

王宗謹　　乾寧元年—四年（894—897）

《十國春秋》本傳：“乾寧元年攻彭州有功，高祖即軍中録爲子，更其名曰宗謹，與諸兒列，遂授戎州刺史，已而領鳳翔西面行營使。”《通鑑・乾寧四年》：二月“戊午，戎州刺史王宗謹爲鳳翔西面行營先鋒使”。又見《十國春秋・前蜀高祖本紀上》。

待考録

張九宗

劉岑

李元

達奚某

以上四人見《四川通志・職官表》。

卷二四五　姚州（雲南郡）

武德四年置姚州。龍朔中於州治置都督府，尋廢。垂拱元年重置。天寶元年改爲雲南郡；十三載没蕃。貞元初，蠻帥異牟尋歸國，册拜，謂之南詔。九年，南詔又以其地内屬。領縣三：長城（瀘南）、長明、姚城。

段　憑　　唐初？

《姓纂》卷九雲南段氏：“魏末段延没蠻，代爲渠帥，裔孫憑，入朝拜雲南刺史。”

吳師盛　　總章二年（669）

昭陵博物館藏《吳黑闥碑》：“總章二年葬……有子師盛，姚州都督；師□，蓬州刺史。”

【裴懷古　　武后時（未之任）】

《舊書》本傳：“拜祠部員外郎。時姚巂蠻首相率詣闕頌懷古綏撫之狀，請爲牧守以撫之，遂授姚州都督，以疾不行，轉司封郎中……授懷古桂州都督。”《新書》本傳略同。

皇甫文備　　長安中

《千唐誌·大周故正議大夫使持節都督姚宗等三十六州諸軍事守姚州刺史上柱國皇甫君（文備）墓誌》（長安四年八月十九日）：“萬

歲通天二年，遷守邛州刺史，使持節諸軍事……又遷姚府都督，使持節姚宗匡靡三十六州諸軍事……長安四年二月二日，薨于姚府公第，春秋七十三。”

李　蒙　　約景雲中—開元元年(?—713)

《新書·吳保安傳》：“睿宗時，姚巂蠻叛，拜李蒙爲姚州都督。”《新書·玄宗紀》：開元元年“十月，姚巂蠻寇姚州，都督李蒙死之”。又見《廣記》卷一六六引《紀聞》。

楊安居　　開元十年(722)

《新書·吳保安傳》：“〔李蒙〕與蠻戰没，〔郭〕仲翔被執……保安留巂州，營贖仲翔，苦無貲，乃力居貨十年……妻子客遂州，間關求保安所在，困姚州不能進。都督楊安居知狀，異其故，資以行。”又見《廣記》卷一六六引《紀聞》。

達奚守珪　　開元後期

《全文》卷二八七張九齡《敕蠻首領鐸羅望書》：“卿之先祖輸忠奉國，遽聞徂逝，深憯於懷……故遣宿衛首領王白於姚州都督達奚守珪計會，就彼吊慰，便授卿襲浪穹州刺史。”

張虔陀　　天寶七載—九載(748—750)

《舊書·南蠻·南詔蠻傳》：天寶七載，“歸義卒，詔立子閣羅鳳襲雲南王。無何，鮮于仲通爲劍南節度使，張虔陀爲雲南太守。仲通褊急寡謀，虔陀矯詐，待之不以禮……閣羅鳳忿怨，因發兵反，攻圍虔陀，殺之，時天寶九年也”。又見《元龜》卷四四六、卷六九八，《新書·南蠻上·南詔傳上》，《通鑑·天寶九載》，《會要》卷九九。《新書·玄宗紀》：天寶九載，“是歲，雲南蠻陷雲南郡，都督張虔陀死之”。《全文》卷九九九鄭回《南詔德化碑》：“越巂都督張虔陀嘗任雲南別駕……宜表請爲都督。”又南詔王異牟尋《與中國誓文》：“天寶九載，被姚州都督張虔陀等離間部落，因此與漢阻絶。”又見《蠻書》卷一、卷

四、卷一〇。

李　宓　　天寶十載—十一載（751—752）

《全詩》卷二一二高適《李雲南征蠻詩序》：“天寶十一載，有詔伐西南夷，右相楊公兼節制之寄，乃奏前雲南太守李宓涉海自交趾擊之……十二載四月，至於長安。”《元龜》卷七〇〇：“李宓爲雲南太守，犯贓貶爲澧陽郡慈利縣丞員外置。”《全文》卷九九九鄭回《南詔德化碑》：“都督李宓……尋被貶流……〔天寶十三載，〕漢又命前雲南郡都督兼侍御史李宓……擬水路俱進。”《舊書·玄宗紀下》：天寶十三載六月，“侍御史、劍南留後李宓率兵擊雲南蠻於西洱河……爲閣羅鳳所擒，舉軍皆没”。

賈　瓘　　天寶十二載（753）

《全文》卷九九九鄭回《南詔德化碑》：“天寶十一載……爲贊普鍾元年。二年，漢帝又命漢中郡太守司空襲禮、内使賈奇俊帥師再置姚府，將軍賈瓘爲都督。”

卷二四六　嶲州（越嶲郡）

隋越嶲郡。武德元年改爲嶲州。天寶元年改爲越嶲郡，依舊都督府。乾元元年復爲嶲州。至德二載没吐蕃。貞元十三年西川節度使韋皋收復。領縣九：越嶲、邛部、臺登、蘇祁、可泉（西瀘）、昆明、會川、昌明、和集。

韋仁壽　　武德初—七年（?—624）

《舊書》本傳："高祖入關，遣使定巴蜀，使者承制拜仁壽嶲州都督府長史。時南寧州内附……高祖以仁壽素有能名，令檢校南寧州都督，寄聽政於越嶲……及將歸，蠻夷父老各揮淚相送。"《新書》本傳略同。又見《元龜》卷三九七、卷六八三。《通鑑·武德七年》："唐興……〔韋〕仁壽時爲嶲州都督府長史，上聞其命，命檢校南寧州都督，寄治越嶲……〔七月〕壬戌，仁壽還朝，上大悦，命仁壽鎮南寧，以兵戍之。"

王志遠　　貞觀十三年（639）

《舊書·太宗紀下》：貞觀十三年十二月"壬午，嶲州都督王志遠有罪伏誅"。

王衛春　　約貞觀中

《千唐誌·周右豹韜衛倉曹參軍裴公夫人王氏墓誌銘并序》（天授元年十月六日）："祖貴，隨楚州山陽縣令……父衛春，皇朝銀青光禄大夫、使持節都督嶲州諸軍事嶲州都督、上柱國、楚丘縣開國公……夫人即都督公之第七女也。"載初元年七月二十一日卒，春秋五十二。

宋君明　　約貞觀中

《姓纂》卷八樂陵宋氏："君明，唐嶲州都督。"按君明貞觀十九年爲勝州都督。

劉伯英　　貞觀中

《新書·南蠻下·松外蠻傳》："貞觀中，嶲州都督劉伯英上疏：'松外諸蠻，率暫附亟叛，請擊之，西洱河天竺道可通也。'居數歲，太宗以右武候將軍梁建方發蜀十二州兵進討……殺獲十餘萬，群蠻震駭。"《通鑑·貞觀二十二年》："夏四月丁巳，右武候將軍梁建方擊松外蠻，破之。初，嶲州都督劉伯英上言……敕建方發巴蜀十三州兵討之。"又見《元龜》卷三五八。

姚　懿（姚善意）　　龍朔元年—二年（661—662）

《新表四下》陝郡姚氏："懿字善意，嶲州都督、文獻公。"《全文》卷三二八胡晧（皓）《嶲州都督贈幽州都督吏部尚書謚文獻姚府君（懿）碑銘并序》："龍朔初，邛蠻作梗，乃除公使持節嶲州都督……以二年十二月一日終於官舍，春秋七十有三。"又見《金石錄》卷五，《金石補正》卷五〇，《全文》卷二七三崔沔《朝議大夫光禄少卿虢縣開國子吳興姚府君（彞）神道碑銘》，《中州金石目》卷四，《中州金石記》卷二。按兩《唐書·姚崇傳》稱：父善意，貞觀中任嶲州都督。年代誤。

拓王奉　　儀鳳三年（678）

《姓纂》卷一〇武川拓王氏："奉，嶲州都督、永寧公。"《舊書·吐蕃傳上》：儀鳳三年，"又令益州長史李孝逸、嶲州都督拓王奉等發劍南、山南兵募以防禦之"。《新書·吐蕃傳上》略同。

陸仁儉（陸乾迪）　　天授二年—如意元年（691—692）

《姓纂》卷一〇河南洛陽陸氏：“乾迪，巂州刺史都督。”洛陽關林《大周故使持節巂州都督陸府君（仁儉字乾迪）墓誌銘并序》（延載元年十月十日）：“天授元年，延州刺史……天授二年，拜公巂州都督。”如意元年，卒於任。《隋唐五代墓誌匯編·洛陽卷》第七册《陸公及夫人孫氏墓誌》（延載元年十月二十日）：“父乾迪，唐使□歷岷、石、翼、延等四州諸軍事，岷、石、翼、延等四州刺史，大周使持節巂州都督巂等四十二州諸軍事巂州刺史。”又見《周故使持節巂州都督上柱國東平縣開國男河南陸公夫人崔氏武城郡君墓誌銘》（聖曆二年一月二十八日）。

昝　斌　　约天授中

《芒洛四編》卷四《大周絳州稷山縣右豹韜衛翊□□郎將昝君（斌）墓誌銘并序》（長壽二年八月二十八日）：“大周啓祚，定鼎開祥，以公雄略，除右豹韜衛翊府右郎將，別檢校安西都護，檢校巂州都督，別敕西京皇城留守……長壽二年八月廿一日歿於私第，春秋五十有六。”

許　摳　　聖曆二年（699）

《千唐誌·大周故正議大夫使持節都督巂州諸軍事守巂州刺史上柱國高陽縣開國男許君（摳）墓誌銘并序》（久視元年閏七月六日）：“俄除泗州刺史，又重授泗州刺史，加上柱國……頃除大中大夫使持節都督巂州諸軍事巂州刺史，又加正議大夫。”久視元年五月二十五日卒，年八十□。又見聖曆二年正月四日《大周正議大夫使持節都督巂州諸軍事守巂州刺史上柱國高陽縣開國男許公夫人琅邪郡君王氏墓誌銘并序》。

元　膺　　神龍三年（707）

《元和郡縣志》卷三二黎州：“神龍三年，巂州都督元膺奏廢。開元三年，本道使陸象先重奏置。”

李釋子　　約景龍中

《千唐誌·唐故左領軍衛執戟李公（侃侃）墓誌銘并序》（開元十八年十二月二十九日）：“父釋子，皇任鹽、甘、肅三州刺史，使持節巂州都督……（侃侃）一舉高第，旨授左領軍執戟，年卅有九，以開元十七年己巳載六月暴亡軒禁。”按李釋子神龍二年在肅州刺史任，據《千唐誌·李侃侃志》，釋子乃由肅州刺史轉爲巂州都督，則其時約在景龍中。

張審素　　約開元十六年—十九年（約 728—731）

《舊書·玄宗紀上》：“〔開元〕十七年二月丁卯，巂州都督張審素攻破蠻，拔昆明城及鹽城，殺獲萬人。”十九年“十二月，巂州都督張審素以劫制使監察御史楊汪伏誅”。《新書·玄宗紀》：“〔開元〕十七年二月丁卯，巂州都督張審素克雲南昆明城、鹽城。”又見兩《唐書·張琇傳》，《通鑑·開元十七年》、《開元十九年》，《御覽》卷四八二引《廣德神異錄》，《元龜》卷三五八、卷九八六，《大唐新語》卷五。

馬正會　　開元二十年？（732?）

《全文》卷六二三熊執易《武陵郡王馬公（旴）神道碑》：“松、安、巂、鄯四府都督，隴西節度，加（嘉）、郿（眉）、廓三州刺史……諱正會，公之曾祖也。”按馬正會開元二十一年至二十二年爲鄯州都督。【補遺】《唐故朝請郎行右衛騎曹參軍馬君（晤）墓誌銘並序》：“曾祖正會，皇松、巂、鄯、安四府都督，嘉、郿、廓三州刺史，隴右節度使；大父晟，皇左衛兵曹，贈太子太保；父璘，皇尚書左僕射，四鎮北庭兼涇原、鄭、穎等州節度使，扶風郡王，贈司徒。”（王育龍、程蕊萍《陝西西安新出唐代墓誌銘五則》，《唐研究》第七卷，北京大學出版社2001 年版）

王琚　　開元二十二年（734）

《舊書》本傳：“〔開元〕二十二年，起復右庶子，兼巂州刺史。又改同、蒲、通、鄧、蔡五州刺史。”

許齊物　　開元二十三年（735）

《元龜》卷一二八："〔開元〕二十三年十二月，命十道採訪使舉良刺史縣令，以……嶲州刺史許齊物……等聞上。"《全文》卷二八五張九齡有《敕嶲州都督許齊物書》。

竹靈倩　　約天寶初

《全文》卷九九九鄭回《南詔德化碑》："初，節度章仇兼瓊不量成敗，妄奏是非，遣越嶲都督竹靈倩置府東爨。"

張虔陀　　天寶中

《全文》卷九九九鄭回《南詔德化碑》："又越嶲都督張虔陀嘗任雲南別駕……宜表奏請爲都督。"按張虔陀天寶九載卒於姚州任，見《新紀》。

段子璋　　至德元載—二載（756—757）

《元龜》卷四三四："段子璋爲越嶲太守。肅宗至德二年三月，太上皇在蜀郡，段子璋俘所獲吐蕃生口來獻，詰責而捨之。"

楊庭璀　　至德二載（757）

《全文》卷九九九鄭回《南詔德化碑》："天寶十一載……爲贊普鍾元年……六年，漢復置越嶲，以楊庭璀爲都督。"

蘇　隗（蘇峞）　　貞元七年（791）

《蠻書》卷一："貞元七年，節度使韋皋使嶲州刺史蘇隗殺夢衝。"又見卷四。按《新書·韋皋傳》稱別將蘇峞斬苴夢衝，未及刺史，當即其人。

曹高仕（曹高任）　　貞元十二年—十三年（796—797）

《新書·德宗紀》："〔貞元〕十二年二月己卯，吐蕃寇嶲州，刺史曹高仕敗之。"十三年"五月壬寅，吐蕃寇嶲州，曹高仕敗之"。《吐蕃傳下》略同。《通鑑·貞元十三年》：六月壬午，"韋皋奏吐蕃入寇，嶲州刺史曹高仕破之於臺登城下”。《舊書・吐蕃傳下》、《元龜》卷九八七、《會要》卷九七作“曹高任”。

陳孝陽　　約貞元十四年—元和十年（約798—815）

《元龜》卷一四〇：“〔元和〕十年十二月，贈故嶲州刺史陳孝陽洪州大都督，旌善狀也。”卷六八三：“陳孝陽爲嶲州刺史二十餘年，蠻夷愛之，後以老歸成都，蠻夷交持之，泣涕數百里方免。”卷六七八略同。《金石補正》卷六八《諸葛武侯祠堂碑》（元和四年二月二十九日）碑陰記：“藩落營兵馬使、朝請大夫、使持節都督嶲州諸軍事守刺史兼御史大夫……臨淮郡王陳孝陽。”《舊書・吐蕃傳下》有貞元十八年嶲州經略使陳孝陽。

王　顥　　約元和十一年（約816）

《新書・李夷簡傳》：“徙帥劍南西川。嶲州刺史王顥積姦臧，屬蠻怒，畔去。夷簡逐顥，占檄諭禍福，蠻落復平。”又見《元龜》卷三九七。按李夷簡元和八年至十三年爲西川節度。

劉　寬　　長慶中？

《御覽》卷九七四引《雲南記》：“唐韋齊休聘雲南，會川都督劉寬使使致甘蔗。”按唐無會川郡，唯有會川縣，屬嶲州。又按韋齊休大和八年卒，見《廣記》卷三四八引《河東記》，劉寬乃開成初夏州節度使劉源弟。

李　重　　大中時？

《新書・宗室世系表下》紀王房：“嶲州刺史重。”乃綿、蜀等州刺史李漸之孫。

喻士珍　　咸通四年—六年（863—865）

《通鑑・咸通五年》：正月“丙午，西川奏，南詔寇嶲州，刺史喻士珍破之”。《咸通六年》：五月，“嶲州刺史喻士珍貪獝，掠兩林蠻以易金；南詔復寇巂州，兩林蠻開門納之，南詔盡殺戍卒，士珍降之”。又見《新書·南蠻中·南詔傳下》。

李師望　　咸通九年（868）

《通鑑·咸通九年》：夏六月，鳳翔少尹李師望上言：請建定邊軍，屯重兵於巂州，以邛州爲理所。“朝廷以爲信然，以師望爲巂州刺史，充定邊軍節度”。《嘉定赤城志》卷四〇同。《全文》卷七六七鄭畋《授李師望定邊軍節度使制》：“前鳳翔少尹、上柱國、賜紫金魚袋李師望……可巂州刺史兼御史大夫，充定邊軍節度使。”

待考録

李知古

《廣記》卷一一二引《報應記》：“崔善沖，先初任梓州桐山丞，巂州刺史李知古奏充判官。”按《新表二上》遼東李氏有兩李知古，一爲右臺監察裏行，乃李密子。一未署官職，李稚曾孫。

卷二四七　松州(交川郡)

武德元年置松州。貞觀二年置都督府。天寶元年改松州爲交川郡。乾元元年復爲松州。領縣二:嘉誠、交川。

崔　順　　約武德中

北圖藏拓片《故崔夫人墓誌銘》(天寶十四載九月十七日):"曾祖諱順,使持節松、渝、□、簡、平、湖等六郡太守,左散騎常侍,襲武康公。祖諱光悉,河東郡司馬。父諱承嗣,中大夫臨淮郡別駕……〔夫人〕適范陽盧氏。"夫人卒天寶十四載七月二十二日,年七十二。

趙行德　　約武德中

上圖藏拓片《大唐故朝散大夫登州司馬趙府君(巨源)墓誌銘并序》(天寶元年四月二十三日):"曾祖覽,隋安平郡太守,襲池陽公。祖行德,皇江、松、武、邵、婺五州刺史,湘陰縣開國男。考仁果,韓王府録事參軍。"巨源卒天寶元年三月十八日,春秋九十四。

蔣　喜　　貞觀三年—八年(629—634)

《唐代墓誌彙編·蔣喜誌》(貞觀十年十月十七日):"武德五年,詔授持節扶州刺史。貞觀三年,敕檢校松州都督。八年,來朝於九成宮所,因疾彌留。其年八月廿七日薨。"

韓　威　　貞觀十二年（638）

《通鑑·貞觀十二年》：八月，"〔吐蕃〕進攻松州，敗都督韓威"。又見兩《唐書·吐蕃傳上》，《元龜》卷九七八、卷九八五。

平原公　　貞觀中

《全文》卷一八五王勃《常州刺史平原郡開國公行狀》："貞觀某年，遷睦州刺史……俄授使持節松州都督……永徽中，改沙州刺史。"

尉遲宗　　約貞觀中

《全文》卷七六〇李宏慶《大慈恩寺大法師基公塔銘并序》："法師以皇唐永淳元年仲冬壬寅日卒於慈恩寺翻譯院，有生五十一歲也……師姓尉遲，諱基，字宏道……先考宗，松州都督。"《宋高僧傳》卷四《唐京兆大慈恩寺窺基傳》："考諱宗，唐左金吾將軍松州都督江由縣開國公。"

趙師立　　約高宗前期

《千唐誌·大唐故天水縣君趙氏（上真）墓記》（開元二十七年十月十四日）："祖諱師立，皇任金紫光禄大夫，鍾離縣侯，瀘、松二州都督。父諱行成，早世不仕。"夫人開元十七年七月十五日卒。

武君寂　　儀鳳二年（677）

《元龜》卷三七三："儀鳳二年，吐蕃寇臨河……〔杜孝昇〕力屈爲賊所執，令孝昇送書與松州都督武君寂，以邀其降，孝昇不從。"《通鑑·儀鳳二年》作"武居寂"。

馬神威　　武后時

《隋唐五代墓誌匯編·洛陽卷》第七册《大周故冠軍大將軍上柱國褒信郡開國公馬府君（神威）墓誌銘并序》（久視元年二月二十八日）："又除疊州刺史、兼充露谷軍副使……累遷洮、松、戎三州都督，仍充露谷軍大使。"久視元年卒，春秋七十九。

孫仁獻　　開元四年（716）

《新書·玄宗紀》：開元四年二月"癸酉，松州都督孫仁獻及吐蕃戰，敗之"。《通鑑·開元四年》二月同。《元龜》卷三五八："孫仁獻爲松州都督，開元四年大破吐蕃於城下。"

安忠敬　　開元中

《新表五下》：武威李（安）氏："忠敬，松、鄯、會三州都督。"乃李抱玉之父。《全文》卷二三〇張説《河西節度副大使鄯州都督安公（忠敬）神道碑銘并序》："换松州都督……遷右司禦率河西節度副大使……轉鄯州都督。"年六十六，開元十四年十一月二十八日卒。開元七年爲會州刺史，見《太平寰宇記》卷三七。

馬正會　　開元中

《全文》卷六二三熊執易《武陵郡王馬公（旴）神道碑》："皇朝松、安、巂、鄯四府都督，隴西節度，加（嘉）、郿（眉）、鄜三州刺史……諱正會，公之曾祖也。"【補遺】《唐故朝請郎行右衞騎曹參軍馬君（晤）墓誌銘並序》："曾祖正會，皇松、巂、鄯、安四府都督，嘉、郿、鄜三州刺史，隴右節度使；大父晟，皇左衞兵曹，贈太子太保；父璘，皇尚書左僕射，四鎮北庭兼涇原、鄭、穎等州節度使，扶風郡王，贈司徒。"（王育龍、程蕊萍《陝西西安新出唐代墓誌銘五則》，《唐研究》第七卷，北京大學出版社 2001 年版）

卷二四八　文州(陰平郡)

隋義寧二年置陰平郡。武德元年改爲文州。天寶元年改爲陰平郡。乾元元年復爲文州。領縣二：曲水、長松。

陳　察　　武德元年—三年(618—620)

《新表一下》陳氏："察，文州刺史。"《千唐誌·唐故使持節文州諸軍事文州刺史陳使君(察)墓誌銘并序》(長壽二年八月三日)："義寧二年，隴右道安撫大使長道公姜謩奉旨宣□，表揚誠節，割武都郡之長松、曲水、正西三縣置陰平郡，仍以公爲太守。武德元年，改郡爲文州，即授公使持節文州諸軍事文州刺史。"武德三年二月一日卒，年三十五。《大唐故荆州大都督府司馬陳府君(頤)墓誌銘并序》(開元十五年八月九日)："祖察，皇朝文州刺史。"按上圖藏拓片《大唐故朝散大夫檢校尚書比部員外郎博陵崔府君(玄隱)墓誌銘并序》(開元二十七年十月二十六日)，萬歲通天元年八月十九日卒，年六十四。稱："夫人陳氏，陳世祖文皇帝四代孫、文州刺史昭列之女也。"《匋齋藏石記》卷二三同。以《千唐誌·陳頤志》考之，昭列〔昭烈〕官止并州文水令，爲文州刺史者乃昭烈之父察。《崔玄隱誌》誤。

殷元嗣　　貞觀中

《姓纂》卷四陳郡長平殷氏："元嗣，文州刺史。"按《金石錄》卷三有貞觀二十一年《唐殷元嗣墓誌》。

崔玄藉　　永淳二年—垂拱元年（683—685）

《千唐誌·大周故銀青光禄大夫使持節利州諸軍事行利州刺史崔君（玄藉）墓誌銘并序》（聖曆二年一月二十八日）：“開耀元年，除袁州刺史。永淳二年，除文州刺史。垂拱初以公事免。天授二年遷茂州都督府長史。”又《唐故前國子監大學生武騎尉崔君（韶）墓誌銘并序》（聖曆二年一月廿八日）：“父玄藉，雅、隴、兖、茂四州長史，歸、蔚、循、袁、文、巴、黄、利等八州諸軍事八州刺史。”崔韶卒上元元年二月二十六日，年二十五。

崔　訓　　約開元中

《新表二下》博陵安平第二房崔氏：“訓，文州刺史。”乃武后、中宗時宰相崔玄暐遠房從姪，祕書監崔行功之孫。按開元八年崔訓在殿中侍御史任，見《舊書·張嘉貞傳》。

睦綏榮　　天寶中？

《曲陽縣志》卷一一《金石録上·守博陵郡司馬武顯良等〔北嶽〕題名》下有“朝請大夫陰平郡太守睦綏榮”。

韋　顥　　天寶中

《姓纂》卷二京兆杜陵西眷韋氏：“懷質孫顥，陰平太守。”《新表四上》平齊公房同。

柳　晦　　大曆中？

《姓纂》卷七河東解縣東眷柳氏：“晦，文州刺史。”《新表三上》同。乃隋持書御史柳彧之玄孫。

楊乾光　　約大中元年—三年（847—849）

《千唐誌·唐故朝散大夫使持節丹州諸軍事守丹州刺史充本州防禦使上柱國弘農楊公（乾光）墓誌銘并序》（大中九年八月二十四日）：“轉監察御史裏行、鄜坊觀察判官。連帥史公（孝璋）以州府繁務，委公總之……由伊陽〔令〕拜文州刺史，轉戎州經略使。大中六年五月授丹州防使……大中七年冬十月十有六日啓手足于州之正寢，享年六十。"北圖藏拓片《唐故丹州刺史兼防禦使楊府君張掖郡烏氏夫人墓誌》（咸通十二年正月十四日）："長子坦纂……作宰伊陽，課績居最。大中初，相國白公嘉先考爲官政有奇能云。上求癏甚切……遂剖符文州，更任戎州……及政成，歸於京輦，不日又除丹州。"

郭　瓊　　大中五年（851）

《全文》卷七四九杜牧《郭瓊除渠州郭宗元除興州等刺史王雅康除建陵臺令等制》稱："前使持節文州諸軍事守文州刺史兼侍御史，充本州鎮遏使、上柱國郭瓊等……可依前件。"

秦　述　　咸通三年（862）

《興地碑記目》卷四《文州碑記》有《省倉梁記》，注："唐咸通三年，刺史秦述撰，建譙門外。"

卷二四九　扶州(同昌郡)

隋同昌郡。武德元年改爲扶州。天寶元年改爲同昌郡。乾元元年復爲扶州。領縣四:同昌、帖夷、鉗川、尚安(萬全)。

蔣　喜(蔣善合)　　武德六年—貞觀三年(623—629)

《通鑑·武德七年》:五月"甲戌,羌與吐谷渾同寇松州,遣益州行臺左僕射竇軌知翼州道、扶州刺史蔣善合自芳州道擊之"。《武德八年》:"十月壬申,吐谷渾寇疊州,遣扶州刺史蔣善合救之。"又見《新書·竇軌傳》,《元龜》卷三五七、卷九八五、卷九九〇。按《舊書·竇軌傳》稱:武德三年,"党項寇松州,詔軌援之,又令扶州刺史蔣善合與軌連勢"。疑年代有誤。《唐代墓誌彙編·蔣喜誌》(貞觀十年十月十七日):"君諱喜,字玄符……其先出自有周,德式於蔣,後以國爲姓……大唐武德四年,詔使授公戴州禹城縣令……尋奉詔授持節鄆州諸軍事鄆州刺史。武德六年,詔授持節扶州刺史。貞觀三年,奉敕檢校松州都督。"

崔敬一　　武后時

《全文》卷二二四張說《爲河內郡王武懿宗平冀州賊契丹等露布》:"敕行人張景、扶州刺史舊鎮副崔敬一、右武衛中郎將阿史德……等,略其西南。"

【郭敬之　　開元中(未之任)】

《全文》卷三三九顏真卿《有唐故中大夫使持節壽州諸軍事壽州

刺史上柱國贈太保郭公（敬之）廟碑銘并序》："遷扶州刺史，未上，除左威衛左郎將兼監牧南使，渭、吉二州刺史……授綏州，遷壽州。"天寶三載正月卒，年七十八。

象武感　約代宗初

《全文》卷四一三常袞《授象武感疊宕等州團練使制》："使持節扶州諸軍事兼扶州刺史、攝節度副使、扶文兩州招討團練使、兼綿劍龍遂渝合普漢扶文等一十一州行營兵馬都虞候、上柱國、交川郡王象武感……可試殿中監、使持節疊州諸軍事兼疊州刺史。"

元谷神　约代宗時

《姓纂》卷四太原元氏："谷神，扶州刺史。"乃貞元七年宋州刺史元俯從叔。

卷二五〇　龍州（龍門郡、江油郡）

　　隋平武郡。武德元年改爲龍門郡。其年，加“西”字。貞觀元年改爲龍州。天寶元年改爲江油郡。乾元元年復爲龍州。領縣二：江油、馬盤（清川）。

韋仁基　　約貞觀中

　　《姓纂》卷二京兆杜陵東眷韋氏：“仁基，龍州刺史。”《新表四上》韋氏逍遥公房同。乃隋安州總管韋恭子。《全文》卷二八二李迥秀《唐齊州長史裴府君（希惇）神道碑》：“夫人京兆韋氏……父仁基，故綿州別駕、龍州刺史。”夫人卒乾封二年十一月二日，年六十七。

張德言　　約貞觀中

　　《新表二下》馮翊張氏：“德言，龍州刺史。”乃中宗時宰相張仁愿之祖父。

武元慶　　顯慶五年—乾封元年（660—666）

　　《舊書·武承嗣傳》：“楊氏改封爲榮國夫人。時元慶仕爲宗正少卿……〔榮國夫人〕諷皇后抗疏請出元慶等爲外職，佯爲退讓，其實惡之也。於是元慶爲龍州刺史，元爽爲濠州刺史，惟良爲始州刺史。元慶至州病卒。”《新書·武士彠傳》、《高宗則天順聖皇后武氏傳》略同。又見《通鑑·乾封元年》。

許 摳 約長壽中

《千唐誌·大周故正議大夫使持節都督巂州諸軍事巂州刺史上柱國高陽縣開國男許君（摳）墓誌銘》（久視元年閏七月六日）：“累遷龍州刺史，封高陽縣開國男，食邑三百户。俄除泗州刺史，又重授泗州刺史……頃除大中大夫、使持節都督巂州諸軍事巂州刺史。”久視元年卒。

卜處冲 武后時

《全文》卷二四二李嶠《授成善威甘州刺史卜處冲龍州刺史制》：“新除中大夫守甘州刺史上柱國卜處冲，久參武衛……可使持節龍州諸軍事守龍州刺史。”

郭 恒 神龍元年—景龍二年（705—708）

拓本《大唐故中大夫使持節龍州諸軍事龍州刺史郭府君（恒）墓誌銘并序》（景龍二年十一月十四日）：“時應龍興，數歸鳳曆；復子明辟，中建皇圖……遷中大夫使持節龍州諸軍事龍州刺史。”景龍二年十月卒（《西安郊區隋唐墓》）。

許 觀 約開元六、七年（約 718、719）

上圖藏拓片《故正議大夫龍州刺史上柱國許君（觀）墓誌銘》（開元七年閏七月十六日）：“解褐澧州司法……眉州長史……改龍州刺史。”開元七年七月卒。

趙 憕 天寶五載（746）

《元龜》卷一五二：天寶五載十月，“劍南道黜陟使以江油郡太守趙憕等六人贓狀聞……下詔曰……趙憕等六人但犯贓私……咸從貶黜”。

蘇 邈 天寶十五載（756）

《蜀中名勝記》卷一〇龍安府引《道教靈驗記》：“明皇幸蜀，有老人蘇坦奏曰：‘龍州牛心山，國之祖墓，今日蒙塵之禍，乃則天掘鑿所致。’明皇即令刺史蘇邈并工修填如舊。明年，誅禄山，復宮闕。”又見《雲笈七籤》卷一二二《李賞斫龍州牛心山古觀松柏驗》。

段　劍？　　元和中？

《四川通志》謂段劍元和中任龍州刺史，未知何據。

石士儉　　約長慶元年（約 821）

《白居易集》卷五二有《石士儉授龍州刺史制》。

尉遲鋭　　長慶四年（824）

《通鑑·長慶四年》：八月，“龍州刺史尉遲鋭上言：‘牛心山素稱神異，有掘斷處，請加補塞。’從之”。《雲笈七籤》卷一二二《李賞斫龍州牛心山古觀松柏驗》：“長慶四年，中使張士謙、王元宥、刺史尉遲鋭修之。”

樊　某　　僖宗時

《全詩》卷六〇三許棠有《送龍州樊使君》。

鄭凝績　　中和時

《新書·鄭畋傳》：“畋遣子凝績從帝，有詔進同中書門下平章事……中和元年……以凝績爲壁州刺史，留養。徙龍州。”《四川通志》謂鄭凝績僖宗時由壁州刺史徙龍州刺史。

裴　峴　　約中和時

《唐文拾遺》卷三七崔致遠（代高駢）《龍州裴峴尚書》：“遠勞專介，特枉華緘。”又見《桂苑筆耕集》卷八《龍州裴峴尚書別紙》。

楊守貞　　光啓二年—景福元年（886—892）

《新書·楊守亮傳》：“〔楊〕復恭收京師……又以假子守貞爲龍劍

節度使，守忠爲武定軍節度使，守厚爲綿州刺史。"《通鑑・大順二年》：八月，"楊復恭總宿衛兵，專制朝政……假子龍劍節度使守貞、武定節度使守忠不輸貢賦，上表訕薄朝廷"。《景福元年》：八月"辛丑，李茂貞攻拔興元，楊復恭、楊守亮、楊守信、楊守貞、楊守忠、滿存奔閬州"。《全文》卷八一九韋昌謀《靈應廟記》："綿州刺史楊守厚留中使，舉兵向東川……龍劍節度楊守正（貞）、武宣（定）節度楊守忠以兵助之。"吳氏《方鎮年表》謂楊守貞光啓元年至景福元年爲龍劍節度，姑從之。

梁思謙　　大順中？

《全文》卷八三八薛廷珪有《授梁思謙龍州刺史竹文晟成州刺史等制》。

田　昉　　乾寧二、三年(895、896)

《新書・昭宗紀》：乾寧三年正月"癸丑，王建陷龍州，刺史田昉死之"。《通鑑・乾寧三年》正月同。又見《十國春秋・前蜀高祖本紀上》、《王宗魯傳》、《王宗夔傳》。《全詩》卷七二二李洞《送龍州田使君舊詩家》："御札軫西陲，龍州出牧時。"田使君當即田昉。

韋貽範　　約光化、天復間

《新書・盧光啓傳》："光啓執政，韋貽範、蘇檢相繼爲宰相。貽範字垂憲，以龍州刺史貶通州，檢爲洋州刺史。二人奔行在，貽範遷給事中，用李茂貞薦，閱旬爲工部侍郎、同中書門下平章事。"按貽範天復二年正月繇給事中入相，見《新書・宰相表下》。《全文》卷八三二錢珝有《授左司郎中鄭凝吉京兆少尹前龍州刺史韋貽範右司郎中制》。

卷二五一　當州（江源郡）

　　貞觀二十一年置當州。天寶元年改爲江源郡。乾元元年復爲當州。領縣四：通軌、利和、谷和、平康。

董和那蓬　　貞觀二十年—顯慶元年（643—656）

　　《舊書·地理志四》當州：“貞觀二十年，松州首領董和那蓬固守松府，特敕於通軌縣置當州，以蓬爲刺史。顯慶元年，蓬嫡子屈寧襲繼爲刺史。”又見《太平寰宇記》卷八一。

董和那屈寧　　顯慶元年（656）

　　見上條。

董　懿　　約天寶中

　　《全文》卷三七七楊譚《兵部奏劍南節度破西山賊露布》：“江源郡太守董懿……領八郡驍勇，并蕃漢武士等七千人，自蓬娑路取牙山。”

卷二五二　悉州（歸誠郡）

　　顯慶元年析當州置悉州。儀鳳二年羌叛，又寄治當州城內，尋歸舊治。天寶元年改爲歸誠郡。乾元元年復爲悉州。領縣二：左封、識曰。

董係比射　　顯慶元年（656）

　　《舊書·地理志四》：“顯慶元年，生羌首領董係比射內附，乃於地置悉州……以董係比射爲刺史。”《太平寰宇記》卷八一作“顯慶三年”。

董俱悉涷　　高宗時

　　《太平寰宇記》卷八一：“董係比射任〔悉州〕刺史，自後射卒，以左封縣令董俱悉涷任刺史，兼敕以父死子繼。”

陳大慈　　長安二年（702）

　　《舊書·吐蕃傳上》：“長安二年，贊普率衆萬餘人寇悉州，都督陳大慈與賊凡四戰，皆破之。”《新書·吐蕃傳上》略同。又見《元龜》卷三五八。

董思賢　　約天寶中

　　《全文》卷三七七楊譚《兵部奏劍南節度破西山賊露布》：“右驍衛將軍兼歸城（誠）郡太守董思賢……領八郡驍勇，并蕃漢武士等七千人，自蓬婆路取牙山。”

卷二五三　静州（南和州、静川郡）

儀鳳二年析悉州置南和州。天授二年改爲静州。天寶元年改爲静川郡。乾元元年復爲静州。領縣二：悉唐、静居。

董元智　　天寶中

《全文》卷三七七楊譚《兵部奏劍南節度破西山賊露布》：“伏惟開元天地大寶聖文神武應道皇帝陛下清静端極，無爲體道……伏以南蠻亂德，恃險偷生；吐蕃舉國興兵，資其叛逆……左羽林軍大將軍兼静郡太守董元智……領八郡驍勇，并蕃漢武士等七千人，自蓬婆路取牙山。”

待考録

薛伯琳

《新表三下》薛氏：“伯琳，静州刺史。”乃約開元中蒲州刺史薛兼金曾伯祖。

卷二五四　恭州（恭化郡）

　　開元二十四年析静州廣平縣置恭州。天寶元年改爲恭化郡。乾元元年復爲恭州。領縣三：廣平（和集）、博恭、烈山。

暫闕

卷二五五　柘州（蓬山郡）

顯慶三年開山置。天寶元年改爲蓬山郡。乾元元年復爲柘州。領縣二：柘、喬珠。

和逢堯　　開元中

《舊書》本傳："開元中，累轉柘州刺史，卒於官。"《新書》本傳："坐善太平公主，斥朗州司馬，終柘州刺史。"

董懷恩　　天寶中

《全文》卷三七七楊譚《兵部奏劍南節度破西山賊露布》："伏惟開元天地大寶聖文神武應道皇帝陛下清静端極，無爲體道……伏以南蠻亂德，恃險偷生；吐蕃舉國興兵，資其叛逆……右羽林大將軍兼蓬山郡太守董懷恩、右驍騎將軍兼歸城郡太守董思賢……領八郡驍勇，并蕃漢武士七千人，自蓬娑路取牙山。"

卷二五六　奉州（雲山郡、天保郡、保州）

開元二十八年析維州置奉州。天寶元年改爲雲山郡。八載移治所於天保軍，乃改爲天保郡。乾元元年改爲保州。領縣一：定廉。

董晏立　　開元二十八年（740）

《舊書·地理志四》保州："開元二十八年，置奉州，以董晏立爲刺史。"又見《太平寰宇記》卷八〇。

董嘉俊　　乾元元年（758）

《舊書·地理志四》保州："乾元元年二月，西山子弟兵馬使嗣歸誠王董嘉俊以西山管内天保郡歸附，乃爲保州，以嘉俊爲刺史。"又見《太平寰宇記》卷八〇。

董　振　　貞元十七年（801）

《舊書·韋皋傳》：貞元十七年，"皋乃令鎮静軍使陳洎等統兵萬人出三奇路……維、保二州兵馬使仇冕，保、霸二州刺史董振等兵二千趨吐蕃維州城中"。又見《元龜》卷九八七。

第十五編

嶺南道

卷二五七　廣州（南海郡）

隋南海郡。武德四年討平蕭銑，置廣州總管府。七年改總管爲大都督。貞觀時改中都督府。天寶元年改爲南海郡。乾元元年復爲廣州。領縣十二：南海、番禺、增城、四會、化蒙、懷集、寶安（東莞）、清遠、浛安（浛水）、滇陽、新會、洽洭。

劉世讓　　武德六年（623）

《舊書》本傳："累轉并州總管，統兵於雁門……未幾，召拜廣州總管。將之任，高祖問以備邊之策……乃使馳驛往〔馬邑〕經略之。"《新書》本傳略同。又見《御覽》卷二五一，《元龜》卷三六五，《通鑑・武德六年》。《新書・高祖紀》：武德六年"十月丙午，殺廣州都督劉世讓"。

劉　咸（劉感）　　武德六年（623）

《元龜》卷三九七："劉咸爲廣州總管，武德六年，岡州刺史馮士翽以新會反，咸討降之，復其位。"又見《通鑑・武德六年》七月，作"劉感"。

王　羅？　　約武德中

上圖藏拓片《唐故都督王君（羅）墓誌銘并序》（龍朔三年八月四日）："唐運權輿，九野沸騰，五方紛糺。時階餘宦轉，除都督……南國載謠……春秋四十，武德九年五月廿八日終於私第。"疑爲廣州都督。

馮　立　　貞觀元年(627)

《舊書》本傳："隱太子建成引爲翊衛車騎將軍……於是率兵犯玄武門……俄而來請罪……未幾，突厥至便橋，立率數百騎與虜戰於咸陽，殺獲甚衆。太宗聞而嘉嘆，拜廣州都督。前後作牧者，多以黷貨爲蠻夷所患，由是數怨叛。立到，不營產業，衣食取給而已……在職數年，甚有惠政，卒於官。"《新書·敬君弘傳》略同。

劉　感　　約貞觀二年(約628)

《適園叢書·文館詞林》殘卷末附殘敕："高州正被兵臨，蹊徑擁塞，又懼劉感譖訴，投杼爲疑……劉感既不能綏衛藩服，與公失和，即令真定公齊善行代爲郡(都)督，見集兵馬，亦各散還。"岑仲勉謂此敕當發於貞觀元年後，五年前，見《唐史餘瀋·文館詞林殘簡之兩敕》。

齊善行　　約貞觀四年(約630)

《適園叢書·文館詞林》殘卷末附殘敕："劉感既不能綏衛藩服，與公失和，即令真定公齊善行代爲郡(都)督。見集兵馬，亦各散還。"按貞觀十二年善行在夔州都督任。

謝叔方　　貞觀十一年(637)

《舊書》本傳："貞觀末，累加銀青光禄大夫，歷洪、廣二州都督。永徽中卒。"《新書》本傳略同。《雍正廣東通志》列爲貞觀十一年廣州都督。

党仁弘　　貞觀十四年—十六年(640—642)

《新書·太宗紀》：貞觀十四年"三月，羅、竇二州獠反，廣州總管党仁弘敗之"。《南蠻下·南平獠傳》略同。《通鑑·貞觀十六年》稱：党仁弘歷南寧、戎、廣州都督。十一月，"罷廣州，爲人所訟"。十二月，"於是黜仁弘爲庶人，徙欽州"。又見《元龜》卷一五〇、卷四五五、卷六七七，《新書·刑法志》。

獨孤騰雲（李騰雲）　　貞觀中？

《李太白文集》卷三〇《虞城縣令李公去思頌碑并序》："曾祖騰雲，皇朝廣、茂二州都督，廣武伯。"按《姓纂》卷一〇京兆獨孤氏（岑仲勉補）："滕雲，荆府長史、廣武公。"岑仲勉《姓纂四校記》謂"滕雲"爲"騰雲"之訛。

蕭齡之　　貞觀十八年（644）

《元龜》卷六八九："蕭齡之，貞觀十八年爲廣州都督。"《新書·唐臨傳》："永徽元年，拜御史大夫。蕭齡之嘗任廣州都督，受賕當死，詔群臣議，請論如法，詔戮於朝堂。臨建言……〔齡之〕由是免死。"又見《元龜》卷六八九，《會要》卷三九。

平原公　　約龍朔二年—麟德元年（約662—664）

《全文》卷一八五王勃《常州刺史平原郡開國公行狀》："龍朔中，授公熊津道總管，帝嘉乃勳，作鎮炎野，授公廣州都督，改封平原郡公……麟德元年，改授金紫光禄大夫常州刺史。"

李孝逸（李逸）　　乾封中

《元龜》卷三五七："貞元五年，〔李〕復奏收復瓊州，表曰：'瓊州本隸廣府管内，乾封中，山洞草賊翻叛，都督李孝逸撫馭失所，遂致淪陷，已經一百餘年。'"《全文》卷六二〇李復《收復瓊州表》、《會要》卷七一皆作"李逸"。

李某　　約上元中

《全文》卷一八四王勃《廣州寶莊嚴寺舍利塔碑》："大中大夫使持節廣韶等州都督李某，早登清貫，夙踐崇軒。"

丘孝忠　　高宗時

《姓纂》卷五河南邱氏："孝忠，衛尉卿，廣州都督，安南公。"按孝忠貞觀十九年爲征遼總管，見《元龜》卷一一七；龍朔初爲萊州刺史。

陳善弘　　高宗時

《新書・郎餘慶傳》：“出爲蘇州刺史，坐累下遷交州都督……哀貨無藝，民詣闕訴之，使者十輩臨按，餘慶謾讕，不能得其情。最後，廣州都督陳善弘按之……餘慶懼，服罪。高宗詔放瓊州。”

崔承福　　約高宗時

《新表二下》博陵安平第二房崔氏：“承福，越、廣二州都督。”《全文》卷六三一呂溫《銀青光禄大夫守工部尚書致仕博陵崔公（淙）行狀》：“崔公曾祖諱承福，皇朝太中大夫，廣、越二府都督。”《千唐誌・大唐前徐州録事參軍太原王君故夫人博陵崔氏（金剛）墓誌銘》（開元十二年夏壬寅）：“父承福，皇朝左司郎中，齊、偁（潤）等五州刺史，越、廣二府都督，封博陵郡開國公。”夫人卒開元十二年，春秋六十一。按崔承福永淳二年爲越州都督。

路元叡（路元濬、路元睿）　　光宅元年（684）

《舊書・王方慶傳》：“則天臨朝，拜廣州都督。廣州地際南海，每歲有崑崙乘舶以珍物與中國交市。舊都督路元睿冒求其貨，崑崙懷刃殺之。”《新書・王方慶傳》作路元叡。又見《元龜》卷六七九。《新書・則天皇后紀》：光宅元年七月“戊午，廣州崑崙殺其都督路元叡”。《通鑑・光宅元年》同。《姓纂》卷八京兆三原路氏：“元濬，司勳、吏部二郎中，廣州都督。”《新表五下》路氏：“元叡，勳、吏二郎中，廣州都尉（督）。”

王　果（王世果）　　垂拱元年（685）

《舊書・王雄誕傳》：“〔其子〕果，垂拱初官至廣州都督、安西大都護。”《新書・王雄誕傳》作“世果”。《通鑑・垂拱元年》：“九月丁卯，廣州都督王果討反獠，平之。”又見《元龜》卷三五八。

馮元常　　垂拱三年（687）

《舊書》本傳：“俄而天下岳牧集乾陵會葬，則天不欲元常赴陵所，中途改授眉州刺史……又轉廣州都督，便道之任，不許詣都。尋屬安南首領李嗣仙殺都護劉延祐，剽陷州縣，敕元常討之。"《新書》本傳略同。又見《元龜》卷六九二。按李嗣仙殺安南都護劉延祐乃垂拱三年事。

姚璹 武后初期

《金石録》卷二五《唐工部尚書姚璹碑跋》："碑云，自兵部侍郎以敬節犯法，改授司府少卿，檢校定州刺史，尋即真，轉都督廣循等二十三州諸軍事廣州刺史，後替還，仍以前累重貶桂州。"按兩《唐書》本傳未及；唯稱：爲夏官侍郎，坐族弟敬節叛，貶桂州長史。

王方慶 約長壽中—證聖元年（？—695）

《舊書》本傳："則天臨朝，拜廣州都督……在任數載，秋毫不犯……當時議者以爲有唐以來，治廣州者無出方慶之右。有制褒之……證聖元年，召拜洛州長史。"《新書》本傳略同。又見《元龜》卷六七三、卷六七九，《御覽》卷八一五，《全文》卷九五武皇后《褒廣州都督王方慶制》。《舊書·張九齡傳》："年十三，以書干廣州刺史王方慶。"《新書·張九齡傳》略同。《全文》卷四四〇徐浩《唐尚書右丞相中書令張公（九齡）神道碑》："王公方慶出牧廣州，時年十三，上書路左；燕公過嶺，一見文章，並深提拂。"按張九齡十三歲時爲證聖元年。

乙速孤行儼 聖曆三年（700）

《姓纂》卷一〇乙速孤氏："行儼，唐廣州都督、右武候大將軍。"《全文》卷二三四劉憲《大唐故右衛將軍上柱國乙速孤府君（行儼）碑銘并序》：聖曆二年，"守襄州刺史；三年，授使持節都督廣韶端康封岡等十二州諸軍事守廣州刺史。長安三年，授守泉州刺史"。

蔡德讓 大足元年（701）

《嘉泰會稽志》："蔡德讓，大足元年，自廣州都督授。"

【補遺】馮君衡 約武后時

《大唐故明威將軍檢校左威衛將軍高府君（元珪）墓誌銘並序》（天寶十五載正月）："公諱元珪……本馮氏，隋荆州長史益之曾孫，皇高州都督智戣之孫，廣州都督君衡之子也。垂拱中，武太后臨朝，公時尚幼，屬奸臣擅權，誅滅豪族，避此禍，易姓高氏。……春秋七十二，天寶十有四祀仲秋甲子，薨於西京大寧里。"按馮智戣貞觀二十三年在廣州都督任，其子君衡爲廣州都督當在武后時。

周仁軌 神龍元年—二年（705—706）

《舊書·韋温傳》："及中宗復位……又遣廣州都督周仁軌率兵討斬甯承兄弟，以其首祭於崔氏，擢拜仁軌左羽林大將軍。"又見《元龜》卷三〇三。《通鑑·神龍二年》：四月，"廣州都督周仁軌斬〔韋月將〕"。五月，"初，韋玄貞流欽州而卒……上命廣州都督周仁軌使將兵二萬討之"。又見《朝野僉載》補輯。

李千里（李仁） 神龍三年（707）

《舊書》本傳："〔神龍〕三年，又領廣州大都督、五府經略安撫大使。"又見《元龜》卷二八一。《新書》本傳未及。《寶刻叢編》卷八引《集古錄目》："《唐贈廣州大都督成王仁碑》，唐侍郎岑羲撰，岐王府參軍魏思禮書。仁字千里，後改以字爲名，唐太宗之孫、吳王恪之子，官至益、廣二州都督，封成王，神龍三年與節愍太子同誅武三思，敗死。先天二年，妃慕容氏爲立此碑。"《西安郊區隋唐墓》有《唐成王李仁墓誌》拓本。

胡元禮 景龍中

《會稽掇英總集·唐太守題名》："胡元禮，神龍三年八月自蘇州刺史授；移廣州都督。"《嘉泰會稽志》同。《廣記》卷二六九引《御史臺記》："元禮，定城人，則天時右臺員外監察，尋即真……累遷司刑少卿、滑州刺史、廣州都督。"

畢　構　　睿宗末

《新書》本傳："再遷吏部尚書，并遙領益州長史，徙廣州都督。玄宗立，授河南尹，進户部尚書。"《舊書》本傳未及。

周利貞　　先天元年—二年（712—713）

《舊書》本傳："先天元年，爲廣州都督……無何，玄宗正位，利貞與薛季昶、宋之問同賜死於桂州驛。"《新書》本傳略同。又見兩《唐書·王晙傳》。《元龜》卷一六二："〔先天〕二年七月壬申，命……廣州都督周利貞宣撫嶺南道。"《千唐誌·唐故正議大夫上柱國巢縣開國男邕府長史周君（利貞）墓誌銘》（開元八年十月十八日）："拜君廣府都督，兼委按察使……轉邕州長史，見黜無愠，居難不危……春秋六十四遘疾，開元七年閏七月廿六日，薨於府之廨舍。"《通鑑·先天元年》：八月，"及〔劉〕幽求流封州，湜諷廣州都督周利貞，使殺之"。

王元珪　　開元初？

《全文》卷九八六闕名《太原鄉牒》："按唐衣冠譜第是開元初敕柳沖修撰，載廣州都督元珪、幽州都督壽陽公方平，更稱太原王氏。"又見《山右金石記四》。按《全文》卷五四五王顔《追樹十八代祖晉司空太原王公神道碑銘》："桑泉房：幽州都督元珪翁、廣州都督方平翁，皆盛德光時。"元珪、方平官職應互乙。

李處鑒　　開元三年（715）

《朝野僉載》卷六："開元三年，有熊晝曰入廣府城内……後月餘，都督李處鑒死。"又見《廣記》卷一四三引。《舊書·五行志》誤作"入廣陵城"。

蕭　璿　　開元三年—四年（715—716）

《全文》卷二九三張九齡《故安南副都護畢公墓誌銘并序》："秩滿，丁内憂……嶺南按察使廣州都督兼御史大夫蕭璿……特以表聞，敕授新州刺史……後按察使廣平郡宋璟以公爲五府總管。"《全詩》卷八七張說有《廣州蕭都督入朝過岳州宴餞得冬字》，今人陶敏以爲即蕭璿，乃宋璟前任。

宋　璟　　開元四年(716)

《舊書》本傳：“坐事出爲睦州刺史，轉廣州都督，仍爲五府經略使……徵拜刑部尚書。”《新書》本傳略同。《通鑑·開元四年》：十一月，“〔姚崇〕由是憂懼，數請避相位，薦廣州都督宋璟自代”。《新書·盧奐傳》：“開元後四十年，治廣有清節者，宋璟、李朝隱、奐三人而已。”又見《御覽》卷二五一、《元龜》卷六七八、《會要》卷五三、《全文》卷二五三蘇頲《遣王志愔等各巡察本管內制》、卷三四三顏真卿《有唐開府儀同三司行尚書右丞相宋公(璟)神道碑銘》、卷二二六張說《廣州都督嶺南按察五府經略使宋公(璟)遺愛碑頌》、卷六〇一劉禹錫《爲杜司徒讓淮南立去思碑表》、卷八二七陸扆《授陳珮廣州節度使制》、《封氏聞見記》卷九、《金石錄》卷二八《唐宋璟碑跋》、《金石補正》卷六三《宋璟碑側記》、《輿地碑記目》卷三《廣州碑記》。

甄　亶　　開元五年(717)

《全文》卷二二七《唐故廣州都督甄公(亶)碑》：“貶撫州刺史……未到官，遷廣州都督、兼嶺南按察五府經略討擊使。春秋五十七，開元五年七月二十八日，終於官府。”又卷二九三張九齡《爲王司馬祭甄都督文》：“維開元五年歲次丁巳九月丁酉朔十四日庚戌，某官謹以清酌之奠，祭於廣州都督甄公之靈。”

蘇　琰　　開元前期？

《姓纂》卷三鄴西蘇氏：“琰，廣州刺史。”《新表四上》同。乃中宗、睿宗時宰相蘇瓌之弟。《雍正廣東通志·職官表》列於光宅元年，云：據《通鑑》。按今《通鑑·光宅元年》無蘇琰刺廣州之記載，疑《廣東通志》誤。

楊茂謙　　約開元前期

《舊書》本傳：“開元初，出爲魏州刺史、河北道按察使，與司馬張

懷玉本同鄉曲，初善而末隙，遂相糾訐，坐貶桂州都督。尋轉廣州都
督，以疾卒。”《新書》本傳略同。

韋　琳　　開元中？

《新表四上》韋氏閬公房：“琳，廣州都督。”乃廣德元年鄂州刺
史韋延安之父。《雍正廣東通志》卷一二《職官表》列於貞觀六年，
疑誤。

裴仙先　　開元七年（719）

《廣記》卷四六六引《集異記》：“唐裴仙〔先〕，開元七年都督廣
州。”《通鑑·開元十年》：十一月，“前廣州都督裴仙先下獄”。又見
《新書》本傳，兩《唐書·張嘉貞傳》，《御覽》卷六五〇，《元龜》卷三三
八、卷六一六，《會要》卷三九。《全文》卷三五五蕭昕《唐銀青光禄大
夫嶺南五府節度經略採訪處置等使張公（九皋）神道碑》：“弱冠孝廉
登科，始鴻漸也，嶺南按察使尚書裴仙先幕府求賢，軺車問俗。”

【補遺】裴仙先　　開元八、九年（720、721）

《唐研究》第五卷（1999年版）《西安新發現唐裴仙先墓誌考述》
引《故銀青光禄大夫、守工部尚書、上柱國、翼城縣開國公贈江陵郡大
都督裴府君（仙先）墓誌銘並序》（天寶三載閏二月八日）：“遷主客郎
中，有頃加朝散大夫兼鴻臚少卿。將命西聘，公單車深入，結二國之
信，一言慷慨，罷十萬之兵。……朝嘉其勛，檢校桂州都督。……遷
廣州都督、五府節度、並本道按察等使。二年，加攝御史中丞，賜紫金
魚袋，遷幽州都督、河北道節度使。無何，以飛語受謗，復授廣州都
督。天子遽悔前除，爰申后命，立徵至京，拜左金吾將軍。尋安南反
叛，邊荒告急，即加公雲麾將軍兼廣州都督。……會親累，出秦州都
督。……貶雅州名山丞，久之，上知無罪，乃盡還封爵，拜右驍衛將
軍，尋改定州刺史，遷京兆尹。……轉太僕卿、右金吾大將軍、太府
卿，進爵爲子。時上怒褚師，公固爭無罪，由是忤旨，出爲絳州刺史，
改蒲州刺史，進爵爲伯。俄遷太原尹，兼河東道節度等副使，使停，即

授本道采訪處置使。……遷工部尚書，東京留守，兼判省事。……詔賜考，進爵爲公，徵還知京官考使。……以天寶二載九月廿二日薨於永寧里第，春秋八十。"裴仙先在幽州都督後，約開元八、九年復爲廣州都督。

【補遺】裴仙先　　開元十年（722）

見上條。又據《舊唐書·玄宗紀》：開元十年八月，"嶺南按察使裴仙先上言安南賊帥梅叔鸞等攻圍州縣"，證知開元十年裴仙先在雲麾將軍兼廣州都督任，此應爲裴仙先第三次任廣州都督。

* 李　琚（李泹）　　開元十五年—二十三年（727—735）

《舊書》本傳："開元十二年，封爲光王。十五年，遙領廣州都督、五府經略大使。二十三年七月，光王琚……等十王，並授開府儀同三司……其時，琚兼廣州都督，餘如故。"《新書》本傳略同。《舊書·玄宗紀上》：開元十五年五月，"光王泹爲廣州都督、五府節度大使……並不出閣"。《元龜》卷二八一作"十二年"，誤。《大詔令集》卷三六《慶王潭涼州都督制》："光王泹爲廣州都督、兼嶺南經略大使……開元十五年五月。"《全文》卷二二、《會要》卷七八同。

李尚隱　　開元十五年？（727？）

《舊書》本傳："〔開元〕十三年夏，妖賊劉定高夜犯通洛門，尚隱坐不能覺察所部，左遷桂州都督……俄又遷廣州都督，仍充五府經略使……累轉京兆尹。"《新書》本傳略同。

耿仁忠　　開元十八年（730）

《新書·地理志七》勤州："長安中復廢。開元十八年平春、瀧等州，首領陳行範餘黨保銅陵北山，廣州都督耿仁忠奏復置州。"《舊書·宇文融傳》："配流巖州……遂謁廣府，將停留未還。都督耿仁忠謂融曰……融遽還，卒於路。"《新書·宇文融傳》略同。《全詩》卷四七張九齡《酬周判官巡至始興會改祕書少監見貽之作兼呈耿廣州》，

"耿廣州"即耿仁忠。

李朝隱　　開元二十一年—二十三年(733—735)

《舊書》本傳："〔開元〕二十一年，兼判廣州事，仍攝御史大夫，充嶺南採訪處置使。明年，卒於嶺外。"《新書》本傳略同。《元龜》卷一六二：開元二十三年二月"辛亥，初置十道採訪處置使……太常卿廣州事嶺南經略使李朝隱爲嶺南道採訪使"。

*李　璲(李瀅)　　開元二十三年(735)

《元龜》卷二七七："〔開元〕二十三年七月，以……廣州都督、嶺南牧儀王瀅(璲)……並加開府儀同三司。"兩《唐書》本傳未及。《雍正廣東通志》列於永徽中廣州都督，誤。

王　冕　　開元中

《千唐誌·唐故朝議郎行郴州義章縣尉上柱國張府君(守珍)墓誌銘并序》(開元廿九年二月二十日)："貶愛州軍安尉，非其罪也。是時廣府都督王公冕尚德能賢，以公充推勾判官……恩詔改遷郴州義章尉。"開元二十七年七月十日卒，年四十七。

【**宋庭瑜**　　開元中(未之任)】

《舊書·宋庭瑜妻魏氏傳》："開元中，庭瑜累遷慶州都督……尋轉廣州都督，道病卒。"

宋　鼎　　開元二十七年(739)

《元龜》卷四八："〔開元〕二十七年，以廣州刺史持節嶺南經略使宋鼎爲潞州都督府長史。鼎以兄嘗臨慶州喪逝，上表陳情，乞移理他州，特詔許焉。"

梁昇卿　　約開元末

《新書·韋抗傳》："所表奉天尉梁昇卿、新豐尉王俌、華原尉王燾,皆爲僚屬,後皆爲顯人。昇卿涉學工書,於八分尤工,歷廣州都督,書《東封朝覲碑》,爲時絶筆。"又見《唐詩紀事》卷一四。《全文》卷三二〇李華《潤州鶴林寺故徑山大師碑銘》:"天寶十一載十一月十一日中夜坐滅……菩薩戒弟子故吏部侍郎齊澣、故刑部尚書張均、故江東採訪使潤州刺史劉日正、故廣州都督梁昇卿。"又見《宋高僧傳》卷九《唐潤州幽棲寺玄素傳》。

劉巨鱗(劉巨麟)　　開元二十九年—天寶三載(741—744)

(日)真人元開《唐大和上東征傳》:"天寶二載……買得嶺南道採訪使劉〔巨鱗〕之軍舟一隻,雇得舟人等十八口。"《舊書·玄宗紀下》:天寶三載"夏四月,南海太守劉巨鱗擊破海賊吳令光,永嘉郡平"。又見《新書·玄宗紀》、《地理志七》,《元龜》卷六九四。《全詩》卷二一四高適《送柴司户充劉卿判官之嶺外》,劉卿即劉巨鱗,周勳初《高適年譜》繫於天寶二年。《宋高僧傳》卷一《唐京兆大興善寺不空傳》:"初至南海郡,採訪使劉巨鄰(鱗)懇請灌頂……二十九年十二月,附崑崙舶,離南海至訶陵國界,遇大黑風。"按《廣記》卷四三七引《摭異記》稱:"劉巨麟,開元末爲廣府都督。"

【裴敦復　　天寶四載(745)(未之任)】

《通鑑·天寶四載》:三月"乙巳,以刑部尚書裴敦復充嶺南五府經略等使。五月壬申,敦復坐逗留不之官,貶淄川太守"。

彭　果(彭杲)　　天寶四載—六載(745—747)

《通鑑·天寶四載》:五月壬申,"以光祿少卿彭果代〔裴敦復爲嶺南五府經略等使〕"。《舊書·玄宗紀下》:天寶六載"三月戊戌,南海太守彭果坐贓,決杖,長流瀼溪郡,死於路"。又見《盧奐傳》:"時南海郡利兼水陸,瓌寶山積,劉巨鱗、彭杲相替爲太守、五府節度,皆坐贓鉅萬而死。"《新書·盧奐傳》略同。又見《元龜》卷一五二,《全文》卷三二玄宗《流彭果詔》。《全詩》卷二一四高適《餞宋八充彭中丞判官之嶺南》,彭中丞即彭果。周勳初繫此詩於天寶四載。

劉巨鱗　　約天寶六載—八載(約 747—749)

《舊書·玄宗紀下》:天寶八載五月"戊子,南海太守劉巨鱗坐贓,決死之"。又見兩《唐書·盧奐傳》,《元龜》卷七〇〇。

盧　奐　　約天寶八載—十載(約 749—751)

《舊書》本傳:"天寶初,爲晉陵太守。時南海郡利兼水陸,瓌寶山積,劉巨鱗、彭杲相替爲太守、五府節度,皆坐贓鉅萬而死。乃特授奐爲南海太守……經三年,入爲尚書右丞,卒。"《新書》本傳略同。又見《元龜》卷六七九。(日)真人元開《唐大和上東征傳》:"時南海郡大都督、五府經略、採訪大使、攝御史中丞、廣州太守盧奐牒下諸州,迎和上向廣府……是歲,天寶九載也。"按《大唐新語》卷三:"〔盧懷慎〕子奐……天寶初,爲晉陵太守。嶺南以利兼山海,前後牧守贓污者多,乃以奐爲嶺南太守。"

彭　杲　　天寶十載?（751?）

1956 年西安出土天寶銀鋌刻字:"嶺南採訪使兼南海郡太守臣彭杲進,天寶十年。"(《文物參考資料》1957 年第 4 期《彌足珍貴的天寶遺物》)

張九皋　　天寶十載—十二載(751—753)

《舊書·張九齡傳》:"弟九皋,自尚書郎歷唐、徐、宋、襄、廣五州刺史。"《新書·張九齡傳》略同。《寶刻叢編》卷一九引《復齋碑錄》:"《唐張九皋祭南海册》,天寶十載三月。"《補全詩》高適《奉寄平原顏太守并序》:"今南海太守張公之牧梁也,亦謬以僕爲才,遂奏所製詩集於明主。"《全文》卷三五五蕭昕《唐銀青光祿大夫嶺南五府節度經略採訪處置等使攝御史中丞張公(九皋)神道碑》:"除南海太守,兼五府經略採訪處置等使……秩滿遷殿中監……以天寶十四載四月二十日疾亟薨於西京常樂里之私第,春秋六十有六。"又見《舊書·張仲方傳》,《全文》卷四四〇徐浩《唐尚書右丞相中書令張公(九齡)神道碑》、卷四四五張式《大唐故銀青光祿大夫東海徐公(浩)神道碑銘》、

《白居易集》卷七〇《唐故銀青光禄大夫祕書監曲江縣開國伯贈禮部尚書范陽張公(仲方)墓誌銘并序》。

何履光　　天寶十三載—至德元載(754—756)

《蠻書》卷七："何履光，本是邕管貴州人，舊嘗任交、容、廣三州節度。天寶十五載，方收蠻王所坐太和城之次，屬安禄山造逆，奉玄宗詔旨，將兵赴西川。"《全文》卷九九九鄭回《南詔德化碑》：天寶十一載，"爲贊普鍾元年……三年，漢又命前雲南郡都督兼侍御史李宓、廣府節度何履光……擬水陸俱進"。《通鑑·至德元載》：五月，"以〔李〕巨爲陳留、譙郡太守，河南節度使，兼統嶺南節度使何履光、黔中節度使趙國珍、南陽節度使魯炅"。《全文》卷四〇二崔國輔有《上何都督履光書》。

【賀蘭進明　　至德元載(756)(未之任)】

《舊書·房琯傳》："會北海太守賀蘭進明自河南至，詔授南海太守，攝御史大夫，充嶺南節度使。中謝，肅宗謂之曰：'朕處分房琯與卿正大夫，何爲攝也？'進明對曰：'琯與臣有隙。'上以爲然……上由是惡琯，詔以進明爲河南節度、兼御史大夫。"《新書·房琯傳》略同。《通鑑》記此爲至德元載十月事。又見《唐詩紀事》卷一七。《會要》卷七八稱："至德二載正月，賀蘭進明除嶺南五府經略使兼節度使，自此始有節度之號。"

韋利見　　至德二載—乾元元年(757—758)

《舊書·肅宗紀》：乾元元年九月"癸巳，廣州奏大食國、波斯國兵衆攻城，刺史韋利見棄城而遁"。《通鑑·乾元元年》九月同。《姓纂》卷二東眷韋氏彭城公房："利見，廣府節度。"《新表四上》韋氏彭城公房："利見，嶺南節度使。"

張萬頃　　乾元元年—上元元年(758—760)

《舊書·肅宗紀》：乾元元年十月乙未，"以濮州刺史張方頃爲廣州都督、五府節度使”。《元龜》卷七〇〇：“張萬頃爲廣州刺史，上元二年，以贓貶巫州龍標縣尉員外置。”知《舊紀》“方須”當爲“萬頃”之訛。

趙良弼　　上元元年—二年（760—761）

《山右石刻七》有《唐陝華廬澧撫越廣等州刺史御史中丞嶺南浙東兩道節度使太子賓客襄武縣開國公贈揚州大都督趙良弼碑》，顔真卿撰。《會稽掇英總集·唐太守題名》：“趙良弼，自廬州刺史授，加御史中丞，移嶺南節度使。”《嘉泰會稽志》同。據《舊書·肅宗紀》，良弼上元元年十月爲浙東節度。又按上元二年正月，杜鴻漸已在浙東任。知良弼約上元元年末由越刺轉爲廣刺。

韋利見　　上元二年（761）

日本存貞元抄本《六祖慧能傳》有“上元二年廣州節度韋利見奏僧行滔及傳法袈裟入内”，後附肅宗敕書，署“上元二年十二月十七日下”。則上元二年韋利見在廣州任（友人陳尚君見告）。未知《舊書》有誤，抑乾元元年卸任後於上元二年復任。

楊　譚　　肅宗時

《新表一下》楊氏觀王房：“譚，廣州都督。”《全文》卷三七七楊譚小傳：“譚，肅宗朝官廣州都督。”

張　休　　廣德元年（763）

《全文》卷四〇九崔祐甫《衛尉卿洪州都督張公（休）遺愛碑頌并序》：“今天子終諒闇易月之期，不言既言之日……遽以制書就拜衛尉卿兼洪州都督張公爲御史中丞廣州刺史、嶺南節度經略觀察等使。”《通鑑·廣德元年》：十一月，“宦官廣州市舶使吕太一發兵作亂，節度使張休棄城奔端州”。《新書·代宗紀》同。《舊書·代宗紀》作廣德元年十二月甲辰。

楊慎微（楊睿微）　　廣德二年—大曆二年（764—767）

《舊書·李觀傳》："廣德初，吐蕃入寇，鑾駕之陝，觀於盩厔率鄉里子弟千餘人守黑水之西，戎人不敢近。會嶺南節度楊慎微將之鎮，以觀權謀，奏充偏將，俾總軍政。及徐浩、李勉繼領廣州……授試殿中監。"《全文》卷四三九豆盧詵《嶺南節度判官宗公神道碑》："暨乾元中，秦州防禦使都督楊公，公之懿親……表爲司儀參軍……上元初，楊公爲同州刺史，又表公兼韓城令、當縣團練使……遷澄城令。無何，楊公拜御史中丞、嶺南節度，乃諮參公謀，授以參軍。時宦官吕太一怙恃寵靈，凌虐神主，前節度使張休爲之棄甲。"

徐　浩　　大曆二年—三年（767—768）

《舊書·代宗紀》：大曆二年四月"癸酉，以工部侍郎徐浩爲廣州刺史、嶺南節度觀察使"。又見兩《唐書》本傳，《元龜》卷三三八。《全文》卷四四五張式《大唐故銀青光禄大夫彭王傅徐公（浩）神道碑銘》："尋遷工部侍郎。楊睿微病久政荒，殁於南海……以爲杖節□綏，非公莫可，拜嶺南道節度觀察等使兼御史大夫……會來年有吏部之拜，復兼集賢學士。"《寶刻叢編》卷八引《集古録目》："《唐吏部侍郎王延昌碑》，唐兵部郎中邵説撰，廣州都督徐浩八分書……碑以大曆三年立。"又卷一九引《集古録目·唐中書令張曲江碑》稱唐廣州都督嶺南節度使徐浩撰并書。《全詩》卷二一〇皇甫曾有《送徐大夫赴南海》；卷二五五蘇渙有《贈零陵僧（一本下有"兼送謁徐廣州"六字）》，"徐廣州"疑即徐浩。

李　勉　　大曆三年—七年（768—772）

《舊書·代宗紀》：大曆三年十月"乙未，以京兆尹李勉爲廣州刺史，充嶺南節度使"。七年十一月"辛卯，以嶺南節度李勉爲工部尚書"。又見兩《唐書》本傳，《元龜》卷六七九、卷八二〇，《全文》卷七八四穆員《河南少尹裴公墓誌銘》。又卷八二七陸宸《授陳珮廣州節度使制》稱："故宋璟播美於前，李勉垂芳於後。"《全詩》卷二四六獨孤及有《代書寄上李廣州》，蓋即李勉。

吕崇賁　　大曆七年—八年（772—773）

《舊書·代宗紀》：大曆七年十月"丙子，以太府卿吕崇賁爲廣州都督，充嶺南節度使"。八年九月"壬午，嶺南節度使、廣州刺史吕崇賁爲部將哥舒晃所殺"。又見《王翃傳》、《新書·代宗紀》。《宋高僧傳》卷二四《唐吉州龍興寺三刀法師傳》："大曆七年十一月，廣州吕大夫被翻城，奉洪州路嗣恭牒，吉州刺史劉寧徵兵三千人同收番禺。"

路嗣恭　　大曆八年（773）

《舊書·代宗紀》：大曆八年十月"乙丑，以江西觀察使路嗣恭爲廣州刺史，充嶺南節度使，封翼國公"。本傳："大曆八年，嶺南將哥舒晃殺節度使吕崇賁反，五嶺騷擾，詔加嗣恭兼嶺南節度觀察使……五嶺削平，拜檢校兵部尚書，知省事。"《新書》本傳略同。又見《姓纂》卷八京兆三原路氏，《新表五下》路氏，《全文》卷四九七權德興《唐故光禄大夫檢校尚書右僕射兼右衛上將軍南充郡王伊公神道碑銘》。

*李　述　　大曆十年（775）

《舊書》本傳："〔大曆〕十年二月，詔曰：'……述可封睦王，充嶺南節度支度營田、五府經略觀察處置等大使。'"又見《元龜》卷二八一，《大詔令集》卷三三《封睦王述等制》。

高　暈?　　大曆十一、十二年？（776、777？）

《歷世真仙體道通鑑》卷五何仙姑："代宗大曆中，又現身於小石樓。廣州刺史高暈具上其事於朝。"朱玉麒按：大曆中廣州刺史先後爲楊慎微、徐浩、李勉、吕崇賁、路嗣恭、張伯儀，交接甚詳明。唯路嗣恭任期之下限不明。高暈任廣州刺史似在大曆十二年前。

張伯儀（張伯義）　　大曆十二年—建中三年（777—782）

《舊書·代宗紀》：大曆十二年五月"甲戌，以前安南都護張伯儀爲廣州刺史、兼御史大夫，充嶺南節度使”。又《德宗紀上》：建中三年三月戊戌，“以嶺南節度使張伯儀檢校兵部尚書，兼江陵尹、御史大夫、荆南節度等使”。又見《元龜》卷六八〇。《新書》本傳未及。

元　琇　　建中三年—興元元年(782—784)

《舊書·德宗紀上》：建中三年三月戊戌，“以容管經略使元琇爲廣州刺史、嶺南節度使”。興元元年九月“甲申，以前嶺南節度使元琇爲户部侍郎、判度支”。《全文》卷四二七于邵《送房判官巡南海序》：“冬十月，桂林務要，番禺利往……煌煌元公，作鎮南海。在公爲外舅，在國爲屏臣……桂管經略觀察使范陽盧公，惜雲雨爲别……置酒高會。”

【補遺】李　遏　　建中時

《洛陽新獲墓誌80·郝氏女(閏)墓誌銘》(建中四年八月二十一日)：“郝氏女名閏，字九華子，出於趙郡李氏。……外祖遏，皇韶州刺史，爲軒冕之著姓。”

杜　佑　　興元元年—貞元三年(784—787)

《舊書·德宗紀上》：興元元年三月“丙戌，以前饒州刺史杜佑爲廣州刺史、嶺南節度使”。貞元三年五月“丙午，以嶺南節度使杜祐(佑)爲尚書右丞”。又見兩《唐書》本傳，《會要》卷七八。《全文》卷四九六有權德輿《大唐銀青光禄大夫檢校司徒同中書門下平章事太清宫及度支諸道鹽鐵轉運等使崇文館大學士上柱國岐國公杜公(佑)淮南遺愛碑銘并序》。

【補遺】李昌幽　　約貞元初

《洛陽新獲墓誌83·故朝散大夫國子司業守河東縣令竇伯陽夫人太原郭氏誌銘》(貞元十年七月十四日)：“天寶中適扶風竇伯陽爲妻。伯陽貫河南府洛陽縣人也。”貞元十年四月廿日卒。“一女適前韶州刺史李昌幽，早亡。”

李　復　　貞元三年—約八年(787—約792)

《舊書·德宗紀上》：貞元三年五月丙午，"以容管經略使李復爲廣州刺史、嶺南節度使"。本傳："在容州三歲，南人安悦。遷廣州刺史、兼御史大夫、嶺南節度觀察使……徵拜宗正卿，加檢校工部尚書。"《新書》本傳略同。又見《元龜》卷六七七、卷六七八，《宋高僧傳》卷三《唐蓮華傳》，《全文》卷四二九于邵《唐檢校右散騎常侍容州刺史李公去思頌并序》，《廣記》卷四一二引《嶺表録異》。

薛　珏　　貞元八年—十一年(792—795)

《舊書·德宗紀下》：貞元八年九月"乙亥，以太子賓客薛珏爲嶺南節度使"。十一年正月"乙亥，嶺南節度使薛珏卒"。又見兩《唐書》本傳，《新表三下》薛氏大房。

王　鍔　　貞元十一年—十七年(795—801)

《舊書·德宗紀下》：貞元十一年正月"丙申，以邕(容)管經略使王鍔爲廣州刺史、嶺南節度使"。本傳："遷廣州刺史、御史大夫、嶺南節度使……凡八年，京師權門多富鍔之財，拜刑部尚書。"《新書》本傳略同。《全文》卷六八八符載《寄南海王尚書書》："尚書以雄才盛業，作鎮南服。"

趙　植　　貞元十七年—十八年(801—802)

《舊書·德宗紀下》：貞元十七年五月"丙戌，以工部侍郎趙植爲廣州刺史、兼御史大夫、嶺南節度使"。又《趙隱傳》："祖植……〔貞元〕十七年，出爲廣州刺史、兼御史大夫、嶺南東道節度觀察等使，卒於鎮。"《新書·趙隱傳》略同。又見《舊五代史·趙光逢傳》，《新表二下》新安趙氏。《韓昌黎集》卷一九《送竇從事序》："皇帝臨天下二十有二年，詔工部侍郎趙植爲廣州刺史，盡牧南海之民。"上圖藏拓片《唐試祕書省校書郎崔隋妻趙氏墓誌》(會昌六年十一月十六日)："祖植，終嶺南節度使。"夫人卒會昌六年五月五日，享年三十五。

徐 申　　貞元十八年—元和元年（802—806）

《舊書·德宗紀下》：貞元十八年“八月壬寅，以邕管經略使徐申爲廣州刺史、嶺南節度使”。《憲宗紀上》：元和元年四月“癸卯，前嶺南節度使徐申卒”。又見《新書》本傳，《廣記》卷三四引《傳奇》，《英華》卷九三九權德輿《金紫光禄大夫檢校禮部尚〔書〕持節度（衍）都督廣州諸軍事兼廣州刺史御史大夫充嶺南節度度支營田觀察處置本管經略等使東海郡開國公贈太子少保徐公（申）墓誌銘》。《全文》卷六三九李翱《唐故金紫光禄大夫檢校禮部尚書使持節都督廣州諸軍事兼廣州刺史充嶺南節度徐公（申）行狀》：“〔貞元十八年〕遷持節都督廣州諸軍事守廣州刺史、兼御史大夫，充嶺南節度……元和元年詔加金紫光禄大夫、檢校禮部尚書……詔書未至，有疾薨於位。”

趙 昌　　元和元年—三年（806—808）

《舊書·憲宗紀上》：元和元年四月“壬寅，以前安南經略使趙昌爲廣州刺史、嶺南節度使”。三年四月“乙亥，以嶺南節度使趙昌爲江陵尹、荆南節度使”。又見兩《唐書》本傳，《會要》卷七三，《全文》卷七〇七李德裕《與姚諫議郃書三題》。按《柳河東集》卷二二《送趙大秀才往江陵謁趙尚書序》：“來謂余曰，宗人以碩德崇功由交廣臨荆州。”“宗人”即謂趙昌。又卷三五有《上廣州趙宗儒尚書陳情啓》，“宗儒”當爲“昌”之誤，詳見岑仲勉《唐集質疑·上趙昌尚書啓》。《廣記》卷三四引《傳奇》：“四女命侍女讀之曰：廣州刺史徐紳（申）死，安南都護趙昌充替。”

楊於陵　　元和三年—五年（808—810）

《舊書·憲宗紀上》：元和三年四月乙亥，“以户部侍郎楊於陵爲廣州刺史、嶺南節度使”。本傳：“出爲嶺南節度使……五年，入爲吏部侍郎。”《新書》本傳略同。《通鑑·元和五年》：七月，“嶺南監軍許遂振以飛語毀節度使楊於陵於上，上命召於陵還……丁巳，以於陵爲吏部侍郎。遂振尋自抵罪”。又見《舊書·裴垍傳》，《全文》卷六三九李翱《唐故金紫光禄大夫尚書右僕射致仕楊公（於陵）墓誌銘》。

鄭 絪　　元和五年—八年（810—813）

《舊書·憲宗紀上》：元和五年三月“癸巳，以太子賓客鄭絪檢校禮部尚書、廣州刺史、嶺南節度使”。本傳：“出爲嶺南節度觀察等使、廣州刺史、檢校禮部尚書，以廉政稱。爲工部尚書，轉太常卿。”《新書》本傳略同。《全文》卷六二六吕温有《代鄭南海謝上表》，又卷五八九柳宗元《吕侍御恭墓銘并序》：“爲桂管都防禦副使。元和八年去桂州，相國尚書鄭公遮留，假嶺南節度判官。至廣州，病痞癘加癉，六月二十八日卒。”《隋唐五代墓誌匯編·洛陽卷》第十四册《唐故范陽盧氏滎陽鄭夫人墓誌銘》（大中十二年五月十二日）：“祖諱絪，皇太子太傅，贈太師……後爲嶺南節度使，同州刺史，東都留守。”夫人卒大中十二年，年三十二。

馬 摠（馬總）　　元和八年—十一年（813—816）

《舊書·憲宗紀下》：元和八年十二月“丙戌，以桂管觀察使馬總爲廣州刺史、嶺南節度使”。兩《唐書》本傳未及。《全文》卷六一〇劉禹錫《曹溪六祖大鑒禪師第二碑并序》：“元和十一年某月日，詔書追褒曹溪第六祖能公，諡曰大鑒，實廣州牧馬總以疏聞，繇是可其奏，尚道以尊名。”又見卷五八〇柳宗元《嶺南節度饗軍堂記》、卷五八七《曹溪第六祖賜諡大鑒禪師碑并序》、卷六二〇周愿《牧守竟陵因遊西塔著三感説》。卷四八一馬總有《南海舉給事中穆質自代狀》。《韓昌黎集》卷二三《祭馬僕射文》：“於泉於虔，始執郡符。遂殿交州，抗節番禺。”

崔 詠　　元和十二年（817）

《舊書·憲宗紀下》：元和十二年七月甲辰，“嶺南節度使崔詠卒”。《舊書·孔戣傳》：“〔元和〕十二年，嶺南節度使崔詠卒。”《千唐誌·唐故處士太原王府君（翱）墓誌銘并序》：“外王父博陵崔公諱詠，元和年中屢鎮南服，由桂林領番禺，名重藩嶽。”王翱卒會昌六年十一月十二日，年四十四。

孔　戣　元和十二年—十五年（817—820）

《舊書·憲宗紀下》：元和十二年七月“庚戌，以國子祭酒孔戣爲廣州刺史、嶺南節度使”。又《穆宗紀》：元和十五年九月“戊辰，以前嶺南節度使孔戣爲吏部侍郎”。兩《唐書》本傳略同。又見《元龜》卷六七一、卷六七九、卷六八〇、卷六八九，《國史補》卷中，《唐語林》卷三，《全文》卷五六一韓愈《南海神廟碑》、卷五六三《正議大夫尚書左丞孔公（戣）墓誌銘》。《寶刻叢編》引《集古録目》：“《唐南海廣利王神廟碑》，唐袁州刺史韓愈撰，循州刺史陳諫書并篆額。元和十二年廣州刺史孔戣重修南海神祠，以十五年十月立，此碑在南海廟中。”

崔　能　元和十五年—長慶三年（820—823）

《舊書·穆宗紀》：元和十五年九月丙寅，“以將作監崔能爲廣州刺史，充嶺南節度使”。又見《新書》本傳。按《舊書》本傳稱：“長慶四年九月，出爲廣州刺史、御史大夫、嶺南節度使，卒。”年月誤。

鄭　權　長慶三年—四年（823—824）

《通鑑·長慶三年》：四月“己酉，以〔鄭〕權爲嶺南節度使”。《舊書·敬宗紀》：長慶四年十月“庚子，嶺南節度使鄭權卒”。又見兩《唐書》本傳。《寶刻叢編》卷五引《集古録目》：“《唐嶺南節度鄭權碑》，唐陝州大都督府長史庾承宣撰，萬年縣令姚向書。權字復道，滎陽人，官至嶺南節度使。碑以寶曆二年立。”《全文》卷五五六韓愈《送鄭尚書序》：“嶺之南，其州七十。其二十二隸嶺南節度府……長慶三年四月，以工部尚書鄭公爲刑部尚書，兼御史大夫，往踐其任。”《全詩》卷三八四張籍有《送鄭尚書出鎮南海》；又卷三八五有《送鄭尚書赴廣州》，鄭尚書蓋即鄭權。

崔　植　長慶四年—寶曆二年（824—826）

《舊書·敬宗紀》：長慶四年十月“壬寅，以鄂岳觀察使、檢校兵部尚書崔植檢校吏部尚書，兼廣州刺史、御史大夫，充嶺南節度觀察經略使”。又《文宗紀上》：大和元年正月“辛丑，以前廣州節度使崔植爲户部尚書"。又見《新書》本傳。《舊書》本傳未及。《全文》卷七八九劉蛻有《獻南海崔尚書書》。崔尚書蓋即崔植。

胡　証　寶曆二年—大和二年（826—828）

《舊書·敬宗紀》：寶曆二年十一月"壬申，以户部尚書胡証檢校兵部尚書，兼廣州刺史，充嶺南節度使"。又《文宗紀上》：大和二年十月"丙寅，嶺南節度使胡証卒"。又見兩《唐書》本傳。

李　憲　大和二年—三年（828—829）

《舊書·文宗紀上》：大和二年十月"辛未，以江西觀察使李憲爲嶺南節度使"。三年七月"乙未，嶺南節度使李憲卒"。兩《唐書》本傳略同。又見《唐語林》卷四，《新表二上》李氏丹陽房。北圖藏拓片裴度撰《唐故太尉兼中書令西平郡王贈太師李公（晟）神道碑銘》（大和三年四月六日）："〔子〕曰憲，檢校左散騎常侍、嶺南節度觀察等使兼御史大夫。"

崔　護　大和三年—約四年（829—約830）

《舊書·文宗紀上》：大和三年七月"丁酉，以京兆尹崔護爲御史大夫、廣（嶺）南節度使"。《新表二下》崔氏："護字殷功，嶺南節度使、武城縣子。"又見《唐詩紀事》卷四〇。

李　諒　大和五年—七年（831—833）

《舊書·文宗紀下》：大和五年二月"丙申，以桂管觀察使李諒爲嶺南節度使"。七年三月"己亥，嶺南節度使李諒卒"。

【崔　珙　大和七年（833）（未之任）】

《舊書·文宗紀下》：大和七年正月"乙亥，以太府卿崔珙爲廣州刺史、嶺南節度使。壬子……以新除嶺南節度使崔珙檢校工部尚書，充武寧軍節度使"。本傳："〔大和〕七年正月，拜廣州刺史、嶺南節度使。延英中謝，帝問以撫理南海之宜，珙奏對明辯，帝深嘉之……即以王茂元代琿鎮廣南，授琿兼檢校工部尚書、徐州刺史、兼御史大夫，充武寧軍節度、徐泗濠觀察使。"《新書》本傳略同。又見《御覽》卷二五五。

王茂元　　大和七年—九年（833—835）

《舊書·文宗紀下》：大和七年正月壬子，"以右金吾衛將軍王茂元爲嶺南節度使"。九年十月"癸未，以前廣州節度使王茂元爲涇原節度使"。又見兩《唐書》本傳、《崔洪傳》，《御覽》卷二五五。

李從易　　大和九年—開成元年（835—836）

《舊書·文宗紀下》：大和九年四月"丙戌，以桂管觀察使李從易爲廣州刺史、嶺南節度使"。開成元年十二月"己酉，嶺南節度使李從易卒"。

盧　鈞　　開成元年—五年（836—840）

《舊書·文宗紀下》：開成元年十二月"庚戌，以華州刺史盧鈞爲廣州刺史，充嶺南節度使"。本傳："代李從易爲廣州刺史、御史大夫、嶺南節度使……三年將代，華蠻數千人詣闕請立生祠，銘功頌德……會昌初，遷襄州刺史、山南東道節度使。"又見《新書》本傳，《御覽》卷九四五，《全文》卷七九五孫樵《復召堰籍》。按《會要》卷七五：開成五年"十一月，嶺南節度使盧鈞奏，當道伏以海嶠擇吏與江淮不同"。《金石補正》卷六一《祁陽浯溪盧鈞赴闕題記》："戶部侍郎盧鈞，開成五年十二月一日赴闕過此。"知盧鈞由嶺南遷戶侍在開成五年十一月末或十二月上旬。上圖藏拓片《唐故監察御史河南府登封縣令吳興沈公（師黃）墓誌》（大中八年八月十八日）："盧司空鈞重其名，請爲從事，同去南海，賓席三年，事皆決請……歸轉鄂縣尉。"沈師黃卒大中八年二月。

高　鍪　　會昌三年（843）

《光緒廣州府志》卷一七《職官表》："高鍪，渤海人，會昌間廣州刺史，據郝《志》修。張《府志》作會昌三年任。"

崔龜從　　會昌四年—五年（844—845）

《英華》卷四五五封敖《授崔龜從嶺南節度使制》："前宣州觀察使崔龜從……可檢校禮部尚書、兼御史大夫，充嶺南節度等使。"兩《唐書》本傳未及。《全文》卷七七三李商隱《爲尚書渤海公舉人自代狀》稱："某官崔龜從……昨者故郢利遷，朝臺受律。隱之清節，無愧於投香；江革歸資，唯聞於單舸。必能集同軌之會，奉因山之儀。"按《晉書》：吳隱之隆安中爲廣州刺史，歸自番禺，其妻賷沉香一斤，隱之見之，遂投於湖亭之水。《寰宇記》：沉香浦在今南海縣西北二十里石門之內，亦曰投香浦。由是知龜從爲宣歙，移嶺南，而後入相。《狀》內"奉因山之儀"指會昌五年正月葬穆宗恭僖皇后於光陵柏城之外。

盧貞　　會昌五年—六年（845—846）

《新書·王博武傳》："會昌中，侍母至廣州。及沙涌口，暴風，母溺死，博武自投于水。嶺南節度使盧貞俾吏沈罟，獲二屍焉，乃葬之，表其墓曰'孝子墓'。"《輿地紀勝》卷八九："廣州甘溪池，唐會昌中節度盧貞復加疏浚。"《光緒廣州府志》卷一七《職官表》稱："盧貞，〔會昌〕五年廣州刺史。據張《府志》修。"按會昌五年盧貞在河南尹任，當由河南尹轉廣州。《湖南通志》載《浯溪題名》會昌五年楊漢公後有盧貞。

李批　　大中元年—二年（847—848）

《全文》卷七七二李商隱《爲滎陽公論安南行營將士月糧狀》："側聞容、廣守臣亦欲飛章上請，臣緣乍到，未敢抗論，已牒韋廑、李批。"按滎陽公指鄭亞，李商隱大中元年在鄭亞桂管幕。《南海百詠·朝漢臺》："刺史李批於其上創餘莫亭。"

李行修　　大中二年—三年（848—849）

《南部新書》癸："朝廷以〔李〕祐歸國功，授一子官，字曰行循（修）。年三十餘，爲南海節度，罷歸。"又見《獨異志》。《金石補正》卷六一《李行修等題名》：“前廣州刺史李行修、掌書記施肱、巡官李党，大中三年四月十一日赴闕過此。”《全詩》卷七四五陳陶《將歸鍾陵留贈南海李尚書》。“李尚書”即李行修。

韋正貫 大中三年—五年（849—851）

《新書》本傳：“宣宗立，以治當最，拜京兆尹、同州刺史。俄擢嶺南節度使……居鎮三歲……卒，年六十八。”《英華》卷九一五蕭鄴《嶺南節度使韋公（正貫）神道碑》：“越三歲，寢疾薨於位，實大中五年七月二十三日，享年六十有八。”《金石録》卷一〇：“《唐嶺南節度使韋正貫碑》，蕭鄴撰，柳公權正書，大中六年七月。”又見《寶刻叢編》卷八引《集古録目》。

紇干臮 大中五年—八年（851—854）

《全文》卷七六三沈珣有《授紇干臮嶺南節度使制》。《東觀奏記》卷中：“廣州節度使紇干臮以貪猥聞，貶慶王府長史、分司東都。”吳氏《方鎮年表》繫於大中五年至八年，從之。

韋 曙 大中九年—十二年（855—858）

《通鑑考異・大中十二年》五月：“按《實録》，大中九年，韋曙除嶺南節度使，今年正月薨，楊發代之。”

楊 發 大中十二年（858）

《舊書・宣宗紀》：大中十二年正月，“以太中大夫、福州刺史、御史中丞、上柱國、賜紫金魚袋楊發檢校右散騎常侍、廣州刺史、御史大夫，充嶺南東道節度觀察處置等使”。《通鑑・大中十二年》：四月“庚子，嶺南都將王令寰作亂，囚節度使楊發”。又見《新書・宣宗紀》，兩《唐書》本傳，《東觀奏記》卷下，《唐語林》卷二。《匋齋藏石記》卷三五《唐故嶺南節度使右常侍楊公女子書墓誌》（乾符五年十月二十八日）：“顯考公常□□□諱發第七女。”乾符五年六月七日卒，春秋三十。又見《金石補正》卷七七。

李瓘　　大中十二年？（858？）

《通鑑·大中十二年》：五月，“以右金吾大將軍李瓘爲嶺南節度使，已命中使賜之節，給事中蕭倣封還制書”。《考異》曰：“……瓘不知以何時除嶺南。按《實錄》……〔今年〕四月，瓘自司農卿爲右金吾大將軍。五月，聞嶺南亂。蓋於此除瓘嶺南；而倣封還，以瓘非定亂之才故也。”又見《東觀奏記》卷上，《唐語林》卷一。按《全文》卷九六二闕名《授李瓘平盧節度使制》云：“嶠南著招撫之績，涇上垂訓齊之名。”嶠南謂嶺南，涇上指涇原。岑仲勉《方鎮年表正補》以爲：《通鑑》不過想當然，“非定亂之才”，尤涉臆想；假瓘是追還節制，則其事視草者必熟聞之，何得云“著招撫之績”？又云：“倣大中十三年鎮廣，則《通鑑》排列瓘事，去倣之鎮廣僅一年，亦似時間過促，此《通鑑》書追瓘節於本年之可疑者也。”

李承勛　　大中十二年—十三年（858—859）

《通鑑·大中十二年》：五月“辛巳，以涇原節度使李承勛爲嶺南節度使”。《唐語林》卷二：“大中十二年後，藩鎮繼有叛亂……宣宗命……涇原節度使李承勛爲廣州節度使。”

蕭倣　　大中十三年—咸通元年（859—860）

《新書》本傳：“自集賢學士拜嶺南節度使……咸通初，爲左散騎常侍。”《全文》卷七四七蕭倣《蘄州謝上表》稱：“頃升諫列，已因論事去官；後忝瑣闈，亦緣舉職統旆。身流嶺外，望絕中朝，甘於此生，不到上國……臣遠從海嶠，首還闕廷……罷遠藩赴闕，還鄉國而只及一年。”按《舊書》本傳稱：“〔僖宗初〕罷知政事，出爲廣州刺史、嶺南節度使。”年代誤。《光緒廣州府志》作“咸通十年廣州刺史”。亦誤。

韋宙　　咸通二年—九年（861—868）

《新書》本傳：“拜江西觀察使……遷嶺南節度使……加檢校尚書左僕射、同中書門下平章事。咸通中卒。”《通鑑·咸通三年》：四月，“蔡京奏請分嶺南爲兩道節度；從之。五月，敕以廣州爲東道，邕州爲西道……尋以嶺南節度使韋宙爲東道節度使”。《咸通八年》：十二月，“加嶺南東道節度使韋宙同平章事”。《北夢瑣言》卷三：“唐相國韋公宙……咸通初，除廣州節度使。”《唐語林》作“大中初”，誤。又見《舊五代史·劉陟傳》，《新表四上》韋氏郎公房，《十國春秋·南漢武皇后傳》。

鄭　愚　　咸通九年—十二年（868—871）

《光緒廣州府志》稱：“鄭愚，咸通九年廣州刺史。據《通鑑》修，張《府志》作番禺人。”《北夢瑣言》卷九：“唐楊相國收貶死嶺外，於時鄭愚尚書鎮南海。”又卷三：“崔魏公鉉鎮荆南，滎陽除廣南節制，經過，魏公以常禮延遇。”又見《唐語林》卷三，《唐摭言》卷一二。按崔鉉咸通六年至九年在荆南節度任。楊收咸通九年長流驩州賜死，見《舊書·楊收傳》。又按《舊書·懿宗紀》：咸通三年五月，“以邕管經略使鄭愚爲廣州刺史，充嶺南東道節度、觀察處置等使”。疑年代有誤。《英華》卷四五三《玉堂遺範》有《授鄭愚嶺南節度使制》。

鄭從讜　　咸通十二年—乾符元年（871—874）

《舊書·懿宗紀》：咸通十二年“十二月，以檢校户部尚書、汴州刺史、御史大夫、宣武軍節度使鄭從讜爲廣州刺史、嶺南東道節度觀察處置等使”。又《僖宗紀》：乾符元年五月，“以嶺南東道節度使、檢校刑部尚書鄭從讜爲刑部尚書”。《通鑑·乾符元年》五月同。又見兩《唐書》本傳。

韋　荷　　乾符元年—三年（874—876）

《舊書·僖宗紀》：乾符元年五月，“以吏部侍郎韋荷檢校禮部尚書、廣州刺史、嶺南東道節度使”。《通鑑·乾符元年》五月同。《新表四上》韋氏逍遥公房：“荷字敬止，嶺南節度使。”《全文》卷八二三黄滔《南海韋尚書啓》：“自古六官所重，莫先於吏部；逮今貳職所難，無出於侍郎。而尚書五陟東西，兩司銓管……特以番禺巨壤，南越名區。”

"韋尚書"當即韋荷。

李　迢（李岧、李佋、李巖）　　乾符四年—六年（877—879）

《通鑑·乾符六年》：五年，"黄巢與浙東觀察使崔璆、嶺南東道節
度使李迢書，求天平節度使，二人爲之奏聞，朝廷不許……九月，黄巢
得率府率告身，大怒，訴執政，急攻廣州，即日陷之，執節度使李
迢……殺之"。《新書·僖宗紀》：乾符六年五月，"黄巢陷廣州，執嶺
南東道節度使李迢"。《元龜》卷三三三作"岧"；《舊書·僖宗紀》作
"巖"；《北夢瑣言》卷一〇作"佋"。惟《會要》卷六〇乾符三年二月見
御史中丞李迢，亦見《郎官柱》勳外、勳中，當即此人，則作"迢"是。
《光緒廣州府志》稱："李迢，乾符四年，任廣州刺史。"

鄭　續　　乾符六年—光啓二年（879—886）

《唐摭言》卷四："盧大郎補闕（暉），升平鄭公之甥也……廣明庚
子歲，遇大寇犯闕，竄身南服。時外兄鄭續鎮南海。"《廣記》卷二〇五
引《嶺表録異》："僖宗朝，鄭續鎮番禺日，有林藹者爲高州太守。"吴氏
《方鎮年表》繫於乾符六年至光啓二年，從之。

【吕用之　　光啓二年（886）（未之任）】

《舊書·僖宗紀》：光啓二年五月，"僞制加諸侯官爵……以淮南
右都押衙、和州刺史吕用之檢校兵部尚書，兼廣州刺史、嶺南東道節
度使"。《通鑑·光啓二年》五月同。又見《新書·高駢傳》。

裴　璩　　光啓三年—龍紀元年（887—889）

《北夢瑣言》卷五："唐裴司徒璩……在番禺時，鍾愛一女，選滎陽
鄭進士以婿之。"按《新書·黄巢傳》稱：巢敗，方鎮兵火大内，詔右僕
射裴璩修復宫省。《通鑑·光啓二年》稱：九月，長安百官太子太師裴
璩等勸進於襄王熅。《舊書·昭宗紀》：大順元年三月，朱全忠上表：
如王徽、裴璩等宜用爲徐、鄆等道節度。吴氏《方鎮年表》繫於光啓三
年至龍紀元年，從之。

劉崇龜　　大順元年—乾寧二年（890—895）

《舊書》本傳：“大順中，遷左散騎常侍、集賢殿學士、判院事，改户部侍郎，檢校户部尚書。出爲廣州刺史、清海軍節度、嶺南東道觀察處置等使，卒。”《新書》本傳略同。《舊五代史·劉岳傳》稱：“崇龜，乾寧中廣南節度使。”《新五代史·劉隱傳》：“乾寧中，節度使劉崇龜卒，嗣薛王知柔代爲帥。”《十國春秋·南漢烈宗世家》同。又《劉濬傳》稱：“世父崇龜，大順時出爲清海軍節度、嶺南東道觀察處置等使。”《寶刻叢編》卷一九引《復齋碑録》：“《唐杜鵑花詩二首》：唐張濬及嶺南節度使劉崇龜唱和《杜鵑花詩二首》，前監察御史張嚴書，乾寧元年刻。”《金石補正》卷七七同。又見《北夢瑣言》卷三，《舊書·劉崇魯傳》，《通鑑·乾寧元年》六月，《新表一上》河南劉氏，《廣記》卷一七二引《玉堂閑話》。

【陳　珮　　景福二年（893）（未之任）】

《舊書·昭宗紀》：景福二年“三月庚子，制以捧日都頭陳珮爲廣州刺史、嶺南東道節度使”。又見《元龜》卷一七八。《通鑑·景福二年》：“六月，以捧日都頭陳珮爲嶺南東道節度使，並同平章事。”注云：“不聞至鎮，蓋各有分據者，四人（曹誠、李鋌、孫惟晟及珮）不得而赴也。”《全文》卷八二七陸扆有《授陳珮廣州節度使制》。《光緒廣州府志》作：“景福二年三月庚子廣州刺史，據《舊唐書·昭宗紀》修。”按《舊書·僖宗紀》稱：文德元年二月，“保鑾都將陳珮檢校司空、廣州刺史、嶺南東道節度使”，誤。

【崔　胤　　乾寧三年（896）（未之任）】

《舊書·昭宗紀》：乾寧三年七月“乙巳，制以金紫光禄大夫、中書侍郎、兼禮部尚書、同平章事、集賢殿大學士、判户部事、上柱國、博陵縣開國伯崔胤檢校尚書左僕射，兼廣州刺史、御史大夫，充清海軍節度、嶺南東道觀察處置等使”。又見《元龜》卷三二二。《新書·宰相表下》作“武安軍節度”。《舊書》本傳：“〔乾寧三年〕罷胤政事，檢校兵部尚書、廣州刺史、嶺南東道節度等使……〔朱〕全忠上疏理胤之功，不可離輔弼之地。胤已到湖南，復召拜平章事。"《新書》本傳稱："罷爲武安節度使。"

李知柔　乾寧三年—光化三年（896—900）

《舊書·昭宗紀》："〔乾寧〕三年正月癸丑朔，制以特進、戶部尚書、兼京兆尹、嗣薛王知柔檢校司徒，兼廣州刺史、御史大夫，充清海軍節度、嶺南東道觀察處置等使。"《通鑑·乾寧二年》：七月，"以薛王知柔爲清海軍節度使、同平章事，仍權知京兆尹、判度支，充鹽鐵轉運使，俟反正日赴鎮"。《光化三年》：十二月，"清海節度使薛王知柔薨"。又見《新書》本傳，《舊五代史·劉陟傳》，《新五代史·劉隱傳》，《十國春秋·南漢烈宗世家》。

【崔　胤　光化三年（900）（未之任）】

《新書》本傳："光化初，昭宗至自華……會清海無帥，因拜胤清海節度使……胤次湖南，召還，守司空、門下侍郎平章事。"《通鑑·光化三年》：二月"壬午，以吏部尚書崔胤同平章事，充清海節度使"。六月，"胤至湖南召還。丁卯，以胤爲司空、門下侍郎、同平章事"。

徐彦若　光化三年—天復元年（900—901）

《新書·宰相表下》：光化三年"九月乙巳，〔徐〕彦若檢校太尉、同平章事、清海軍節度使"。又《昭宗紀》：天復元年，"是歲，清海軍節度使徐彦若卒，行軍司馬劉隱自稱留後"。本傳略同。《舊書》本傳作光化二年九月。《新五代史·劉隱傳》："徐彦若代知柔，表隱節度副使，委以軍政。彦若卒，軍中推隱爲留後。"又見《舊五代史·劉陟傳》、《成汭傳》，《北夢瑣言》卷五，《十國春秋·南漢烈宗世家》。《宋高僧傳》卷三〇《唐洪州開元寺棲隱傳》："光化三年遊番禺，受知於太尉徐彦若。"《王渙墓誌》："爰屬我齊公（徐彦若封齊國公）以中外迭處，倚□斯在，遂頒龍節，往鎮番禺。"王渙天復元年卒（《文物參考資料》1956 年第 5 期《三年來廣州市古墓葬的清理和發現》）。

劉　隱　　天復元年—天祐四年（901—907）

《新書·昭宗紀》：天復元年，"是歲，清海軍節度使徐彥若卒，行軍司馬劉隱自稱留後"。《新五代史》本傳："彥若卒，軍中推隱爲留後。天祐二年，拜隱節度使。"又見《舊五代史·劉陟傳》，《十國春秋·南漢烈宗世家》。

【裴　樞　　天復三年（903）（未之任）】

《舊書·昭宗紀》：天復三年二月，"以吏部尚書、平章事裴樞檢校右僕射、同平章事，兼廣州刺史、清海軍節度、嶺南東道觀察等使"。《新書·宰相表下》：天復三年二月"乙未，清海軍節度使、檢校尚書右僕射、同平章事裴樞爲門下侍郎、同中書門下平章事"。《舊書》本傳："昭宗幸華州，崔胤貶官，樞亦爲工部尚書。天子自岐下還宮，以樞檢校右僕射、同平章事，出爲廣南節度使。制出，朱全忠保薦之，言樞有經世才，不可棄之嶺表，尋復拜門下侍郎，監修國史。"《新書》本傳略同。

【崔　遠　　天祐元年（904）（未之任）】

《舊五代史·劉陟傳》："〔徐〕彥若在鎮二年，臨薨，手表奏隱爲兩使留後，昭宗未之許，命宰相崔遠爲節度使……會遠入相，乃詔以〔劉〕隱爲留後。"《十國春秋·南漢烈宗世家》："天祐元年，唐命兵部尚書崔遠爲清海軍節度使。遠至江陵，聞嶺南多盜，且畏隱不受代，不時至。隱乃遣使者入朝，賂梁王朱全忠以自固，全忠乃奏隱爲清海軍節度使。"

待考録

唐　昭

《廣記》卷三八六引《記聞》："開元二十二年，〔李〕强名爲南海丞，方暑月，妻因暴疾卒……時廣州都督唐昭聞之，令其夫人觀焉。"按開元二十一年至二十三年廣州刺史爲李朝隱，疑《記聞》誤。

楊　屏

光緒五年《廣州府志》卷一七《職官表》有楊屏，玄宗朝廣州刺史，據黃《通志》修。未知可靠否？

滕　脩（滕循）

《御覽》卷九四三引《北戶録》："滕脩爲廣州刺史，有客語脩曰：蝦鬚有一丈者，堪爲拄杖，脩不之信。"《廣記》卷四六五引《嶺表録異》同，唯作"滕循"。

吳　修

《南部新書》庚："舊志，吳修爲廣州刺史，未至州，有五仙人騎五色羊，負五穀而來。"

韋元禮

《寶刻叢編》卷七引《京兆金石録》有《唐廣南節度韋元禮碑》。

張　壽

《全詩》卷八八〇占辭《和劑方補骨脂丸方詩》注："宣宗朝太尉張壽知廣州，得補骨脂丸方於南蕃。"疑有誤。

卷二五八　韶州（番州、東衡州、始興郡）

武德四年置番州。尋更名東衡州。貞觀元年改爲韶州。天寶元年改爲始興郡。乾元元年復爲韶州。領縣六：曲江、始興、樂昌、翁源、仁化、滇昌。

武士逸　貞觀初

《舊書》本傳："貞觀初，爲韶州刺史，卒。"《新書》本傳略同。《姓纂》卷六沛國武氏："士逸，韶州刺史、六安縣公。"《新表》作始州刺史，誤。

李思恭　约貞觀中

《新表二上》趙郡李氏西祖房："思恭，韶州刺史。"乃北齊廣平郡守李弘節之孫，太府卿李道謙之子。

賀蘭敏之　咸亨二年（671）

《隋唐五代墓誌匯編·陝西卷》第三册《大唐故賀蘭都督（敏之）墓誌并序》（景龍三年八月十八日）："則天大聖皇后外甥，應天神龍皇帝從母兄也……封周國公，□韶州刺史……以咸亨二年八月六日終於韶州之官第，春秋廿有九。"贈持節□州都督。

韋據　先天二年？（713?）

《宋高僧傳》卷八《唐韶州今南華寺慧能傳》："上元中……乃移

住寶林寺焉。時刺史韋據命出大梵寺,苦辭,入雙峰曹侯溪矣。"又見《景德傳燈録》卷五。同治十二年《韶州府志》卷三《職官表》稱:"韋據,先天二年韶州刺史,據郝《通志》。"按敦煌寫本《壇經》作"韋璩"。

柳無忝　開元十年(722)

《景德傳燈録》卷五《第三十三祖慧能大師傳》:"〔先天二年〕十一月十三日,入塔……開元十年壬戌八月三日夜半,忽聞塔中如拽鐵索聲……刺史柳無忝得牒,切加擒捉,五日於石角村捕得韶州鞠問,云姓張名浄滿……柳守聞狀,未即加刑。"

羅思崇　開元中?

《全文》卷四七八楊憑《唐廬州刺史本州團練使羅珦德政碑》:"曾祖彥榮,皇朝同州長史。王父思崇,韶、睦、常三州刺史。"又卷五〇六權德輿《唐故太中大夫守太子賓客上柱國襄陽縣開國男賜紫金魚袋羅公(珦)墓誌銘并序》:"祖思崇,韶、睦、常三州刺史。"

韋　倫　廣德元年(763)

《舊書》本傳:"代宗即位,起爲忠州刺史,歷台、饒二州。以中官吕太一於嶺南矯詔募兵爲亂,乃以倫爲韶州刺史,兼御史中丞、韶連郴三州都團練使。竟遭太一用賂反間,貶信州司馬、虔州司户。"《新書》本傳略同。《元龜》卷六七〇:"吕太一大曆初爲嶺南矯詔募兵爲亂,乃以台州韋倫爲韶州刺史、兼御史中丞、韶連郴三州都團練防禦使。"《雍正廣東通志》謂"廣德元年韶州刺史",《韶州府志》同。按吕太一作亂乃廣德元年事。

楊　瑊　永泰元年(765)

《全文》卷四八代宗《遣送六祖衣鉢諭刺史楊瑊敕》:"朕夢感禪師請傳法袈裟,却歸曹溪……卿可於本寺如法安置。"《景德傳燈録》卷五《第三十三祖慧能大師傳》:先天二年,"往新州國恩寺沐浴訖,跏趺

而化……永泰元年五月五日代宗夢六祖大師請衣鉢，七日敕刺史楊
瑊云"。

韋　迢　　大曆四年（769）

《姓纂》卷二京兆諸房韋氏："迢，韶州刺史。"《全詩》卷二三三杜
甫有《送魏二十四司直充嶺南掌選崔郎中判官兼寄韋韶州》、《潭州送
韋員外（迢）牧韶州》、《酬韋韶州見寄》。乃大曆四年杜甫在潭州作。

李　遏　　大曆中？

《隋唐五代墓誌匯編·洛陽卷》第十二册《郝氏女墓誌銘并序》
（建中四年八月廿一日）："出於趙郡李氏……外祖遏，皇韶州刺史。"
建中四年卒，享年十九。從外祖之塋。

韋　懿　　約大曆中

《新表四上》韋氏小逍遥公房："懿，韶州刺史。"乃武后、中宗相韋
嗣立之孫，陳留太守韋恒之子。

韋安貞　　大曆中？

《廣記》卷一五九引《前定録》："武殷者，鄴郡人也，嘗欲娶同郡鄭
氏……迫於知己所薦，將舉進士，期以三年……有内黄人郭紹，家富
於財，聞鄭氏美，納賂以求其婚……及肅宗在儲名紹，〔郭紹〕遂改爲
子元也。殷明年擢第。更二年而子元卒。後十餘年，歷位清顯……
後自尚書郎謫官韶陽，郡守韋安貞固以女妻之。"

韓　會　　約大曆十二年—十四年（約 777—779）

《韓昌黎集》卷二三《祭鄭夫人文》："兄罹讒口，承命運適。"注：
"大曆十二年，宰相元載得罪，四月，會坐黨與，自起居舍人貶韶州刺
史。"按《全詩》卷三四四韓愈《過始興江口感懷》，注："大曆十四年。"
《柳河東集》卷一二《先君石表陰先友記》注："大曆十六年四月。"《韶
州府志》："韓會，大曆十四年四月以起居舍人貶韶州刺史。"疑皆誤。

據《新書·宰相表中》：大曆十二年"三月辛巳，〔元〕載誅"。韓會果因其黨與而貶，當在十二年。

徐 申 約興元元年—貞元四年（約784—789）

《新書》本傳："累遷洪州長史。嗣曹王皋討李希烈，檄申以長史行刺史事，任職辦，皋表其能，遷韶州刺史……遷合州刺史。始來韶，戶止七千，比六年，倍而半之。"《全文》卷五〇二權德輿《金紫光禄大夫檢校禮部尚書使持節都督廣州諸軍事兼廣州刺史御史大夫充嶺南節度徐公（申）墓誌銘并序》："嗣曹王之守鍾陵而誅李希烈也，公以長史行刺史事……江漢既清，拜韶州刺史……改合州刺史。"卷六三九李翱《唐故金紫光禄大夫使持節都督廣州諸軍事兼廣州刺史充嶺南節度徐公（申）行狀》同。《雍正廣東通志》稱"貞元十六年七月韶州刺史"，《韶州府志》同，誤。

唐 戡 貞元中？

《新表四下》唐氏："戡，韶州刺史。"乃鄜州刺史唐貞休之孫。

【胡 証 貞元中（未之任）】

《舊書》本傳："咸寧王渾瑊辟爲河中從事。自殿中侍御史拜韶州刺史，以母年高不可適遠，改授太子舍人。襄陽節度使于頔請爲掌書記，檢校祠部員外郎。元和四年，由侍御史歷左司員外郎、長安縣令、戶部郎中。"《新書》本傳略同。又見《元龜》卷七二九。

李直方 貞元二十一年（805）

《全文》卷六一八李直方小傳："貞元二十一年自韶州刺史移贛州刺史，遷司勳郎中。"又見《韶州府志》。《全詩》卷三二一權德輿有《李十韶州寄途中絶句使者取報修書之際口號酬贈》；又卷三二二《李韶州著書常論釋氏之理貴州有能公遺迹詩以問之》。疑即李直方。又見《韶州府志》。按元和四年十月在司勳郎中任，見憲宗《贈高崇文司徒册文》。

臧 涣 元和四年(809)

《元龜》卷七○○:"臧涣爲韶州刺史,元和四年以賄聞,貶賀州司馬。"

裴 禮 約元和五年—七年(810—812)

《新表一上》中眷裴氏:"禮,韶州刺史。"乃杭州刺史裴倦之曾孫。《全詩》卷三五一柳宗元有《酬韶州裴曹長使君寄道州呂八大使因以見示二十韻》,"韶州裴曹長"即裴禮。呂八即呂溫,元和三年至五年在道州刺史任,則裴禮刺韶州約於此時。

李 某 元和中?

《全文》卷六八六皇甫湜《朝陽樓記》:"嶺南屬州以百數,韶州爲大……時唯李君奉詔而來,一年粗洽,二年稱治,三年大成。"

周君巢? 元和十一年(816)

《全詩》卷三五一柳宗元《柳州寄丈人周韶州》。又卷四六七牟融有《寄周韶州》。《雍正廣東通志》卷一三《職官表》:"周君巢,太原人,元和初韶州刺史,據《柳河東集》。"疑即指此人。按柳宗元元和十年至十四年爲柳州刺史。施子瑜《柳宗元年譜》繫此詩於元和十一年,從之。

渾 鎬 約元和十二年(約817)

《舊書》本傳:"代〔任〕迪簡爲〔義武〕節度使……元和十一年冬,鎬率全師壓賊境而軍……交鋒而敗……亂不可遏,朝廷乃除陳楚代之……坐貶韶州刺史……再貶循州刺史。"《新書》本傳略同。按《舊書·憲宗紀下》:元和十二年正月"癸未,貶義武軍節度使渾鎬爲循州刺史,坐討賊失律也"。略韶州。《韶州府志》:"渾鎬,貶韶州刺史,再貶循州刺史。"

張 蒙 約元和十二年—十五年(約817—820)

《全詩》卷三四四韓愈有《晚次宣溪辱韶州張端公使君惠書叙別

酬以絕句二章》；又有《將至（一作人）韶州先寄張端公使君借圖經》；又《韶州留別張端公使君》注：“時憲宗元和十四年十月”；又《從潮州量移袁州張韶州端公以詩相賀因酬之》亦注：“時憲宗元和十四年十月。”《韶州府志》卷二七：“張蒙，元和中，知韶州，歷任四年，勤恤民隱，修廣庠序。”韓愈詩中之張端公當即張蒙。

獨孤朗　　長慶元年（821）

《舊書·穆宗紀》：長慶元年十二月戊寅，“貶員外郎獨孤朗韶州刺史”。又見《新書》本傳，《元龜》卷九一四。《全文》卷六三九李翱《唐故福建等州都團練觀察處置等使獨孤公（朗）墓誌銘》：“出刺韶州，復入虞部、左司二員外，得郎中數月，遷權知諫議大夫。”按《舊書》本傳稱：“出爲漳州刺史”，誤。《韶州府志》：“獨孤朗，長慶五年韶州刺史。”“五年”當爲“元年”之誤。

【杜元穎　　大和三年（829）（未之任）】

《舊書·文宗紀上》：大和三年十二月“壬子，貶劍南西川節度使杜元穎爲韶州刺史……丁卯，貶杜元穎循州司馬”。又見《會要》卷九九。《新書》本傳作“邵州”。《舊書》本傳未及。

吳武陵　　大和中？

《舊書·吳汝納傳》：“吳汝納者……故韶州刺史吳武陵兄之子。武陵進士登第……自尚書員外郎出爲忠州刺史，改韶州。坐贓貶潘州司户卒。”《新書·吳汝納傳》略同。《新書》本傳：“入爲太學博士。大和初，禮部侍郎崔郾試進士東都……武陵最後至……後出爲韶州刺史，以贓貶潘州司户參軍，卒。”

李洎　　約大中、咸通間

《新書·宗室世系表下》小鄭王房：“韶州刺史洎。”乃金州刺史李翱之孫，李宗閔之姪。《舊五代史·李鏻傳》：“父洎，韶州刺史。”

楊 嚴 咸通九年（868）

《舊書·懿宗紀》：咸通九年十月，“貶浙西觀察使楊收爲端州司馬同正，收弟前浙東觀察使、越州刺史、御史中丞嚴爲韶州刺史”。按兩《唐書》本傳作“邵州”，未知孰是，姑兩存之。

于 琮 咸通十三年—十四年（872—873）

《通鑑·咸通十三年》：五月“丙子，貶山南東道節度使于琮爲普王傅、分司，韋保衡譖之也……尋再貶琮韶州刺史”。又見《新書》本傳。《舊書》本傳未及。

謝 肇 乾符元年（874）

《輿地碑記目》卷三有《韶州重修東廳壁記》，注：“乾符元年刺史謝肇撰。”

陳 讜 约乾符初

《淳熙三山志》卷二六：“陳讜，字昌言，侯官人，終韶州刺史。”《閩書》卷七五：“陳讜……歷春、韶二州刺史，所至有善政。”《唐文拾遺》卷二九黃滔《朝散大夫使持節韶州諸軍事守韶州刺史上柱國陳府君（讜）墓誌銘并序》：“裴公（乂）帥閩日，嘗大器之，命與子弟處，子弟即故相國公坦也……會故相國裴公時節制襄川，章行業上聞，遂授春州刺史……朝廷能之，復命牧韶之人，復若春之人。”按盧坦咸通十年至十二年爲襄州節度使。由此知陳讜刺韶約在乾符初。《三山志》稱陳讜“乾符二年乙未鄭合敬榜”登科，疑誤。

楊思愿 约乾符中

《新表一下》楊氏越公房：“思愿字又聞，韶州刺史。”乃咸通時天平節度使楊漢公之子。《隋唐五代墓誌匯編·洛陽卷》第十四册《大唐故天平軍節度副大使知節度事鄆曹濮等州觀察處置等使使持節鄆州諸軍事兼鄆州刺史楊公夫人韋氏墓誌銘并序》（中和三年十一月二十一日）：“孤子篆泣血撰奉……其九即長兄思愿，前韶州刺史。”夫人卒廣明二年五月二十一日，年七十二。

金 夔　　中和元年（881）

《祖堂集》卷七夾山和尚："至中和初年辛丑歲十一月七日，自燒却門屋……師便亦化矣……謚號傳□大師，永濟之塔，韶州刺史金夔撰碑文。"

＊霍 存　　僖宗時

《舊五代史》本傳："景福二年春……中流矢而卒……始遥領韶州牧，又改賀州，後用爲權知曹州刺史。"

曾 袞　　光化元年（898）

《通鑑・光化元年》：二月，"韶州刺史曾袞舉兵攻廣州"。又見《十國春秋・南漢烈宗世家》。

盧延昌　　天復三年—天祐四年（903—907）

《新五代史・劉隱傳》："盧光稠據虔州以攻嶺上，其弟光睦據潮州，子延昌據韶州。"又見《十國春秋・南漢烈宗世家》。《九國志・譚全播傳》："天復三年，與潭人共伐番禺，下韶州……〔盧〕光稠命其子延昌守韶州……光稠死，延昌自韶州奔喪，全播立事之。"按延昌自韶州奔喪事，見《通鑑・開平四年》。

待考録

屈隱之

《光緒湖南通志》卷一三三《選舉志・制科》："〔唐〕屈隱之，祁陽人，舉秀才，韶州刺史。有傳。"

卷二五九　循州（海豐郡）

隋龍川郡。武德五年改爲循州，設總管府。後改都督府。貞觀二年廢都督府。天寶元年改爲海豐郡。乾元元年復爲循州。領縣六：歸善、博羅、河源、海豐、興寧、雷鄉。

楊　略（楊世略）　　武德五年（622）

《舊書·林士弘傳》："武德五年，士弘遣其弟鄱陽王藥師率兵二萬攻圍循州，刺史楊略與戰，大破之。"《新書·林士弘傳》作"楊世略"。又見《通鑑·武德五年》十月。

張叡册　　永徽元年（650）

《通鑑·永徽元年》：十月己未，"左遷〔褚〕遂良爲同州刺史，〔張〕叡册循州刺史"。又見《元龜》卷五二〇。

崔玄藉　　儀鳳三年—開耀元年（678—681）

《千唐誌·大周故銀青光禄大夫使持節利州諸軍事行利州刺史崔君（玄藉）墓誌銘并序》（聖曆二年一月二十八日）："儀鳳三年，授循州刺史……開耀元年，除袁州刺史。"又見《唐故前國子監大學生武騎尉崔君（韶）墓誌銘并序》（聖曆二年六月十九日）。

王師乾　　約開元中

《寶刻叢編》卷一五引《集古録目》："《唐王師乾神道碑》，唐中書侍郎平章事楊綰撰，大理司直張從申書。師乾，字修然，琅邪臨沂人，官至諫議大夫，廬、循、道三州刺史。碑以大曆十三年立，在句容。”按《全文》卷三九七王師乾有《王右軍祠堂碑》，云：“從十一代孫正議大夫守越州都督上柱國公士希俊，師乾八從兄也。”師乾乃禀從兄命撰碑。按王希俊景雲元年爲越州都督。則師乾約仕開元中。

哥舒晃　　大曆八年（773）

《新書·代宗紀》：大曆八年九月“壬午，循州刺史哥舒晃反，殺嶺南節度使吕崇賁”。《通鑑·大曆八年》九月同。

吕季卿　　約貞元中

《新表五上》吕氏：“季卿，循州刺史。”乃歙州刺史吕季重之弟，蕭宗相吕諲之姪。

段　諤　　約貞元中

《舊書·段文昌傳》：“父諤，循州刺史。”按《新表五下》段氏：“諤，榮州刺史。”

賈　某　　貞元中？

《全文》卷四九〇權德輿《送循州賈使君赴任序》：“使君……以贊善守寧夷，寧夷之人乂；乃今以周行慰薦，詔領海豐。”

李　翱　　元和四年—五年（809—810）

《全文》卷六三七李翱《解惑》：“元和四年十一月，翱以節度掌書記奉牒知循州。五年，准制祭名山大川。”

周君巢　　元和七年（812）

《姓纂》卷五江陵周氏：“居巢，循州刺史。”岑仲勉《姓纂四校記》謂“居”當爲“君”之訛。按君巢刺循當爲林寶元和七年修《姓纂》時見官。

渾 鎬 元和十二年—十三年(817—818)

《舊書·憲宗紀下》:元和十二年正月"癸未,貶義武軍節度使渾鎬爲循州刺史,坐討賊失律也"。本傳:"坐貶韶州刺史……再貶循州刺史。"《新書》本傳略同。又見《元龜》卷四四三。《全詩》卷三六五劉禹錫有《傷循州渾尚書》,"渾尚書"即渾鎬。

陳 諫 元和十五年—長慶元年(820—821)

《舊書·穆宗紀》:長慶元年三月乙丑,"循州刺史陳諫爲道州刺史,量移也"。《新書》本傳:"自河中少尹貶台州司馬,終循州刺史。"按《舊書·王叔文傳》稱:"陳諫至叔文敗,已出爲河中少尹,自台州司馬量移封州刺史,轉通(道)州卒。"未及刺循州事。《全文》卷六四九元稹《授陳諫循州刺史制》:"敕:封州刺史陳諫……可使持節循州刺史。"《寶刻叢編》卷一九引《集古錄目》:"《唐南海廣利王神廟碑》,唐袁州刺史韓愈撰,循州刺史陳諫書,并篆額。元和十二年廣州刺史孔戣重修南海神祠,以十五年十月立,此碑在南海廟中。"北圖藏拓片《南海神廣利王廟碑》(元和十五年十月一日):"使持節循州諸軍事守循州刺史陳諫篆額。"

宇文鼎 大和八年(834)

《元龜》卷六一九:"文宗大和八年十二月癸巳……華州刺史宇文鼎……並下御史臺推鞫……鼎貶循州刺史。"

何 溢 會昌中

拓本《大唐故銀青光禄大夫使持節都督茂州諸軍事行茂州刺史何公(溢)墓誌銘并序》(大中四年十一月二十八日):"拜昭州刺史。廉問馮翊嚴公睿……極言上聞,拜循州刺史……連帥范陽盧公貞復以表論,拜陵州刺史。"(《西安郊區隋唐墓》)

鄭 亞 大中二年(848)

《舊書·宣宗紀》:大中二年二月,"桂州刺史、御史中丞、桂管防禦觀察使鄭亞貶循州刺史”。《通鑑・大中二年》作正月乙酉。又見兩《唐書・鄭畋傳》，《新表五上》滎陽鄭氏，《舊書・李商隱傳》，《元龜》卷九一五。

朱載言　　约大中五年（约 851）

《全文》卷七四九杜牧有《朱載言除循州刺史等制》。

常　某　　唐末？

《全詩》卷七〇九徐夤有《依韻酬常循州》。

卷二六〇　潮州（潮陽郡）

　　隋義安郡。武德四年改爲潮州。天寶元年改爲潮陽郡。乾元元年復爲潮州。領縣三：海陽、潮陽、程鄉。

權萬紀　　貞觀中

　　《新書》本傳："萬紀悻直廉約，自潮州刺史擢治書侍御史。尚書右僕射房玄齡、侍中王珪掌內外官考，萬紀劾其不平，太宗按狀，珪不伏……帝寤，徙萬紀散騎常侍……數年，復召萬紀爲持書御史。"《舊書》本傳未及。

張玄素　　貞觀十八年（644）

　　《舊書》本傳："〔貞觀〕十八年，起授潮州刺史，轉鄧州刺史。永徽中，以年老致仕。"《新書》本傳略同。

唐　臨　　顯慶四年（659）

　　《舊書》本傳："顯慶四年，坐事貶爲潮州刺史，卒官，年六十。所撰《冥報記》二卷，大行於世。"《新書》本傳略同。又見《元龜》卷五五六。《元龜》卷八六三稱："唐臨除永州刺史，以犯曾祖諱爲辭，改爲潮州刺史。"

常懷德　　儀鳳二年（677）

　　《雍正廣東通志》卷一二《職官表》："常懷德，新豐人，儀鳳二年潮州刺史，有傳。據黄志。"

韋岳子（韋岳、韋嶽）　　武后時

《全文》卷四九七權德輿《唐故光禄大夫檢校太尉兼中書令成都尹劍南西川節度副大使知節度使韋公（皋）先廟碑銘并序》："坊州生贈太子少保諱嶽，武后時……由太原令移佐睢陽，出入四紀，績宣中外。歷殿中監，剖符八州：廬、海、潮、虢、眉、徐、衛、陝，所至之邦，有威有懷。"兩《唐書》本傳未及。

陳思挺　　開元二十五年（737）

《新書・玄宗紀》：開元二十六年"正月甲戌，潮州刺史陳思挺謀反，伏誅"。

李季卿？　　代宗初？

《全文》卷四五八李季卿小傳："代宗朝，官潮州刺史。"按兩《唐書》本傳未及。疑《全文》小傳有誤。

陸　海？　　大曆中？

《唐詩紀事》卷三二："陸餘慶與陳子昂、盧藏用爲方外十友。孫海工於五言，爲賀賓客所賞，自省郎典潮州，但賦詩自通。"又見《大唐新語》卷八。按《姓纂》卷一〇陸氏："海，司門員外。"《新表三下》陸氏："海，湖州刺史。"乃汾州刺史陸璪之子。岑仲勉《姓纂四校記》稱："未知潮、湖孰是。"

李　皋　　大曆十四年（779）

《舊書》本傳："拜衡州刺史。坐小法，貶潮州刺史。時楊炎謫官道州，知皋事直。及爲相，復拜衡州……建中元年，遷湖南觀察使。"《新書》本傳略同。又見《御覽》卷二五五，《元龜》卷二六七、卷八七五。《千唐誌・有唐山南東道節度使贈尚書右僕射嗣曹王（李皋）墓誌銘并序》（貞元八年五月十二日）："其在衡州，爲連帥辛京杲醜正誣劾……獄成，貶潮州刺史……俄而朝議歸正，復守衡州。"《通鑑·大曆十四年》：八月，"初，衡州刺史曹王皋有治行，湖南觀察使辛京杲疾之，陷以法，貶潮州刺史。時楊炎在道州，知其直，及入相，復擢爲衡州刺史"。

常 衮 大曆十四年—建中元年（779—780）

《舊書·德宗紀上》：大曆十四年閏五月，"貶門下侍郎、平章事常衮爲潮州刺史"。《通鑑·大曆十四年》同。《舊書》本傳："初，換〔崔〕祐甫河南少尹，再貶爲潮州刺史。楊炎入相，素與衮善，建中元年，遷福建觀察使。"《新書》本傳略同。又見《元龜》卷三二四。《全文》卷四一七常衮《潮州刺史謝上表》。

劉 暹 貞元中

《新書》本傳："建中末，召爲御史大夫。宰相盧杞憚其嚴，更薦河南尹于頎代之。暹終潮州刺史。"《雍正廣東通志》稱"建中中潮州刺史"，疑誤。

林 葦 貞元中

《雍正廣東通志》："林葦，興化人，貞元中潮州刺史，據黃志作端州。"

李 宿？ 貞元十二年（796）

《雍正廣東通志》："李宿，貞元十二年由御史中丞貶潮州刺史，據《通鑑》。"按今《通鑑·貞元十二年》無李宿貶潮刺事。

李 璿 約元和中

《全文》卷六二六吕温《代李侍郎賀德政表》："昨者，臣以潮州刺史李璿放縱私鹽，耗散公利，請從免職。"

林景師 約元和中

《金石補正》卷七五《下邳郡林夫人墓誌并序》："夫人林氏，其先下邳郡人也。曾祖□，皇任廣州參軍。祖景師，□任潮州刺史。"夫人卒大中七年十二月二十三日，年四十八。按《全文》卷七九一褚符《唐故下邳郡林氏夫人墓誌》："祖景□□潮州長史。"

韓　愈　元和十四年(819)

《舊書·憲宗紀下》：元和十四年正月，"刑部侍郎韓愈上疏極諫其弊。癸巳，貶愈爲潮州刺史"。十月丙寅，"潮州刺史韓愈爲袁州刺史"。《通鑑·元和十四年》正月同。又見兩《唐書》本傳，《元龜》卷六八一，《會要》卷四七。《韓昌黎集》卷一三《新修滕王閣記》："〔元和〕十四年，以言事斥守揭（潮）陽，便道取疾以至海上，其冬，以天子進大號，加恩區内，移刺袁州……元和十五年十月某日袁州刺史韓愈記。"又見卷二二《潮州祭神文五首》，卷二三《祭湘君夫人文》，卷三〇《唐故中散大夫少府監胡良公（珦）墓神道碑》，卷三一《黄陵廟碑》，卷三九《潮州刺史謝上表》、《袁州刺史謝上表》，《遺文·潮州謝孔大夫狀》，《全文》卷六三九李翱《故正議大夫行尚書吏部侍郎韓公（愈）行狀》，卷六八七皇甫湜《韓愈神道碑》，《廣記》卷五四引《仙傳拾遺》、卷四六六引《宣室志》。《寶刻叢編》卷一〇《唐少府監胡珦碑》稱："唐潮州刺史韓愈撰，左金吾衛大將軍胡証八分書并篆額……碑以長慶三年四月立。"《全詩》卷三四四韓愈有《去歲自刑部侍郎以罪貶潮州刺史乘驛赴任（一作"之官"）其後家亦謫逐小女道死殯之層峰驛房山下蒙恩還朝（一作今）過其墓留題驛梁》，卷三五九劉禹錫《蒙恩轉儀曹郎依前充集賢學士舉韓潮州自代因寄七言》，卷三九五劉叉有《勿執古寄韓潮州》。

元敦義　文宗時？

《姓纂》卷四河南洛陽元氏："敦義，潮州刺史。"乃杭州刺史、黔中觀察使元全柔之姪。

林邹陽　開成五年(840)

《元龜》卷六三一："〔開成〕五年七月，潮州刺史林邹陽奏……敕

旨潮州是嶺南大郡,與韶州略同,宜下吏部准韶州例收闕注擬。"又見
《會要》卷七五。《閩書》卷七二:"林郇陽……授廷尉,丁艱歸,以孝
聞,時廉帥羅讓尤加禮異,終潮州刺史。"

楊嗣復　　會昌元年—六年(841—846)

《通鑑·會昌元年》:三月,"更貶〔楊〕嗣復爲潮州刺史"。《會昌
六年》:八月,"潮州刺史楊嗣復爲江州刺史"。又見兩《唐書》本傳,
《元龜》卷八二五。《白居易集》卷三七有《得潮州楊相公繼之書并詩
以此寄之》。按楊嗣復字繼之。

郭　江　　咸通時?

《新表四上》華陰郭氏:"江,潮州刺史。"乃郭子儀曾孫。

盧光睦　　昭宗時

《新五代史·劉隱傳》:"是時,交州曲顥、桂州劉士政、邕州葉廣
略、容州龐巨昭分據諸管;盧光稠據虔州以攻嶺上,其弟光睦據潮州,
子延昌據韶州。"又見《十國春秋·南漢高祖本紀》。

卷二六一　岡州（義寧郡）

武德四年置岡州。貞觀五年州廢。其年又立岡州。天寶元年改爲義寧郡。乾元元年復爲岡州。領縣一：義寧。

馮士翽　*武德六年（623）*

《通鑑·武德六年》：七月“丁丑，岡州刺史馮士翽據新會叛，廣州刺史劉感討降之，使復其位”。

卷二六二　賀州（臨賀郡）

武德四年置賀州。天寶元年改爲臨賀郡。乾元元年復爲賀州。領縣五：臨賀、桂嶺、封陽、馮乘、富川。

鍾士略　　武德四年（621）

《唐文續拾》卷二蘇頲《蔣烈女碑》："中書令越國公鍾紹京□□□章□陳上疏宸爲祖母安樂縣君，當隋時開皇中，虞子茂……生二子……次子士略，銀青光禄大夫嶺縣國公，食邑里五百户。武德四年，李衛公巡撫嶺徼，受賀州刺史。"

光楚客　　約開元初

《全文》卷二三八盧藏用《景星寺碑銘》："今〔容州〕都督光府君名楚客，樂安郡人也……歷增城南海令……擢授檢校邕州都督、充開馬援古路使，北轉安南副都護、賀州刺史……倅正議大夫檢校北府都督。"按《新書》附楊思勗傳，未及賀刺。

宋　渾？　　天寶八載（749）

《新書·顏真卿傳》："遷殿中侍御史。時御史吉温以私怨構中丞宋渾，謫賀州。"《全文》卷五一四殷亮《顏魯公行狀》："〔天寶八載〕八月，遷殿中侍御史。時中丞宋渾以私怨爲御史吉温、崔珪所誣告，謫賀州。公謂珪、温曰：奈何以一時之忿而欲危宋璟裔乎？"按《舊書·宋璟傳》、《新書》本傳叙其謫官事甚詳，皆未及賀州。

武　充　　約貞元十三年—十八年（約797—802）

《全文》卷六九一符載《賀州刺史武府君（充）墓誌銘》："累遷尚書虞部員外郎，報功也。無幾何……遂有臨賀之拜……居任凡六霜，竟困於足痹，年六十九，以貞元十八年夏五月丙戌卒於官舍。"

崔　頎　　約貞元中

《新表二下》博陵安平第二房崔氏："頎，賀州刺史。"乃貞元十五年宋州刺史崔頲之弟。

韋　説　　約貞元、元和間

《姓纂》卷二京兆諸房韋氏："説，賀州刺史。"乃天寶八載湖州刺史韋南金之孫。

李　宙　　元和中

《柳河東集》外集卷上《箏郭師墓誌》："吳王宙刺復州，或以告，乃延入……會宙貶賀州，遂以來……薛道州伯高抵宙以書，必致之。"按薛伯高元和九年至十三年在道州刺史任。

胡　芮　　元和十一年—十四年（816—819）

《隋唐五代墓誌匯編·陝西卷》第四冊《唐故朝議大夫守桂州都督府錄事參軍攝賀州刺史安定郡胡公（芮）夫人彭城劉氏墓誌》（大中三年五月十九日）："胡君性以忠信……功勞累積，剖符爲郡……秩滿□有卧轍之嘆……元和十四年達京，十五年胡君終。"夫人卒大中三年，春秋六十八。

李　郃　　大和四、五年（830、831）

《新書·劉蕡傳》："大和二年，舉賢良方正，能直言極諫……〔李〕郃字子玄，後歷賀州刺史。"《南部新書》乙："李郃除賀州，人言不熟臺閣，故著《骰子選格》。"《新書·藝文志三·雜藝術類》："李郃《骰子選格》三卷。"注："字中玄，賀州刺史。"《廣記》卷一三六引《感定録》誤作

"李郃"。《輿地碑記目》卷三《賀州碑記》有《幽山丹龥記》，注："大和五年，李郃撰。"李郃當即李郃。《廣西通志》謂郃山在平樂府賀縣西十里，唐刺史李郃見有彩煙不散，更名曰瑞雲……大和四年，慶雲見丹龥山，是年李郃來任。

高 枚 文宗、武宗間？

《芒洛續補·唐故渤海縣太君高氏墓誌銘并序》（後唐清泰三年九月四日）："祖諱枚，皇任賀州刺史。父諱仁裕，仕於左神策軍……僖宗朝廣明中使於淮南……高駢以公之材足以爲牧，奏授楚州刺史。"

李 回 大中二年（848）

《通鑑·大中二年》：九月甲子，"〔再貶〕湖南觀察使李回爲賀州刺史"。《全文》卷七九有《貶李回賀州刺史制》，《大詔令集》卷五八收此制署"大中二年九月"。又見《新書》本傳。《舊書》本傳未及。

李 郁（李都） 咸通十三年（872）

《舊書·懿宗紀》：咸通十三年五月辛巳，"左散騎常侍李郁貶賀州刺史"。按《通鑑考異·咸通十三年》五月引《續寶運録》曰："其月十七日，又貶尚書左丞李當道州刺史，吏部侍郎王諷建州刺史，左常侍李都賀州刺史。"

韋保衡 咸通十四年（873）

《舊書·僖宗紀》：咸通十四年"九月，守司空、門下侍郎、平章事韋保衡貶賀州刺史"。《新書·僖宗紀》、《宰相表下》、《通鑑·咸通十四年》九月同。又見《新書》本傳。《舊書》本傳未及。

霍 存 約僖宗時

《舊五代史》本傳："景福二年春……存亦中流矢而卒……始遙領韶州牧，又改賀州，後用爲權知曹州刺史。"

李匡文　　約昭宗時

　　《直齋書録解題》卷八：“《聖唐偕日譜》一卷，前賀州刺史李匡文撰……匡文字濟翁，又有《資暇集》。”按《新書·藝文志二》“李匡文《兩漢至唐年紀》一卷”注：“昭宗時宗正少卿。”

卷二六三　端州（高要郡）

隋信安郡。武德元年置端州。天寶元年改爲高要郡。乾元元年復爲端州。領縣二：高要、平興。

孔　某　　　貞觀中？

《姓纂》卷六會稽山陰孔氏，有陳都官尚書孔範從祖弟德仁之孫爲"唐端州刺史"，"孫"下奪名。

畢守恭　　　開元前期

《全文》卷二六二李邕《端州石室記》："有若邦伯畢公守恭，廣孝聞家，至忠觀國。"《寶刻叢編》卷一九引《集古録目》："《唐石室記》，唐李邕撰并書，端州刺史畢守恭與僚佐遊於石室，爲此記，以開元十五年正月立。"又見《金石萃編》卷七七。《全文》卷二九三張九齡《故安南副都護畢公墓誌銘并序》："屬恩州酋帥日尋干戈……後按察使廣平郡宋璟以公爲五府總管，以甲卒戍焉……廣平公深以爲能，奏假恩州刺史，俄又真授……尋加朝散大夫，遷端州刺史……朝選以歸。"

李　元？　　天寶八載？（749?）

宋長白《柳亭詩話》卷二二記《宛陵集》中載李士衡家藏蟾蜍硯，背鐫"天寶八年冬端州刺史李元得靈卯石造"。按葉夢得《避暑録話》卷下："長安李士衡觀察家藏一端研，當時以爲寶，下有刻字云：'天寶

3096

八年冬，端州東溪石，刺史李元書。'劉原甫知長安，取視之，大笑，曰：'天寶安得有"年"？自改元即稱"載"矣。且是時"州"皆稱"郡"，"刺史"皆稱"太守"，至德後改易，今安得獨爾耶！'"硯爲假硯，未知李元任端州守是否亦假？姑錄之。

張　捷　　約大曆初

《新表二下》始興張氏："捷，端州刺史。"乃張九齡之姪。《全文》卷三五五蕭昕《唐故銀青光禄大夫嶺南五府節度經略採訪處置等使攝御史中丞張公（九皋）神道碑》："大曆四年合祔焉，禮也。嗣十一人，長曰捷，前端州刺史。"

柳叔璘（柳叔瑞）　　大曆中？

《新表三上》柳氏："叔璘，端州刺史。"乃隴州刺史柳胤曾孫。按《姓纂》卷七河東解縣柳氏作"叔瑞，端州刺史"。

馮　某（高某）　　大曆中？

《全詩》卷二四五韓翃《送端州馮（一作"高"）使君》："駿馬翩翩新虎符。"按韓翃此詩疑作於大曆中。

崔　直　　元和初

《廣記》卷三八五引《玄怪録》："崔紹者……其父直，元和初亦從事於南海，常假郡符於端州……在郡歲餘，因得風疾，退卧客舍，伏枕累年。"

林　葦　　元和中？

《林邵州遺集·睦州刺史二府君神道碑》："饒州生府君贈睦州刺史披……長子端州刺史葦，次子殿中侍御史藻……次子邵州刺史蘊……寶曆元年，敬宗皇帝以孝治爲大，詔內外長吏追顯前門。蘊忝剖符竹，被霑雨露。哀榮所感，逮於幽明。"又見《續慶圖》。

萬憬皓 約長慶元年(約821)

《全文》卷六四九元稹《授萬憬皓端州刺史制》:"前順州刺史、賜紫金魚袋萬憬皓……可使持節端州刺史。"

崔 某 寶曆元年(825)

《唐文續拾》卷五王化清《遊石室新記》:"寶曆元年秋九月二十日,攝經略巡官試大理評事權知軍州務、賜緋魚袋博陵崔公,領寮屬及將吏遊於茲室,化清時官守司馬,得倍(陪?)盛遊。"

竇 某 會昌中?

《樊南文集詳注》卷六《爲李郎中祭舅竇端州文》:"君子信讒,小人道長。未暇閉關,難期稅鞅。暫持竹符,遠出羅網。誰識卑飛,因成利往。銅梁改秩,錦里經時……鶡首云歸,端溪遽逐。角豈觸藩,臀終困木……淚有血而皆墮,憤無膺而可填。況玗剖郡符,璟持使節。塞遠城迥,河窮路絕,顧後瞻前,形孤影子。"馮浩注:"玗、璟乃李郎中兄弟也。"按李玗、李璟皆爲李晟孫。

馬 某 約大中初

《全詩》卷五六九李群玉《留別馬使君》:"俱來海上嘆煙波,君佩銀魚我觸羅。"據《唐詩紀事》卷五一,當是端州使君;據今人陶敏考證,李群玉遊粵約在大中元年、二年間。

崔 嘏 大中二年(848)

《通鑑·大中二年》:正月,"中書舍人崔嘏坐草李德裕制不盡言其罪,己丑,貶端州刺史"。又見《新書·李德裕傳》、《藝文志四》,《唐詩紀事》卷五〇。

倪 徽 約光啓中

《全文》卷八一二劉崇望有《授陵州謝瞳兼御史中丞前舒州司馬倪徽端州刺史制》。按劉崇望光啓至龍紀爲翰林學士。

譚宏玘　　乾寧三年(896)

《十國春秋·南漢烈宗世家》："〔乾寧〕三年冬十二月,〔薛王知柔〕行至湖南,廣州牙將盧琚、譚宏玘作亂,知柔不敢進。而宏玘出守端州,深結〔劉〕隱……〔隱〕夜入端州,斬宏玘。"

待考録

李椵之

《新表二上》趙郡李氏東祖房："椵之,端州刺史。"

卷二六四　新州（新興郡）

武德四年置新州。天寶元年改爲新興郡。乾元元年復爲新州。領縣三：新興、索盧、永順。

高表仁　　貞觀五年（631）

《舊書·東夷·倭國傳》：“貞觀五年，遣使獻方物，太子矜其道遠，敕所司無令歲貢，又遣新州刺史高表仁持節往撫之。表仁無綏遠之才，與王子争禮，不宣朝命而還。”又見《通鑑·貞觀五年》十一月，《御覽》卷七八二，《元龜》卷六六二。

宇文某　　上元二年（675）

《全文》卷一八一王勃《秋日登洪府滕王閣餞别序》：“宇文新州之懿範，襜帷暫駐。”按王勃上元二年南下交趾省父。

畢守恭　　約開元三年—四年（約715—716）

《全文》卷二九三張九齡《故安南副都護畢公墓誌銘并序》：“嶺南按察使、廣州都督、兼御史大夫蕭璿……特以表聞，敕授新州刺史……後按察使廣平郡宋璟以公爲五府總管……深以爲能，奏假恩州刺史，俄又真授……尋加朝散大夫，遷端州刺史……朝選以歸，于是加秩中散大夫，拜安南副都護。到官未幾，闇忽遂殂，時年六十。”按開元前期有端州刺史畢守恭，當即其人。又按蕭璿開元三年至四年在廣州都督任，宋璟開元四年在廣州都督任。

寧道務　　約開元中

《廣西僮族自治區欽州隋唐墓》叙唐開元二十年寧道務墓云：“據墓誌載，寧道務先後任瀼州臨漳令，龍州、愛州司馬，玉林牧，新州、封州刺史等職。”（《考古》1984年第3期）

杜　位　　約天寶十一載—上元二年（約752—761）

杜甫《寄杜位》詩：“近聞寬法離新州，想見歸懷尚百憂。逐客雖皆萬里去，悲君已是十年流。”朱注：“位，李林甫婿。林甫天寶十一載卒，位之貶，必十二載。”浦起龍云：“即十一載冬，亦未可知。至上元二年，恰十年。”按《新書·李林甫傳》稱：林甫卒，諸婿杜位等皆貶官。

鄭　某　　建中時？

《全詩》卷二七〇戎昱有《送辰（一作新）州鄭使君》。按戎昱爲大曆中荊南衛伯玉從事，後爲辰州、虔州二刺史，見《新書·藝文志四》。此鄭使君未知是辰州抑新州，姑兩存之。

【路　巖　　咸通十四年（873）（未之任）】

《通鑑·咸通十四年》：十二月，“再貶路巖爲新州刺史”。《新書》本傳：“徙荊南節度使，道貶新州刺史，至江陵，免官，流儋州……巖至新州，詔賜死。”《舊書》本傳未及。

危仔昌　　光啓中？

《吳越備史》卷四《大元帥吳越國王》：乾德“六年春三月乙酉，丞相元德昭卒”注：“德昭字明遠，撫州南城縣人，父仔昌，任新、撫、饒、信四州刺史，淮南節度使，檢校太傅。”

虞　戀　　約大順、景福間

《全文》卷八三八薛廷珪《授瞿州刺史張績等加官制》稱：“郎之連帥以金紫光禄大夫前瞿州刺史張績、閩之守臣以銀青光禄大夫前新州刺史虞戀來告我。”

劉　玉　　約乾寧、光化間

《全文》卷八三二錢珝有《授劉玉新州刺史劉潛南五州防遏使高州刺史制》。

劉　潛　　昭宗時

《新五代史・劉隱傳》：“是時……高州刺史劉昌魯、新州刺史劉潛及江東七十餘寨，皆不能制。”又見《十國春秋・南漢高祖本紀》。《雍正廣東通志》謂劉潛“天祐元年新州刺史”。

待考録

黄　齊

《通鑑・大中十二年》：正月，“〔王〕式有才略，至交趾，樹芳木爲柵，可支數十年”。注引范成大《桂海虞衡志》：“……廣東新州素無城，桂林人黄齊守郡，始以此竹植之，羔豚不能徑，號竹城，至今以爲利。”

卷二六五　康州(南康州、晉康郡)

武德四年置康州都督府。九年廢都督府及康州。貞觀元年又置南康州。十一年廢。十二年又置康州。天寶元年改爲晉康郡。乾元元年復爲康州。領縣五：端溪、晉康、樂城(悦城)、都城、安遂。

來　慈　　神龍三年(707)

《金石補正》卷五四《大唐故康州司馬上柱國來府君(慈)墓誌銘》："遷春州司馬……廣州都督奏公行康州事……以神龍三年薨於府第，春秋六十有九。"

林　披　　約肅宗時

《林邵州遺集・續慶圖》："披字茂彦(陳壽祺案：《神道碑》作茂則)，天寶十一年擢第，遷潭州刺史、澧州司馬、康州刺史，貶臨汀曹掾，改臨汀令，奏授臨汀別駕知州事，加太子詹事、蘇州別駕，賜紫金魚袋、上柱國，奏拜都督不受，恩贈睦州刺史。"

張　撝　　大曆四年(769)

《全文》卷三五五蕭昕《銀青光禄大夫嶺南五府節度經略採訪處置等使攝御史中丞賜紫金魚袋殿中監南康縣開國伯贈揚州大都督府長史張公(九皋)神道碑》："大曆四年合祔焉，禮也。嗣十一人……次曰撝，試大理直、康州刺史。"按《新表二下》始興張氏："撝，昭州刺史。"

崔　恕　　長慶四年(824)

《芒洛遺文》卷中《大唐故嶺南觀察支使試大理評事崔君（恕）墓誌銘》（長慶四年八月七日）："有唐前嶺南觀察支使試大理評事權知康州事崔君終於州之廨署……父千里，常州司士參軍。祖徵，朝散大夫越州司馬。曾祖隱甫，皇朝銀青光禄大夫、檢校兵部尚書、御史大夫、東都留守……君以丙辰歲十月九日生，以甲辰歲五月廿七日終。"按甲辰當指長慶四年。

獨孤邁　　約大和初

《嘉泰吳興志》卷一四："獨孤邁，寶曆二年九月十三日自歙州刺史拜；後貶康州。"

趙　榮　　大和三年(829)

《福建通志・職官志二》："泉州刺史趙榮，由康州刺史移，見《閩書》。"

賈繼宗　　大和六年(832)

《廣記》卷三八五引《玄怪録》："大和六年，賈繼宗自瓊州招討使改換康州牧。"

韋　瓘　　大和七年(833)

《金石補正》卷六一《浯溪韋瓘題名》："太僕卿，分司東都韋瓘，大中三年十二月七日過此，余大和中以中書舍人謫官康州，逮今十六年。"《新書》本傳未及。

蘇　閏　　開成初

《廣記》卷四五八引《嶺南異物志》："俗傳有媼嫗者，嬴秦時，嘗得異魚，放於康州悦城江中……開成初，滄州故將蘇閏爲刺史，心知其非。"

章　及　　大中時？

《十國春秋·章仔鈞傳》：“唐康州刺史及由南安徙蒲城；及生福州軍事判官修；修生仔鈞……逾四十昭迹不仕。乾寧時，太祖代司空鎮閩，奉表修貢，仔鈞以太祖尚知有唐，乃詣軍門上謁。”《姑蘇志》卷五〇：“章甫，字端叔，自建州徙居於蘇。八世祖及，唐康州刺史。及孫仔鈞、仔劍俱仕閩王審知。”按“八世祖”誤。

劉　瞻　　咸通十一年（870）

《舊書·懿宗紀》：咸通十一年九月，“劉瞻再貶康州刺史”。《通鑑·咸通十一年》九月同。《舊書》本傳：“罷瞻相位，檢校刑部尚書、同平章事、江陵尹，充荊南節度等使。再貶康州刺史，量移虢州刺史。”按《新書》本傳稱：“僖宗立，徙康、虢二州刺史。”疑誤。

崔　渾　　乾符三年（876）

《舊書·僖宗紀》：乾符三年十一月，“太常少卿崔渾貶康州刺史”。

郭知微　　僖宗、昭宗間？

《新表四上》華陰郭氏：“知微，康州刺史。”乃郭子儀之玄孫，潮州刺史郭江子。

鄭良士　　昭宗時

《十國春秋》本傳：“唐昭宗景福二年，獻詩五百篇，授國子四門學士，累遷康、恩二州刺史，兼御史中丞。天復元年棄官歸隱。”又見《閩書》卷一一三。

卷二六六　封州（臨封郡）

武德四年置封州。天寶元年改爲臨封郡。乾元元年復爲封州。領縣二：封川、開建。

郭神會　　武德三年（620）

《元龜》卷一九：“武德三年，僞……封州刺史郭神會……等並首尾來降。”

寧道務　　約開元中

《廣西僮族自治區欽州隋唐墓》叙唐開元二十年寧道務墓云：“據墓誌載，寧道務先後任瀼州臨漳令，龍州、愛州司馬，玉林牧，新州、封州刺史等職。”（《考古》1984年第3期）

陳　諫　　元和十年—十五年（815—820）

《舊書·憲宗紀下》：元和十年三月乙酉，“台州司馬陳諫爲封州刺史”。又《王叔文傳》：“陳諫至叔文敗，已出爲河中少尹，自台州司馬量移封州刺史，轉通（道）州卒。”《新書》本傳未及。《全文》卷六四九元稹《授陳諫循州刺史制》稱：“封州刺史陳諫……可使持節循州刺史。”

袁　幹　　約長慶元年（約821）

《全文》卷六五七白居易《袁幹可封州刺史兼侍御史制》：“安南兵

馬使、封州刺史、兼監察御史袁幹，委質藩方，稔知戎旅，嘗驅寇盜，累著功勞。故命遷領郡符，超升憲簡，足以安荒俗、耀遠人。敬而承之，無替前效，可封州刺史。”

李宗閔　　會昌三年（843）

《舊書》本傳：“〔會昌〕三年，劉稹據澤潞叛。德裕以宗閔素與劉從諫厚，上黨近東郊，宗閔分司非便，出爲封州刺史。又發其舊事，貶郴州司馬，卒於貶所。”按《新書》本傳稱：“貶漳州長史，流封州。宣宗即位，徙郴州司馬，卒。”

李邦昌　　咸通九年（868）

《全文》卷八一六白鴻儒《莫孝肅公詩集序》：“咸通九年封州刺史李邦昌上其事於朝。”

白鴻儒　　乾符元年（874）

《全文》卷八一六白鴻儒《莫孝肅公詩集序》：“公字仲節，廣南封州人也……予無似，叨治公郡，恨弗獲睹公而徒慕公也，因以爲記云。時有唐乾符五年歲在甲午秋仲望日。”甲午爲乾符元年。“五年”字似誤。白既自云“叨治郡”，當爲刺史。

劉　謙（劉知謙）　　中和三年—乾寧元年（883—894）

《通鑑·中和三年》：六月“辛丑，以〔劉〕謙爲封州刺史”。又《乾寧元年》：“封州刺史劉謙卒。”又見《新書》本傳、《韋宙傳》、《舊五代史·劉陟傳》、《新五代史·劉隱傳》、《元龜》卷二一九、《北夢瑣言》卷六、《九國志·南漢烈宗世家》、《十國春秋·南漢烈宗世家》。

劉　隱　　乾寧元年—三年（894—896）

《通鑑·乾寧元年》：“封州刺史劉謙卒，子隱居喪於賀江，土民百餘人謀亂，隱一夕盡誅之。嶺南節度使劉崇龜召補右都押牙兼賀水鎮使；未幾，表爲封州刺史。”《新書·劉知謙傳》：“知謙卒，共推其子隱爲嗣，清海軍節度使劉崇龜表爲封州刺史。嗣薛王知柔代領節度……隱率兵奉迎知柔……於是知柔以聞，昭宗拜隱本軍行軍司馬，俄遷副使。"又見《通鑑·乾寧三年》，《元龜》卷二一九，《舊五代史·劉陟傳》，《新五代史》本傳，《九國志·南漢烈宗世家》，《十國春秋·南漢烈宗世家》。

卷二六七　瀧州（開陽郡）

　　武德四年置瀧州。天寶元年改爲開陽郡。乾元元年復爲瀧州。領縣四：瀧水、開陽、永寧、安南（鎮南）。

陳行範　　開元十六年（728）

　　《舊書·玄宗紀上》：開元十六年正月，"春、瀧等州獠首領瀧州刺史陳行範、廣州首領馮仁智、何遊魯叛"。

卷二六八　恩州（恩平郡）

　　貞觀二十三年置恩州。天寶元年改爲恩平郡。乾元元年復爲恩州。領縣三：齊安（恩平）、杜陵、陽江。

馮智戴　　永徽元年（650）

　　《全文》卷九九三闕名《唐故開府儀同三司贈揚州大都督高公神道碑》：“〔馮盎〕子智戣爲高州刺史、智戴爲恩州刺史、智玳爲潘州刺史。”北圖藏拓本《高力士殘碑》（大曆十二年五月十一日）：“公本姓馮，諱元一……皇唐初，〔馮〕盎持節高州，都督廣、韶等十八州總管，封耿國公。耿公有三子：智戣爲高州刺史，智戴爲恩州刺史，智玳爲潘州刺史。”（《考古與文物》1983年第2期）《全文》卷二三一張説《贈潘州刺史馮君（君衡）墓誌銘》作“智玳恩州刺史”，疑誤。按《新書·馮盎傳》稱：“武德五年，始以地降……授爲上柱國、高州總管，封越國公。拜其子智戴爲春州刺史，智彧爲東合州刺史。盎徙封耿。貞觀初，或告盎叛，盎舉兵拒境……帝乃遣散騎常侍韋叔諧喻盎，盎遣智戴入侍。”《舊傳》作四年。又按《元和郡縣志闕卷逸文》卷三高州：“貞觀二十三年，〔馮〕盎卒……永徽元年，敕遣太常丞薛寶積析高州所管縣爲恩、潘二州，分盎諸子爲刺史，以撫其人。”

【補遺】馮順政　　龍朔中

　　拓本《唐故順政郡君許夫人墓誌銘並序》（龍朔元年十二月廿四日）：“順政郡君許夫人者……年十有四，歸於馮氏。潘州刺史順政公其人焉。……龍朔元年遘疾，未幾，薨於內寢。使君撫孩幼而長號，悼音容之永絶。"（周紹良、趙超《唐代墓誌匯編續集》，上海古籍出版社2001年版）是馮順政龍朔元年在潘州刺史任，其轉恩州刺史亦當在此後的龍朔中。按《全編》卷二六八《恩州》著録："馮□思，武后時。拓本殘墓誌：'公諱□思，字□，恩州□□人。……公……□□□祖勛授□承□□州諸軍事潘州刺史。……特表□□□□□移□郡□之□起授恩州諸軍事恩州刺史。'神功元年十二月卒（《考古》1986年第1期《廣東電白縣霞洞墟唐墓簡報》）。"按此馮某當即許夫人墓誌中的"順政公"。

馮子遊　　約高宗時

拓本殘墓誌："公諱□思，字□，恩州□□人……祖知戴，左驍騎大國公。父子遊，光禄大夫本州刺史，封□□郡開國公。"（《考古》1986年第1期《廣東電白縣霞洞墟唐墓簡報》）

陳承親　　武后時

《朝野僉載》卷二："周恩州刺史陳承親，嶺南大首領也，專使子弟兵劫江。"

馮□思　　武后時

拓本殘墓誌："公諱□思，字□，恩州□□人……公……□□□祖勛授□承□□州諸軍事潘州刺史……特表□□□□□移□郡□州□□之□起□授恩州諸軍事恩州刺史。"神功元年十二月卒（《考古》1986年第1期《廣東電白縣霞洞墟唐墓簡報》）。

畢守恭　　約開元四年（約716）

《全文》卷二九三張九齡《故安南副都護畢公墓誌銘并序》："按察使廣平郡宋璟以公爲五府總管……廣平公深以爲能，奏假恩州刺史，俄又真授……尋加朝散大夫，遷端州刺史。"按宋璟開元四年在廣州都督任。

朱　塘　　　約昭宗初

《全文》卷八〇三李磎有《授尚汝貞涪州刺史朱塘恩州刺史婺州刺史蔣瓌檢校僕射等制》。按蔣瓌中和四年至景福元年爲婺刺。

鄭良士　　　昭宗時

《十國春秋》本傳："唐昭宗景福二年，獻詩五百篇，授國子四門學士，累遷康、恩二州刺史兼御史中丞。天復元年棄官歸隱。"又見《閩書》卷一一三。

卷二六九 春州（南陵郡）

武德四年置春州。天寶元年改爲南陵郡。乾元元年復爲春州。領縣一：陽春。

馮智戴 武德五年（622）

《新書·馮盎傳》：“武德五年，始以地降，高祖析爲高、羅、春、白、崖、儋、林、振八州，授盎上柱國、高州總管，封越國公。拜其子智戴爲春州刺史，智或爲東合州刺史。”《舊書·馮盎傳》作武德四年。《元龜》卷一六四誤作“智載”，時爲武德五年七月丁酉。

杜由□ 大中時？

《全文》卷八一七魯洵《唐台州刺史杜雄墓誌銘》：“先君由□，春州刺史；公即春州府君第二子也。”杜雄中和四年至乾寧四年爲台刺。又見《台州金石録》卷一。

陳讜 約咸通十一年（約870）

《唐文拾遺》卷二九黃滔《朝散大夫使持節韶州諸軍事守韶州刺史上柱國陳府君（讜）墓誌銘并序》：“裴公帥閩日，嘗大器之，命與子弟處，子弟即故相國公坦也……會故相國裴公時節制襄川，章行業上聞，遂授春州刺史。公既涖止，以公爲家，以民爲子……朝廷能之，復命牧韶之人，復若春之人。”《閩書》卷七五：“陳讜，字昌言……歷春、韶二州刺史，所至有善政。”按裴坦咸通十年至十二年爲襄州節度。

莫休符　　光化二年(899)

　　《直齋書録解題》卷八：“《桂林風土記》一卷，唐融州刺史權知春州莫休符撰，昭宗光化二年也。”

卷二七〇　高州（高涼郡）

隋高涼郡。武德四年改爲高州，置都督府。貞觀二十三年廢都督府。天寶元年改爲高涼郡。乾元元年復爲高州。領縣三：良德、電白、保安（保定）。

馮　盎　　武德五年—貞觀二十三年（622—649）

《新書》本傳："武德五年，始以地降，高祖析爲高、羅、春、白、崖、儋、林、振八州，授盎上柱國、高州總管，封越國公……徙封耿。"《通鑑·武德五年》：七月"丁酉，隋漢陽太守馮盎承李靖檄，帥所部來降……以盎爲高州總管，封耿國公"。《舊書》本傳作武德四年。又見《元龜》卷一六四、卷八四六、卷九九七，《通鑑·貞觀五年》。《元和郡縣志闕卷逸文》卷三高州："貞觀二十三年，〔馮〕盎卒，子智戣又爲刺史。"《舊傳》作貞觀二十年卒。又見《全文》卷二三一張說《贈潘州刺史馮君（君衡）墓誌銘》，拓本《高力士殘碑》。《適園叢書·文館詞林》殘卷附殘敕稱"敕高州都督耿國公馮盎"。

馮智戣　　貞觀二十三年（649）

《元和郡縣志闕卷逸文》卷三高州："貞觀二十三年，〔馮〕盎卒，子智戣又爲刺史。"北圖藏拓本《高力士殘碑》（大曆十二年五月十日）："皇唐初，〔馮〕盎使持節高州都督，廣、韶等十八州總管，封耿國公。耿公有三子，智戣爲高州刺史。"（《考古與文物》1983年第2期）又見《全文》卷二三〇張說《贈廣州大都督馮府君神道碑銘》、卷二三一《贈

3115

潘州刺史馮君（君衡）墓誌銘》、卷九九三闕名《唐故開府儀同三司賜揚州大都督高公神道碑》。

周匡物　　文宗時？

《全詩》卷四九〇周匡物小傳："元和十一年進士及第，仕至高州刺史。"《閩書》卷一一七："周匡物字幾本，以詩歌著名，未及第時嘗作《古鏡歌》……王璠見之大加賞異……及璠知貢舉而匡物及第……後官至高州刺史。"

房千里　　大中時？

《新書·藝文志二》"房千里《投荒雜録》一卷"注："字鵠舉，大和初進士第，高州刺史。"《唐詩紀事》卷五一稱"終高州刺史"。按《全文》卷七六〇房千里《骰子選格序》云："開成三年春，予自海上北徙。"又《廬陵所居竹堂記》稱："予三年夏，待罪於廬陵。"

高　湘？　　咸通十一年（870）

《舊書·懿宗紀》：咸通十一年"九月丙辰，制以……將仕郎、右諫議大夫、柱國、賜紫金魚袋高湘爲高州刺史"。兩《唐書·高鍇傳》皆稱：高湘貶高州司馬，乾符初，復爲中書舍人。《唐詩紀事》則稱："咸通末，路巖作相，除不附己者十司户：崔沆循州……湘高州。"

林　藹（林靄）　　僖宗時

《御覽》卷九四九引《嶺表録異》："唐林藹爲高州太守，有鄉墅小兒牧牛，聞田中有蛤鳴，牧童遂捕之。"又見《廣記》卷二〇五引。《南海百詠·銅鼓》："今廟中之鼓，自唐以來有之……又府之武庫有其二：其一蓋唐僖宗朝鄭續鎮番禺日高州太守林靄所獻……事見《嶺表録異》。"按鄭續乾符六年至光啓二年爲廣州刺史，嶺南東道節度使。"林靄"當即"林藹"。

劉昌魯　　乾符中—天祐四年（？—907）

《十國春秋》本傳："唐僖宗時，黄巢寇嶺南，昌魯爲高州刺史，帥群蠻據險拒之……及南平王劉隱奄有嶺南，命弟陟攻高州……致書武穆王……昌魯至長沙，王署爲永順軍節度副使。"《九國志》本傳："乾符中，出爲高州刺史……開平初，乃致書於〔馬〕殷。"《新五代史·劉隱傳》："是時……高州刺史劉昌魯、新州刺史劉潛及江東七十餘寨，皆不能制。"

【劉　潛　　約乾寧、光化間（未之任？）】

《全文》卷八三二錢珝有《授劉玉新州刺史劉潛南五州鎭遏使高州刺史制》。按是時劉昌魯刺高州，劉潛無可能赴任。

【章仔鈞　　乾寧中（未之任？）】

《十國春秋》本傳："乾寧時，太祖代司空鎮閩，奉表修貢，仔鈞以太祖尚知有唐，乃詣軍門上謁……奏授高州刺史，檢校太傅，西北面行營招討制置使。"按是時劉昌魯據高州，章仔鈞無可能赴任。

卷二七一 藤州（感義郡）

隋永平郡。武德四年置藤州。天寶元年改爲感義郡。乾元元年復爲藤州。領縣四：鐔津、感義、安昌（義昌）、寧風。

杜文紀　　貞觀中

《隋唐五代墓誌匯編·洛陽卷》第七册《故朝散大夫洛州永寧縣令杜府君（謚）墓誌銘并序》（神功元年十月二十二日）："父文紀，唐雍州録事參軍，考功員外郎，水部、祠部、司勳三司郎中，太子中允，撫、藤二州刺史。"謚卒垂拱二年，春秋六十二。按杜文紀貞觀六年以諫議大夫爲益州長史，見《四川成都志》卷一一。

李偉之　　開元初

《全文》卷二三八盧藏用《景星寺碑銘》："今天子嗣守丕構，開元立極……藤州刺史李偉之、義州刺史陳大煥、禺州刺史陳吴客、白州刺史覃崇位……等，或位以材授，或職因地奬，化浹海壖，績揚朝聽。"

崔叔獻　　開元中？

《新表二下》博陵崔氏第三房："叔獻，藤州刺史。"乃崔日用、崔日知四從兄弟。

李曉庭　　大曆六年（771）

《通鑑·大曆六年》：二月，"〔王〕翃乃與義州刺史陳仁璀、藤州刺史李曉庭等結盟討賊”。《舊書·王翊傳》略同。又見《元龜》卷六九四。

支　訥　　咸通二年（861）

《千唐誌·唐鴻臚卿致仕贈工部尚書琅耶支公長女鍊師墓誌銘并序》（咸通三年十月八日）：“今天子之明年，訥兄蒙授藤州牧……得申令姊慰心之道，假路東洛，扶侍南州，到官逾旬，旋屬蠻擾。方安藤水，忽改富陽。”鍊師卒咸通二年九月十二日，春秋五十。季弟支謨撰。上圖藏拓片《唐故西川少尹支公（訥）墓誌銘并序》（乾符六年五月二十五日）：“遂歷藤、富、貴、柳四郡。”乾符五年七月十三日卒，享年五十六。

駱巽與　　咸通二、三年（861、862）

《全文》卷七九一趙璘《書戒珠寺》：“客有前藤州刺史駱巽與，聞之喜曰：某蕺山之下寄居人也，且與表公遊甚久，歸願買石以刻，遂筆以授之。咸通三年正月二十五日，中大夫守衢州刺史趙璘書。”

張　鐸　　咸通十三年（872）

《舊書·懿宗紀》：咸通十三年五月辛巳，“〔貶〕給事中張鐸藤州刺史”。

師弘禮　　約乾符初

《唐故銀青光禄大夫使持節資州諸軍事守資州刺史兼安夷軍使師府君（弘禮）墓誌銘并序》（廣明元年四月二十五日）：“時遇司空隴西公之節制鄜時也，知公而特請行焉，到郡補節度押衙……隴西公韙其勞績，特表奏薦授銀青光禄大夫、榮王府諮議。秩滿，除藤州刺史……未幾，拜資州刺史、兼安夷軍使……會遭不協者疏，詔罷。因遊江西。”乾符四年十月九日卒，年四十八（《考古與文物》1983年第2期）。

蔡德章 　　廣明元年（880）

上圖藏拓片《唐故朝議郎行宣州南陵縣尉柱國張府君（師儒）墓誌銘并序》（廣明元年十月五日）："朝議郎前使持節藤州諸軍事守藤州刺史上柱國賜緋魚袋蔡德章撰。"又見《金石補正》卷七七，《匋齋藏石記》卷三五。《唐文拾遺》卷三三蔡德章小傳："廣明時人，守藤州刺史、持節藤州諸軍事。"

朱友倫 　　天復二年（902）

《舊五代史》本傳："李罕之請以上黨來歸，爲晉軍所圍。太祖遣友倫總步騎數萬，越險救應，遂大破晉軍。唐朝加檢校司空、守藤州刺史。天復……三年，昭宗歸長安，制授友倫寧遠軍節度使。"《新五代史》本傳略同。

待考録

趙全真

《全文》卷八八六徐鉉《唐故奉化軍節度判官趙君（宣輔）墓誌銘》："曾祖全真，工部員外郎、滕（藤）州刺史……烈祖輔政，方聲明紀律，君以是中選。"

卷二七二　義州（南義州、連城郡）

武德五年置南義州。貞觀元年州廢。二年復置義州。五年廢義州。六年復置義州。天寶元年改爲連城郡。乾元元年復爲義州。領縣四：連城、安義（永業）、龍城（岑溪）、義城。

陳大焕　　約開元中

《全文》卷二三八盧藏用《景星寺碑銘》："今天子嗣守丕構，開元立極……藤州刺史李偉之，義州刺史陳大焕……等，或位以材授，或職因地獎，化浹海堣，績揚朝聽。"

陳仁瓘（陳仁瓘）　　大曆六年（771）

《通鑑·大曆六年》：二月，"〔王〕翃乃與義州刺史陳瓘、藤州刺史李曉庭等結盟討賊"。《舊書·王翃傳》略同。《元龜》卷六九四作"陳仁瓘"。

王虔裕　　約中和、光啓間

《舊五代史》本傳："及太祖擊巢、蔡於陳州，虔裕連拔數寨……太祖以其勞，表授義州刺史……秦宗賢寇汴南鄙，太祖令虔裕逆擊於尉氏，不利而還。太祖怒，命削職，拘於別部。"《新五代史》本傳略同。《元龜》卷三六〇作"王處裕"，"處"當爲"虔"之訛。

曹信　　景福二年（893）

《宋高僧傳》卷一六《唐吳郡嘉禾靈光寺法相傳》："會昌元年二月

十日午時三刻……儼然累足右脅而逝……四月遷塔于來蘇鄉之原，
白塔是也。後弟子率義州刺史曹信、大理司直吴方重修塔……蓋景
福二年癸丑歲五月二十二日也。"

卷二七三　竇州（南扶州、懷德郡）

武德四年置南扶州。以獠反寄瀧州。貞觀元年廢。二年復置南扶州。五年復廢。六年復置。其年改南扶州爲竇州。天寶元年改爲懷德郡。乾元元年復爲竇州。領縣四：信義、懷德、潭峨、特亮。

馮士翽　　永徽五年（654）

《姓纂》卷一岡州馮氏：“竇州刺史、合浦公馮士翽，代爲酋領。”《金石萃編》卷五〇《萬年宮碑銘》碑陰題名：“右武衛將軍行竇州刺史上柱國□□郡開國公臣馮□翽。”永徽五年五月十五日建。按《輿地碑記目》三化州下有《唐羅州刺史馮士歲并妻吳川郡夫人墓記》，“歲”當爲“翽”之誤。《金石補正》卷三五誤作“馮仁翽”。又按顯慶五年官右武衛將軍，見《通鑑》。

陸仁玘　　開元中

《全文》卷二三八盧藏用《景星寺碑銘》：“今天子嗣守丕構，開元立極……藤州刺史李偉之……竇州刺史陸仁玘……等，或位以材授，或職因地獎，化浹海壖，績揚朝聽。”

劉　威　　僖宗、昭宗間

《九國志》本傳：“〔楊〕行密起淝上，及平秦畢有功，表領竇州刺史。大順初，與安仁義敗孫儒別將劉建鋒於武進……乾寧初，表授盧州刺史。”

陳 璋　　乾寧中

《九國志》本傳：“乾寧中領寶州刺史，從平董昌，詔賜佐忠去僞功臣。”

卷二七四　勤州(雲浮郡)

武德四年析春州置。五年州廢。萬歲通天二年復置。長安中復廢。開元十八年復置州。天寶元年改爲雲浮郡。乾元元年復爲勤州，徙治銅陵。領縣二：銅陵、富林。

李敬玄？　　貞觀末或高宗初？

《元龜》卷九三六："李敬玄爲勤州都督，雖風格高峻，有不可犯之色，然於造請，不避寒暑。"兩《唐書》本傳未及。按李敬玄仕高宗時，時無勤州。且勤州未嘗設都督。疑《元龜》誤。

李　晛　　咸通十三年(872)

《通鑑考異·咸通十三年》五月引《續寶運録》曰："……五月十四日，內榜子，貶工部尚書嚴祈郴州刺史，給事中李晛勤州刺史。"按《舊書·懿宗紀》作"蘄州刺史"，未知孰是，姑兩存之。

卷二七五　桂州（始安郡、建陵郡）

隋始安郡。武德四年改爲桂州，置總管府。後改都督府。天寶元年改爲始安郡，依舊都督府。至德二載九月改爲建陵郡。乾元元年復爲桂州。領縣十：始安（臨桂）、興安（理定）、靈川、陽朔、永豐（豐水）、建陵（修仁）、純化（恭化）、永福、臨源、荔浦。

李襲志　　武德四年—五年（621—622）

《舊書》本傳：“及蕭銑平，江南道大使、趙郡王孝恭授襲志桂州總管。武德五年入朝。”《新書》本傳略同。又見《元龜》卷一六四、《桂林風土記·李襲志》。《通鑑·武德四年》：十一月，“蕭銑桂州總管李襲志帥所部來降，趙郡王孝恭即以襲志爲桂州總管，明年入朝”。《元龜》卷一二六作“〔武德四年〕十月己亥，隋始安太守李襲志以桂州來降”。

李　靖　　武德五年—六年（622—623）

《通鑑·武德四年》：十一月，“〔李〕襲志爲桂州總管，明年入朝。以李靖爲嶺南撫慰大使，檢校桂州總管”。又見兩《唐書》本傳，《元龜》卷三八四，《桂林風土記·衛國公李靖》。《全文》卷一五二許敬宗《大唐故尚書右僕射贈司徒并州都督衛景武公（李靖）碑并序》：“敕授嶺南道安撫大使、檢校桂州總管……詔徵公爲西海道行軍總管。”《唐文續拾》卷一同。

李襲志　約武德七年—貞觀中（約 624—?）

《舊書》本傳："武德五年入朝，授柱國，封始安郡公，拜江州都督。及輔公祏反，又以襲志爲水軍總管討平之，轉桂州都督。襲志前後凡任桂州二十八載……後表請入朝，拜右光禄大夫、行汾州刺史致仕。"《新書》本傳略同。《輿地碑記目》卷四《洋州碑記》有唐許敬宗撰《桂州都督李襲志墓碑》，注云：永徽五年碑，而墓在真符縣。

張士貴　約貞觀七年（約 633）

《大唐故輔國大將軍荆州都督虢國公張公（士貴）墓誌銘并序》："〔貞觀〕六年，除右武候將軍……桂府東西王洞，歷政不賓，及在兹年，載侵邊圍，敕公燕州道行軍總管……敕公使持節襄州道行軍總管……乃授右屯衛大將軍，改封虢國公，檢校桂州都督，襄州道行軍總管如故。"（《考古》1978 年第 3 期）兩《唐書》本傳未及。按《新書》本傳稱："貞觀七年，爲襄州道行軍總管，破反獠還……累遷左領軍大將軍。顯慶初，卒。"

張寶德　貞觀十二年（638）

《新書・太宗紀》：貞觀十二年十月，"鈞州獠反，桂州都督張寶德敗之"。又見《南蠻下・南平獠傳》。《通鑑・貞觀十二年》十月同。《元龜》卷九八五："〔貞觀十二年〕十月，均州山獠舉兵反，遣桂州都督張寶德討平之。"

李弘節　貞觀十二年—十三年（638—639）

《芒洛四編・大唐故交州都督上柱國清平縣公世子李君（道素）墓誌銘并序》："父弘節，杭、原、慶三州刺史，大理少卿，桂、交二州都督，使持節二州諸軍事……〔君〕以貞觀十二年，隨父任桂州都督……以貞觀十三年九月廿六日，遘疾卒於桂州之官舍，春秋十七。"由此知弘節貞觀十二年至十三年在桂州都督任。又見《新書・屈突通傳》，《御覽》卷八〇三，《會要》卷五三，上圖藏拓片《故朝議郎行河南府陸渾縣令上柱國李府君（瑱）墓誌銘并序》。

柳楚賢　　貞觀中

《舊書·柳沖傳》："父楚賢……貞觀中，累轉光禄少卿，使突厥存撫李思摩……累轉交、桂二州都督，皆有能名。卒於杭州刺史。"《新書·柳沖傳》略同。

劉伯英　　永徽二年（651）

《新書·高宗紀》：永徽二年十一月，"是月，竇州、義州蠻寇邊，桂州都督劉伯英敗之"。《通鑑·永徽二年》十一月同。

褚遂良　　顯慶二年（657）

《舊書》本傳："左遷遂良潭州都督。顯慶二年，轉桂州都督。未幾，又貶爲愛州刺史。"《新書》本傳略同。又見《桂林風土記·中書令褚遂良》及《開元寺震井》。《通鑑·顯慶二年》："三月甲辰，以潭州都督褚遂良爲桂州都督。"八月，"又貶褚遂良爲愛州刺史"。

李震　　高宗前期

《新書·李勣傳》："子震嗣，終桂州刺史。"按《舊書·李勣傳》稱："長子震，顯慶初官至梓州刺史，先勣卒。"

獨孤訥　　高宗前期？

《姓纂》卷一〇獨孤氏（岑仲勉補）："訥，桂州都督。"乃武德四年定州刺史修德之姪。

李乾祐　　乾封中

《舊書·李昭德傳》："父乾祐……永徽初繼爲邢、魏等州刺史……坐流愛州。乾封中，起爲桂州都督，歷拜司刑太常伯。"按《新書·李昭德傳》稱："父乾祐……出爲邢、魏二州刺史……坐流驩州。召拜滄州刺史。入爲司刑太常伯。"

權知節　　高宗時

《隋唐五代墓誌匯編·洛陽卷》第七册《故袁州刺史右監門衛將

軍駙馬都尉天水權君（毅）墓誌銘并序》（神龍元年八月十八日）：“父知節，郇王府長史，沁、亳、潤三州刺史，使持節桂州諸軍事桂州都督。”

秦無害　　約高宗時

《姓纂》卷三南原秦氏：“行師，右監門大將軍；生無害，桂州都督、安南公也。”秦行師乃太原元從、洪州都督。

周道務　　約高宗時

《全文》卷二六七嚴識元《潭州都督楊志本碑》：“以右親衛調補石州司法參軍……轉桂州都督府法曹參軍……都督周道務以公冰襟同潔，石性渾堅……奏充嶺南市閣□珠玉使……以外憂去職。”按上元二年至調露元年道務在營州都督任。

高　叡　　約萬歲通天中

《舊書》本傳：“叡少以明經累除桂州都督，尋加銀青光禄大夫，轉趙州刺史，封平昌縣子。聖曆初，突厥默啜來寇，叡嬰城固守。”《新書》本傳未及。

裴懷古　　長安三年（703）

《通鑑·長安三年》：“始安獠歐陽倩擁衆數萬，攻陷州縣，朝廷思得良吏以鎮之……制以〔裴〕懷古爲桂州都督，仍充招慰討擊副使。”又見兩《唐書》本傳，《元龜》卷三二四、卷六五六。

薛孤知素　　武后末？

《姓纂》卷一〇薛孤氏：“知素，桂州都督。”乃龍朔二年右金吾衛將軍薛孤吳仁子。

薛季昶　　神龍初

《舊書》本傳：“神龍初，以預誅張易之兄弟功，加銀青光禄大夫，拜户部侍郎。時季昶勸敬暉等因兵勢殺武三思，暉等不從，竟以此敗……季昶亦因是累貶，自桂州都督授儋州司馬。"《新書》本傳略同。《朝野僉載》卷三："薛季昶爲荆州長史……未旬日，除桂州都督、嶺南招討使。"又見《廣記》卷二七七引。

韋玄泰　　景龍二年（708）

《西安郊區隋唐墓·唐龍州刺史郭恒墓誌》（景龍三年）："以景龍二年十月四日遂捐館舍，春秋七十九。夫人京兆韋氏，桂州都督玄泰之妹。"據《姓纂》及《新表》，玄泰官終度支郎中、陝州刺史。則其爲桂州都督當即景龍二年。

王　晙　　景龍末—先天元年（710—712）

《舊書》本傳："景龍末，累轉爲桂州都督……尋上疏請歸鄉拜墓，州人詣闕請留晙，乃下敕曰……晙在州又一年，州人立碑以頌其政。再轉鴻臚大卿，充朔方軍副大總管，兼安北大都護。"《新書》本傳略同。又見《元龜》卷五〇三、卷六七八、卷八二〇。《舊書·周利貞傳》："先天元年，爲廣州都督。時湜爲中書令，與僕射劉幽求不叶，陷幽求徙於嶺表，諷利貞殺之，爲桂州都督王晙護之，逗留獲免。"《新書·周利貞傳》、《通鑑·先天元年》八月、《大唐新語》卷六同。《全詩》卷五三宋之問有《桂州陪王都督晦日宴逍遥樓》。王都督當即王晙。

裴仙先　　開元初

《新書》本傳："中宗復位，求〔裴〕炎後，授仙先太子詹事丞。遷秦、桂、廣三州都督。坐累且誅，賴宰相張説右之，免官。"熊飛謂裴仙先任詹事丞在睿宗景雲時，據《廣記》卷一四七引《紀聞》，授詹事丞後，"歲中四遷，遂至秦州都督"。督桂州在秦州後，其爲廣州都督在開元七年至十年（719—722），故其在秦州都督後、廣州都督前爲桂督，自應在開元初。【補遺】《唐研究》第五卷（1999年版）《西安新發現唐裴仙先墓誌考述》引《故銀青光禄大夫、守工部尚書、上柱國、翼城縣開國公贈江陵郡大都督裴府君（仙先）墓誌銘並序》（天寶三載閏二月八日）：“遷主客郎中，有頃加朝散大夫兼鴻臚少卿。將命西聘，公單車深入，結二國之信，一言慷慨，罷十萬之兵。……朝嘉其勛，檢校桂州都督。……遷廣州都督、五府節度、並本道按察等使。二年，加攝御史中丞，賜紫金魚袋，遷幽州都督、河北道節度使。……以天寶二載九月廿二日薨於永寧里第，春秋八十。”

楊茂謙　　約開元前期

《舊書》本傳：“開元初，出爲魏州刺史、河北道按察使，與司馬張懷玉本同鄉曲，初善而末隙，遂相糾訐，坐貶桂州都督，尋轉廣州都督。”《新書》本傳略同。

光楚客　　開元前期

《新書·楊思勗傳》：“〔光〕楚客者，樂安人，後歷桂州都督致仕，封松滋縣侯。”按開元初爲安南大都護。《全文》卷二三八盧藏用《景星寺碑銘》：“容州都督府景星寺者，高宗天皇大帝所建也……今都督光府君名楚客……歷增城南海令……擢授檢校邕州都督……北轉安南副都護、賀州刺史……檢校北府都督兼管內經略使。”

李尚隱　　開元十三年（725）

《舊書》本傳：“〔開元〕十三年夏，妖賊劉定高夜犯通洛門，尚隱坐不能察覺所部，左遷桂州都督……俄又遷廣州都督。”《新書》本傳略同。

員嘉靖　　開元十五年前（727前）

《元龜》卷一三九：“〔開元〕十五年九月制曰……故桂州都督員嘉靜（靖）等。”又見《全文》卷二二玄宗《優恤張守潔等制》。

李　某　　開元十八年前（730前）

《寶刻叢編》卷四引《訪碑錄》：“《唐桂州都督李公碑》，唐李峴撰，張乾護并刻，開元十八年。”

張九齡　　開元十八年—十九年（730—731）

《舊書》本傳：“改爲洪州都督。俄轉桂州都督，仍充嶺南道按察使。”《新書》本傳略同。又見《桂林風土記·中書令張九齡》。叢刊本《曲江集》附錄有《轉授桂州刺史兼嶺南按察使制》，署“開元十八年七月三日”。又《守祕書少監制》：“中大夫、使持節都督桂州諸軍事，守桂州刺史，充當管經略使，兼嶺南道按察使，攝御史中丞……張九齡，可守祕書少監兼集賢院學士，仍副知院事，散官勳封如故。開元十九年三月七日。”又見《全文》卷二九三張九齡《祭舜廟文》，卷三五五蕭昕《唐銀青光禄大夫嶺南五府節度經略採訪處置等使張公（九皋）神道碑》，卷四四〇徐浩《唐尚書右丞相中書令張公（九齡）神道碑》。

苗延嗣　　約開元中

《千唐誌·唐故朝議郎守殿中少監兼通事舍人知館事上柱國賜紫金魚袋苗公（弘本）墓誌銘》（大中九年閏四月二十五日）：“曾大父諱延嗣，制舉科，官至中書舍人、桂管採訪使。”弘本大中乙亥（九年）三月六日卒，年五十九。按開元中張嘉貞爲中書令時，苗延嗣爲中書舍人。見兩《唐書·張嘉貞傳》。

權若訥　　約開元中

《新表五下》權氏：“若訥，桂、歙、梓三州刺史。”《全文》卷四九三權德輿《唐故通議大夫梓州諸軍事梓州刺史上柱國權公（若訥）文集序》：“拜歙州刺史，遷桂州都督、梓州刺史。”又見卷五〇一《唐故東京安國寺契微和尚塔銘并序》、卷五〇三《再從叔故試大理評事兼徐州蘄縣令府君（有方）墓誌銘并序》、卷五〇四《再從叔故京兆府咸陽縣丞府君（達）墓誌銘并序》，《新安志》卷九牧守。

郭敬之　　約開元中

《舊書·郭子儀傳》：“父敬之，歷綏、渭、桂、壽、泗五州刺史，以子儀貴，贈太保。”

陳思應（陳思膺） 開元中？

《桂林風土記·桂州陳都督》謂：陳思應本名聿修，開元中，忽有異人求寄宿，謂某處用爲殯葬，可一世爲都督。聿修如其言，其地産金甚衆，攜入京爲賂。“於是有同姓名思應者，亦以昭穆情昵，乃以前任告牒相遺；因易名干執政，遂特除桂州都督。今府署大廳廳壁記，且列名氏，亦有子孫職於本郡。”《廣記》卷三八九引作“陳思膺”。

馮古璞 天寶八載（749）

（日）真人元開《唐大和上東征傳》：“天寶七載……〔振州〕住一年……始安郡都督上黨公馮古璞等步出城外，五體投地，接足而禮，引入開元寺……和上留住一年。”

劉 繕 玄宗時？

《姓纂》卷五彭城劉氏：“繕，桂州都督。”《新表一上》劉氏同。乃工部尚書劉知柔子，延州刺史繪弟。

羅希奭 天寶十三載—十四載（754—755）

《舊書》本傳：“〔天寶〕十一載，李林甫卒，出爲中部、始安二太守，仍充當管經略使。十四載……右相楊國忠奏遣司直蔣沇往按之，復令張光奇替爲始安太守，仍降敕曰：‘前始安郡太守、充當管經略使羅希奭，幸此資序，叨居牧守……可貶海東郡海康尉員外置。’”《吉温傳》、《新書》本傳略同。又見《全文》卷三五玄宗《貶責羅希奭張博濟敕》。按《舊書·玄宗紀下》：天寶十四載“十一月戊午朔，始寧太守羅希奭以停止張博濟決杖而死”。“始寧”當爲“始安”之誤。

張光奇 天寶十四載—至德二載（755—757）

《舊書·羅希奭傳》：天寶十四載，“復令張光奇替爲始安太守”。《全文》卷三六七賈至《授張光奇光禄少卿制》：“始安充經略使張光奇……可兼光禄少卿。”

楊 譚　　上元元年(760)

《全詩》卷二二六杜甫有《寄楊五桂州譚》。《讀杜心解》謂上元元年作。按《新表一下》楊氏觀王房：“譚，廣州都督。”

邢 濟　　上元元年—約廣德中(760—約 764)

《舊書·李範傳》：上元二年，“〔朱〕融謂金吾將軍邢濟曰……乃以濟兼桂州都督、侍御史，充桂管防禦都使”。《通鑑·寶應元年》：“八月，桂州刺史邢濟討西原賊帥吳功曹等，平之。”又見《元龜》卷六九四。《全詩》卷一二六王維有《送邢桂州》。又卷八一六皎然《因遊支硎寺寄邢端公》：“仁爲桂江雨，威是柏臺霜。”注：“自桂州除侍御史。”《全文》卷三五五蕭昕有《夏日送桂州刺史邢中丞赴任序》。按《新書·肅宗紀》：上元元年，“是歲，吐蕃陷廓州。西原蠻寇邊，桂州經略使邢濟敗之”。證知上元元年已在桂州任。

【陳少遊　　大曆元年(766)(未之任)】

《舊書》本傳：永泰二年，“拜檢校左庶子，依前兼中丞。其年，除桂州刺史、桂管觀察使。少遊以嶺徼迢遠，欲規求近郡……數日，拜宣州刺史、宣歙池都團練觀察使”。《新書》本傳略同。《廣記》卷二三九引《譚賓錄》：“〔陳〕少遊檢校職方員外郎，充迴紇使。尋除桂管觀察。數日，拜宣歙觀察。”

李 良　　約大曆元年—二年(約 766—767)

《舊書·代宗紀》：大曆二年九月，“桂州山獠陷州城，刺史李良遁去”。《通鑑·大曆二年》九月同。《新書·南蠻下·南平獠傳》：“大曆二年，桂州山獠叛，陷州，刺史李良遁去。”《新表一下》紀王房：“襲丹楊公桂府都督良。”

趙 某　　大曆三年(768)

《全詩》卷二二三杜甫《別董頲》：“有求彼樂土，南適小長安……素聞趙公節，兼盡賓主歡。”仇兆鰲注：“趙公，鄧州守也。”認爲“小長

安"指鄧州淯陽。黄鶴謂此詩大曆三年作。友人陶敏謂由江陵赴鄧
州不得稱"南適"，桂林亦有"小長安"之稱。張叔卿《流桂州》"胡塵不
到處，即是小長安"便是。故此詩中"趙公"可能是桂州刺史，今兩存
之以備考。

黎　幹　　大曆五年（770）

《舊書·代宗紀》：大曆五年"五月辛未，刑部侍郎黎幹爲桂州刺
史、桂管防禦經略招討觀察等使"。九年四月"己卯，以桂管觀察使黎
幹爲京兆尹，兼御史大夫"。本傳："出爲桂州刺史、本管觀察使。至
江陵，丁母憂。久之，會京兆尹缺，人頗思幹，八年，復拜京兆尹、兼御
史大夫。"《新書》本傳略同。上圖藏拓片《唐故銀青光禄大夫尚書兵
部侍郎壽春郡開國公黎公（幹）墓誌銘并序》（貞元六年十一月廿八
日）："改刑部侍郎，尋除桂州刺史、桂管觀察等使兼御史大夫。道中
丁太夫人喪，哀過乎毁，外除復拜京兆尹。"則黎幹實際上似未到任。

陸　某　　大曆中？

《全詩》卷二七〇戎昱有《桂州西山登高上陸大夫》。

張　某　　約大曆五年—約七年（約770—約772）

《全文》卷三七六任華《桂林送前使判官蘇侍御歸上都序》："桂
林，秦所置郡也……連帥之任，朝廷難其人。往年命御史中丞張公，
公號爲稱職。去年又命我以佐之。"《全詩》卷二三八錢起《送張中丞
赴桂州》："出守求人瘼，推賢動聖情。紫臺初下詔，皁蓋始專城。"當
即此人。按任華大曆後期在桂林李昌巙幕，由此證知張公乃李昌巙
前任。

蘇　澣　　約大曆七年—八年（約772—773）

任華《桂林送前使判官蘇侍御歸上都序》："初，張公受命之日，以
爲五嶺荒服，不同於他邦；百蠻獷俗，不可以獨理。乃薦武功蘇澣，自
祕書省校書郎除金吾掾攝監察御史以佐焉。澣在幕中，多所匡輔。

洎張公家艱去職，瀚統其留務，凜其正色，操持紀綱，而十州之地晏如也。洎我公至止，觀其迹而美其政，將表請焉。瀚辭以久辭墳墓，不見兄弟已六年，願得生入武關，一到闕下足矣。公從之。"證知張某丁艱去職後，李昌巎未到任前，蘇瀚主持州事。

李昌巎　　大曆八年—建中二年（773—781）

《舊書·代宗紀》：大曆八年九月"戊戌，以辰錦觀察使李昌巎爲桂州刺史、桂管防禦觀察使"。《德宗紀上》：建中二年二月乙未，"以桂管觀察使李昌巎爲江陵尹、兼御史大夫、荆南節度等使"。《全文》卷四四一韓雲卿《平蠻頌》："惟大曆十二年桂林象郡之外有西原賊率潘長安僞稱安南王……天子命我隴西縣男昌巎領桂州都督兼御史中丞持節招討。"《全詩》卷二七〇戎昱有《上桂州李大夫》。

盧　嶽　　建中二年—貞元三年（781—787）

《舊書·德宗紀上》：建中二年二月"甲辰，以容州刺史盧嶽爲桂州防禦觀察使"。《全文》卷七八四穆員《陝虢觀察使盧公（嶽）墓誌銘》："建中元年，今上嗣位……授容管經略招討等使，未一年……轉桂府觀察經略等使……貞元三年來朝，拜少府監。"

李　佐　　貞元三年—四年（787—788）

《全文》卷七八四穆員《京兆少尹李公（佐）墓誌銘》："鑾駕還京，公奉章朝奏。是時梁汴圯隔，漕運不至……擇全才領商於之地，以關南門，於是有刺史、防禦、中丞之命……無何，授桂管觀察經略使……累以親老陳乞，故有亞尹之拜。"貞元六年三月終，年六十一。又《監察御史裴府君墓誌銘》："李侯移鎮桂林，統帥南服，表公爲監察御史。"貞元六年八月卒。

暢　悦　　貞元四年（788）

《舊書·德宗紀下》：貞元四年正月"癸巳，以太子左庶子暢悦爲桂管觀察使"。六月"乙丑，桂管都防禦觀察使暢悦卒"。

孫　成（孫晟）　　貞元四年—五年（788—789）

《舊書·德宗紀下》：貞元四年七月“乙亥，以蘇州刺史孫晟爲桂州刺史、桂管觀察使”。五年十月己丑，“桂管觀察、御史中丞孫晟卒”。《姓纂》卷四樂安孫氏：“成，桂府觀察兼中丞。”《新表三下》孫氏略同。《元龜》卷七八四亦作“孫成”。《千唐誌·唐故中大夫守桂州刺史兼御史中丞充桂州本管都防禦經略招討觀察處置等使上柱國樂安縣開國男賜紫金魚袋孫府君（成）墓誌銘并序》（貞元六年五月七日）：“遷蘇州刺史……數歲積勞，除桂州刺史兼御史中丞充本管都防禦經略招討觀察等使……貞元五年五月廿一日即代於桂州理所，春秋五十三。”又見《唐故桂州刺史兼御史中丞孫府君故夫人范陽郡君盧氏墓誌銘并序》（永貞元年十一月五日）、《唐許州長葛縣尉鄭君亡室樂安孫氏墓誌銘并序》（元和二年八月十一日）、《唐故汝州司馬孫府君（審象）墓誌銘并叙》（會昌元年十二月七日），上圖藏拓片《唐故承議郎使持節都督登州諸軍事登州刺史孫府君（方紹）墓誌銘并序》（咸通九年八月十一日）等。

裴　腆　　貞元五年—六年（789—790）

《舊書·德宗紀下》：貞元五年“六月乙未，以光禄卿裴腆爲桂管觀察使”。《全文》卷四八〇吕頌《爲張侍郎乞入覲表·再請入覲表》：“臣去貞元五年面辭之日親奉進止，令臣一考即來。臣謬荷聖恩，擢居方鎮，炎瘴之地，首末四年……臣伏見今日以來，楊（暢）悦、孫誠（成）、李速、裴腆皆在遐裔，相次喪往，特乞聖恩，全臣性命。”按《新表一上》南來吳裴氏：“腆，户部侍郎。”

齊　映　　貞元七年—八年（791—792）

《舊書·德宗紀下》：貞元七年五月“戊子，以衡州刺史齊映爲桂管觀察使”。八年七月甲寅，“以桂管觀察使齊映爲洪州刺史、江西觀察使”。又見兩《唐書》本傳，《歷代名畫記》卷一〇。

王　拱　　貞元八年—十四年（792—798）

《舊書·令狐楚傳》：“貞元七年登第。桂管觀察使王拱愛其才，欲以禮辟召，懼楚不從，乃先聞奏而後致聘……〔楚〕感拱厚意，登第後徑往桂林謝拱。"《新書・令狐楚傳》略同。《太平寰宇記》卷一六二桂州臨桂縣："貞元十四年刺史王珙築此堤。""珙"殆即"拱"之訛。《全文》卷五三九令狐楚有《爲桂府王拱中丞賀南郊表》，又卷五四〇有《爲桂府王中丞謝加朝議大夫表》。按南郊大禮事在貞元九年十一月，見《舊書・德宗紀下》。《全文》卷六〇五劉禹錫《唐故相國贈司空令狐公（楚）集序》："琅邪王拱識公於童卯，雅器重之；至是，拱自虞部正郎領桂州，鋭於辟賢。"

韋　武　　貞元十九年（803）

《舊書・德宗紀下》：貞元十九年二月"丙申，以桂管留後韋武爲桂州刺史、桂管觀察使"。《新書》本傳未及。

顏　証　　貞元二十年—元和三年（804—808）

《舊書・德宗紀下》：貞元二十年十二月"庚午，以桂管防禦使顏証爲桂州刺史、桂管觀察使"。《全文》卷六六四白居易有《與顏証詔》。

李　某　　元和四、五年（809、810）

《全文》卷五七六柳宗元有《上桂州李中丞薦盧遵啓》。又卷五七八《送内弟盧遵遊桂州序》："〔盧遵〕以予棄於南服，來從予居五年矣……以桂之邇也，而中丞之道光大多容賢者，故洋洋焉樂附而趨。"

房　啓　　元和八年（813）

《舊書・憲宗紀下》：元和八年四月"乙酉，以邕管經略使房啓爲桂管觀察使"。七月"丁丑，新授桂管觀察使房啓降爲太僕少卿"。《韓昌黎集》卷二七《清河郡公房公（啓）墓碣銘》："貞元末……舉以爲容州經略使……遷領桂州……貶虔州長史。"

馬　摠（馬總）　　元和八年（813）

《舊書‧憲宗紀下》：元和八年七月丁丑，"以安南都護馬總爲桂管觀察使"。十二月"丙戌，以桂管觀察使馬總爲廣州刺史、嶺南節度使"。又見兩《唐書》本傳。《全文》卷七一四李宗閔《馬公（總）家廟碑》："以御史中丞都護日南，以國子祭酒觀察於桂……徵拜尚書刑部侍郎，尋副丞相晉公討淮西。"

崔　詠　　元和八年—十一年（813—816）

《舊書‧憲宗紀下》：元和八年十二年丙戌，"以邕管經略使崔詠爲桂管觀察使"。又見《元龜》卷六八〇。《全文》卷五七一柳宗元有《爲崔中丞請朝覲表》，又卷五七二有《爲桂州崔中丞上中書門下乞朝覲狀》。《千唐誌‧唐故處士太原王府君（翶）墓誌銘并序》（大中元年二月七日）："外王父博陵崔公諱詠，元和年中屢鎮南服，由桂林領番禺，名重藩嶽。"

裴行立　　元和十二年—十五年（817—820）

《新書》本傳："繇蘄州刺史遷安南經略使……徙桂管觀察使。黄家洞賊叛，行立討平之。俄代桂仲武爲安南都護。"《舊書‧穆宗紀》：元和十五年二月"甲午，以桂管觀察使裴行立爲安南都護，充本管經略使"。《全文》卷五八〇柳宗元《桂州裴中丞作訾家洲亭記》："元和十二年，御史中丞裴公來蒞兹邦，都督二十七州諸軍事……期年政成，而富且庶。"又見卷五九〇《故祕書郎姜君（粵）墓誌》、《故處士裴君墓誌》、卷五七六《賀裴桂州啓》、卷五六三韓愈《柳子厚墓誌銘》、卷六四七元稹《贈贈裴行立制》、《桂林風土記‧訾家洲》。

杜式方　　元和十五年—長慶二年（820—822）

《舊書‧穆宗紀》：元和十五年二月"乙未，以太僕卿杜式方爲桂州刺史，充桂管觀察使"。長慶二年四月"庚辰，桂管觀察使杜式方卒"。又見兩《唐書》本傳，《新表二上》襄陽杜氏，《全文》卷七五六杜牧《唐故瀾陵駱處士（峻）墓誌銘》、卷六三九李翺《故歙州長史隴西李府君（則）墓誌銘》、卷六五七白居易《杜式方可贈禮部尚書制》。

嚴　謩　　長慶二年—三年（822—823）

《舊書·穆宗紀》：長慶二年四月"丁亥，以祕書監嚴譽（謩）爲桂管觀察使"。《全文》卷六五七白居易有《嚴謩可桂管觀察使制》。《全詩》卷三四四韓愈《送桂州嚴大夫同用南字》注："題下或有赴任二字。"卷二九九王建及卷三八四張籍有《送嚴大夫之桂州》，《白居易集》卷一九亦有《送嚴大夫赴桂州》詩。

殷　侑　　長慶三年—四年（823—824）

《舊書》本傳："王承宗拒命，遣侑銜命招諭之。承宗尋稟朝旨，獻德、棣二州，遣二子入朝。遷侑朝議大夫。凡朝廷之得失，悉以陳論，前後上八十四章，以言激切，出爲桂管觀察使。寶曆元年，檢校右散騎常侍、洪州刺史，轉江西觀察使。"《新書》本傳略同。《舊書·敬宗紀》：寶曆元年三月"辛未，以前桂管觀察使殷侑爲江西觀察使"。《太平寰宇記》卷一六二桂州豐水縣："唐長慶三年觀察使殷侑奏。"

李　渤　　寶曆元年—二年（825—826）

《舊書·敬宗紀》：寶曆元年正月"壬申，以給事中李渤爲桂州刺史、兼御史中丞、桂管防禦觀察使"。本傳："渤在桂管二年，風恙求代，罷歸洛陽。"《新書》本傳略同。《全文》卷七一二李渤有《桂州舉前容管經略使嚴公素自代狀》。又卷八〇四魚孟威《桂州重修靈渠記》："寶曆初，給事中李公渤廉車至此。"《金石補正》卷七一《隱山李渤等題名》："寶曆元年，給事……隴西公以直出廉察於此……桂州刺史兼御史中丞李渤……六月十七日書。"又見《太平寰宇記》卷一六二桂州，《桂林風土記·米蘭美績》、《隱仙亭》。按岑仲勉《貞石證史·李渤留別南溪詩》對"太和"紀年有解釋。

劉栖楚 　大和元年（827）

《舊書·文宗紀上》：大和元年正月戊寅，"以京兆尹劉栖楚爲桂管觀察使"。九月"壬午，桂管觀察使劉栖楚卒"。又見兩《唐書》本傳。《芒洛遺文》卷中《唐故桂管都防禦觀察等使桂州刺史兼御史大夫賜紫金魚袋贈左散騎常侍劉公（栖楚）墓誌》："維大和丁未歲正月，桂管都防禦觀察等使桂州刺史兼御史大夫河間劉公栖楚，字善保，始受命之桂林，八月廿五日公薨，時年五十二。"

蕭　祐（蕭祐、蕭裕）　大和元年—二年（827—828）

《舊書·文宗紀上》：大和元年九月"丙戌，以諫議大夫蕭裕（祐）爲桂管觀察使"。本傳："轉諫議大夫。逾月爲桂州刺史、御史中丞、桂管防禦觀察使。大和二年八月，卒於官。"《新書》本傳略同。張彥遠《歷代名畫記》卷三《叙古今公私印記》有"故桂州觀察使蕭祐印"，又卷一〇稱："蕭祐畫山水甚有意思，爲桂州觀察使。"又見《圖繪寶鑑》卷二。

李　諒　大和四年—五年（830—831）

《舊書·文宗紀下》：大和四年七月，"以吏部侍郎王璠爲京兆尹、兼御史大夫，代李諒；〔以李諒〕爲桂管觀察使"。五年二月"丙申，以桂管觀察使李諒爲嶺南節度使"。《金石萃編》卷一〇八有李諒《湘中紀行》石刻，後題："大和四年十月廿五日桂管都防禦觀察處置等使、桂州刺史、兼御史大夫李諒過此偶題。"

裴弘泰　大和五年（831）

《舊書·文宗紀下》：大和五年二月"辛酉，以黔中觀察使裴弘泰爲桂管經略使"。十二月"甲申，貶新除桂管觀察使裴弘泰爲饒州刺史，以除鎮淹程不進，爲憲司所糾故也"。

李　翺　大和五年—七年（831—833）

《舊書·文宗紀下》：大和五年十二月"癸巳，以鄭州刺史李翺爲

桂管觀察使”。又本傳：“〔大和〕五年，出爲桂州刺史、御史中丞，充桂
管都防禦使。七年，改授潭州刺史、湖南觀察使。”《新書》本傳略同。

李從易 大和七年—九年（833—835）

《舊書·文宗紀下》：大和七年六月“丁丑，以左金吾衛將軍李從
易爲桂管觀察使”。九年四月“丙戌，以桂管觀察使李從易爲廣州刺
史、嶺南節度使”。

韓 佽 大和九年—開成二年（835—837）

《舊書·文宗紀下》：大和九年四月辛卯，“以給事中韓佽爲桂管
觀察使”。開成二年三月“壬辰，桂管觀察使韓佽卒”。又見兩《唐書》
本傳。《酉陽雜俎》前集卷五：“韓佽在桂州，有妖賊封盈能爲數里
霧……其年韓卒。”

嚴 謇 開成二年—四年（837—839）

《舊書·文宗紀下》：開成二年三月“壬午，以楚州刺史嚴譽
（謇）爲桂管觀察使”。四年十月辛酉，“前桂管觀察使嚴謇卒”。

馮 審 開成四年—五年（839—840）

《舊書·文宗紀下》：開成四年九月辛丑，“以諫議大夫馮定
（審）爲桂管觀察使”。本傳：“〔開成〕四年九月，出爲桂州刺史、桂管
觀察使。入爲國子祭酒。”《新書》本傳略同。

李 珏 開成五年—會昌元年（840—841）

《舊書·武宗紀》：開成五年八月，“中書侍郎、同平章事李珏檢校
兵部尚書、桂州刺史，充桂管防禦觀察等使”。《通鑑·會昌元年》：三
月，“〔更貶〕李珏爲昭州刺史”。《舊書》本傳：“武宗即位之年九月，與
楊嗣復俱罷相，出爲桂州刺史、桂管觀察使。三年，長流驩州。”按《新
書》本傳稱：“貶江西觀察使，再貶昭州刺史。”“江西”字誤。

蔣　係　　會昌元年—二年（841—842）

《新書》本傳："開成末，轉諫議大夫。宰相李德裕惡李漢，以係友婿，出爲桂管觀察使，人安其治。復坐漢貶唐州刺史。宣宗立，召爲給事中、集賢殿學士判院事。"《舊書》本傳略同。吳氏《方鎮年表》列於會昌元年至二年，從之。

元　晦　　會昌二年—五年（842—845）

《全文》卷七九五孫樵《唐故倉部郎中康公墓誌銘并序》："三舉進士登上第，是歲會昌元年也……明年臨桂元公以觀風支使來辟。"《會稽掇英總集·唐太守題名》："元晦，會昌五年七月自桂管觀察使授。"

楊漢公　　會昌五年—大中元年（845—847）

《新書》本傳："下除舒州刺史，徙湖、亳、蘇三州。擢桂管、浙東觀察使。"《湖南通志·浯溪題名》有楊漢公，會昌五年十一月二日。《桂林風土記·訾家洲》："前汴州楊尚書宴遊題詩。"《會稽掇英總集·唐太守題名》："楊漢公，大中元年五月自桂管觀察使授。"《全文》卷七七三李商隱《爲滎陽公赴桂州在道進賀端午銀狀》："臣方乘傳置，未至藩維，前件銀已及中塗，實從前政，拜章獻祝……謹以前觀察使楊漢公封印進上。"按大中元年李商隱在桂州鄭亞幕。【補遺】《唐故銀青光禄大夫、檢校户部尚書、使持節鄆州諸軍事、守鄆州刺史，充天平軍節度、鄆曹濮等州觀察處置等使、御史大夫、上柱國、弘農郡開國公、食邑二千户弘農楊公（漢公）墓誌銘並序》（咸通二年十一月廿日）："公亦以忤姦黨出爲舒州刺史。……在郡苦節，以安人爲己任，百姓歌之。轉湖州、蘇州，理行一貫，結課第考，年年稱最。遷桂州觀察使兼御史中丞。廉問峻整，部内清肅。轉浙東觀察使、御史大夫。"（周紹良、趙超《唐代墓誌匯編續集》，上海古籍出版社2001年版）

鄭　亞　　大中元年—二年（847—848）

《舊書·宣宗紀》：大中元年二月，"以給事中鄭亞爲桂州刺史、御史中丞、桂管防禦觀察等使"。二年二月，"桂州刺史、御史中丞、桂管防禦觀察使鄭亞貶循州刺史"。又見兩《唐書·鄭畋傳》。《全文》卷七二六崔㟧有《授鄭亞桂府觀察使制》，卷七〇七李德裕有《與桂州鄭中丞書》，卷七七二李商隱有《爲中丞滎陽公赴桂州至湖南敕書慰諭表》、《爲滎陽公桂州謝上表》、《爲滎陽公桂州舉人自代狀》，卷七七三有《爲中丞滎陽公赴桂州長樂驛謝敕設饌狀》、《爲滎陽公赴桂州在道進賀端午銀狀》。卷七八一《爲中丞滎陽公祭桂州城隍神祝文》稱："維大中元年歲次丁卯八月甲午朔二十七庚申，桂州管内都防禦觀察處置等使正議大夫使持節桂州諸軍事守桂州刺史兼御史中丞上柱國賜紫金魚袋鄭某。"卷九六八闕名《據三司推勘吳湘獄罪狀奏》稱："西川節度使李回、桂管觀察使鄭亞等伏候敕旨。"

韋　瓘　　大中二年（848）

《新書》本傳："會昌末，累遷楚州刺史，終桂管觀察使。"《金石補正》卷六一《浯溪韋瓘題名》："余大和中以中書舍人謫康州，逮今十六年。去冬罷楚州刺史……今年三月有桂林之命。"按韋瓘大中元年罷楚州刺史。《桂林風土記·碧潯亭》："大中初，前韋舍人瓘創造。"

張　鷟　　大中二年—三年（848—849）

《桂林風土記·碧潯亭》："大中初，前韋舍人瓘創造……去思館，舊名青桂館，前政吏部張侍郎鷟除替，飾裝於此，遂改爲去思館。"又《獨秀峰》："下有巖洞，舊有宋朝名儒顏延之宅讀書亭……前政張侍郎廢毀焉。"按張鷟，武后至開元初人，未嘗爲桂州，當爲"張鷟"之誤。《千唐誌·唐茅山燕洞宮大洞鍊師彭城劉氏墓誌銘并序》（大中六年十二月十二日）有第四男燁記云："大中戊辰歲冬十一月，燁獲罪竄於蒙州立山縣，己巳歲冬十月十六日，貶所奄承凶訃……詣桂管廉察使張鷟請解官奔訃，竟爲抑塞。"按戊辰歲爲大中二年，己巳歲爲大中三年。又按大中元年二月張鷟在左諫議大夫任，見《通鑑》。

令狐定　　約大中三年—約六年(約 849—約 852)

《舊書》本傳："大和九年，累遷至職方員外郎、弘文館學士、檢校右散騎常侍、桂州刺史、桂管都防禦觀察等使。卒，贈禮部尚書。"又見《新書》本傳、《新表五下》令狐氏。《桂林風土記·遷鶯坊府郭》稱："遷鶯坊，本名阜財，在市西門，因曹鄴中丞進士及第，前政令狐大夫改爲遷鶯坊。"按曹鄴大中四年張溫琪榜及第，見《唐才子傳》。《全文》卷七四八杜牧《令狐定贈禮部尚書制》稱："故桂州本管都防禦觀察處置等使銀青光禄大夫檢校左散騎常侍持節都督桂州諸軍事兼桂州刺史御史大夫上柱國令狐定……可贈禮部尚書。"

張文規　　大中六年—八年(852—854)

《舊書》本傳："出爲安州刺史。累遷右散騎常侍、兼御史中丞、桂管都防禦觀察使。"又見《新書》本傳，《新表二下》河東張氏。《桂林風土記·石氏射樟木燈檠祟》："大中年，前政張侍郎名文規，三代臺相之家，廉桂林。"吳氏《方鎮年表》繫於大中六年至八年，從之。

張　固　　大中九年—十一年(855—857)

《桂林風土記·東觀》："舊有亭臺，近已摧壞。前政張侍郎名固，大中年重陽節宴於此。"吳氏《方鎮年表》繫於大中九年至十一年，從之。

【劉　潼　　大中十二年(858)(未之任)】

《東觀奏記》卷上："劉潼自鄭州刺史除桂州觀察使，右參(諫)議大夫鄭裔綽疏言不可，中使至，頒誥已數日，却命追制。"又見《唐語林》卷一。《新書》本傳未及。按鄭裔綽以大中十三年罷諫職，見《東觀奏記》，則追制當爲十二年事。

陸弘休　　大中十二年？(858？)

吳氏《方鎮年表》云：《桂林志》張固之後有陸弘休。又云：《桂林風土記·訾家洲》有前政給事陸弘休。按今《桂林風土記·訾家洲》

未見此語。

鄭　愚　　咸通二年—三年（861—862）

《通鑑·咸通三年》：八月，“以桂管觀察使鄭愚爲嶺南西道節度使”。《全文》卷八二〇鄭愚小傳：“咸通初官監察御史、商州刺史、桂管觀察使，召爲禮部侍郎，掌嶺南西道節度使。”

趙　格　　咸通三年？—四年？（862？—863？）

吴氏《方鎮年表》據《桂林志》有唐桂州刺史趙格，在鄭愚之後，嚴譔之前，列於咸通三年至四年。按《英華》卷四四五《玉堂遺範》有咸通三年《册魏王文》稱“副使左散騎常侍趙格”。《册凉王文》、《册蜀王文》同。則趙格咸通三年刺桂尚屬疑問。

嚴　譔　　咸通五年—六年（864—865）

《新書》本傳：“咸通中，繇桂管觀察使擢爲江西節度使。”《通鑑·咸通六年》：五月“壬寅，以桂管觀察使嚴譔爲鎮南節度使”。

盧　匡　　咸通六年—七年（865—866）

《桂林風土記·拜表亭》：“前政山北盧尚書匡添建置。”按咸通八年十月盧匡在吏部侍郎任，見《舊書·懿宗紀》。

李　叢　　約咸通七年—九年（約866—868）

《闕史》卷上《秦中子得先人書》：“時桂府李常侍叢製錦萬年。”《通鑑·咸通九年》：六月，“會桂管觀察使李叢移湖南，新使未至，秋七月，〔許〕佶等作亂”。

魚孟威　　咸通九年—約十二年（868—約871）

《新書·地理志七》桂州理定縣：“咸通九年，刺史魚孟威以石爲鏵堤，亘四十里。”《全文》卷八〇四魚孟威《桂州重修靈渠記》：“咸通九年，余自黔南移鎮於此……自九年興工，至十年告畢……咸通十一年四月十五日謹記。”《輿地碑記目》卷三《靜江府碑記》有《重修靈渠記》注：“唐刺史魚孟威撰。”

張　叢？　　咸通十三年（872）

吳氏《方鎮年表》咸通十三年下列張叢，引《桂林風土記》云：咸通年前政張大夫叢遊東觀有詩。查《桂林風土記·東觀》云：“咸通年，前政張大夫重遊東觀。”作“重”字。

張直方？　　咸通十四年？—乾符元年？（873?—874?）

《北夢瑣言》卷一一：“唐金吾大將軍張直方……大笑曰：‘……頃任桂府團練使，逢一道士……乃令健卒縛於山中，以死脅之。’”兩《唐書》本傳未及。吳氏《方鎮年表》列於咸通十四年至乾符元年。岑仲勉《正補》以爲“《瑣言》恐不可信”。

李　瓚　　乾符二年—三年（875—876）

《舊書·李宗閔傳》：“子琨、瓚……瓚自員外郎知制誥，歷中書舍人、翰林學士。〔令狐〕綯罷相，出爲桂管觀察使。御軍無政，爲卒所逐，貶死。”《新書·李宗閔傳》略同。又見《舊書·柳璧傳》。《通鑑·乾符三年》：十二月，“青、滄軍士戍安南，還，至桂州，逐觀察使李瓚”。按《新書·僖宗紀》作乾符四年十二月。《唐語林》卷六：“李瓚，故相宗閔之子。自桂州失守，貶昭州司户。”

張禹謨　　乾符三年—五年（876—878）

《通鑑·乾符三年》：十二月，“以右諫議大夫張禹謨爲桂州觀察使”。

李　峒　　乾符五年—廣明元年（878—880）

《全文》卷九〇昭（僖?）宗《授大理卿李峒黔中宣慰使制》稱：“李峒，國朝名相之令嗣也……頃鎮黔江，洽聞善政。四年問俗，五郡懷仁……尋移旌蓋，往理桂林，載揚休聲，屢著嘉績……今聞黔巫易帥之時，頗失睦鄰之道……昇爾揆路，爲吾使星。"吳氏《方鎮年表》列於乾符五年至廣明元年，姑從之。

陳　瓘（陳可瓘）　　光啓元年—乾寧元年（885—894）

《桂林風土記·夾城》："光啓年中，前政陳太保（可瓘）造。"又《海陽山》："下有廟，前政陳太保奏録，詔封廣潤侯。"《全文》卷八二八趙觀文《桂州新修堯舜祠祭器碑》："皇帝御宇大順壬子季冬十二月，故府司空潁川陳公自桂州觀察使膺制命，建静江軍號，仍降龍節，明年春二月，准敕有事於堯、舜二祠。"

張　某　　乾寧中

《北夢瑣言》卷一二："廬山書生張璟，乾寧中，以所業之桂州，欲謁連帥張相。"

周元静　　乾寧元年—二年（894—895）

《金石補正》卷七七張濬《山居洞前得杜鵑花走筆偶成以簡桂帥僕射兼寄呈廣州僕射劉公》詩：伏蒙僕射□公和杜鵑花，乾寧元年三月廿七日書。《通鑑·乾寧二年》：十二月，"安州防禦使家晟……與指揮使劉士政、兵馬監押陳可瑶將兵三千襲桂州，殺經略使周元静而代之"。按《全文》卷八二八趙觀文《桂州新修堯舜祠祭器碑》稱："今僕射彭（闕）兩兩使可繼巨屏。"吳氏《方鎮年表》單列彭姓於乾寧元年下；岑仲勉《正補》以爲："此彭字或得爲封爵，里貫，不定是姓彭，亦許即元静其人。"

宣　晟（家晟）　　乾寧二年（895）

《通鑑·乾寧二年》：十二月，"安州防禦使家晟……與指揮使劉士政、兵馬監押陳可瑶將兵三千襲桂州，殺經略使周元静而代之。晟醉侮可瑶；可瑶手刃之"。按《新書·昭宗紀》：乾寧二年，"是歲，安州防禦使宣晟陷桂州，静江軍節度使周元静部將劉士政死之，晟自稱知軍府事"。作"宣晟"。

劉士政　乾寧二年—光化三年（895—900）

《通鑑·乾寧二年》：十二月，"晟醉侮〔陳〕可璠，可璠手刃之，推〔劉〕士政知軍府事，可璠自爲副使。詔即以士政爲〔桂管〕經略使"。又《光化三年》：九月，"升桂管爲静江軍，以經略使劉士政爲節度使"。十月，"静江節度使劉士政聞馬殷悉平嶺北，大懼……〔李瓊〕遂圍桂州，數日，士政出降"。又見《新五代史·馬殷傳》、《劉隱傳》，《十國春秋·楚武穆王世家》。

李　瓊　光化三年—天祐四年（900—907）

《通鑑·光化三年》：十月，"馬殷以李瓊爲桂州刺史，未幾，表爲静江軍節度使"。又見《九國志》本傳，《新五代史·馬殷傳》，《十國春秋·楚武穆王世家》及本傳。按《十國春秋·楚武穆王世家》："開平三年夏五月，静江節度使同平章事李瓊卒。"《九國志》本傳亦稱："開平中卒於治所"；惟《十國春秋》本傳作"天祐二年卒"。

待考録

郭　珍

《姓纂》卷一〇太原陽曲郭氏："珍，桂州都督。"乃唐初倉部員外郎郭士倫之曾孫。

李　某

《全文》卷八〇七司空圖《答孫邰書》："韓吏部激李桂州之不行，責陽道州之無勇，雖致二賢適自困，亦何救於大患哉。"

陸魯公

《宋高僧傳》卷一八《唐齊州靈巖寺道鑒傳》："唐先天二年，陸魯公子疾……門遇一僧分衛，屈入，遂索水器含噀之，即時病間……答曰：'貧道住蘇州吳縣西靈巖寺，郎君爲官江表，望入寺相尋。'斯須已去。未久，調補尚書祠部郎，續遷桂州廉使。常念當年救病之僧，迂路姑蘇，入靈巖寺覓焉。"

卷二七六　昭州（樂州、平樂郡）

　　武德四年置樂州。貞觀八年改爲昭州。天寶元年改爲平樂郡。乾元元年復爲昭州。領縣三：平樂、恭城、永平。

周孝諫　　約武德中
　　《姓纂》卷五昭州周氏：“唐樂州刺史周孝諫，代爲樂州首領。”

江齊賢　　武德中？
　　嘉慶五年《廣西通志》卷一六《職官表》有江齊賢，謂高祖時任樂州刺史。未知何據。

李日敷　　約肅宗、代宗間
　　《新書·宗室世系表上》蜀王房：“昭州刺史日敷。”乃永王府參軍李日知之弟。

敬超先　　大曆四、五年（769、770）
　　《全詩》卷二二三杜甫《追酬故高蜀州人日見寄并序》：“往居在成都時，高任蜀州刺史，人日相憶見寄詩……今海内忘形故人，獨漢中王（一作郡王）瑀與昭州敬使君超先在。愛而不見，情見乎辭，大曆五年正月二十一日却追酬高公此作，因寄王及敬弟。”

張　撝　　約大曆中
　　《新表二下》始興章氏：“撝，撫州刺史。”乃張九皋之子。

張 瑟　貞元七年？（791？）

《全文》卷五四二令狐楚《爲人作薦昭州刺史張瑟狀》：“張瑟憂人若己，理郡如家……周旋六年，其道一致。臣猥司廉察……以所見聞，懇須甄録。”按《舊書·令狐楚傳》，貞元七年登第後曾往桂管謝王拱，疑此文貞元七年爲桂管觀察使王拱作。

何 溢　開成中

拓本《大唐故銀青光禄大夫使持節都督茂州諸軍事行茂州刺史何公（溢）墓誌銘并序》（大中四年十一月二十八日）：“拜昭州刺史。廉間馮翊嚴公謇……極言上聞。拜循州刺史……連帥范陽盧公貞復以表論。”（《西安郊區隋唐墓》，科學出版社版）

李 珏　會昌元年—五年（841—845）

《通鑑·會昌元年》：三月，“更貶楊嗣復爲潮州刺史，李珏爲昭州刺史”。又《會昌六年》：八月，“昭州刺史李珏爲郴州刺史”。又見《新書》本傳，《東觀奏記》卷上，《唐語林》卷三。《舊書》本傳未及。《芒洛四編》卷六《唐故朝議郎使持節明州諸軍事守明州刺史上柱國賜緋魚袋韋府君（塤）墓誌銘并序》（會昌元年十月二十四日）：“今昭州相國李公珏尹正東洛，奏君司録河南事。”按《金石補正》卷七四《華景洞李珏題名》稱：“郴州刺史李珏、桂管都防禦巡官試祕書省校書郎元充，□會昌五年五月廿六日同遊。時珏蒙恩移郡之桂陽。”由此證知李珏於會昌五年由昭州移郴州。《新書》、《通鑑》均誤。《全詩》卷五三四許渾《聞韶州李相公移拜郴州因寄》。詩中“韶州”乃“昭州”之訛。“李相公”即李珏。

盛 均　大中時？

《新書·藝文志三》“盛均《十三家貼》”注：“均，字之材，泉州南安人，終昭州刺史。”《全文》卷七六三盛均小傳同。《太平寰宇記》卷一〇二泉州誤作“韶州刺史”。

田文雅　　咸通元年（860）

《隋唐五代墓誌匯編·陝西卷》第二册《使持節昭州諸軍事守昭州刺史上柱國（田文雅）墓誌銘并序》（咸通二年正月十三日）："官至彭城宰、太子□□司議郎，更遷兩郡太守……薨於昭州也。"

陶　英　　天祐三年—四年（906—907）

《十國春秋》本傳："唐末累官太尉。天祐二年上書言事，指斥時政，忤梁王朱全忠，因授征南將軍，領兵八萬出鎮昭州以疏之。明年，唐亡，英懼禍，隱於昭州之誕山。"

卷二七七　富州(静州、開江郡)

武德四年置静州。貞觀八年改爲富州。天寶元年改爲開江郡。乾元元年復爲富州。領縣三:龍平、思勤、開江(馬江)。

薛　某　　　武德、貞觀間

《隋唐五代墓誌彙編·洛陽卷》第八册《大唐絳州正平縣主簿鄭景良妻河東薛夫人墓誌銘并序》(開元四年五月二十一日):"曾祖□,静州刺史。"夫人卒開元四年五月十八日,春秋三十有四。

楊思玄　　　神龍元年(705)

北圖藏拓片《大唐中興弘農郡楊使君(思玄)墓誌銘文》(神龍元年五月廿四日):"君諱思玄,字處寂……神龍元年授中大夫使持節富州諸軍事富州刺史,上柱國。"

崔　密　　　大曆中?

《新表二下》博陵安平崔氏第三房:"密,富州刺史。"乃崔玄範孫。

【獨孤朗】　　　長慶元年(821)(未之任)

《全文》卷六六八白居易《論左降獨孤朗等狀——都官員外郎史館修撰獨孤朗可富州刺史》:"右,今日宰相送詞頭左降前件官如前,令臣撰詞者。臣伏以李景儉因飲酒醉,詆忤宰相。既從遠貶,已是深文……自陛下臨御,及此二年……其獨孤朗等四人出官詞頭,臣已封

訖，未敢撰進，伏待聖旨。"按《舊書》本傳稱："長慶初，諫議大夫李景
儉於史館飲酒，憑醉謁宰相，語辭侵侮，朗坐同飲，出爲漳州刺史。"
《舊紀》、《新書》本傳均作"韶州刺史"，據白居易此《狀》，知朗先貶富
州，封還詞頭後又改韶州。

支 訥　　咸通二年（861）

《千唐誌·唐鴻臚卿致仕贈工部尚書琅耶支公長女鍊師墓誌銘
并序》（咸通三年十月八日）："今天子之明年，訥兄蒙授藤州牧……得
申令姊慰心之道，假路東洛，扶侍南州。到官逾旬，旋屬蠻擾，方安藤
水，忽改富陽……因涵癘氣，奄然終天……春秋五十，咸通二年九月
十二日没於富州之公舍。"季弟支謨撰。上圖藏拓片《唐故西川少尹
支公（訥）墓誌銘并序》（乾符六年五月二十五日）："遂歷藤、富、貴、柳
四郡。"乾符五年七月十三日卒，享年五十六。

卷二七八　梧州（蒼梧郡）

隋蒼梧郡。武德四年置梧州。天寶元年改爲蒼梧郡。乾元元年復爲梧州。領縣三：蒼梧、戎城、孟陵。

陳懷卿　　武后時？

《朝野僉載》卷二："陳懷卿，嶺南人也……仕至梧州刺史。"又見《廣記》卷四九五引。《南部新書》庚略同。

李　抗　　乾元中

《全文》卷三七七楊譚《兵部奏桂州破西原賊露布》："伏惟乾元大聖光天文武孝感皇帝陛下，明齊日月，德配天地……梧州刺史本州防禦使李抗、先鋒總管梧州長史秦匡朝……或擐甲伏兵，縱其救援；或致果決勝，扼其喉咽。"按《舊書·王翃傳》云："前後經略使陳仁琇、李抗、侯令儀、耿慎惑、元結、長孫全緒等，雖容州刺史，皆寄理藤州，或寄梧州。"又按"大聖光天文武孝感皇帝"乃至德三載（乾元元年）正月上肅宗尊號，知李抗乾元中爲梧州刺史。

韋　武？　　貞元十二年（796）

《寶刻叢編》卷一九引《復齋碑錄》："《唐冰泉銘》，唐大曆間容州刺史元結撰，貞元十二年正月十六日韋武重修并書。"按《輿地碑記目》卷三《梧州碑記》有《元結冰井銘》，注："唐大曆十三年，容州經略使元結過郡，目曰冰井，又爲銘刻石泉上。"是碑當在梧州。韋武或曾爲梧刺耶？《新書》本傳未及。

王　某　　元和中？

《全詩》卷三八六張籍《送梧州王使君》："楚江亭上秋風起，看發蒼梧太守船。"

駱　峻（駱元休、駱玄休）　　長慶初

《全文》卷六六三白居易《授駱峻太子司議郎梧州刺史賜緋魚袋兼改名元休制》："桂林守土臣〔杜〕式方言，梧爲要郡，兵後人困，乞廉貞吏以撫之……峻宜副所舉，勉率中道，往安梧人，可梧州刺史。"又卷七五六杜牧《唐故瀍陵駱處士（峻）墓誌銘》："長慶初，桂府觀察使杜公凡兩拜章，乞爲梧州刺史，詔因授之。"

李　湘　　寶曆元年（825）

《廣記》卷三四六引《續玄怪録》："寶曆元年，蒙州刺史李湘，去郡歸闕……李湘至京，以奇貨求助，助者數人，未一月，拜梧州刺史。"

劉　約？　　寶曆中（825—826）

《全詩》卷四七七李涉《與梧州劉中丞》："三代盧龍將相家，五分符竹到天涯，瘴山江上重相見，醉里同看豆蔻花。"友人陶敏謂李涉寶曆元年十月自太學博士流康州，見《舊書·敬宗紀》；寶曆二年在桂林有《南溪詩》及《南溪元巖銘》，見《金石補正》卷七一，此詩當爲是年赴康州經梧州時作。劉中丞，疑爲劉約。按劉約之祖怦、父濟、兄總，三代爲幽州盧龍節度使，濟、總並加同平章事；按劉約寶曆前曾爲齊州、棣州、德州、滄州等州刺史。故詩云云。

孟　棨　　開成中

《本事詩》："開成中，余罷梧州，有大梁夙將趙唯爲嶺外刺史，年將九十矣，耳目不衰，過梧州，言大梁往事。"

鄭　畋　咸通十一年—十四年？（870—873？）

《舊書·懿宗紀》：咸通十一年九月丙辰，"翰林學士、户部侍郎、知制誥、上柱國、賜紫金魚袋鄭畋爲梧州刺史"。《通鑑·咸通十一年》九月同。又見兩《唐書》本傳。《舊書》本傳稱："僖宗即位，召還，授右散騎常侍。"《全文》卷八四懿宗有《責授鄭畋梧州刺史詔》。《太平寰宇記》卷一六四梧州蒼梧縣："咸通末，鄭畋自翰林承旨學士謫官蒼梧太守。"《重修承旨學士壁記》："鄭畋，咸通九年五月二十日自萬年令入……十一年四月二十六日加承旨，九月二十七日授梧州刺史。"《劇談録》卷下："咸通中，劉相國瞻……出鎮荆南……鄭公自翰林承旨左遷梧州，相國自端溪竄於日南，謫居四年，方獲清雪。"《雲笈七籤》卷一一五《墉城集仙録·緱仙姑》："相國文昭鄭公畋，自承旨學士左遷梧州牧，師事於姑。"

杜讓能　景福二年（893）

《新書·宰相表下》：景福二年"九月，〔杜〕讓能貶梧州刺史，再貶雷州司户參軍"。又見《新書·昭宗紀》，《通鑑·景福二年》九月。《大詔令集》卷五八（《全文》卷九〇）昭宗有《貶杜讓能梧州刺史制》。

張　綺　唐末？

《新表二下》始興張氏："綺，梧州刺史。"乃大和中福建觀察使張仲方曾孫。

卷二七九　蒙州(南恭州、蒙山郡)

武德四年置南恭州。貞觀八年改爲蒙州。天寶元年改爲蒙山郡。乾元元年復爲蒙州。領縣三：立山、東區、純義(正義)。

方處嵩　　貞元中

《全文》卷四四九高郢《方處嵩進秩制》："朝請大夫、使持節蒙州諸軍事蒙州刺史、賜紫金魚袋方處嵩，昔以端誠，率修公議，美利歸於内服，外譽著於中華……可依前件。"據《舊書·高郢傳》，高郢貞元中爲中書舍人九年。

李　湘　　寶曆元年(825)

《廣記》卷三四六引《續玄怪録》："寶曆元年，蒙州刺史李湘，去郡歸闕……未一月，拜梧州刺史。"

李　漳　　咸通中？

《新書·宗室世系表上》蔡王房："五嶺租庸判官、蒙州刺史漳。"乃雅、信二州刺史李岑玄孫。

于思晦　　乾符四年(877)

上圖藏拓片《唐故苗府君夫人彭城劉氏墓誌銘并序》(乾符四年十月三日)："夫人乾符四年六月六日薨於河南府福昌縣三鄉官舍……享年六十五……女三人，長適蒙刺東海于思晦，先夫人終。"

卷二八〇　龔州（臨江郡）

貞觀七年置龔州都督府。天寶元年改爲臨江郡。乾元元年復爲龔州。領縣五：平南、武林、隋建、陽建（陽川）、大同。

徐仁軌　　高宗時？

《姓纂》卷二新豐徐氏："仁軌，龔州刺史。"乃隋光禄卿徐寔姪孫。

張直方　　咸通末

《廣記》卷二〇五引《嶺表録異》："咸通末，幽州張直方貶龔州刺史。"又見《御覽》卷八一三引。兩《唐書》本傳未及。

朱友寧　　昭宗時

《舊五代史》本傳："及擒秦宗權，太祖令友寧輾送宗權西獻於長安……自是繼立軍功，累官至檢校司空、兼龔柳二州刺史。太祖駐軍岐下，遣友寧領所部先歸梁苑，以備守禦……及昭宗歸長安，朝廷議迎駕功，友寧授嶺南西道節度使。"《新五代史》本傳略同。

于　恪　　唐末？

《新表二下》于氏："恪，龔州刺史。"乃憲宗時宰相于頔之曾孫，駙馬都尉季友之孫，象州刺史于晦之子。

卷二八一　潯州(潯江郡)

　　貞觀七年置潯州。十二年廢潯州。後復置潯州。天寶元年改爲潯江郡。乾元元年復爲潯州。領縣三：桂平、大賓、皇化。

　　暫闕

卷二八二　鬱林州（蔚林州、鬱林郡）

貞觀中置鬱林州。天寶元年改爲鬱林郡。乾元元年復爲鬱林州。領縣五：石南、鬱林、興業、興德、潭栗。

【補遺】寧道務　　景雲中

《全唐文補遺》第七輯闕名《寧道務墓誌》："授愛州牧。……景雲歲，改牧鬱林。"

何乾遇　　約開元初

《全文》卷二三八盧藏用《景星寺碑銘》："蔚林州刺史何乾遇等……化浹海嵎，績揚朝聽。""蔚林州"，當即鬱林州。

卷二八三　平琴州(平琴郡)

　　永淳二年析黨州置平琴州。垂拱三年廢。神龍三年復置。天寶元年改爲平琴郡。乾元元年復爲平琴州。建中二年廢,併入黨州。領縣四:安仁(容山)、懷義、福陽、古符。

周　珪　　約開元初

　　《全文》卷二三八盧藏用《景星寺碑銘》:"今天子嗣守丕構,開元立極……平琴州刺史周珪……或位以材授,或職因地獎,化浹海嵎,績揚朝聽。"

卷二八四　賓州(安城郡、嶺方郡)

貞觀五年置賓州。天寶元年改爲安城郡。至德二年九月改爲嶺方郡。乾元元年復爲賓州。領縣三：安城、琅邪、嶺方。

李師素　　元和十五年(820)

《元龜》卷九二五："李師素爲兵部員外郎，令狐楚坐山陵事貶，師素與楚親，出爲賓州刺史。"按令狐楚元和十五年坐山陵事貶。

李　容(李顒)　　長慶初

《全文》卷六五七白居易有《康昇讓可試太子司議郎知欽州事兼充本州鎮遏使李容可試太子通事舍人知賓州事兼賓澄蠻橫貴等五州都遊奕使五人同制》。《白居易集》卷五一作"李顒"。

卷二八五　澄州（南方州、賀水郡）

武德四年置南方州。貞觀八年改南方州爲澄州。天寶元年改爲賀水郡。乾元元年復爲澄州。領縣四：上林、無虞、止戈、賀水。

高　裕　　貞觀中？

《隋唐五代墓誌匯編・洛陽卷》第十册《大唐邠王故細人渤海高氏墓誌銘并序》（開元二十四年八月二十三日）：“曾祖裕，皇任澄州刺史……祖智惠，皇任汝州司法參軍。……父思業，吏部常選。”高氏卒開元廿三年十一月七日。

韋守盈　　開元十五年前（727 前）

洛陽關林藏石刻《唐故中大夫福州刺史管府君（元惠）神道碑并序》：“〔開元〕十五年，除使持節都督邕州諸軍事邕州刺史兼潯貴等卅六州……間爲邕也。前守李禱之誣澄州刺史韋守盈反，劾禱之不道，獲贓賄萬計，明守盈不叛，免子弟千餘。”

陳行範　　開元十五年（727）

《唐長安城郊隋唐墓・唐故驃騎大將軍兼左驍衛大將軍知内侍事上柱國虢國公楊公（思勖）墓誌銘并序》（開元二十八年卒）：“高祖彜、曾祖尋、祖業、考歷等，皆爲大首領於羅州……主上告成岱嶽……特拜驃騎大將軍，俸依一品。梁大海之亂邕府也，公俘梁〔大〕海等三千人，斬其徒二萬級，公之殺敵也。澄州刺史陳行範構數十州渠魁，欲割據江嶺，公盡覆巢穴，俘虜凱歸，公之克捷也。"卒年八十七。據《舊書·玄宗紀上》作"瀧州刺史"，事在開元十六年正月，《新書》亦稱"瀧州首領"，未知此《志》誤否。

薛昭緯　　昭宗時？

　　《北夢瑣言》卷四："唐薛澄州昭緯，即保遜之子也，恃才傲物，亦有父風。"按《舊書》本傳稱："乾寧中爲禮部侍郎，貢舉得人，文章秀麗。爲崔胤所惡，出爲磎州刺史，卒。"《新書》本傳略同。按《唐摭言》卷一二稱："薛保遜，大中朝尤肆輕佻……其子昭緯，頗有父風，嘗任祠部員外……天復中自臺丞累貶登州司馬。"未知《瑣言》誤否。

卷二八六　繡州（林州、常林郡）

武德四年置林州。六年改爲繡州。天寶元年改爲常林郡。乾元元年復爲繡州。領縣三：常林、阿林、羅繡。

趙匡明　　約乾寧中

《舊五代史·趙匡凝傳》："弟匡明⋯⋯以軍功歷繡、峽二州刺史。成汭之敗，其兄匡凝表爲荆南留後。"

張　濬　　天復二年(902)

《北夢瑣言》卷四："唐末，朝廷圍太原不克，以宰相張濬爲都統⋯⋯軍容使楊復恭與張相不叶，逗撓其師，因而自潰，由是貶張相爲繡州牧。"兩《唐書》本傳未及。熊飛云，貫休有《繡州張相公見訪》："德符唐德瑞通天，曾化讒諛玉座前。"(《全詩》卷八三七)此張相公，應爲貶繡州刺史的張濬。張濬貶繡州時間不長。應在天復二年(902)。張濬訪貫休，應是在黔州，即貫休得罪成汭被流放之時。

卷二八七　象州(象山郡)

武德四年置象州。天寶元年改爲象山郡。乾元元年復爲象州。
領縣四:武化、武德、陽壽、武仙。

秦元覽　　武德六年(623)

《新書·南蠻下·南平獠傳》:"〔武德〕六年,長真獻大珠,昆州刺
史沈遜、融州刺史歐陽世普、象州刺史秦元覽亦獻筒布,高祖以道遠
勞人,皆不受。"《元龜》卷一六八誤作"秦元賢"。

韋　挺　　約貞觀二十年(約646)

《舊書》本傳:"太宗不悦,詔挺曰:'……朕欲十九年春大舉,今言
二十年運漕,甚無謂也。'……依議除名,仍令白衣散從……謫爲象州
刺史;歲餘卒,年五十八。"《袁天綱傳》、《新書》本傳略同。又見《元
龜》卷四一、卷八六〇。《新表四上》韋氏逍遥公房:"挺,象州刺史。"
【補遺】《大唐象州使君第六息故韋君(幾)之墓誌銘》(貞觀廿一年五
月五日):"父挺,唐太常卿、扶陽男,出爲象州刺史。"(陳尊祥、郭聆生
《唐韋幾墓誌考》,《文博》1994年第4期)

柳　奭　　顯慶二年—四年(657—659)

《通鑑·顯慶二年》:八月丁卯,"又貶褚遂良爲愛州刺史,榮州刺
史柳奭爲象州刺史"。又《顯慶四年》:七月,"使者殺柳奭於象州"。
兩《唐書》本傳均作愛州,疑誤。

成　匜　　　至德二載(757)

《全文》卷三七七楊譚《兵部奏桂州破西原賊露布》："伏惟乾元大聖光天文武孝感皇帝陛下明齊日月，德配天地……都知兵馬使朝散大夫象州刺史成匜，領當管及柳州刺史衢州等戰手共一萬人，卷其旌旗，踰挺爭先，膚有渠魁，當陣斬獲。"

米　蘭　　　長慶中

《桂林風土記·米蘭美績》："長慶中，前政李給事名渤，字濬之，自給事中除桂林……乃奏米蘭牧於象郡以酬，敕下允從。"

鄭　瑤?　　大中前?

《樊南文集》卷八《象江太守》："滎陽鄭瑤自象江得怪石六……瑤爲象江三年，不病瘴，平安寢食。及還長安，無家居，婦兒寄止人舍下。"

韋　某　　　大中二年(848)

《全詩》卷七四五陳陶《南海送韋七使君赴象州任》。據今人陶敏考證，此詩作於大中二年。

于　晦　　　咸通時?

《新表二下》于氏："晦，象州刺史。"乃絳、宋等州刺史、駙馬都尉季友之子。

待考録

章　滂

《嘉慶廣西通志》卷一六《職官表》列象州刺史有章滂。謂年次無考。

卷二八八　柳州（昆州、南昆州、龍城郡）

武德四年置昆州。其年仍加昆州爲南昆州。貞觀八年改南昆州爲柳州。天寶元年改爲龍城郡。乾元元年復爲柳州。領縣五：馬平、龍城、象縣、洛封（洛曹）、洛容。

沈　遜　　武德六年（623）

《新書·南蠻下·南平獠傳》：“〔武德〕六年，長真獻大珠，昆州刺史沈遜、融州刺史歐陽世普、象州刺史秦元覽亦獻筒布。高祖以道遠勞人，皆不受。”又見《元龜》卷一六八。

周君謨　　武后時？

《姓纂》卷五昭州周氏：“君謨，柳州刺史。”乃唐初樂州刺史周孝諫孫，永州刺史周萬才子。

陳思應　　天寶四載（745）

《嘉泰吳興志》卷一四郡守題名：“陳思應，天寶元年自柳州刺史授；不之任。《統記》云：四年。”

張維南　　乾元二年（759）

《全文》卷三七七楊譚《兵部奏桂州破西原賊露布》：“伏惟乾元大聖光天文武孝感皇帝陛下，明齊日月，德配天地……梧州長史鎮南副都護攝柳州刺史西原遊奕使張維南率勸首領，統此軍政，萬夫齊進，一舉無遺。”

鄭　某　　約代宗時

《全文》卷四二四于邵《爲柳州鄭郎中謝上表》：“二紀蠻陬，三提郡印，惟貞苦節，以奉休辰……今者又即殊方，復臨雜族。”

李　某　　貞元末

《全文》卷五〇四權德輿《長安主簿李君（少安）墓誌銘并序》：“元和三年三月乙酉感疾不起於長安興化里第，享年五十……先是君元兄柳州刺史捐館舍，請君襄事，間關勤遠，間一歲有嗒然之痛，喪服甫除，俄啓手足。”

陳憲忠　　約元和中

《全文》卷六四七元稹《贈陳憲忠衡州刺史制》：“敕故元從奉天定難功臣柳州刺史陳憲忠，在德宗時，執羈靮以從，遂加戡難之名；在憲宗時，沐雨露之恩，實被念功之詔。朕敬承先志，崇獎舊勳，爰命有司，用申賞典。”

王　遂　　元和中

《舊書》本傳：“累遷至鄧州刺史。以曉達錢穀，入爲太府卿。潘孟陽判度支，與遂私憾，互有争論……上怒，俱不見，出遂爲柳州刺史……數年，用兵淮西，天子藉錢穀吏以集財賦，知遂强幹，乃用爲宣州刺史、宣歙觀察使。”《新書》本傳略同。又見《元龜》卷四八三。按王遂元和十一年至十三年爲宣歙觀察使。

柳宗元　　元和十年—十四年（815—819）

《舊書·憲宗紀下》：元和十年三月乙酉，“以永州司馬柳宗元爲柳州刺史”。《通鑑·元和十年》同。《舊書》本傳：“元和十年，例移爲柳州刺史……元和十四年十月五日卒。”《新書》本傳、《吴武陵傳》略同。《全文》卷五六三韓愈《柳子厚墓誌銘》謂“元和十四年十一月八日卒"。又卷五七一柳宗元有《柳州賀破東平表》、《謝除柳州刺史表》，卷五七二有《柳州上本府狀》、《柳州上中書門下舉柳漢自代狀》。又見《新表三上》柳氏，《唐才子傳》卷五，《全文》卷五七五柳宗元《上門下李夷簡相公陳情書》、卷五七九《送賈山人南遊序》、卷五八一《柳州復大雲寺記》、《柳州東亭記》、《柳州山水近治可遊者記》、卷五八七《柳州新修文宣王廟碑》、卷五九〇《故襄陽丞趙君墓誌》、卷五九一《誌從父弟宗直殯》，卷六〇五劉禹錫《唐故尚書禮部員外郎柳君文集序》、卷六一〇《曹溪六祖大鑒禪師第二碑并序》、卷六一二崔群《祭柳州柳員外文》，卷六八七皇甫湜《祭柳子厚文》，卷八〇七司空圖《題柳州集後序》，卷五六一韓愈《柳州羅池廟碑》，《因話錄》卷一宮部、卷三商部下，《唐語林》卷二，《廣記》卷四六七引《宣室志》。《輿地碑記目》卷三《韶州碑記》有《六祖賜謚碑》，注："唐柳州刺史柳宗元撰，元和十年立。"《全詩》卷三六一劉禹錫有《再授連州至衡陽酬柳柳州贈別》、卷三六五有《酬柳柳州家雞之贈》。《隋唐五代墓誌匯編·河南卷·唐朗州員外司户薛君妻崔氏墓誌》（元和十四年二月癸酉）："柳州刺史柳宗元撰。"崔氏卒元和十三年五月廿八日，享年三十一。按《全文》卷五七一柳宗元《柳州謝上表》，乃卷五一二李吉甫《郴州謝上表》復出，非柳宗元文。

崔　某　　元和中？

《全詩》卷三八九盧仝有《寄崔柳州》。

吳　從　　大中五年（851）

《全文》卷七四九杜牧《吳從除蓬州賈師由除瓊州蕭蕃除羅州刺史等制》："前使持節柳州諸軍事守柳州刺史上柱國賜紫金魚袋吳從等……可依前件。"

支　訥　　咸通中

上圖藏拓片《唐故西川少尹支公（訥）墓誌銘并序》（乾符六年五月二十五日）："遂歷藤、富、貴、柳四郡。"乾符五年七月十三日卒，享年五十六。按支訥咸通二年由藤州轉富州。

盧　某　　咸通十二年（871）

《全文》卷八九五羅隱《湘南應用集序》："自己卯至庚寅一十二年看人變化，去年冬河南公按察長沙郡……明年，隱得衡陽縣主簿。時硤州盧侍御自龍城至。"按"己卯"，爲大中十三年，"庚寅"爲咸通十一年，河南公指于瓖。

王　某　　咸通十四年（873）

《南楚新聞》："王凝侍郎按察長沙日，有新授柳州刺史王某者，不知何許人，將赴所任，抵於湘川，謁凝。"又見《廣記》卷二三八引。按王凝咸通十三至十四年在潭州任。

蘇仕評？　　大順初？

《嘉慶廣西通志》卷一六《職官表》有大順初柳州刺史蘇仕評。未知可靠否。

朱友寧　　昭宗時

《舊五代史》本傳："累官至檢校司空、兼襲柳二州刺史。太祖駐軍岐下，遣友寧領所部兵先歸梁苑，以備守禦……及昭宗歸長安，朝廷議迎駕功，友寧授嶺南西道節度使。"又見《元龜》卷二九一。

待考録

柳　紳

《姓纂》卷七河東解縣柳氏："紳，柳州刺史。"乃衛州刺史柳謨之曾孫。

陳　諫？

《光緒湖南通志》卷一三四《選舉志·進士》："（唐）陳諫，藍山人，貞元間及第，翰林學士，柳州刺史。"按《舊書·王叔文傳》，陳諫自台州司馬量移封州刺史，轉通（道）州卒。《新書·王叔文傳》謂陳諫終循州刺史，均未及柳州，疑《光緒湖南通志》誤。

卷二八九　融州(融水郡)

武德四年置融州。天寶元年改爲融水郡。乾元元年復爲融州。領縣三:融水、武陽、黃水。

歐陽世普　　武德六年(623)

《新書・南蠻下・南平獠傳》:"〔武德〕六年,長真獻大珠,昆州刺史沈遜、融州刺史歐陽世普、象州刺史秦元覽亦獻筒布,高祖以道遠勞人,皆不受。"又見《元龜》卷一六八。

盧　賓　　約大中五年(約851)

《全文》卷七四九杜牧有《支某除鄆王傅盧賓除融州刺史等制》。

莫休符　　光化二年(899)

《直齋書錄解題》卷八:"《桂林風土記》一卷,唐融州刺史權知春州莫休符撰,昭宗光化二年也。"

卷二九〇　邕州（朗寧郡）

　　武德四年置南晉州。貞觀六年改爲邕州。乾封二年置都督府。後爲夷獠所陷，移府於貴州。景雲二年州界平定，復於邕州置都督府。天寶元年改爲朗寧郡。乾元元年復爲邕州。上元後置經略使，後又罷。長慶二年六月復置經略使，以刺史領之。領縣七：宣化、武緣、晉興、朗寧、思籠、如和、封陵。

光楚客　　約開元初

　　《全文》卷二三八盧藏用《景星寺碑銘》："今〔容州〕都督光府君名楚客……〔歷〕廣州都督府長史……貶藤州司馬……尋授朝散大夫邕州都督長史，未幾，擢授檢校邕州都督……北轉安南副都護、賀州刺史。"按光楚客開元初爲安南大都護，後歷桂州都督致仕，見《新書·楊思勗傳》。

李禕之　　開元十五年前（727前）

　　洛陽關林藏石刻《唐故中大夫福州刺史管府君（元惠）神道碑并序》："〔開元〕十五年，除使持節都督邕州諸軍事邕州刺史兼潯貴等卅六州……間爲邕也，前守李禕之誣澄州刺史韋守盈反，〔元惠〕劾禕之不道，獲贓賄萬計，明守盈不叛，免子弟千餘。"

管元惠　　開元十五年—十七年（727—729）

　　洛陽關林藏石刻《唐故中大夫福州刺史管府君（元惠）神道碑并

序》：“〔開元〕十五年，除使持節都督邕州諸軍事邕州刺史兼潯貴等卅六州……十七年除使持節福州諸軍事福州刺史兼泉建等六州經略軍使。”

陸思本　　開元中

《千唐誌·大唐故大中大夫邕府都督陸府君故夫人河南元氏墓誌銘》（天寶三載八月十二日）：“故夫吳郡陸府君諱思本……□承順之恩敬十有餘載。”夫人卒天寶三載五月，春秋四十六。

獨孤某　　天寶十載（751）

獨孤及《毗陵集》卷一七《馬退山茅亭記》：“辛卯，我仲兄以方牧之命，試於是邦。”按“辛卯”當爲天寶十載。馬退山在邕州。

孫公器　　貞元九年—十年（793—794）

《舊書·德宗紀下》：貞元九年七月“庚子，以信州刺史孫公器爲邕管經略使”。又《孫成傳》：“〔兄宿，〕宿子公器，官至信州刺史、邕管經略使。”《芒洛遺文》卷中《唐故前左武衛兵曹樂安孫府君（筥）墓誌銘并序》：“烈考府君諱公器，皇朝邕管經略招討等使、御史中丞，贈司空。”又見《姓纂》卷四樂安孫氏，《新表三下》孫氏，《千唐誌·唐故宣德郎前守孟州司馬樂安孫府君墓誌銘并序》（咸通十一年八月二十二日），《唐故河南府長水縣丞樂安孫府君（幼寶）墓誌銘并序》（廣明元年十月二十日）等。按《舊書·德宗紀下》：貞元十年七月，“欽州守鎮黃少卿叛，攻邕管經略使孫公器”。知十年七月尚在任。

董　鎮　　貞元十年（794）

《舊書·德宗紀下》：貞元十年“九月辛未朔，以袁州刺史董鎮爲邕管經略使”。

武少儀　　貞元十一年（795）

《舊書·德宗紀下》：貞元十一年正月乙未，“衛尉少卿武少儀爲邕管經略使”。

陳　曇(陳雲)　貞元十三年—十四年(797—798)

《舊書·德宗紀下》：貞元十三年“六月己卯朔，以衡州刺史陳雲爲邕管經略使”。《全文》卷五八九柳宗元《唐故邕管經略招討等使朝散大夫持節都督邕州諸軍事守邕州刺史兼御史中丞賜紫金魚袋李公墓誌銘并序》：“以公都督邕州兼御史中丞，賜紫金魚袋，爲經略招討使……居五月……數日薨，實元和十三年六月十五日，年五十七……夫人陳氏，先公十五年殁；父曇，亦都督邕州終。”《歷代名畫記》卷一〇：“陳曇，字元成，國初丞相叔達之後……貞元十四年官至衡州刺史、邕管經略使、兼御史中丞。”《南部新書》甲亦作“曇”，則《舊紀》“雲”爲“曇”之誤。

杜　春　貞元十四年—十六年(798—800)

《舊書·德宗紀下》：貞元十四年“秋七月，以吉州刺史杜春爲邕管經略使”。

徐　申　貞元十七年—十八年(801—802)

《舊書·德宗紀下》：貞元十八年“八月壬寅，以邕管經略使徐申爲廣州刺史、嶺南節度使”。《全文》卷六三九李翱《唐故金紫光禄大夫使持節都督廣州諸軍事兼廣州刺史充嶺南節度徐公（申）行狀》：“遷朝散大夫使持節都督邕州諸軍事守邕州刺史……是歲貞元十七年也……明年，制遷使持節都督廣州諸軍事、守廣州刺史。”卷五〇二權德輿《金紫光禄大夫檢校禮部尚書使持節都督廣州諸軍事兼廣州刺史充嶺南節度徐公（申）墓誌銘并序》略同。

張正元　貞元十八年(802)

《舊書·德宗紀下》：貞元十八年八月“甲辰，以嶺南節度掌書記、試大理評事張正元爲邕州刺史、御史中丞、邕管經略使，給事中許孟容以非次遷授，封還詔書”。又見《元龜》卷四六九，《國史補》上。

韋　丹　　貞元二十年—永貞元年（804—805）

　　《舊書·順宗紀》：貞元二十一年（即永貞元年）五月"丁丑，以邕管經略使韋丹爲河南少尹"。《新書》本傳未及。《全文》卷七一三許志雍《唐故江南西道觀察判官御史大夫裏行太原王公（叔雅）墓誌銘》："爲嶺南連帥韋公丹舉列上介，表遷左金吾衛兵曹參軍。"

路　恕　　永貞元年—元和二年（805—807）

　　《舊書·憲宗紀上》：永貞元年八月"己酉，以道州刺史路恕爲邕管經略使"。《新書·憲宗紀》：元和二年二月"癸酉，邕管經略使路恕敗黃洞蠻，執其首領黃承慶。"確證元和二年二月尚在任。《全文》卷五八九柳宗元《唐故邕管招討副使試大理司直兼貴州刺史鄧君墓誌銘并序》："邕州經略使路公恕奏署試大理評事兼貴州刺史。"

趙良金　　約元和二年—五年（約 807—810）

　　《全文》卷五八九柳宗元《唐故邕管招討副使試大理司直兼貴州刺史鄧君墓誌銘并序》："朝廷將以武定南服，命安南大校御史中丞趙良金爲邕州，復以君兼招討判官。録其異能，奏加司直，升招討副使，兼統橫廉貴三州事……元和五年五月二十一日卒於公館。"

崔　詠　　元和五年—八年（810—813）

　　《舊書·憲宗紀》：元和五年八月"癸巳，以鄧州刺史崔詠爲邕州刺史、本管經略使"。又《憲宗紀下》：元和八年十二月丙戌，"以邕管經略使崔詠爲桂管觀察使"。《全文》卷六九三杜周士《代崔中丞請朝覲表》："臣歷刺三州，連總二府……前在朗寧，封章累上；及移臨松漠，星紀屢周。"按此《表》又見於《全文》卷五七一柳宗元《爲崔中丞請朝覲表》。

馬平陽　　元和八年—九年（813—814）

　　《舊書·憲宗紀下》：元和八年十二月"庚寅，以夔州刺史馬平陽爲邕管經略使"。

徐　俊　　元和十年（815）

《舊書·憲宗紀下》：元和十年三月“壬戌，以長安令徐俊爲邕管經略使”。

張士陵　　約元和十年、十一年（約815、816）

北圖藏拓片《唐故朝散大夫使持節都督邕州諸軍事守邕州刺史兼御史中丞充本管經略招討處置等使賜紫金魚袋張公（士陵）墓誌銘并序》（元和十二年八月三日）稱：“弟殿中侍御史賜緋魚袋士階奉述。”誌云：“惟唐元和十一年秋九月四日，邕管經略使兼御史中丞張公終於理所……遷尚書倉部員外郎……除虔州刺史，曾未再稔，風化大行，遂有邕府之命。”享年五十四。《郎官柱》倉部員外有張士陵，在陳諷後，張仲方前。

韋　悦　　元和十一年—十三年（816—818）

《新書·南蠻下·西原蠻傳》：“又有黃少度、黃昌瓘二部，陷賓、巒二州，據之。十一年，攻欽、橫二州，邕管經略使韋悦破走之，取賓、巒二州。是歲，復屠巖州，桂管觀察使裴行立輕其軍弱，首請發兵盡誅叛者。”

李　位　　元和十三年（818）

《全文》卷五八九柳宗元《唐故邕管經略招討等使朝散大夫持節都督邕州諸軍事守邕州刺史兼御史中丞賜紫金魚袋李公（位）墓誌銘并序》：“詔以公都督邕州，兼御史中丞，賜紫金魚袋，爲經略招討使……居五月……數日薨，實元和十三年六月十五日，年五十七……夫人陳氏，先公十五年歿。父曇，亦都督邕州終。”

韋正武　　元和十四年（819）

《舊書·憲宗紀下》：元和十四年七月“壬寅，以永州刺史韋正武爲邕管經略使”。

李元宗　　約長慶元年—二年（約 821—822）

　　《新書·南蠻下·西原蠻傳》："邕管既廢,人不謂宜。監察御史杜周士使安南,過邕州,刺史李元宗白狀……周士憤死……元宗懼,引兵一百持印章依〔黄〕少度。穆宗遣監察御史敬僚按之……傅致元宗罪,以母老,流驩州。"又《穆宗紀》:長慶二年"五月壬寅,邕州刺史李元宗叛,奔於黄洞蠻"。《通鑑·長慶二年》:"邕州人不樂屬容管,刺史李元宗以吏人狀授御史,使奏之……五月壬寅,元宗將兵百人并州印奔黄洞。"

崔　結　　長慶二年（822）

　　《舊書·穆宗紀》:長慶二年六月"戊子,復置邕管,以安南副使崔結爲邕管經略使"。《太平寰宇紀》卷一六六邕州:"長慶二年,以安南經略副使崔□爲刺史,充本州經略等使。""崔□"即"崔結"。《新書·南蠻下·西原蠻傳》:"黄賊更攻邕州,陷左江鎮……邕州刺史崔結擊破之。"

王茂元　　約寶曆中—大和元年（?—827）

　　《舊書·文宗紀上》:大和二年四月"壬午,以邕管經略使王茂元爲容管經略使"。兩《唐書》本傳未及。《全文》卷七八二李商隱《祭外舅贈司徒公文》:"遷去郾城,乃臨蔡壤……容山至止,朗寧去思。"按《樊南文集》卷一《代濮陽公遺表》稱"兩逾嶺嶠",岑仲勉謂指邕、容兩管言。馮注謂"茂元經略邕容,又節度嶺南,故曰兩逾嶺嶠也",非是。蓋節度嶺南已别算入"四建牙旗"之内。按張遵爲王茂元後任,大和元年已赴任邕州,則王茂元當在大和元年遷容管。疑《舊書·文宗紀上》誤。

張　遵　　大和元年—四年（827—830）

　　《舊書·文宗紀上》:大和元年四月戊申,"以前亳州刺史張遵爲邕管經略使"。《隋唐五代墓誌匯編·洛陽卷》第十三册《邕州本管經略招討處置等使邕州刺史兼御史大夫張公（遵）墓誌》（大和五年二月

三日）：“授楚州刺史，又改亳州刺史……詔遷邕州刺史、本管經略招
討處置等使……四年政滿，表請北歸……大和四年八月六日，薨於潭
府旅舍，享年六十二。”夫人“大和三年六月廿二日，終於邕州官舍，享
年四十二。”證知大和元年至四年在任。則張遵當爲王茂元後任。王
茂元當在大和元年遷容管。

董昌齡　大和三年?—八年?（829?—834?）

《新書·南蠻下·西原蠻傳》：“大和中，經略使董昌齡遣子蘭討
平峒穴，夷其種黨，諸蠻畏服。”《大詔令集》卷一〇《大和三年疾愈德
音》：“董昌齡自邕州累平溪洞，兵威所向，首惡皆擒，言念蒼生，無非
赤子，況在荒徼，尤當撫循。”《元龜》卷九一作大和八年二月庚寅詔。
《古今姓氏書辯證》卷一六衡氏：“唐故邕管經略使董昌誣殺參軍衡方
厚。”“董昌”蓋即“董昌齡”之奪。

吳季真　大和八年（834）

《舊書·文宗紀下》：大和八年四月“甲午，以宿州刺史吳季真爲
邕管經略使”。

裴　恭（裴泰）　大和九年（835）

《新表一上》洗馬裴氏：“恭，字蕭夫，邕管經略使。”乃義成、邠寧、
鳳翔節度使裴弘泰之兄。《舊書·文宗紀下》：大和九年七月戊辰，
“以吉州刺史裴泰爲邕管經略使”。《郎官柱》祠部員外有裴泰，乃貞
元間人。勞格疑《舊紀》之“裴泰”乃“裴恭”之誤。

高承恭　開成元年—二年（836—837）

《舊書·文宗紀下》：開成元年九月“辛巳，以壽州刺史高承恭爲
邕管經略使”。

唐弘實　開成三年—五年（838—840）

《舊書·文宗紀下》：開成三年十一月“癸亥，以宋州刺史唐弘實

爲邕管經略使”。《元龜》卷四八八：“開成四年十二月，邕管經略使唐弘實奏，當管上供兩稅錢一千四百七十三貫文，其見錢請每年附廣州綱送納。”《千唐誌·唐故晉昌唐氏墓誌銘并序》（會昌四年二月十九日）：“祖弘實，皇邕管經略使御史大夫。”唐氏卒會昌四年二月七日，年十六。

裴　及　　約會昌、大中間

《全文》卷七五五杜牧《唐故邕府巡官裴君（希顏）墓誌銘》：“司農卿裴及爲邕府經略使，辟君爲從事，得南方疾歸，大中二年某月日卒於其家。”

段文楚　　約大中九年—十二年（約855—858）

《舊書·宣宗紀》：大中十二年“二月，以前邕管經略招討處置使、朝議郎、邕州刺史、御史中丞、賜紫金魚袋段文楚爲昭武校尉、右金吾衛將軍”。《全文》卷七八六溫庭筠有《爲前邕府段大夫上宰相啓》。

李　蒙　　大中十二年—咸通二年（858—861）

《通鑑·咸通二年》：“七月，南詔攻邕州，陷之。先是，廣、桂、容三道共發兵三千人戍邕州，三年一代。經略使段文楚請以三道衣糧自募土軍以代之，朝廷許之，所募纔得五百許人。文楚入爲金吾將軍，經略使李蒙利其闕額衣糧以自入……故蠻人乘虛入寇。時蒙已卒，經略使李弘源至鎮纔十日。”又見《全文》卷七八六溫庭筠《爲前邕府段大夫上宰相啓》。

李弘源　　咸通二年（861）

《通鑑·咸通二年》：“七月，南詔攻邕州，陷之……時〔李〕蒙已卒，經略使李弘源至鎮纔十日，無兵以禦之，城陷，弘源與監軍脫身奔巒州。二十餘日，蠻去，乃還。弘源坐貶建州司户。”《新書·南蠻中·南詔傳下》：“安南都護李鄠屯武州，咸通元年，爲蠻所攻，棄州走……明年，攻邕管，經略使李弘源兵少不能拒，奔巒州。南詔亦引去。"

段文楚　　咸通二年—三年(861—862)

《通鑑·咸通二年》：七月，"〔李〕弘源坐貶建州司户。〔段〕文楚時爲殿中監，復以爲邕管經略使"。《咸通三年》：二月，"邕管經略使段文楚坐變更舊制，左遷威衛將軍、分司"。又見《新書·南蠻中·南詔傳下》。

胡懷玉　　咸通三年(862)

《新書·南蠻中·南詔傳下》："詔殿中監段文楚爲〔邕管〕經略使，數改條約，衆不悦，以胡懷玉代之。"

蔡　京　　咸通三年(862)

《通鑑·咸通三年》："五月，敕以廣州爲東道，邕州爲西道……以蔡京爲西道節度使。"八月，"嶺南西道節度使蔡京爲政苛慘，設炮烙之刑，闔境怨之，遂爲邕州軍士所逐"。《新書·懿宗紀》：咸通三年"九月，嶺南西道軍亂，逐其節度使蔡京"。又見《新書·南蠻中·南詔傳下》。《全文》卷八三懿宗《授蔡京嶺南西道節度使制》稱："朝散大夫、權知太僕卿、充荆襄巴南宣慰安撫使……蔡京……可檢校左散騎常侍、兼邕州刺史、御史大夫，充嶺南西道節度觀察處置等使。"又見《雲溪友議》卷中《買山讖》，《唐語林》卷七。

鄭　愚　　咸通三年—四年(862—863)

《通鑑·咸通三年》：八月，"以桂管觀察使鄭愚爲嶺南西道節度使"。又《咸通四年》：三月，"南蠻寇左、右江，浸逼邕州。鄭愚懼，自言儒臣無將略，請任武臣。朝廷召義武節度使康承訓詣闕，欲使之代愚"。《新書·南蠻中·南詔傳下》略同。《全文》卷八六僖（懿）宗《授鄭愚嶺南節度使制》："某官鄭愚……可守邕州刺史、兼御史大夫，充嶺南西道節度觀察處置等使。"

康承訓　　咸通四年—五年（863—864）

《通鑑·咸通四年》：四月，“康承訓至京師，以爲嶺南西道節度使”。《咸通五年》：七月，“嶺南東道節度使韋宙具知康承訓所爲，以書白宰相；承訓亦自疑懼，累表辭疾，乃以承訓爲右武衛大將軍、分司”。《新書》本傳：“會南詔破安南，詔徙嶺南西道，城邕州，合容管經略使隷之……移疾，授右武衛大將軍，分司東都。”又見《南蠻中·南詔傳下》。

張　茵　　咸通五年—六年（864—865）

《通鑑·咸通五年》：七月，“以容管經略使張茵爲嶺南西道節度使”。

李　耽　　咸通七年—十年（866—869）

《大詔令集》卷八六《咸通七年大赦》：“安南、邕管、西川三道軍士……言念忠勤，誠用嘉嘆……仍委劉潼、高駢、李耽等具此慰勞，以副予懷。”按高駢鎮安南、劉潼鎮西川，見《通鑑》諸書。李耽即鎮邕管者。《千唐誌·唐宣武軍節度押衙兼侍御史河東柳公（延宗）墓誌并序》（廣明元年十月十四日）：“婚隴西李氏，即邕府節度使耽之女。”廣明元年七月十三日卒，年四十一。

張　鵬　　咸通十二年（871）

吳氏《方鎮年表》引《豫章書》云：張鵬，德興人，宣宗時吐蕃賀繼部落犯邊，鵬敗之。懿宗立，爲瓊管五州招討使，入爲羽林金吾將軍。蠻渡瀘，鵬疏溪峒情狀，拜嶺南西道節度使。

辛　讜　　乾符元年—六年（874—879）

《新書》本傳：“乾符末，終嶺南節度使。”按“嶺南節度使”當爲“嶺南西道節度使”之奪。《南蠻下·西原蠻傳》：“懿宗與南詔約和，二洞（黃氏、儂氏）數構敗之。邕管節度使辛讜以從事徐雲虔使南詔結和，賚美貨啗二洞首領……等與之通歡。”又見《古今姓氏書辯證》卷二儂氏引。《會要》卷九九："〔乾符〕三年十一月，邕州節度使辛讜奏：南詔遣使段瑳寶等四人通和，詔令答使許之。至五年七月，讜遣從事徐雲叟（虔）通和。"又見《通鑑·乾符二年》二月、《乾符四年》閏月、《乾符五年》五月、《乾符六年》正月，《闕史》卷下《辛尚書神力》。《舊書》本傳未及。

張從訓　　中和元年—二年（881—882）

《通鑑·中和二年》：九月，"桂（邕）州軍亂，逐節度使張從訓"。《新書·僖宗紀》同。

崔 焯　　中和二年—四年（882—884）

《通鑑·中和二年》：九月，"以前容管經略使崔焯爲嶺南西道節度使"。

周 岳　　大順二年?—景福元年?（891?—892?）

《全文》卷八二七陸展《授周岳嶺南西道節度使制》："武安軍節度、湖南觀察處置使特進檢校右僕射食邑三百戶周岳……可檢校司空，充嶺南西道節度使。"又有《授周岳湖南節度使制》。按周岳光啓二年爲武安節度，景福二年十二月爲邵州刺史鄧處訥攻殺，見《通鑑》、《新紀》，其間或曾移鎮邕管。

滕存免（滕從免）　　約景福元年—乾寧四年（約892—897）

《全文》卷八二七陸展《授石善友鎮武節度使滕存免邕州節度使制》："存免可檢校刑部尚書、嶺南道節度使。"《英華》卷四五七作"滕從免"。吳氏《方鎮年表》繫於景福元年至乾寧四年，從之。

李 鋣　　乾寧四年—天復元年（897—901）

《全文》卷八二一鄭璘有《授李鋣邕州節度使制》。《通鑑·光化三年》：五月，"邕州軍亂，逐節度使李鋣；鋣借兵鄰道討平之"。按景福二年八月有神策大將軍李鋣，見《舊紀》。

周承誨(李繼誨)　　天復元年(901)

《舊書·昭宗紀》：天復元年正月庚寅，"以周承誨爲邕州刺史、邕管節度經略使"。《通鑑·天復元年》：正月"庚寅，以周承誨爲嶺南西道節度使，賜姓名李繼誨"。《舊五代史·孫德昭傳》：天復元年正月，"以德昭爲檢校太保、靜海軍節度使，承誨邕州節度使，〔董〕從實容州節度使，並同平章事，錫姓李……其年十一月……承誨、從實並變節，爲中官所誘"。《大詔令集》卷五《改元天復赦》稱"嶺南西道節度使檢校司徒平章事李繼誨"。

【朱友寧　　約昭宗時(未之任)】

《舊五代史》本傳："及昭宗歸長安，朝廷議迎駕功，友寧授嶺南西道節度使……時青寇數千，越險潛伏，欲入兗州……友寧旁自峻阜馳騎赴敵，所乘馬蹶而仆，遂没於陣……開平初，有司上言曰：'……皇姪故邕州節度使友寧……並以戰功，殁於王事，永言帶礪，合議封崇。'"又見《全文》卷九六九闕名《請追封皇兄皇姪表》。

葉廣略　　天祐二年—四年(905—907)

《通鑑·天祐二年》：二月"辛未，以權知寧遠留後龐巨昭、嶺南西道留後葉廣略並爲節度使"。《新五代史·劉隱傳》："僖宗以後，大臣出鎮者，天下皆亂……是時，交州曲顥、桂州劉士政、邕州葉廣略、容州龐巨昭，分據諸管。"

待考録

柳　寬

《柳河東集》卷二七《邕州柳中丞作馬退山茅亭記》："歲在辛卯，我仲兄以方牧之命，試於是邦。"注："公以兄名寬，字存諒，公嘗有祭文，云從事諸侯，假於郡藩，即謂此也。"按辛卯爲元和六年。然其時邕管爲崔詠，柳中丞無可能插入，疑其中有誤。

李　域

《柳河東集》卷三五有《與邕州李域中丞論陸卓啓》。

朱全昱

《新五代史》本傳：“太祖已貴，乃與其母歸宣武，領山南西道節度使。”注：“山”，他本均作“嶺”。《舊五代史考異》：歐陽史作朱全昱天祐二年領嶺南西道節度使。

于　達

《嘉慶廣西通志》卷一六《職官表》列有邕州刺史于達，謂年次無考。

卷二九一　貴州（南尹州、懷澤郡）

武德四年置南尹州總管府，後改都督府。貞觀七年罷都督府。九年改南尹州爲貴州。天寶元年改爲懷澤郡。乾元元年復爲貴州。領縣四：鬱平、懷澤、潮水、馬嶺。

李光度　　武德七年（624）

《元龜》卷九八五："〔武德七年〕六月，隴州、扶州獠作亂，遣南尹州都督李光度擊平之。"

李元軌？　　約高宗、武后時

《寶刻叢編》卷一〇引《京兆金石録》有《唐司徒貴州刺史霍王元軌碑》。按《舊書》本傳："垂拱元年，加位司徒，尋出爲襄州刺史，轉青州。四年，坐與越王貞連謀起兵，事覺，徙居黔州，仍令載以檻車，行至陳倉而死。"《新書》本傳略同。其終任爲青州刺史，"青"、"貴"形近，未知孰是，姑兩存之。

何如璞　　天寶二年（743）

《彌足珍貴的天寶遺物》：銀鋌刻字有"朗寧郡都督府天寶二年貢銀壹鋌重伍拾兩，朝議郎權懷澤郡太守權判太守兼管諸軍事上柱國何如璞、專知官户曹參軍陳中玉、陳光遠□□仙"（《文物參考資料》1957年第4期）。

吴懷中　　天寶中

《嘉慶廣西通志》卷一六《職官表》載：“吴懷中，天寶中貴州刺史。”

鄧　某　　元和元年—五年（806—810）

《全文》卷五八九柳宗元《唐故邕管招討副使試大理司直兼貴州刺史鄧君墓誌銘》：“邕州經略使路公恕奏署試大理評事兼貴州刺史……御史中丞趙良金爲邕州……奏加司直，升招討副使、兼統橫廉貴三州事……元和五年五月二十一日卒於公館。”

謝　雕　　元和中

《嘉慶廣西通志》卷一六《職官表》有憲宗朝貴州刺史謝雕。

支　訥　　咸通中

上圖藏拓片《唐故西川少尹支公（訥）墓誌銘并序》（乾符六年五月廿五日）：“遂歷藤、富、貴、柳四郡……從罷柳，拜蜀亞尹。”乾符五年七月十三日卒，享年五十六。按支訥咸通二年由藤州轉富州。

王　鋭　　乾符四年（877）

《輿地碑記目》卷二《鄂州碑記》有《唐寶豐院記》，注云：“在江夏東六十里，本唐末貴州刺史王鋭母陶氏墳庵，有記，乾符四年，朱朴撰，今記猶存。”

卷二九二　黨州（寧仁郡）

永淳元年開古黨洞置。天寶元年改爲寧仁郡。乾元元年復爲黨州。領縣四：善勞、善文、撫安、寧仁。

莫懷毅　　約開元中

《全文》卷二三八盧藏用《景星寺碑銘》："今天子嗣守丕構，開元立極……黨州刺史莫懷毅……或位以材授，或職因地獎，化浹海壖，績揚朝聽。"

卷二九三　橫州(簡州、南簡州、寧浦郡)

武德四年置簡州。六年改爲南簡州。貞觀八年改爲橫州。天寶元年改爲寧浦郡。乾元元年復爲橫州。領縣四:寧浦、淳風(從化)、樂山、嶺山。

杜正倫　　顯慶三年(658)

《舊書·高宗紀上》:顯慶三年十一月乙酉,"兼中書令、皇太子賓客、襄陽郡公杜正倫左授橫州刺史"。《新書·宰相表上》、《通鑑·顯慶三年》十一月同。《舊書》本傳:"〔顯慶〕三年,坐與中書令李義府不協,出爲橫州刺史,仍削其封邑。尋卒。"《新書》本傳略同。又見兩《唐書·李義府傳》。

林　著　　元和中?

《嘉慶廣西通志》著録德宗時橫州刺史有林著。《林邵州遺集·睦州刺史二府君神道碑》:"饒州生府君贈睦州刺史披……長子端州刺史韋,次子殿中侍御史藻,次子橫州刺史著……次子邵州刺史蘊……寶曆元年,敬宗皇帝以孝治爲大,詔内外長吏追顯前門。蘊忝剖符竹,被霑雨露。哀榮所感,逮於幽明。"又見《續慶圖》。按蘊寶曆時官邵州刺史,其兄著似不可能在德宗時爲橫州刺史,姑疑繫於元和中。

【郭　某　　約乾符中(未之任)】

《廣記》卷四九九引《南楚新聞》:"江陵有郭七郎者,其家資産甚殷,乃楚城富民之首……乾符初年,有一賈者在京都,久無音信,郭氏子自往訪之……是時唐季,朝政多邪,生乃輸數百萬於鬻爵者門,以白丁易得橫州刺史,遂決還鄉。時渚宮新罹王仙芝寇盜……仍傭舟與母赴秩,過長沙,入湘江,次永州北江……母氏以驚得疾,數日而殞……既丁憂,遂寓居永郡,孤且貧……遂與往來舟船執梢,以求衣食,永州市人,呼爲捉梢郭使君。"

姚彦章　　唐末?

《九國志》本傳:"桂州平,奏授靜江軍行軍司馬監軍府事,遷檢校工部尚書、橫州刺史。容南龐巨昭歸款,彦章率兵迎之。遷寧遠軍節度副使,知容州事。"

卷二九四　田州(横山郡)

設置年月未詳。天寶元年改爲横山郡。乾元元年復爲田州。領縣三：横山、武龍(武籠)、如賴。

馮　緒　　約長慶初

《全文》卷六五七白居易有《康昇讓可試太子司議郎知欽州事兼充本州鎮遏使陳俠可試太子舍人知巒州事兼充本州鎮遏使李容可試太子通事舍人知賓州事兼賓澄巒横貴等五州都遊奕使馮緒可試太子通事舍人知田州事充左江都知兵馬使滕殷晉可試右衛率府長史知瀼州事兼充左江都知兵馬使五人同制》。

卷二九五　嚴州（修德郡）

秦桂林郡地，後爲獠所據。乾封元年招致生獠，置嚴州。天寶元年改爲修德郡。乾元元年復爲嚴州。領縣三：來賓、歸化、循德。

李文弘　　高宗時？

《隋唐五代墓誌匯編・陝西卷》第一册《大唐故沙州刺史李府君（思貞）墓誌銘》（神龍元年七月五日）："父文弘，皇朝使持節嚴州諸軍事嚴州刺史，贈使持節衡州諸軍事衡州刺史。"思貞卒長安四年，年七十三。

李　遇　　大中元年(847)

《全文》卷七七八李商隱《爲滎陽公桂州署防禦等官牒・李遇》："使君代緒清華，襟神秀朗。恭而負氣，勇以求任，屢試弦歌，比分符竹……事須請攝嚴州刺史。"按李商隱大中元年在鄭亞桂管幕。

薛遐翼　　咸通中？

《新表三下》薛氏："遐翼，嚴州刺史。"乃馮翊太守薛獻童玄孫。

王進誠　　乾寧、光化間

《全文》卷八三二錢珝有《授成希戢忠州、王進誠嚴州刺史制》。

待考録

劉昭禹

　　《唐詩紀事》卷四六："劉昭禹在湖南累爲宰字，後署天榮府學士、嚴州刺史，卒於桂州幕中。"按《全詩》卷七六二劉昭禹小傳稱："終嚴州刺史"。

卷二九六　山州（龍池郡）

設置年月未詳。天寶元年改爲龍池郡。乾元元年復爲山州。領縣一：龍池。

暫闕

卷二九七　淳州（永定郡、巒州）

設置年月未詳。天寶元年改爲永定郡。乾元元年復爲淳州。永貞元年改爲巒州。領縣三：永定、武羅、靈竹。

陳　佟　　約長慶初

《全文》卷六五七白居易有《康昇讓可試太子司議郎知欽州事陳佟可試太子舍人知巒州事兼充本州鎮過使五人同制》。

卷二九八　羅州（招義郡）

武德五年置羅州。天寶元年改羅州爲招義郡。乾元元年復爲羅州。領縣四：石城、招義、零緑、吴川。

馮士翽（馮士歲）　　約高宗前期

《輿地碑記目》卷三《化州碑記》有《唐羅州刺史馮士歲并妻吴川郡夫人墓記》，"歲"當爲"翽"之訛。按《姓纂》卷一岡州馮氏："竇州刺史、合浦公馮士翽，代爲酋領。"武德六年在崗（岡）州刺史任。顯慶五年官右武衛將軍，見《通鑑》。

蕭　蕃　　約大中五年（約851）

《全文》卷七四九杜牧有《吴從除蓬州賈師由除瓊州蕭蕃除羅州刺史等制》。

傅德昭　　唐末？

《全文》卷八三二錢珝有《授傅德昭羅州刺史裴昶維州刺史趙贊崖州刺史等制》。

卷二九九　潘州（南宕州、南潘郡）

武德四年置南宕州。貞觀元年徙治定川，八年改名潘州，後廢。地入高州。永徽元年復置。天寶元年改爲南潘郡。乾元元年復爲潘州。領縣三：茂名、潘水、南巴。

馮智玳　　永徽元年（650）

《元和郡縣志闕卷逸文》卷三高州："貞元二十三年，〔馮〕盎卒……永徽元年敕遣太常丞薛寶積析高州所管縣爲恩、潘二州，分盎諸子爲刺史，以撫其人。"《全文》卷九九三闕名《唐故開府儀同三司贈揚州大都督高公神道碑》："馮之先有自北而來者，自宋懷化□業以至於盎……子智戣爲高州刺史，智戴爲恩州刺史，智玳爲潘州刺史。"《考古與文物》1983年第2期載拓本《高力士殘碑》略同。《全文》卷二三一張說《贈潘州刺史馮君（君衡）墓誌銘》稱"智玳恩州刺史"，疑誤。

【補遺】馮順政　　龍朔元年（661）

《唐故順政郡君許夫人墓誌銘並序》（龍朔元年十二月廿四日）："順政郡君許夫人者……年十有四，歸於馮氏。潘州刺史順政公其人焉。……龍朔元年遘疾，未幾，薨於内寢。使君撫孩幼而長號，悼音容之永絶。"（周紹良、趙超《唐代墓誌匯編續集》，上海古籍出版社2001年版）是馮順政龍朔元年在潘州刺史任，其轉恩州刺史亦當在此後的龍朔中。按前引墓誌中潘州刺史當即此許夫人墓誌中的"順政公"。

馮子猷　　約高宗時

《全文》卷二三一張説《贈潘州刺史馮君（君衡）墓誌銘》："祖盎，持節總管高州都督、耿國公，薨，贈左驍衛大將軍、荆州大都督。恩命分府爲三州，授君三子，子智戣高州刺史，子智玳恩州刺史，猶子子猷潘州刺史。公荆州之孫、恩州之子。"按智玳爲潘州刺史，非恩州，子猷疑爲繼智玳任潘州。

馮　某　　武后時？

拓本殘墓誌："公諱□思，字□，恩州□□人……公……□□□祖勳授□承□□州諸軍事潘州刺史。……特表□□□□移□郡□州□□之□起□授恩州諸軍事恩州刺史。"神功元年十二月卒（《考古》1986年第1期《廣東電白縣霞洞墟唐墓簡報》）。

潘明威　　約開元中

《全文》卷二八七張九齡《敕安南首領爨仁哲等書》："敕，安南首領歸州刺史爨仁哲、潘州刺史潘明威……雖在僻遠，各有部落，俱屬國家，並識王化。"

渾　徽　　約代宗時

《新表五下》渾氏："徽，潘州刺史。"乃永王府參軍渾旻子。

安　靖　　大和中？

《隋唐五代墓誌匯編·北京大學卷》第二册《唐故容管經略押衙銀青光禄大夫檢校太子賓客安府君（玄朗）墓誌銘并序》（乾符二年十一月二十三日）："大父靖，朝散大夫檢校祕書監使持節潘州諸軍事守潘州刺史兼監察御史。烈考貫言，守容州普寧縣令。又招討巡官知順州軍州事。"玄朗卒乾符二年，年四十七。

顏　諲　　約咸通五年（約 864）

《隋唐五代墓誌匯編·陝西卷》第二册《唐守魏王府長史段璲亡室嚴氏玄堂銘并序》（咸通六年四月十七日）：“宣德郎前守潘州刺史賜緋魚袋顏諲撰。”

【補遺】郭　順　　文德元年（888）

《大唐太原郭公（順）墓誌銘並序》（文德元年十一月九日）：“故靖難軍節度都兵馬兼押衙、充豐義厢鎮使、銀青光禄大夫、檢校左散騎常侍、左領軍衛將軍、寧王府司馬、使持節潘州諸軍事潘州刺史、御史大夫、上柱國、太原郭公諱順。……歲在戊申八月七日壬申，薨於泥陽之西豐義鎮之公舍。”（周紹良、趙超《唐代墓誌匯編續集》，上海古籍出版社 2001 年版）“戊申”歲即文德元年。

卷三〇〇　容州（銅州、普寧郡）

武德四年置銅州。貞觀元年改爲容州。開元中昇爲中都督府。天寶元年改爲普寧郡。乾元元年復爲容州都督府。置防禦、經略、招討等使，以刺史領之。領縣七：北流、普寧、陵城、渭龍、宕昌、撫安、欣道。

厲文才　　貞觀中

《兩浙金石志補遺·宋厲山夏厲記》："唐貞觀間刺史厲公文才卜居山之西，衣冠甚盛，惠澤一方，時人敬恭，遂以山之名合厲之姓，名夏厲……按文才唐太宗貞觀間進士……文才爲道州刺史，是時南土未靖，荔浦之寇猖獗掠境，文才臨郡，期月群盜悉平，改容州刺史。"

樂處元　　高宗時

《全文》卷二三八盧藏用《景星寺碑銘》："容州都督府景星寺者，高宗天皇大帝所建也。高宗繼文嗣武，纘曆登樞……增封東岱，有景星垂象，制諸州置寺，仍景星爲名……時都督樂處元，以式遏爲心，未遑經始。後長史陳善宏，以薰修爲念，頗加葺蕢。"

李行裒　　垂拱中

《全文》卷二三八盧藏用《景星寺碑銘》："容州都督府景星寺者，高宗天皇大帝所建也……垂拱中，有寺主僧伏儼者，密行稱獨，解空無二……厥有甘露，泫于庭柯，都督李行裒具狀以聞。中旨宣諭，賜天柱納一條。”

李元素　　長壽元年(692)

《新書·宰相表上》：長壽元年八月戊寅，“權檢校天官侍郎姚璹、守容州都督檢校地官侍郎李元素並同鳳閣鸞臺平章事。”本傳未及。

張玄遇　　延載元年(694)

《新書·則天皇后紀》：“延載元年十月，嶺南獠寇邊，容州都督張玄遇爲桂、永等州經略大使。”又見《通鑑·延載元年》，《元龜》卷九八六。

沈仁果　　聖曆中

《全文》卷二三八盧藏用《景星寺碑銘》：“容州都督府景星寺者……天授中，改爲大雲寺，移額于城西焉……聖曆之際，都督沈仁果將事開拓，審曲面勢，規模博敞，移置于城，矩矱所圖，有儀式矣。”

光楚客　　約開元初

《全文》卷二三八盧藏用《景星寺碑銘》：“容州都督府景星寺者，高宗天皇大帝所建也……神龍初，爲龍興寺……故景星之號，淪於再祀矣。今都督光府君名楚客……朝廷以容山諸越，鬼門多梗，博選吳通，僉歸望實。倅正議大夫、檢校北府都督、兼管內經略使……今天子嗣守丕構，開元立極，修廢祀，秩無文。”

楊　炎　　開元中

《全文》卷四○三許子真《容州普寧縣楊妃碑記》：“孟康夫婦，惜如珠玉。楊長史炎攝行帥事，聞之左右，令與母偕來，一見大奇……開元二十四年明皇詔入內，號太真。”

何履光　　天寶中

《蠻書》卷七：“天寶八載，玄宗委特進何履光統領十道兵馬，從安南進軍伐蠻國。十載已收復安寧城并馬援銅柱……何履光本是邕管貴州人，舊嘗任交、容、廣三州節度。天寶十五載，方收蠻王所坐大和城之次，屬安祿山造逆，奉玄宗詔旨，將兵赴西川，遂寢其收復。"

陳仁琇　　約至德、乾元間

《舊書·王翃傳》："自安、史之亂，頻詔徵發嶺南兵募，隸南陽魯炅軍。炅與賊戰於葉縣，大敗，餘衆離散。嶺南溪洞夷獠乘此相恐爲亂……據容州。前後經略使陳仁琇、李抗、侯令儀、耿慎惑、元結、長孫全緒等，雖容州刺史，皆寄理藤州，或寄梧州。"《新書·王翃傳》略同。又見《元龜》卷六九四。

李　抗　　約上元中

見上條。

侯令儀　　約廣德中

見上引《舊書·王翃傳》。《元龜》卷六九四作"侯金儀"，乃"令儀"之訛。按乾元三年正月，以杭州刺史侯令儀爲昇州刺史、浙江西道節度兼江寧軍使，見《舊紀》。

耿慎惑　　永泰元年（765）

見上引《舊書·王翃傳》。又見《元龜》卷六九四。《全文》卷三八一元結《送王及之容州序》："曳在舂陵，及能相從行。歲餘而去，將行，規之曰……耿容州歡於曳者，及到容州，爲曳謝主人。"孫望師《元次山年譜》繫此文爲永泰元年作。并云："意者及從公佐道州事，公將罷官，故及先期離公赴容州耳……所稱耿容州，當是耿慎惑。其後元公調容管經略使，蓋即繼耿慎惑者。"

元　結　　大曆三年—四年（768—769）

《新書》本傳："拜道州刺史……進授容管經略使……罷還京師，卒，年五十，贈禮部侍郎。"又見兩《唐書·王翃傳》，《元龜》卷六九四，

《姓纂》卷四太原元氏。《全文》卷三八〇元結有《讓容州表》、《再讓容州表》。卷三四四顏真卿《唐故容州都督兼御史中丞本管經略使元君（結）表墓碑銘并序》：“轉容府都督兼侍御史、本管經略使……六旬而收復八州。丁陳君太夫人憂，百姓詣使請留。大曆四年夏四月，拜左金吾衛將軍兼御史中丞，管使如故。君矢死陳乞者再三，優詔襃許。”《金石補正》卷六三有《容州都督元結碑》，大曆七年十一月二十六日。又見《寶刻叢編》卷五引《集古錄目》，《中州金石記》卷三、卷四。《寶刻叢編》卷一九引《復齋碑錄》：“《唐冰泉銘》，唐大曆間容州刺史元結撰，貞元十二年正月十六日韋武重修并書。”《輿地碑記目》卷三《梧州碑記》有《元結冰井銘》，注：“唐大曆十三年，容州經略使元結過郡，目曰冰井，又爲銘刻石泉上。”“十三年”當爲“三年”之衍誤。《全文》卷七七九李商隱有《容州經略使元結文集後序》。《全詩》卷一四九劉長卿有《贈元容州》。按吴氏《方鎮年表》：大曆元年元結，二至五年缺名，六年長孫全緒，王翃，岑仲勉《正補》已指出其誤。然岑氏又以爲元結爲容管直至大曆七年卒，主張將長孫全緒、王翃挪後一、二年，亦誤。詳見孫望師《元次山年譜》。

長孫全緒　　約大曆四年—五年（約 769—770）

　　見《舊書・王翃傳》，又見《元龜》卷六九四。孫望師《元次山年譜》云：大曆四年，“公（元結）既辭容州職事，長孫全緒承公之乏”。其考證云：“元公再次讓辭容州，事在四年四月之後，則優詔襃許、准罷容州事，理當在四年夏秋以後。惟元公既辭之後以至王翃赴任之前，理當別有理官。是長孫全緒之任容州，大約即在此時矣。”

王　翃　　大曆五年—十四年（770—779）

　　《舊書・王翃傳》：“大曆五年，遷容州刺史、容管經略使……加金紫光禄大夫。時西蕃入寇，河中元帥郭子儀統兵備之，乃徵翃爲河中少尹，充節度留後，領子儀之務。”《新書》本傳略同。《舊書・代宗紀》：大曆十四年三月“辛酉，以前容管經略使、容州刺史王翃爲河中少尹、知府事”。又見兩《唐書・李勉傳》，《御覽》卷二五八，《元龜》卷

四二三、卷六九四。《全文》卷四九九權德輿《唐故楚州淮陰縣令贈尚書右僕射王府君（光謙）神道碑銘并序》：“公之才子五人……次曰翃……歷辰、朗、容三州刺史、容管經略使、兼御史中丞，河中少尹，朔方節度留後，汾州刺史，單于副都護鎮武軍使。”

杜　佑　大曆十四年—建中元年（779—780）

《舊書》本傳：“轉撫州刺史。改御史中丞，充容管經略使。楊炎入相，徵入朝，歷工部、金部二郎中、判度支。”《新書》本傳略同。《全文》卷四九六權德輿《大唐銀青光祿大夫檢校司徒同中書門下平章事太清宮及度支諸道鹽鐵轉運等使崇文館大學士上柱國岐國公杜公淮南遺愛碑銘并序》：“再爲撫州刺史，以御史中丞領容州刺史、經略使。入爲金部、度支二郎中，復兼中丞，超拜戶部侍郎。出爲蘇州刺史。”

盧　嶽　建中元年—二年（780—781）

《舊書·德宗紀上》：建中二年二月“甲辰，以容州刺史盧嶽爲桂州防禦觀察使”。《全文》卷六二二周行先《爲陝州盧中丞請朝覲第一表》稱：“頃容管鎮，任職方隅，逮此五考，要荒外服。僻陋在夷。”又卷七八四穆員《陝虢觀察使盧公（嶽）墓誌銘》：“建中初，今上嗣位，有自屬部謫官入爲相者，謂公才膺方鎮，授容管經略招討等使。未一年，黜陟使奏課爲五嶺之表，轉桂府觀察經略等使。”

元　琇　建中二年—三年（781—782）

《舊書·德宗紀上》：建中三年三月戊戌，“以容管經略使元琇爲廣州刺史、嶺南節度使”。《全文》卷四二七于邵《送崔判官赴容州序》：“服嶺之外，列巨防者五，而容其一焉……今年春，有詔特命元公都督十二州諸軍事，資其庶富而宣乎教化者也……博陵崔公，光膺副車之選，秋八月，傳次於壽春安豐縣之東亭。”

張獻恭　建中三年—四年？（782—783？）

《舊書》本傳：“〔建中〕三年正月，爲太府卿、容州刺史、本管經略招討使。四年七月，與渾瑊、盧杞、司農卿段秀實與吐蕃尚結贊築壇於京城之西會盟，如清水之儀。”《新書》本傳未及。吳氏《方鎮年表》失載。

李　復　　貞元元年?—三年(785?—787)

《舊書·德宗紀上》：貞元二年正月，“以江陵少尹李復爲容州刺史、本管經略使”。三年五月丙午，“以容管經略使李復爲廣州刺史、嶺南節度使”。本傳：“起爲江陵少尹、兼御史中丞，充節度行軍司馬。〔張〕伯儀既受代，以復爲容州刺史、兼御史中丞，充本管招討使，加檢校常侍……在容州三歲，南人安悦。遷廣州刺史、兼御史大夫、嶺南節度觀察使。”《新書》本傳略同。又見《元龜》卷六七七。據兩《唐書》本傳，李復在容州三年，則當始於貞元元年，疑《舊紀》有誤。吳氏《方鎮年表》列荆南節度張伯儀於建中三年至貞元元年，又以李復刺容列建中四年，自相抵牾。《全文》卷四二七于邵《送紀奉禮（文楚）之容州序》：“容州經略之府……李郎中受委中朝，聯典大郡，凡有化理，悉爲世程……時興元大赦之仲春，桂林遷客于邵之別序云。”岑仲勉《方鎮年表正補》：“興元、貞元連兩元年均大赦，興、貞音近，或易轉訛。”又卷四二九于邵《唐檢校右散騎常侍容州刺史李公去思頌并序》：“維貞元二年秋八月，天子以郡國二千石之高第者曰隴西李某字某……俾之由檢校右散騎常侍兼御史中丞容州刺史本管經略守捉招討處置等使，爲御史大夫嶺南節度經略觀察處置等使。”按卷六二一李罕名下重出此頌。岑氏《正補》以爲“二年當三年之訛，書八月者，復至秋乃去容之廣也”。

李　罕(李牢)　　貞元三年—四年(787—788)

《全文》卷四二九于邵《唐檢校右散騎常侍容州刺史李公去思頌并序》：“維貞元二年（三年）秋八月，天子以郡國二千石之高第者曰隴西李某……俾之由檢校右散騎常侍兼御史中丞容州刺史本管經略守捉招討處置等使爲御史大夫、嶺南節度經略觀察處置等使……嶺南經略使判官權知容州留後事監察御史裏行同郡李牢，始以文學居辟選之道，遂參帷席；復以謀能當器任之重，留總軍府，美公之政大備，感公之禮有加，因其人之請而上之。"卷六二一李罕名下重出此序。按"李牢"當作"李罕"；同卷李罕小傳亦稱："德宗時官嶺南經略使判官權知容州留後事。"

戴叔倫　　貞元四年—五年（788—789）

《舊書·德宗紀下》：貞元四年七月"乙丑，前撫州刺史戴叔倫爲容州刺史、兼御史中丞、本管經略使"。《唐詩紀事》卷二德宗："貞元五年，初置中和節，帝製詩寫本賜戴叔倫於容州。"《全文》卷五〇二權德輿《朝散大夫使持節都督容州諸軍事守容州刺史兼侍御史充本管經略招討制置等使譙縣開國男賜紫金魚袋戴公（叔倫）墓誌銘并序》："維貞元五年夏四月，容州刺史經略使侍御史譙縣開國男戴公至部之三月，以疾受代，回車甌駱，六月甲申次於清遠峽而薨。"又見《新書》本傳，《御覽》卷三〇，《國史補》卷下，《全詩》卷四德宗皇帝《中和節賜群臣賦七韻》注，《全文》卷四九〇權德輿《暮春陪諸公遊龍沙熊氏清風亭詩序》，卷八一五顧雲《唐風集序》。《重修戴氏宗譜》卷三梁蕭《唐故朝散大夫都督容州諸軍事容州刺史本管經略招討處置使兼御史中丞封譙縣開國男賜紫金魚袋戴公（叔倫）神道碑》："貞元四年七月，起家除都督容州諸州事容州刺史、本管經略招討處置使兼御史中丞。"

王　鍔　　貞元五年—十年（789—794）

《舊書》本傳："遂拜鴻臚少卿，尋除容管經略使。凡八年，溪洞安之。遷廣州刺史、御史大夫、嶺南節度使。"《新書》本傳略同。《舊書·德宗紀下》：貞元十一年正月，"丙申，以邕（容）管經略使王鍔爲廣州刺史、嶺南節度使"。按兩《唐書》本傳之"八年"殆"六年"之訛。《全文》卷六八八符載《寄南海王尚書書》："公昔典九江，載在匡廬……超拜容府，展襄陽之慶荷。"

房孺復　　貞元十年—十三年（794—797）

《舊書·德宗紀下》：貞元十年六月"甲寅，以辰州刺史房孺復爲

容管經略使”。十三年八月“壬午，容管經略使房孺復卒”。又見兩
《唐書》本傳，《元龜》卷七七五，《新表一下》河南房氏，《全文》卷六二
八呂溫《湖南都團練副使廳壁記》。

房　濟　貞元十三年—十六年（797—800）

《舊書·德宗紀》：貞元十三年“十月癸丑朔，以前滁州刺史房濟
爲容管經略使”。《新表一下》河南房氏：“濟，容管經略使。”

韋　丹　貞元十七年—永貞元年（801—805）

《全文》卷五六六韓愈《江西觀察使韋公（丹）墓誌銘》：“新羅國君
死，公以司封郎中兼御史中丞紫衣金魚往吊，立其嗣……至鄆州，會
新羅告所當立君死，還，拜容州刺史容管經略招討使……化大行，詔
加太中大夫。順宗嗣位，拜河南少尹。”又見《新書》本傳，《全文》卷七
五四杜牧《唐故江西觀察使武陽公韋公（丹）遺愛碑》。《舊書·順宗
紀》：永貞元年五月“丁丑，以邕（容）管經略使韋丹爲河南少尹”。

房　啓　永貞元年—元和八年（805—813）

《舊書·順宗紀》：永貞元年五月丁丑，“以萬年縣令房啓爲容管
經略招討使”。又《憲宗紀下》：元和八年四月“乙酉，以邕（容）管經略
使房啓爲桂管觀察使”。《全文》卷五六三韓愈《清河郡房公（啓）墓碣
銘》：“貞元末王叔文用事，材公之爲，舉以爲容州經略使……在容九
年，遷領桂州。”又見《新書》本傳，《全文》卷五六〇韓愈《順宗實錄
三》，《全詩》卷三五六劉禹錫《傷秦姝行序》。《新表一下》河南房氏：
“啓，容管經略使。”

竇　群　元和八年—九年（813—814）

《舊書·憲宗紀下》：元和八年四月乙酉，“以開州刺史竇群爲邕
（容）管經略使”。本傳：“〔元和〕六年九月，貶開州刺史。在郡二年，
改容州刺史、容管經略觀察使。九年，詔還朝，至衡州病卒。”《新書》
本傳略同。《全詩》卷四一三元稹有《奉和竇容州》。《全文》卷六〇一

劉禹錫有《爲容州竇中丞謝上表》、卷六〇四有《答容州竇中丞書》。
又見《新表一下》竇氏，《全文》卷五六三韓愈《國子司業竇公（牟）墓誌
銘》、卷五九〇柳宗元《處士段宏古墓誌》，《唐才子傳》卷四。

徐　俊　　元和中

《全詩》卷三五一柳宗元《桂州北望秦驛手開竹徑至釣磯留待徐
容州》，又卷三五二《酬徐二中丞普寧郡内池館即事見寄》，柳集舊注
以爲徐俊。《舊書·憲宗紀下》：元和十年三月“壬戌，以長安縣令徐
俊爲邕管經略使”。非“容管”。熊飛謂“徐容州”與“徐二中丞”當爲
同一人，以爲指徐放。岑仲勉《唐人行第録》謂“徐二中丞”指徐俊。
今從岑説。

陽　旻　　元和十年—十五年（815—820）

《新書》本傳：“王師討吴元濟，以唐州刺史提兵深入二百里，薄申
州……容州西原蠻反，授本州經略招討使，擊定之。進御史大夫，合
邕、容兩管爲一道。卒，贈左散騎常侍。”又《憲宗紀》：元和十二年，
“是歲，容管經略使陽旻克欽、横、潯、貴四州”。《舊書·穆宗紀》：“元
和十五年七月乙卯，邕（容）管經略使楊（陽）旻卒。”《全文》卷五六三
韓愈《正議大夫尚書左丞孔公（戣）墓誌銘》：“〔元和〕十二年自國子祭
酒拜御史大夫嶺南節度等使……桂將裴行立、容將楊（陽）旻皆無功，
數月自死。”又卷五七七柳宗元《爲裴中丞伐黄賊轉牒》：“容府陽中丞
以義烈爲己任，勳襲太常；安南李中丞以英武爲家風，業傳彝器。”

嚴公素　　長慶元年—二年（821—822）

《舊書·穆宗紀》：長慶元年十二月“丙寅，以前容管經略使留後
嚴公素爲容州刺史、容管經略使”。又見《南蠻下·西原蠻傳》。

桂仲武　　長慶二年—寶曆元年？（822—825？）

《舊書·穆宗紀》：長慶二年十一月“辛未，以前安南都護桂仲武
爲邕（容）管經略使”。《全文》卷五七一柳宗元《代廣南節度使舉裴中

丞自代表》：“日者安南夷獠反叛，害其連帥，毒痛黎人。某皇帝以某威惠茂著，自某州刺史俾之撫臨，夙夜經行，盡除兵器，賊徒識恩，黨種歸義……後改鎮容州，勳效彌顯，澄清庶類，邁德前修，深負能名，合遷重鎮。”卷六一〇劉禹錫《祭福建桂尚書文》：“〔尚書〕秉憲朝右，剖符江壖，交趾化行，容州績宣。”

嚴公素　　寶曆元年—大和元年(825—827)

《舊書·敬宗紀》：寶曆元年十一月“癸未，以殿中少監嚴公素爲容管經略使”。《全文》卷七一二李渤《桂州舉前容管經略使嚴公素自代狀》：“前件官曾任容管經略使……可以備方隅之任，總廉察之權。”《會要》卷七五：“寶曆二年二月，容管經略使嚴公素奏：當州及普寧等七縣，乞准廣、韶、貴、賀四州例南選，從之。”《全詩》卷六四〇曹唐《奉送嚴大夫再領容府二首》：“自顧勤勞甘百戰，不將功業負三朝。劍澄黑水曾芟虎，箭劈黃雲貫射雕。”

王茂元　　大和二年—六年(828—832)

《舊書·文宗紀上》：大和二年四月“壬午，以邕管經略使王茂元爲容管經略使”。兩《唐書》本傳未及。《全文》卷七八二李商隱《祭外舅贈司徒公文》：“〔公〕遷去郎城，仍臨蔡壤……容山至止，朗寧去思。”按“容山”指容州，“朗寧”指邕州。又按《舊書·文宗紀下》：大和七年正月，“以右金吾衛將軍王茂元爲嶺南節度使”。

胡　沐　　大和九年—開成五年(835—840)

《舊書·文宗紀下》：大和九年十一月乙巳，“以左神策將軍胡沐爲容管經略使”。

李景仁　　會昌二年—四年(842—844)

《新書·宗室世系表下》讓皇帝房：“容管經略使、左庶子景仁。”乃江州刺史李景信、諫議大夫李景儉之弟。《全文》卷七七五李商隱有《上容州李中丞狀》。吳氏《方鎮年表》繫於會昌二年至四年，從之。

韋 廑 會昌六年—大中二年（846—848）

《全文》卷七七二李商隱《爲滎陽公論安南行營將士月糧狀》："側聞容、廣守臣，亦欲飛章上請，臣緣乍到，未敢抗論，已牒韋廑、李玭。"又卷七七四有《爲滎陽公與容州韋中丞狀》。按滎陽公指鄭亞，李商隱大中元年在桂管鄭亞幕。《全詩》卷七四六陳陶《贈容南韋中丞》："普寧都護軍威重，九驛梯航壓要津。"又有《賀容府韋中丞大府賢兄新除黔南經略》、《和容南韋中丞題瑞亭白燕白鼠六眸龜嘉運》。

唐 持 約大中三、四年（約849、850）

《舊書》本傳："大中末（初？），自工部郎中出爲容州刺史、御史中丞、容管經略招討使。入爲給事中。大中末，檢校左散騎常侍、靈州大都督府長史、朔方節度、靈武六城轉運等使。"《新書》本傳略同。《新表四下》唐氏："持字德守，容管經略，朔方、昭義節度使。"《全詩》卷五二一杜牧有《送容州唐中丞赴任》。

王 球 約大中十年—十一年（約856—857）

《舊書·宣宗紀》：大中十一年"五月，容管軍亂，逐其經略使王球"。《新書·宣宗紀》同。

宋 涯 大中十一年—十二年？（857—858？）

《舊書·宣宗紀》：大中十一年六月，"以安南都護宋涯爲容州刺史、容管經略招討處置等使"。

張 茵 咸通四年—五年（863—864）

《通鑑·咸通五年》：正月，"以容管經略使張茵兼勾當交州事"。《新書·南蠻中·南詔傳下》："咸通四年，六月，置行交州於海門……以容管經略使張茵鎮之。"

高 秦 乾符元年？—二年（874？—875）

《舊書·僖宗紀》：乾符二年二月，"以容管經略招討使高秦檢校户部尚書"。

張　同　　約乾符四、五年間(約 877、878)

《舊五代史·張策傳》:"父同,仕唐,官至容管經略使……唐廣明末,大盜犯闕,策遂返初服,奉父母逃難。"《新五代史·張策傳》略同。按《舊書·僖宗紀》:乾符三年九月,"商州刺史張同爲諫議大夫"。岑仲勉《方鎮年表正補》以爲:"容管是節鎮,比一般刺史爲重要……依遷授常例,同官商刺自應在容管經略前。"

謝　肇　　乾符六年—廣明元年(879—880)

《危太僕文續集》卷七《先大夫行狀》:"乾符末,所在盜起,全諷兄弟糾集民兵,以衛鄉井安郡。都護謝肇承詔安撫諸道,補全諷爲討捕。"《廣西通志》卷一六《職官表》:"謝肇,廣明初容管經略使。"

崔　倬(崔焯)　　廣明元年—中和二年(880—882)

《陝西藍田出土的唐末廣明元年銀鋌》刻字:"容管經略使進奉廣明元年賀冬銀壹鋌,重貳拾兩,容管經略招討處置等使臣崔倬進。"(《文物資料叢刊》第 1 輯)按《方鎮年表》中和元年至二年下列有崔焯,闕資料。

何　鼎　　約中和三年—約景福元年(約 883—約 892)

《新五代史·何澤傳》:"父鼎,唐末爲容管經略使。"《唐詩紀事》卷六六崔安潛:"何澤,韶陽曲江人也。父鼎,容管經略。"又見《唐摭言》卷九。《廣州人物傳》卷三:"何鼎,番禺人……遷瀧州司馬,以能名,節度使李迢禮重之。累遷容管經略使。時承亂後,民生憔悴,鼎加意招徠,賴以安堵。峒賊梁宗煽叛,鼎單車往説之……宗與其徒皆拜泣……率其衆歸耕。終鼎之任,無肤篋者……朱全忠强逆不臣,鼎誡諸子曰:汝慎毋事全忠。"

＊蓋　寓　　乾寧二年(895)

《通鑑·乾寧二年》:十二月乙未,"以河東大將蓋寓領容管觀察使"。注:"領,遥領也。"《舊五代史》本傳:"乾寧二年,從入關討王行瑜,特授檢校太保……領容管觀察經略使。光化初,車駕還京,授檢校太傅。"

胡　真（胡貞）　　乾寧中?

《舊五代史》本傳:"及太祖以衆歸唐……從至梁苑……復表爲鄭滑節度使、檢校左僕射。數年,徵爲右金吾衛大將軍。俄拜寧遠軍節度使、容州刺史。"《元龜》卷八四六作"胡貞"。按光啓二年至大順元年爲鄭滑節度,見《通鑑》。其爲容刺疑在乾寧中。

董彦弼（李彦弼、董從實）　　天復元年（901）

《舊書·昭宗紀》:天復元年正月庚寅,制:"以董彦弼爲容州刺史、容管節度等使,並檢校太保、同平章事。"《大詔令集》卷五《改元天復赦》:"改光化四年爲天復元年……嶺南西道節度使……李繼誨、寧遠軍節度使檢校司徒平章事李彦弼,並早參禁衛。"按《舊五代史·孫德昭傳》:天復元年正月,"以德昭爲檢校太保、靜海軍節度使,承誨邕州節度使,〔董〕從實容州節度使,並同平章事,錫姓李……其年十一月……承誨、從實並變節,爲中官所誘"。董從實與董彦弼當爲同一人。

朱友倫　　天復三年（903）

《舊五代史》本傳:"〔天復〕三年,昭宗歸長安,制授友倫寧遠軍節度使……及太祖東歸,留友倫宿衛京師……墜馬而卒……開平初,有司上言曰:'……故容州節度使友倫……並以戰功,歿於王事。'"《新五代史》本傳略同。《全文》卷九六九闕名《請追封皇兄皇姪奏》(注:開平元年):"皇姪故邕州節度使友寧、故容州節度使友倫……並以戰功,歿於王事。"

龐巨昭　　天祐二年—三年（905—906）

《通鑑·天祐三年》:二月"辛未,以權知寧遠留後龐巨昭、嶺南西道留後葉廣略並爲節度使"。《新五代史·劉隱傳》:"僖宗以後,大臣出鎮者，天下皆亂……是時，交州曲顥、桂州劉士政、邕州葉廣略、容州龐巨昭，分據諸管。"《九國志》本傳："唐末爲容州觀察使……巢寇憚之，不敢犯其境，以功加寧遠軍節度使。"《十國春秋》本傳略同。

姚彦章　　唐末？

《九國志》本傳："容南龐巨昭歸款，彦章率兵迎之。遷寧遠軍節度副使，知容州事。〔馬〕殷建國，拜左相。"

卷三〇一　辯州（南石州、陵水郡）

武德五年置南石州。貞觀九年改南石州爲辯州。天寶元年改爲陵水郡。乾元元年復爲辯州。領縣四：石龍、陵羅、龍化、羅辯。

胡　淛　　約元和中

《南部新書》庚：“胡淛者，吳少誠之卒也，爲辯州刺史，好擊毬。”《廣記》卷二六九引《投荒雜録》：“潘之南七十里至辦（辯）州爲陵水郡，辦（辯）之守曰胡淛，故淮西吳少誠之卒。鴟張荒陬，多法河朔叛將所爲，且好蹴鞠。”

樂仁厚　　昭宗時

《全文》卷九一昭宗《賜鎮東軍押衙樂仁厚敕》：“鎮東軍節度使左押衙充明州都押衙銀青光禄大夫檢校刑部尚書兼御史大夫上柱國持節辯州軍事樂仁厚，居總大藩之萬里，出揚皇俗之雙旌，況辯州昭五嶺之衝，南浦控三峽之要，俾爾勳忠，列於奏薦，隼飛萬里，熊耀雙旛，右副爾知，同安疆域。”

卷三〇二　白州（南州、南昌郡）

武德四年置南州。六年改爲白州。天寶元年改爲南昌郡。乾元元年復爲白州。領縣五：博白、建寧、周羅、龍豪、南昌。

龐孝恭　　武德六年（623）

《通鑑·武德六年》：四月"丁卯，南州刺史龐孝恭、南越州民寧道明、高州首領馮暄俱反，陷南越州，進攻姜州；合州刺史寧純引兵救之"。按《新書·南蠻下·南平獠傳》：武德六年，"〔寧〕道明與高州首領馮暄、談殿據南越州反，攻姜州，寧純以兵援之。八年，〔寧〕長真陷封山縣，昌州刺史龐孝恭掎擊暄等走之"。

龐孝泰　　龍朔二年（662）

《通鑑·龍朔二年》：二月"戊寅，左驍衛將軍白州刺史沃沮道總管龐孝泰與高麗戰於蛇水之上，軍敗，與其子十三人皆死"。

覃崇位　　約開元初

《全文》卷二三八盧藏用《景星寺碑銘》："白州刺史覃崇位……等，或位以材授，或職因地獎，化浹海嵎，績揚朝聽。"

卷三〇三　牢州（義州、智州、定川郡）

武德二年置義州。五年改爲智州。貞觀十二年改爲牢州。天寶元年改爲定川郡。乾元元年復爲牢州。領縣三：南流、定川、宕川。

耿仁忠　　約開元初

《全文》卷二三八盧藏用《景星寺碑銘》："牢州刺史耿仁忠……等，或位以材授，或職因地獎，化浹海壖，績揚朝聽。"

劉起伯　　大和元年—二年（827—828）

《芒洛遺文》卷中《劉栖楚墓誌蓋陰記》（大和二年五月十二日）："公之元昆河南縣尉栖梧迎公之喪，自鄂之洛。天之不整，暴疾旋終。主辦二喪，鍾於次弟牢州刺史起伯遵奉前事，泣告仲京。"按劉栖楚大和元年九月卒桂管觀察使任。

卷三〇四　欽州（寧越郡）

隋寧越郡。武德四年改爲欽州總管府。貞觀元年罷都督府。天寶元年改爲寧越郡。乾元元年復爲欽州。領縣五：欽江、安京（保京）、遵化、内亭、靈山。

甯長真　　武德五年—約九年（622—約 626）

《通鑑・武德五年》："夏四月己未，隋鴻臚卿甯長真以甯越、鬱林之地請降於李靖，交、愛之道始通；以長真爲欽州總管。"又見《元龜》卷一六四。《新書・南蠻下・南平獠傳》："武德初……高祖授長真欽州都督……六年，長真獻大珠……八年，長真陷封山縣……明年，〔甯〕道明爲州人所殺。未幾，長真死，子據襲刺史。馮暄、談殿阻兵相掠，群臣請擊之，太宗不許。"又見《元龜》卷一六八。

甯　據　　約武德九年—貞觀十二年？（約 626—638?）

《新書・南蠻下・南平獠傳》："〔甯〕長真死，子據襲刺史。"

寧師宗（寧師京）　　貞觀十二年（638）

《舊書・地理志四》瀼州："貞觀十二年，清平公李弘節遣欽州首領寧師京，尋劉方故道，行達交趾，開拓夷獠，置瀼州。"《御覽》卷一七二引《十道志》、《寰宇記》卷一六七皆作"師宗"，"京"當爲"宗"之訛。

陳龍樹　　永徽中

《舊書·陳集原傳》:"父龍樹,欽州刺史。集原幼有孝行,父纔有疾,即終日不食。永徽中,喪父,嘔血數升。"《新書·陳集原傳》略同。又見《御覽》卷四一三。

康昇讓　　長慶初

《全文》卷六五七白居易有《康昇讓可試太子司議郎知欽州事兼充本州鎮遏使陳佽可試太子舍人知巒州事充本州鎮遏使五人同制》。

楊　嶼　　長慶三年(823)

《通鑑·長慶三年》:七月"丙寅,邕州蠻奏黃洞蠻破欽州千金鎮,刺史楊嶼奔石南砦"。又見《新書·南蠻下·西原蠻傳》。

卷三〇五　禺州（東峨州、温水郡）

乾封三年置東峨州。總章二年改爲禺州。天寶元年改爲温水郡。乾元元年復爲禺州。領縣四：峨石、温水、陸川、扶桑。

陳吴客　　約開元初

《全文》卷二三八盧藏用《景星寺碑銘》："禺州刺史陳吴客、白州刺史覃崇位……等，或位以材授，或職因地獎，化浹海嶠，績揚朝聽。"

卷三〇六　湯州（温泉郡）

　　設置年月未詳。天寶元年改爲温泉郡。乾元元年復爲湯州。領縣三：湯泉、淥水、羅韶。

　　暫闕

卷三〇七　瀼州（臨潭郡）

　　貞觀十二年置瀼州。天寶元年改爲臨潭郡。乾元元年復爲瀼州。領縣四：臨江、弘遠、波零、鵠山。

滕殷晉　　*長慶初*

　　《全文》卷六五七白居易有《康昇讓可試太子司議郎知欽州事兼充本州鎮遏使滕殷晉可試右衞率府長史知瀼州事兼充左江都知兵馬使五人同制》。

卷三〇八　巖州(安樂郡、常樂郡)

調露二年置。天寶元年改爲安樂郡。至德二年改爲常樂郡。乾元元年復爲巖州。領縣四:安樂(常樂)、思封、高城、石巖。

楊　綱　　約高宗時

《千唐誌·唐故房陵郡太守盧府君夫人弘農郡君楊氏墓誌銘并序》(天寶十一載十月二十九日):"曾祖綱,皇巖州刺史、平河公;祖思謙……父履言。"夫人卒天寶十一載六月,享年七十一。按《新表一下》楊氏觀王房:"綱,主爵郎中、平阿公。"

李　忻　　高宗、武后間

上圖藏拓片《贈秘書少監趙郡李府君(休)墓誌銘并序》(大曆十三年七月十七日):"皇朝安樂大守忻之孫。"李休卒天寶九載九月,春秋五十五。

陳越客　　約開元中

《全文》卷二三八盧藏用《景星寺碑銘》:"巖州刺史陳越客……等,或位以材授,或職因地奬,化浹海壖,績揚朝聽。"

馬真肅　　大和四年(830)

《隋唐五代墓誌匯編·洛陽卷》第十三册《邕州本管經略招討處置等使邕州刺史兼御史中丞張公(遵)墓誌》(大和五年二月三日):

"三女適嚴州刺史馬眞肅。"張遵卒大和四年八月六日,享年六十二。

高　傑　　乾符三年(876)

《通鑑·乾符三年》:"秋七月,以前嚴州刺史高傑爲左驍衛將軍,充沿海水軍都知兵馬使,以討王郢。"

卷三〇九　古州（樂古郡）

貞觀十二年置古州。天寶元年改爲樂古郡。乾元元年復爲古州。領縣三：樂古、古書、樂興。

秦　軻　　大中元年（847）

《全文》卷七七八李商隱《爲滎陽公桂州署防禦等官牒·秦軻》：“予始軻廉車，軻素爲州將，召之與語，得其可人……是用返於故部，慰彼遐陬，職次牙璋，務兼銀冶……依前知古州事，兼專勾當都蒙營物。”按滎陽公指鄭亞。李商隱大中元年在鄭亞桂管幕。

卷三一〇　安南都護府（交州、鎮南都護府）

隋交趾郡。武德五年改爲交州總管府。調露元年八月改爲安南都護府。至德二載改爲鎮南。大曆三年復爲安南。刺史充都護。領縣七：宋平、交趾、朱鳶、龍編、平道、太平、武平。

丘　和　武德五年（622）

《通鑑·武德五年》：三月“甲辰，以隋交趾太守丘和爲交州總管，和遣司馬高士廉奉表請入朝，詔許之”。又見兩《唐書》本傳、《蕭銑傳》、《元龜》卷一六四。

王志遠　武德七年（624）

《通鑑·武德七年》：“九月癸卯，日南人姜子路反，交州都督王志遠擊破之。”

李世壽　武德七年—貞觀元年（624—627）

《通鑑·貞觀二年》：十月，“交州都督遂安公李壽以貪得罪”。《新書·盧祖尚傳》同。《廣記》卷一三二引《冥報記》：“唐交州都督李壽，貞觀初，罷職歸京第。”【補遺】《唐研究》第二卷（1996年版）《新出唐遂安王李世壽墓誌考釋》引《大唐故使持節都督交州諸軍事、交州刺史、柱國、遂安王墓誌銘》：“王諱安，字世壽，隴西成紀人也。太武皇帝再從姪，皇上之從兄。……〔武德〕七年，詔拜王使持節都督交州諸軍事、交州刺史……九年，詔曰……改封遂安縣公，食邑一千户，使持節都督交州諸軍事、交州刺史如故。公夙嬰風疾，綿歷多年，頻表請還，有詔優許，遂以貞觀元年留狀去職。……以貞觀十六年二月廿五日薨逝京師之第。"據此誌證知，李世壽任職時間爲武德七年—貞觀元年。

李大亮　　貞觀元年（627）

《舊書》本傳："拜越州都督。貞觀元年，轉交州都督，封武陽縣男……尋召拜太府卿，出爲涼州都督，以惠政聞。"《新書》本傳略同。《嘉泰會稽志》："李大亮，自安州刺史授，徙交州刺史。"

【盧祖尚　　貞觀二年（628）（未之任）】

《舊書》本傳："貞觀初，交州都督、遂安公壽以貪冒得罪，太宗思求良牧，朝臣咸言祖尚才兼文武，廉平正直，徵至京師，臨朝謂之曰：'交州大藩……爲我鎮之，勿以道遠爲辭也。'祖尚拜謝而出，既而悔之，以舊疾爲辭……〔太宗〕命斬之於朝。"《新書》本傳作貞觀二年；《通鑑》作貞觀二年十月。

普　贊　　貞觀中？

《太平寰宇記》卷一六二桂州："唐初，安南都護名普贊，本靈川人也。"《桂林風土記·歐陽都護冢》："府北郭松徑盡處，有國初安南都護名普贊冢墓。"

李道興（李道彥？）　　貞觀九年—十二年（635—638）

《新書》本傳："貞觀九年，爲交州都督，以南方瘴厲，恐不得年，頗忽忽憂悵，卒于官。"又《太宗紀》：貞觀十二年十一月"己巳，明州山獠反，交州都督李道彥敗之"。又見《南蠻下·南平獠傳》，《元龜》卷九八五，《通鑑·貞觀十二年》十一月。《舊書·唐臨傳》："再遷侍御史，奉使嶺外，按交州刺史李道彥等，申叩冤繫三千餘人。"按岑仲勉《唐史餘瀋·交州都督李道彥》疑《舊書·唐臨傳》及《新紀》皆誤"道興"爲"道彥"，似可從。

柳楚賢　　貞觀中

《舊書·柳冲傳》:"父楚賢……貞觀中,累轉光禄少卿,使突厥存撫李思摩……累轉交、桂二州都督,皆有能名。卒於杭州刺史。"《新書·柳冲傳》略同。

李弘節　　約貞觀十四年(約640)

《芒洛四編·大唐故交州都督上柱國清平縣公世子李君(道素)墓誌銘并序》(貞觀十五年十一月十五日):"父弘節,杭、原、慶三州刺史,大理少卿,桂、交二州都督使持節二州諸軍事,贈桂州都督廿七州諸軍事上柱國清平縣公……〔君〕以貞觀十二年隨父任桂州都督……以貞觀十三年九月廿六日遘疾卒於桂州之官舍,春秋十七。"上圖藏拓片《并州太原縣令李冲墓誌》(永昌元年五月十日):"父弘節,皇朝任杭、慶、原三州刺史,大理卿,尚書工部侍郎并檢校工部尚書,金紫光禄大夫,并州大都督府長史,雍州別駕,交桂二州都督,上柱國,清平縣開國公。"

杜正倫　　貞觀十七年(643)

《通鑑·貞觀十七年》:"出正倫爲穀州刺史。及〔李〕承乾敗,秋七月辛卯,復左遷正倫爲交州都督。"《舊書》本傳:"出爲穀州刺史,又左授交州都督。後承乾構逆,事與侯君集相連,稱遣君集將金帶遺正倫,由是配流驩州。"《新書》本傳略同。

李素立?　　貞觀末?

《全文》卷六八〇白居易《海州刺史裴君夫人李氏墓誌銘并序》:"六代祖素立,安南都護。五代祖休烈,趙州刺史。"兩《唐書》本傳未及。按素立曾爲安北都護,未知《全文》誤否。

姜　簡?　　永徽中?

《寶刻叢編》卷九引《京兆金石録》:"《唐安南都護姜簡碑》,永徽中立。"《長安志》卷一六昭陵陪葬丞郎三品五十三:"安南都督姜簡。"

又見《會要》卷二一。按《舊書·姜行本傳》："子簡嗣，永徽中，官至安北都護，卒。"又按《唐姜遐碑》稱："簡嗣郷國公爵，永徽時期，官至安北都護。"（《考古與文物》1980 年第 1 期）疑《寶刻叢編》、《長安志》、《會要》皆誤。

柴哲威　　約永徽、顯慶間

《舊書·柴紹傳》："子哲威，歷右屯營將軍，襲爵譙國公。坐弟令武謀反，徙嶺南。起爲交州都督，卒官。"《新書·柴紹傳》略同。按柴令武謀反，事在永徽中。

李乾祐（李爽）　　約龍朔中

拓本《大唐故銀青光禄大夫守司刑太常伯李公（爽，字乾祐）墓誌銘》："顯慶之初，言歸京洛……蒙授朝請大夫守思州刺史。丹帷未駕，紫渥復及。授中大夫使持節都督交峰愛三州驩州都督府等諸軍事交州刺史……恩詔遠臨，馳傳歸闕，尋除滄州刺史。乾封二年，特崇綸璽，授銀青光禄大夫守司刑太常伯。"按兩《唐書》附《李昭德傳》，未及刺交州事。

郎餘慶　　上元元年（674）

《舊書·郎餘令傳》："兄餘慶，高宗時爲萬年令，理有威名，京城路不拾遺，後卒於交州都督。"《新書》本傳："出爲蘇州刺史。坐累下遷交州都督。"《全文》卷一八○王勃《上郎都督啓》："今某，東鄙之一書生耳……勃家大人，天下獨行者也，性惡儲斂，家無儋石。自延國譴，遠宰邊隅。"郎都督當即郎餘慶。

梁難敵　　儀鳳初

《宋高僧傳》卷二《唐波凌國智賢傳》附《會寧傳》："至儀鳳年初，交州都督梁難敵遣使同會寧弟子運期奉表進經，入京。三年戊寅，大慈恩寺沙門靈會於東宮啓請施行。"《開元釋教録》卷九《沙門若那跋陀羅》、《貞元新定釋教目録》卷一二《沙門若那跋陀羅》同。

劉延祐　　垂拱三年(687)

《新書・則天皇后紀》：垂拱三年八月，"交趾人李嗣仙殺安南都護劉延祐，據交州，桂州司馬曹玄静敗之"。《通鑑・垂拱三年》八月同。又見兩《唐書》本傳，《舊書・馮元常傳》，《元龜》卷六九二，《新表一上》劉氏，《姓纂》卷五彭城劉氏，《唐文拾遺》卷二一劉庭玲《大唐故安鄉郡長史黃府君夫人劉氏龕銘并序》："祖延祐，安南都護。"夫人卒天寶十三載□月二十一日。

楊　敏　　武后時？

《全文》卷五〇四權德輿《王妣夫人宏農楊氏祔葬墓誌銘并序》："王妣夫人姓楊氏，宏農人，祖敏，皇太僕少卿、交州都督。"按《新表一下》楊氏觀王房有"敏"，未署官職，乃武后、中宗時宰相楊綝兄。

崔玄信　　武后時？

《朝野僉載》卷三："安南都護崔玄信命女壻裴惟岳攝愛州刺史。"又見《廣記》卷二四三引。

鄧　祐　　中宗時？

《朝野僉載》卷一："安南都護鄧祐，韶州人，家巨富，奴婢千人。"又見《廣記》卷一六五引。

光楚客　　開元初

《新書・楊思勗傳》："開元初，安南蠻渠梅叔鸞叛……思勗請行，詔募首領子弟十萬，與安南大都護光楚客繇馬援故道出不意，賊駭眙不暇謀，遂大敗。"按《全文》卷二三八盧藏用《景星寺碑銘》稱："今〔容州〕都督光府君名楚客……歷增城、南海令……擢授邕州都督……北轉安南副都護、賀州刺史……檢校北府都督兼管内經略使。"

辛子言　　開元中？

《隋唐五代墓誌匯編・陝西卷》第四册《唐故金紫光禄大夫持節

蔚州諸軍事守蔚州刺史薛公（坦）墓誌銘并序》（大曆十三年正月二十六日）："早娶隴西辛氏夫人，安南都護子言之孫，鳳翔少尹灌之長女。"坦卒大曆十一年，享年四十八。

何履光　　天寶八載—十載（749—751）

《蠻書》卷七："天寶八載，玄宗委特進何履光統領十道兵馬，從安南進軍伐蠻國，十載已收復安寧城并馬援銅柱……何履光本是邕管貴州人，舊嘗任交、容、廣三州節度。天寶十五載，方收蠻王所坐大和城之次。屬安禄山造逆，奉玄宗詔旨，將兵赴西川，遂寢其收復。"《全文》卷四〇二崔國輔有《上何都督履光書》。

王知進　　天寶十載（751）

《全文》卷九九九鄭回《南詔德化碑》："豈意節度使鮮于仲通已統大軍取溪路下，大將軍李暉從會同路進，安南都督王知進自步頭路入。"

康　謙（康令謙？）　　天寶中

《舊書·敬羽傳》："胡人康謙善賈，資産億萬計。楊國忠爲相，授安南都護。至德中，爲鴻臚卿，專知山南東道驛。"《新書·孫孝哲傳》："有商胡康謙者，天寶中爲安南都護，附楊國忠，官將軍。上元中……累試鴻臚卿。"又見《元龜》卷三三八。按《元龜》卷二四："〔天寶〕十四載三月，南道觀察使源洧奏江陵郡古紀城東有紫氣成雲……其時，安南招討使康令謙及同行軍將等同見。"康令謙疑即康謙。

竇　蒙？　　約肅宗時

《全文》卷四四七竇臮《述書賦下》"吾兄則書包雜體"注："家兄蒙，字子全，司議郎、安南都護。"按《姓纂》卷九河南洛陽竇氏："蒙，太原令。"《新表一下》竇氏同。《全文》卷四四七竇蒙小傳亦云："肅宗時試國子司業兼太原縣令。"皆未及安南都護，疑有誤。

朝　衡(晁衡)　　上元中—大曆元年(761?—766)

《舊書·東夷·日本國傳》："其偏使朝臣仲滿,慕中國之風,因留不去,改姓名爲朝衡……上元中,擢衡爲左散騎常侍、鎮南都護。"《新書·東夷·日本傳》略同。《全詩續補遺》作"晁衡"。《元龜》卷一七〇："永泰二年五月,安南生蠻大首領林睹符部落,新置德化州……潘歸國部落新置龍武州……詔安南節度使、左散騎常侍韓(朝)衡宣恩勞來之。"《會要》卷一〇〇:"〔朝衡〕歷仕左補闕,終右常侍安南都護。"

張伯儀　　大曆二年—十二年(767—777)

《舊書·代宗紀》:大曆二年七月丙寅,"以杭州刺史張伯儀爲安南都護"。十二年五月,甲戌,"以前安南都護張伯儀爲廣州刺史,兼御史大夫,充嶺南節度使"。《新書》本傳未及。

烏崇福　　大曆十二年—約建中三年(777—約 782)

《舊書·代宗紀》:大曆十二年四月"壬寅,以前商州刺史烏崇福爲安南都護,本管經略使"。按吳氏《方鎮年表》列烏崇福於大曆十二年至貞元三年下,然無確據;考《通鑑·建中三年》有"安南都護輔良交",則烏崇福爲安南都護最遲不當逾此時。

輔良交　　建中三年—約貞元初(782—?)

《通鑑·建中三年》:七月,"演州司馬李孟秋舉兵反,自稱安南節度使;安南都護輔良交討斬之"。又見《元龜》卷四三四。

張　應(張庭)　　貞元四年(788)

《舊書·德宗紀下》:貞元四年四月"辛酉,以吉州刺史張庭爲安南都護、本管經略使"。按《李復傳》:"遷廣州刺史、兼御史大夫、嶺南節度觀察使。會安南經略使高正平、張應相次卒官,其下參佐偏裨李元度、胡懷義等阻兵……復誘懷義杖殺之,奏元度流於荒裔。"《新書·李復傳》略同。《新表二下》河間張氏:"應,安南都護。"知《舊紀》"張庭"爲"張應"之訛。

龐　復　　貞元五年(789)

《舊書·德宗紀下》:貞元五年三月"癸亥,以資州刺史龐復爲安南都護、本管經略使"。

高正平　　貞元六年—七年(790—791)

《舊書·德宗紀下》:貞元七年四月"己未,安南首領杜英翰叛,攻都護府,都護高正平憂死。"又見《通鑑·貞元七年》,《新書·趙昌傳》。兩《唐書·李復傳》謂:"安南經略使高正平、張應相次卒官",其次序或有顛倒。

趙　昌　　貞元七年—十八年(791—802)

《舊書·德宗紀下》:貞元七年七月"庚辰,以虔州刺史趙昌爲安南都護、經略招討使"。《通鑑·貞元七年》七月同。本傳:"拜安南都護,夷人率化。〔居〕十年,因屋壞傷脛,懇疏乞還,以檢校兵部郎中裴泰代之。"《新書》本傳略同。又見《元龜》卷六七一。《蠻書》卷一〇:"貞元十年六月二十一日,安南都護充管內節度觀察等使、檢校工部尚書兼御史大夫臣趙昌奏狀。"《廣記》卷一五二引《前定錄》:"遇趙昌爲安南節度,〔薛〕少殷與之有舊,求爲從事。"

裴　泰　　貞元十八年—十九年(802—803)

《舊書·德宗紀下》:貞元十八年五月"庚辰,以祠部員外郎裴泰爲檢校兵部郎中,充安南都護、本管經略使"。十九年二月"己亥,安南經略使裴泰爲州將王季元所逐"。又見《新書·德宗紀》,兩《唐書·趙昌傳》,《新表一上》東眷裴氏,《元龜》卷六七一,《會要》卷七三,《唐文拾遺》卷二七,《南部新書》乙。《全文》卷四九〇權德輿有《送安南裴中丞序》,《全詩》卷三二三權德輿有《送安南裴都護》。

趙　昌　　貞元二十年—元和元年(804—806)

《舊書·德宗紀下》:貞元二十年三月"己亥,以國子祭酒趙昌爲安南都護、御史大夫、本管經略使"。又《憲宗紀上》:元和元年四月

"壬寅,以前安南經略使趙昌爲廣州刺史、嶺南節度使"。又見兩《唐書》本傳,《元龜》卷六七一,《會要》卷七三,《唐文拾遺》卷二七,《廣記》卷三四引《傳奇》。《蠻書》卷九:"臣竊知故安南前節度使趙昌,相繼十三年,緝理交趾,至今遺愛,布在耆老。"

張　舟　　元和元年—五年(806—810)

《舊書·憲宗紀上》:元和元年四月"戊戌,以安南經略副使張舟爲安南都護、本管經略使"。四年八月"丙申,安南都護張舟奏破環王國三萬餘人"。《新書·憲宗紀》、《通鑑·元和四年》八月同。又見《新書·南蠻下·環王傳》,《元龜》卷九八七,《太平寰宇記》卷一七六,《會要》卷七三、卷九八,《新表二下》吳郡張氏,《唐文拾遺》卷二七。《全文》卷五八九柳宗元有《唐故中散大夫檢校國子祭酒兼安南都護御史中丞充安南本管經略招討處置等使張公墓誌銘并序》,卷五九三有《爲安南楊侍御祭張都護文》,"張公"、"張都護"當即張舟。《蠻書》卷九:"臣竊知故安南前節度使趙昌,相繼十三年……以寄客張舟爲經略判官,已後舉張舟爲都護。"

馬　摠(馬總)　　元和五年—八年(810—813)

《舊書·憲宗紀上》:元和五年七月"庚申,以虔州刺史馬總爲安南都護、本管經略使"。又《憲宗紀下》:元和八年七月丁丑,"以安南都護馬總爲桂管觀察使"。《舊書》本傳稱:元和四年,"兼御史中丞,充嶺南都護、本管經略使"。"嶺南"當爲"安南"之誤。又見《新書》本傳,《元龜》卷一三三,《御覽》卷二五一,《姓纂》卷七京兆馬氏,《全文》卷五八七柳宗元《曹溪第六祖賜謚大鑒禪師碑》,卷五六八韓愈有《祭馬僕射文》,鄭·七一四李宗閔有《馬公家廟碑》。

張　劻　　元和八年(813)

《舊書·憲宗紀下》:元和八年七月丁丑,"以江州刺史張劻爲安南都護、本管經略招討使"。

裴行立 元和八年—十二年(813—817)

《舊書·憲宗紀下》：元和八年八月"癸未，以蘄州刺史裴行立爲安南都護、本管經略招討使，以張勔耄年也"。《新書》本傳："繇蘄州刺史遷安南經略使……徙桂管觀察使。"

李象古 元和十三年—十四年(818—819)

《舊書·憲宗紀下》：元和十四年十月"壬戌，安南軍亂，殺都護李象古"。《新書·憲宗紀》、《通鑑·元和十四年》十月同。上圖藏拓片《唐故安南都護充本管經略招討使兼御史中丞李公墓誌銘并序》（長慶元年十一月九日）："粤有安南都護兼御史中丞隴西李公諱象古，春秋五十三，以元和十四祀秋八月十九日遇部將楊湛清構亂於軍郡，公之室韋氏洎三男二女戕於一刻之間。"又見兩《唐書》本傳，《新書·孔戣傳》、《南蠻下·西原蠻傳》，《元龜》卷四三四，《新書·宗室世系表下》曹王房，《全文》卷五六三韓愈《正議大夫尚書左丞孔公（戣）墓誌銘》，卷五七七柳宗元《爲裴中丞伐黄賊轉牒》。《蠻書》卷九："自李象古任安南經略使，恣意貪害，遂至徵兵。"

桂仲武 元和十四年—十五年(819—820)

《舊書·憲宗紀下》：元和十四年十月"丙寅，以唐州刺史桂仲武爲安南都護"。《通鑑·元和十四年》十月同。《新書·南蠻下·西原蠻傳》："及安南兵亂，殺都護李象古，擢唐州刺史桂仲武爲都護，逗留不敢進，貶安州刺史，以行立代之。"《通鑑·元和十五年》：二月，"安南都護桂仲武至安南，楊清拒境不納……丙申，貶仲武爲安州刺史"。又見兩《唐書·李象古傳》，《元龜》卷四四五。

裴行立 元和十五年(820)

《舊書·穆宗紀》：元和十五年二月"甲午，以桂管觀察使裴行立爲安南都護，充本管經略使"。七月乙卯，"安南都護裴行立卒"。又見《新書》本傳、《南蠻下·西原蠻傳》，《元龜》卷四四五，《通鑑·元和十五年》稱：三月，"裴行立至海門而卒"。

桂仲武　　元和十五年—長慶二年（820—822）

《舊書·穆宗紀》：元和十五年八月"甲戌，安南都護桂仲武斬叛將楊清首以獻，收復安南府"。按六月下已載：丁丑，"安南都護桂仲武奏誅賊首楊清，收復安南府"。當爲重出。《通鑑·元和十五年》：三月"辛未，安南將士開城納桂仲武，執楊清，斬之……復以仲武爲安南都護"。《舊書·穆宗紀》：長慶二年十一月"辛未，以前安南都護桂仲武爲邕（容）管經略使"。

王承弁（王承業）　　長慶二年（822）

《舊書·穆宗紀》：長慶二年正月"乙未，以夔州刺史王承弁爲安南都護、本管經略招討使"。《全文》卷七七二李商隱《爲滎陽公論安南行營將士月糧狀》："長慶二年安南有奏請借便當軍糧米五千石，經略使王承業請一二年內勸課輸填。"按"承業"蓋即"承弁"之訛。

李元喜　　長慶二年—寶曆二年（822—826）

《舊書·穆宗紀》：長慶二年九月"丁巳，以萬州刺史李元喜爲安南都護"。又《敬宗紀》：長慶四年十一月"戊申，安南都護李元喜奏：黃家賊與環王國合勢陷陸州，殺刺史葛維"。《會要》卷七三："寶曆元年五月，安南都護李元善奏，移都護府於江北岸。"又見《元龜》卷四一〇。按"李元善"當即"李元喜"。

韓　約　　大和元年—二年（827—828）

《舊書·文宗紀上》：大和元年二月"庚申，以虔州刺史韓約爲安南都護"。《新書·文宗紀》：大和二年九月"庚戌，安南軍亂，逐其都護韓約"。又見《新書》本傳，《通鑑·大和二年》六月、九月，《元龜》卷四二三，《全文》卷九六六闕名《申論愛州刺史張丹罪狀奏》，《廣記》卷一四四引《補錄記傳》、卷二六九引《投荒雜錄》、卷四〇引《宣室志》。

鄭　綽　　大和五年（831）

《舊書·文宗紀下》：大和五年"冬十月乙丑朔，以前綿州刺史鄭綽爲安南都護”。

劉 旻　　大和七年（833）

《舊書·文宗紀下》：大和七年五月“癸丑，以前邛州刺史劉旻爲安南都護”。

韓 威　　大和八年（834）

《舊書·文宗紀下》：大和八年十二月“辛巳，以棣州刺史韓威爲安南都護”。

田 早　　大和九年（835）

《舊書·文宗紀下》：大和九年正月，“以前棣州刺史田早爲安南都護”。《新書·王式傳》：“徙安南都護。故都護田早作木栅，歲率緡錢，既不時完，而所責益急。”《新表五下》田氏：“早，安南都護。”按《舊書·田弘正傳》：“弘正子布、群、牟……群，大和八年爲少府少監，充入吐蕃使，歷棣州刺史、安南都護。”乃誤將田早事載入田群傳。

馬 植　　開成元年—五年（836—840）

《舊書·文宗紀下》：開成元年九月庚辰，“以饒州刺史馬植爲安南都護”。《元龜》卷四九四：“〔開成〕四年二月丁巳，安南都護馬植奏：管内六州界海北廢珠池今有珠生。”《舊書》本傳：“開成初，遷安南都護、御史中丞、安南招討使……轉黔中觀察使。”《新書》本傳略同。又見《元龜》卷六七三、卷九七七，《會要》卷七三，《北夢瑣言》卷二，《廣記》卷一三八引《本事詩》。

武 渾　　會昌三年（843）

《通鑑·會昌三年》：十一月，“安南經略使武渾役將士治城，將士作亂，燒城樓，劫府庫。渾奔廣州，監軍段士則撫安亂衆”。《新書·武宗紀》：會昌三年十一月，“安南軍亂，逐其經略使武渾”。

裴元裕　　會昌六年—大中元年(846—847)

《通鑑·會昌六年》:九月,"蠻寇安南,經略使裴元裕帥領鄰道兵討之"。《全文》卷七七二李商隱《爲滎陽公論安南行營將士月糧狀》:"竊檢尋見在行營將士等,從去年六月已後,至今年六月以前,從發赴安南……一年約用錢六千二百六十餘貫……伏以裴元裕既開邊隙,又乏武經,抽三道之見兵,備一方之致寇,曾無戎捷,徒曜軍容……側聞容廣守臣,亦欲飛章上請。臣緣乍到,未敢抗論。"按李商隱大中元年隨鄭亞赴桂管幕。

田在宥　　大中三年—四年(849—850)

《舊書·田布傳》:"布子在宥,大中年,爲安南都護,頗立邊功。"《新表五下》田氏:"在宥,安南都護。"吴氏《方鎮年表》繫於大中三年至四年,從之。

崔　耿　　大中六年(852)

《會要》卷四五:"咸通九年正月五日,安南觀察使高駢奏:愛州日南郡北五里,有故中書令河南元忠公褚遂良墓。前都護崔耿大中六年因訪邱墳,別立碑記云。"又見《唐文拾遺》卷三三引。

李　琢(李涿)　　大中七年—九年(853—855)

《蠻書》卷四:"桃花人,本屬安南林西原本綰洞主大首領李由獨管轄……自大中八年被峰州知州官申文狀與李涿,請罷防冬將健六千人。"又卷九:"自李象古任安南經略使……續又有李涿繼之誅剥,令生靈受害。"又見《通鑑·大中十二年》,《元龜》卷三五九,《舊書·懿宗紀》、《高駢傳》,兩《唐書·令狐滈傳》,《北夢瑣言》卷二,《全詩續補遺》卷一一,《全文》卷八〇六張雲《復論令狐滈疏》。

宋　涯　　大中十一年(857)

《舊書·宣宗紀》:大中十一年四月,"以安南宣慰使、右千牛衛大將軍宋涯爲安南都護、御史中丞、本管經略招討處置等使"。六月,

“以安南都護宋涯爲容州刺史、容管經略招討處置等使”。

李弘甫　大中十一年—十二年（857—858）

《舊書·宣宗紀》：大中十二年正月，“以安南本管經略招討處置使、朝散大夫、檢校左散騎常侍、安南都護、御史大夫、賜紫金魚袋李弘甫爲宗正卿”。按吳氏《方鎮年表》繫李弘甫於大中十年、十一年下，列於宋涯前，疑誤。

王　式　大中十二年—咸通元年（858—860）

《舊書·宣宗紀》：大中十二年正月，“以朝散大夫、守康王傅，分司東都、上柱國、襲魏郡開國公、食邑二千户、賜紫魚金袋王式爲安南都護、兼御史中丞，充安南本管經略招討處置等使”。《新書·懿宗紀》：“咸通元年正月，浙東人仇甫反，安南經略使王式爲浙江東道觀察使以討之。”又見《通鑑·大中十二年》正月、《咸通元年》二月、《新書》本傳、《全文》卷八三懿宗有《授溫璋王式節度使制》。《舊書》本傳未及。

李　鄠　咸通元年—二年（860—861）

《新書·懿宗紀》：咸通元年“十月，安南都護李鄠克播州”。《通鑑·咸通元年》十月同。又十二月戊申，“安南土蠻引南詔兵合三萬餘人乘虛攻交趾，陷之。都護李鄠與監軍奔武州”。又《咸通二年》：六月，“時李鄠自武州收集土軍，攻群蠻，復取安南；朝廷責其失守，貶儋州司户。鄠初至安南，殺蠻酋杜守澄……再舉鄠殺守澄之罪，長流崖州”。又見《新書·南蠻中·南詔下》。

王　寬　咸通二年—三年（861—862）

《新書·懿宗紀》：咸通二年“六月，鹽州刺史王寬爲安南經略招討使”。《通鑑·咸通二年》六月同。《新書·南蠻中·南詔下》：“安南都護李鄠屯武州，咸通元年，爲蠻所攻，棄州走，天子斥鄠，以王寬代之……王寬不能制。三年，以湖南觀察使蔡襲代之。”《通鑑·咸通三年》：二月，“南詔復寇安南，經略使王寬數來告急，朝廷以前湖南觀察使蔡襲代之"。

蔡　襲　　咸通三年—四年（862—863）

《新書·懿宗紀》：咸通三年二月，"湖南觀察使蔡襲爲安南經略招討使"。四年正月，"雲南蠻陷安南，蔡襲死之"。又見《通鑑·咸通三年》二月、《咸通四年》正月，《新書·南蠻中·南詔下》。《蠻書》卷四："臣於咸通三年春三月四日，奉本使尚書蔡襲手示……深入賊師朱道古營寨……臣却回——白於都護王寬。寬自是不明……致令臣本使蔡襲枉傷矢石，陷失城池。"又卷三："臣咸通四年正月，奉本使尚書蔡襲意旨，令書吏寫蠻王異牟尋誓文數本……飛入賊營。"又見卷四、卷一〇。按《新書·藝文志二·地理類》："樊綽《蠻書》十卷。"注："咸通嶺南西道節度使蔡襲從事。""嶺南西道"乃"安南"之誤。

宋　戎　　咸通四年（863）

《通鑑·咸通四年》：六月，"廢安南都護府，置行交州於海門鎮；以右監門將軍宋戎爲行交州刺史"。七月，"復置安南都護府於行交州，以宋戎爲經略使"。

張　茵　　咸通五年（864）

《通鑑·咸通五年》：正月，"以容管經略使張茵兼勾當交州事"。七月，"茵久之不敢進軍取安南，夏侯孜薦驍衛將軍高駢代之"。

高　駢　　咸通五年—七年（864—866）

《通鑑·咸通五年》：七月，"乃以〔高〕駢爲安南都護、本管經略招討使，〔張〕茵所將兵悉以授之"。按《新書·懿宗紀》作咸通四年二月；《南蠻中·南詔下》亦作咸通四年，疑有誤。《舊書》本傳："尋授秦州刺史、本州經略使……〔咸通〕五年，移駢爲安南都護……期年之内……收復交州郡邑……遷檢校工部尚書、鄆州刺史、天平軍節度觀察等使。"《通鑑·咸通七年》：六月，"上怒，以右武衛將軍王晏權代駢鎮安南,召駢詣闕,欲重貶之"。十月,"駢即以軍事授韋仲宰,與麾下百餘人北歸"。又見《新書》本傳,《元龜》卷三五九、卷四二九、卷九八七,《全文》卷七六七鄭畋《切責高駢詔》。

王晏權　　咸通七年(866)

《通鑑·咸通七年》:六月,"以右武衛將軍王晏權代〔高〕駢鎮安南"。《新書·高駢傳》:"更命右武衛將軍王晏權往代駢。"

高　駢　　咸通七年—九年(866—868)

《通鑑·咸通七年》:十月,"駢遣小校曾袞入告交趾之捷……上得奏,大喜,即加駢檢校工部尚書,復鎮安南。駢至海門而還"。十一月,"置靜海軍於安南,以高駢爲節度使"。《咸通九年》:八月,"以前靜海節度使高駢爲右金吾大將軍"。又見《新書》本傳,《元龜》卷六七八,《會要》卷四五、卷八七。

高　潯　　咸通九年—十四年(868—873)

《通鑑·咸通九年》:八月,"〔高〕駢請以從孫潯代鎮交趾,從之"。《新書·高駢傳》:"駢徙節天平,薦潯自代,詔拜交州節度使。僖宗立,即其軍加同中書門下平章事。"

曾　袞　　廣明元年(880)

《通鑑·廣明元年》:三月,"安南軍亂,節度使曾袞出城避之"。《新書·南蠻中·南詔下》:"南詔知蜀强,故襲安南,陷之,都護曾袞奔邕府,戍兵潰。"

高茂卿　　中和二年(882)

《唐文拾遺》卷三五崔致遠《謝除鍾傳江西觀察使狀》:"臣先奏請授鍾傳江西觀察使;其高茂卿乞別除廉鎮,伏奉七月五日詔旨允許……終令二將之才皆榮列土,鍾陵江徼,銅柱海隅,政成而必有可觀,恩重而各得其所。"

謝　肇　　中和四年(884)

《九國志·危全諷傳》:"乾符末,所在寇亂,乃招合同縣少年即其居爲軍營,鄉里賴焉。時安南都護謝肇受詔安撫江嶺,聞而嘉之。"

安友權　　乾寧四年—光化三年(897—900)

《全文》卷八二一鄭璘有《授安友權安南節度使制》。吳氏《方鎮年表》繫於乾寧四年至光化三年,姑從之。

孫德昭(李繼昭)　　天復元年(901)

《舊五代史》本傳:"天復元年正月一日未旦,逆豎左軍容劉季述早入……〔德昭〕邀而斬之……即日議功,以德昭爲檢校太保、靜海軍節度使……並同平章事,錫姓李。"《新五代史》本傳略同。《舊書·昭宗紀》:天復元年正月"庚寅,制以孫德昭爲安南節度、檢校太保"。《全文》卷八二〇吳融有《授孫德昭安南都護充清江軍節度使制》。《大詔令集》卷五《改元天復赦》稱:"靜海軍節度使檢校太保平章事李繼昭。"

朱全昱　　天祐元年(904)

《通鑑·天祐元年》:二月"戊戌,以安南節度使、同平章事朱全昱爲太師,致仕。全昱,全忠之兄也,戇樸無能,先領安南,全忠自請罷之"。

【獨孤損　　天祐二年(905)(未之任)】

《舊書·哀帝紀》:天祐二年三月甲子,"光禄大夫、門下侍郎、户部尚書、同平章事、監修國史、河南縣開國子、食邑五百户獨孤損可檢校尚書左僕射、同平章事,兼安南都護,充靜海軍節度、安南管内觀察處置等使"。五月"壬申,制新除靜海軍節度使……安南都護……獨孤損可責授朝散大夫、棣州刺史"。《通鑑·天祐二年》三月同。又見《元龜》卷三二二,《大詔令集》卷五四《獨孤損靜海軍節度平章事制》。《新書·哀帝紀》:天祐二年六月"戊子,朱全忠殺裴樞及靜海軍節度使獨孤損"。

曲承裕（曲裕）　約天祐二年—四年（約 905—907）

《通鑑·天祐三年》：正月"乙丑，加靜海節度使曲承裕同平章事"。胡注："曲承裕乘亂據有安南。"又《天祐四年》：七月，"靜海節度使曲裕卒"。胡注："曲裕即曲承裕"。《舊五代史·梁太祖紀三》稱開平元年（天祐四年）六月卒。

待考録

李道恩

《慕容忠妻金城縣主墓誌》："父交州大都督、會稽郡王道恩，縣主即王之第三女也。"（見夏鼐《考古學論文集·武威唐代吐谷渾慕容氏墓誌》）

卷三一一　武峨州(武峨郡)

設置年月未詳。天寶元年改爲武峨郡。乾元元年復爲武峨州。
領縣五：武峨、武緣、武勞、梁山、如馬。

暫闕

卷三一二　宜州(粵州、龍水郡)

設置年月未詳。本粵州，乾封中更名。天寶元年改爲龍水郡。乾元元年復爲宜州。領縣四：龍水、天河、崖山、東璽。

米　蘭(水蘭)　　寶曆中

《廣記》卷四九七引《本事詩》："長慶中，李渤除桂管觀察使，表名儒吳武陵爲副使……時有衙校水(陳校本作米)蘭……時未有監軍，於是乃奏水蘭牧於宜州以酬之"。

蘇仕評　　大順三年(892)

《嘉慶廣西通志》卷一六《職官表》有大順三年宜刺蘇仕評。

蘇日朝　　唐末?

《嘉慶廣西通志》卷一六《職官表》有仕評子蘇日朝爲宜刺。

卷三一三　芝州(忻城郡)

設置年月未詳。天寶元年改爲忻城郡。乾元元年復爲芝州。領縣四：忻城、富川、樂光、多雲。

暫闕

卷三一四　愛州（九真郡）

隋九真郡。武德五年置愛州。天寶元年改爲九真郡。乾元元年復爲愛州。領縣八：九真、安順、崇安（崇平）、軍安（軍寧）、日南、無編、移風、胥浦。

竇德明　　貞觀初

《舊書》本傳："貞觀初，歷常、愛二州刺史。尋卒。"《新書·竇威傳》略同。

路文昇　　貞觀初

《姓纂》卷八京兆三原路氏："文昇，唐平、愛、秦三州刺史。"《新表五下》路氏略同。乃隋兵部侍郎究之子。

柳　奭　　永徽六年（655）

《舊書》本傳："及后廢，累貶愛州刺史。尋爲許敬宗、李義府所構……高宗遣使就愛州殺之。"《新書》本傳："外孫爲皇后，遷中書侍郎，進中書令。皇后挾媚道覺，罷爲吏部尚書。后廢，貶愛州刺史。"按廢王皇后爲庶人，事在永徽六年十月己酉，見《舊書·高宗紀上》。

褚遂良　　顯慶二年—三年（657—658）

《通鑑·顯慶二年》：八月丁卯，"又貶褚遂良爲愛州刺史"。又《顯慶三年》："是歲，愛州刺史褚遂良卒。"又見兩《唐書》本傳。《桂林風土記·中書令褚遂良》："竹旨貶潭，顯慶二年，又貶桂州。時李義府、許敬宗傾巧曲佞，附託皇后，重貶令公愛州。明年，卒於貶所。"

敬彥琮　　约高宗時

《姓纂》卷九平陽敬氏："彥琮，唐愛州刺史。"《新表五上》敬氏："彥琮，愛州刺史。"乃中宗時宰相敬暉之伯父。

裴惟岳　　武后時？

《朝野僉載》卷三："安南都護崔玄信命女婿裴惟岳攝愛州刺史。"又見《廣記》卷二三四引。

甯道務　　神龍初

《全詩》卷九六沈佺期《答甯處州書》，《初學記》卷二〇作"《答甯愛州報赦書》"，《英華》卷二四一作"《答甯愛州書》"。按沈佺期時代無處州，《全詩》誤。作"愛州"是。沈佺期於中宗即位時曾被流放驩州，神龍三年召拜起居郎兼修文館直學士。詩云："書報天中赦，人從海上聞。"愛州在驩州北，爲鄰州，靠海。"愛"字草書與"處"字相似，"處州"當爲"愛州"之形訛。【補遺】《全唐文補遺》第七輯闕名《甯道務墓誌》："授愛州司馬。長安中，□旨授朝散郎官如（闕 15 字）聞奏，授愛州牧。……景雲歲，改牧鬱林。"可證知"甯愛州"即爲甯道務。

徐元貴　　開元中

《金石錄》卷六："《唐愛州刺史徐元貴碑》，鍾紹京撰并書，開元二十年五月。"又見《寶刻叢編》卷七引。

張　丹　　大和二年（828）

《元龜》卷四四九："韓約爲安南經略使，文宗大和二年六月奏：愛州刺史張丹犯贓并欲謀惡事，已准法處置。"又見卷六一六，《全文》卷九六六闕名《申論愛州刺史張丹罪狀奏》。

韋公幹　　約大和初

《太平寰宇記》卷一七一愛州:"《銅柱嶺表録》:舊有韋公幹爲愛州刺史,郡有漢伏波銅柱以表封疆,在其境……(公幹推熔,貨於賈胡)百姓奔走訴於都督韓約,約移書辱之,公幹乃止。"《廣記》卷二六九引《投荒雜録》略同。

* 張歸弁　　昭宗時

《舊五代史》本傳:"青州平,超加檢校右僕射,遥領愛州刺史……〔天祐三年〕夏五月,命權知晉州。"又見《元龜》卷三六〇。

卷三一五　唐林州(福禄州、福禄郡、唐林郡)

　　總章二年置福禄州。開元年間改爲唐林州。天寶元年改爲福禄郡。至德二載改爲唐林郡。乾元元年復爲福禄州。領縣二:唐林、安遠(柔遠)。

　　暫闕

卷三一六　長州(文陽郡)

設置年月未詳。天寶元年改爲文陽郡。乾元元年復爲長州。領縣四:文陽、銅蔡、長山、其常。

暫闕

卷三一七　驩州(南德州、德州、日南郡)

隋日南郡。武德五年置南德州總管府。八年改爲德州。貞觀元年改爲驩州。二年置驩州都督府。天寶元年改爲日南郡。乾元元年復爲驩州。領縣六:九德、浦陽、懷驩、越裳、日落、文陽。

李　晙　武德五年(622)

《通鑑·武德五年》:四月"戊寅,廣州賊帥鄧文進、隋合浦太守甯宣、日南太守李晙並來降"。又見《元龜》卷一二六。《元龜》卷一六四:武德五年"五月,隋日南太守李晙遣使請降,以晙爲南德州總管"。

蘇　某　神龍元年(705)

《全詩》卷九七沈佺期《從驩州廨宅移住山間水亭贈蘇使君》。按沈佺期中宗復位時曾長流驩州。

宋之悌　開元後期

《新書·宋之問傳》:"之悌……開元中,歷劍南節度使、太原尹。嘗坐事流朱鳶,會蠻陷驩州,授總管擊之。"又見《廣記》卷一九一引《朝野僉載》。按開元十八年,之悌除河東節度。

嚴　郢　建中三年(782)

《舊書·盧杞傳》:"宰相張鎰忠正有才,上所委信,杞頗惡之……時三司使方按〔鄭〕詹、〔嚴〕郢,獄未具而奏殺詹,貶郢爲驩州刺史。

鎰尋罷相,出鎮鳳翔。"

楊　清(楊湛清)　　元和十四年前(819 前)

《舊書·李象古傳》:"元和十四年,爲楊清所殺……楊清者,代爲南方酋豪,屬象古貪縱,人心不附,又惡清之强,自驩州刺史召爲牙門將……無何,邑管黄家賊叛……〔楊清〕夜襲安南……象古故及於害。"《新書·李象古傳》略同。按上圖藏拓片《李象古墓誌》(長慶元年十一月九日)作"楊湛清",參"安南都護府"卷"李象古"條。

卷三一八　峰州(承化郡)

　　武德四年置峰州。天寶元年改爲承化郡。乾元元年復爲峰州。領縣二:嘉寧、新昌。

皮　岸(李被岸)　　建中三年(782)

　　《新書·德宗紀》:建中三年"八月癸丑,演州司馬李孟秋、峰州刺史皮岸反,伏誅"。《元龜》卷四三四作"李被岸"。

王昇朝　　大和二年(828)

　　《新書·文宗紀》:大和二年六月"乙亥,峰州刺史王昇朝反,伏誅"。《通鑑·大和二年》六月同。又見《元龜》卷四二三。

路全交　　大中八年(854)

　　《隋唐五代墓誌匯編·陝西卷》第二册《唐故文林郎使持節峰州諸軍事權知峰州刺史路公(全交)墓誌銘并序》(大中八年):"後季兄領鎮……飛章上聞,□授峰州刺史。"

卷三一九　陸州(玉山州、玉山郡)

武德五年置玉山州。貞觀二年廢玉山州。上元二年復置,改爲陸州。天寶元年改爲玉山郡。乾元元年復爲陸州。領縣三:玉山(華清)、安海(寧海)、烏雷。

葛　維　　長慶四年(824)

《舊書·敬宗紀》:長慶四年十一月"戊申,安南都護李元喜奏:黃家賊與環王國合勢陷陸州,殺刺史葛維"。《新書·敬宗紀》略同。又見《通鑑·長慶四年》十一月。

卷三二〇　廉州(越州、合浦郡)

　　武德五年置越州。貞觀八年改越州爲廉州。天寶元年改爲合浦郡。乾元元年復爲廉州。領縣四：合浦、封山、蔡龍、大廉。

甯　宣　　武德初

　　《廣東通志·職官》列有合浦太守甯宣。甯宣武德五年四月遣使來降，見《通鑑》，《新書·南蠻下·南平獠傳》。

甯　純　　武德五年(622)

　　《新書·南蠻下·南平獠傳》："〔合浦太守〕甯宣亦遣使請降，未報而卒，以其子純爲廉州刺史。"

甯道明　　武德九年(626)

　　《通鑑·武德九年》：五月"壬寅，越州人盧南反，殺刺史甯道明。"按《新書·南蠻下·南平獠傳》稱："〔甯〕純爲廉州刺史，族人道明爲南越州刺史……〔武德九年〕，道明爲州人所殺。"

劉　瞻　　咸通十一年(870)

　　《新書》本傳："以檢校刑部尚書、同平章事爲荊南節度使。路巖、韋保衡從爲惡言聞帝，俄斥廉州刺史……僖宗立，徙康、虢二州刺史。"《舊書》本傳未及。

卷三二一　雷州(南合州、東合州、海康郡)

武德四年置南合州。貞觀元年改爲東合州。八年改東合州爲雷州。天寶元年改爲海康郡。乾元元年復爲雷州。領縣四：海康、鐵杷、椹川、徐聞。

馮智戩　　武德四年(621)

《舊書·馮盎傳》："〔武德〕四年，盎以南越之衆降，高祖以其地爲羅、春、白、崖、儋、林等八州……拜其子智戴爲春州刺史，智戩東合州刺史。"《新書·馮盎傳》略同。又見《元龜》卷一六四。

甯　純　　武德六年(623)

《通鑑·武德六年》：四月"丁卯，南州刺史龐孝恭、南越州民甯道明、高州首領馮暄俱反……合州刺史甯純引兵救之。"

陳文玉　　貞觀五年(631)

《廣東通志》引《雷州府志》："陳文玉，雷州人，貞觀五年膺薦，辟爲雷州刺史。"

張　採　　約代宗時

《新表二下》始興張氏："採，雷州刺史。"乃鴻臚卿張九章之子。

林　緒　　大和中

《廣記》卷三九四引《傳奇》："自後海康每有旱……至大和中，刺史林緒知其事。"

陳聽思　　大中時

《舊書·懿宗紀》：咸通三年五月，"天子召見，〔陳〕磌石因奏：'臣弟聽思曾任雷州刺史，家人隨海船至福建。'"又見《元龜》卷四九八，《會要》卷八七。

柳仲郢　　咸通初

《新書》本傳："大中十二年，辭疾，以刑部尚書罷使，轉户部，封河東縣男，爲山南西道節度使……貶雷州刺史。頃之，以太子賓客分司東都。"《舊書》本傳未及。

待考録

林　煜

《莆陽比事》卷一漈坑林氏："唐雷州刺史煜之後。"

卷三二二 籠州（扶南郡）

貞觀十二年置籠州。天寶元年改爲扶南郡。乾元元年復爲籠州。領縣七：武勤、武禮、羅龍、扶南、武觀、武江、龍額。

屈突詮　　武后時

《千唐誌·故朝議郎行辰州司倉參軍屈突府君（伯起）墓誌銘并序》（天授二年十月十八日）："父詮，營州都督、瀛州刺史，大周銀青光禄大夫、行籠州刺史、上柱國、燕郡開國公。"伯起卒永昌元年，春秋三十九。按《舊書·屈突通傳》：貞觀中，"拜其少子詮果毅都尉……詮官至瀛州刺史"。《新書·屈突通傳》略同。

卷三二三　環州（正平郡）

貞觀十二年置環州。天寶元年改爲正平郡。乾元元年復爲環州。領縣六：正平、福零、饒勉、歌良、思恩、蒙都。

韓劇東　　貞觀中？

《姓纂》卷四昌黎棘城縣韓氏："劇東，環州刺史。"乃主客員外郎韓處約之父。

裴　邃　　天寶中

裴　纂　　天寶中

見《廣西通志》卷一六《職官表》，謂正平郡太守。

林君霈　　大中元年（847）

《全文》卷七七八李商隱《爲滎陽公桂州署防禦等官牒·林君霈》："將求綏撫之才，必極柔良之選，以君霈策名麾下，歷軱軍前……是用輙自私門，介於廉部，勉承委寄，慎保始終……事須差知環州事。"按大中元年李商隱在桂管鄭亞幕。

卷三二四　崖州(珠崖郡)

隋珠崖郡。武德四年置崖州。天寶元年改爲珠崖郡。乾元元年復爲崖州。領縣五:舍城、澄邁、文昌、顏城、臨高。

張少逸　　貞元五年(789)

《舊書·地理志四》瓊州:"貞元五年十月,嶺南節度使李復奏曰:'瓊州本隸廣府管内,乾封年,山洞草賊反叛,遂兹淪陷,至今一百餘年。臣令判官姜孟京、崖州刺史張少逸,併力討除,今已收復舊城。'"《太平寰宇記》卷一六九、《通鑑·貞元五年》十月同。又見《全文》卷六二〇李復《收復瓊州表》。《元龜》卷三五九作"張少遷",《會要》卷七一作"貞元十五年",皆誤。

李　甲　　元和初

《廣記》卷四九七引《嶺南異物志》:"元和初,韋執誼貶崖州司户參軍,刺史李甲憐其羈旅。"

王弘夫　　約昭宗初

《廣記》卷四八三引《嶺表録異》:"南中小郡,多無縉流,每宣德音,須假作僧道陪位。唐昭宗即位,柳韜爲容廣宣告使,敕文到,下屬州。崖州自來無僧,皆臨時差攝。宣時,有一假僧不伏排位,太守王弘夫怪而問之。"

趙　贊　　約乾寧、光化間

　　《全文》卷八三二錢珝有《授傅德昭羅州刺史裴昶維州刺史趙贊崖州刺史等制》。

卷三二五　儋州(昌化郡)

隋儋耳郡。武德五年置儋州。天寳元年改爲昌化郡。乾元元年復爲儋州。領縣四:義倫、昌化、感恩、富羅。

薛元朋　　大中時?

《新表三下》薛氏:"元朋,儋州刺史。"乃慈州刺史薛俊之五世孫。

卷三二六　瓊州(瓊山郡)

　　隋珠崖郡之瓊山縣。貞觀五年置瓊州。十三年廢瓊州。尋復置瓊州。乾封後没山洞蠻,貞元五年討復。領縣四:瓊山、曾口、樂會、顔羅。

【楊　清　　元和十四年(819)(未之任)】

　　《舊書·李象古傳》:"元和十四年,爲楊清所殺……朝廷命唐州刺史桂仲武爲都護,且招諭之,赦清,以爲瓊州刺史。仲武至境,清不納……仲武使人諭其酋豪,數月間……收其城,斬清及其子志貞。"《新書·李象古傳》略同。《通鑑·元和十四年》:十月丙寅,"赦楊清,以爲瓊州刺史"。

李　某　　寶曆、大和間?

　　《全詩》卷八一四無可有《送李使君赴瓊州兼五州招討使》。

韋公幹　　文宗時

　　《廣記》卷二六九引《投荒雜録》:"崖州東南四十里至瓊山郡……瓊守雖海渚,歲得金錢,南邊經略使不能及。郡守韋公幹者,貪而且酷……公幹前爲愛州刺史,境有馬援銅柱,公幹推熔,貨與賈胡……〔韓〕約遺書責辱之,乃止。既牧瓊,多烏文坅陁,皆奇木也,公幹驅木工沿海探伐。"

賈師由　　大中五年(851)

《全文》卷七四九杜牧有《吳從除蓬州賈師由除瓊州蕭蕃除羅州刺史等制》。

田　章　　約大中八年(約 854)

《隋唐五代墓誌匯編・陝西卷》第四册《大唐故朝議大夫檢校國子祭酒侍御史兼福王府傅瓊渠二州刺史田府君(章)墓誌銘并叙》(大中十二年閏二月二十八日)："遂酬公檢校國子祭酒,使持節都督瓊州諸軍事兼瓊州刺史,充瓊管五州招討使,上柱國,賜紫金魚袋……聖心以瓊府遐遠,遂授渠州刺史,官勳如故……又遷福王府傅。"大中十一年十月八日卒,享年六十九。

張　鵬　　咸通時

吳氏《方鎮年表》引《豫章書》："張鵬,德興人,宣宗時吐蕃賀繼部落犯邊,鵬敗之。懿宗立,爲瓊管五州招討使,入爲羽林金吾將軍。蠻渡瀘,鵬疏溪峒情狀,拜嶺南西道節度使。"

卷三二七　振州（臨振郡）

隋臨振郡。武德五年置振州。天寶元年改爲臨振郡。乾元元年復爲振州。領縣四：寧遠、延德、吉陽、臨川。

韓　瑗　顯慶二年—四年(657—659)

《舊書・高宗紀》：顯慶二年"八月丁卯，侍中、潁川縣公韓瑗左授振州刺史"。《新書・高宗紀》及《宰相表上》同。《舊書》本傳：顯慶二年，"左授瑗振州刺史。四年，卒官"。《新書》本傳略同。

卷三二八　萬安州(萬安郡、萬全郡)

龍朔二年置。天寶元年改爲萬安郡。至德二年改爲萬全郡。乾元元年復爲萬安州。領縣三:萬安、陵水、富雲。

馮若芳　　天寶八載(749)

(日)真人元開《唐大和上東征傳》:"天寶七載……〔振州〕住一年別了。別駕馮崇債自備甲兵八百餘人送,經四十餘日,至萬安州,州大首領馮若芳請住其家,三日供養。"

韓　紹　　貞元中

《廣東通志》:"韓紹,貞元中萬安州刺史。"

卷三二九 武安州(武曲郡)

設置年月不詳。天寶中稱武曲郡。領縣一：武安。

陳行餘 咸通四年(863)

《蠻書》卷一〇："咸通四年六月六日，蠻賊四千餘人、草賊朱道古下二千人，共棹小船數百隻收郡州。得安南都押衙張慶宗、杜存陵、武安州刺史陳行餘，以航舶戰船十餘隻，築損蠻賊船三十來隻沈溺。"

附編

開元二十九年前後
廢置之州郡

京畿道

一 稷 州

武德三年以雍州之武功、好畤、盩厔及郇州之郿、鳳泉等縣置稷州。貞觀元年州廢。天授二年復以武功、始平、奉天、盩厔、好畤等縣置稷州。大足元年州廢。

李神符 武德三年—四年(620—621)

《唐文續拾》卷一四闕名《大唐司空開府儀同三司揚州荆州二大都督并州大總管上柱國襄邑恭王(神符)之碑銘》:"武德元年……乃以王爲平道軍將,出鎮岐州,其年除稷州諸軍事稷州刺史。四年,遷并州總管。"

李元吉 武德四年—九年(621—626)

《舊書》本傳:武德三年,"尋加授元吉侍中、襄州道行臺尚書令、稷州刺史"。《新書》本傳略同。《大詔令集》卷三五(《全文》卷一)《秦王等兼中書令制》:"司徒、并州大都督、稷州刺史……齊王元吉……可侍中,餘如故。武德八年十一月。"《元龜》卷二六九:"巢王元吉,高祖子,武德四年爲稷州刺史、襄州道行臺尚書令。"又卷二八一:"并州爲劉武周所陷,元吉拜稷州刺史。"

丘 和　　貞觀元年（627）

《舊書》本傳："和時已衰老，乃拜稷州刺史。以是本鄉，令自怡養。九年，除特進。貞觀十一年卒。"

張知謇　　聖曆中

《舊書》本傳："知謇，天授後歷房、和、舒、延、德、定、稷、晉、洺、宣、貝十一州刺史。"又見《元龜》卷六八九。《長安志》卷一四"成國渠"注："聖曆中，敕稷州刺史張知謇修焉。"

二　宜　州

隋宜君郡。武德元年改爲宜州。貞觀十七年州廢，省宜君、土門縣，以華原、同官縣隸雍州。天授二年復以永安、同官、富平、美原等縣置宜州。大足元年州廢。

周 超　　武德元年（618）

《通鑑·武德元年》：七月"乙巳，宜州刺史周超擊朱粲，敗之"。胡三省注："宜州'宜'，當作宜州。"

楊 慶　　約武德四年（約 621）

《舊書·烈女·楊慶妻王氏傳》："及太宗攻圍洛陽，慶謀背世充，欲與其妻俱來歸國……慶既入朝，官至宜州刺史。"《御覽》卷四三九引《隋書》："楊慶，王世充以兄女妻之，署滎州刺史。及世充將敗……慶遂歸大唐，爲宜州刺史。"《隋書·楊慶傳》："慶歸大唐，爲宜州刺史，郇國公，復姓楊氏。"

柏季纂　　武德中

《姓纂》卷一〇魏郡柏氏："季纂，唐司農卿，汝、遂、宜、虞四州刺史，武陽公。"按季纂武德中歷屯田農圃監，見《元龜》卷六二〇；隋末爲祁縣長，從平京城，以功累遷上柱國，見同書卷七六六；爲司農卿，乞骸骨，拜虞州刺史致仕，見同書卷八九九；贈工部尚書、武陵郡公，見《會要》卷八〇。

李　瓛　　貞觀四年(630)

《舊書》本傳："貞觀四年，拜宜州刺史，加散騎常侍，卒。"《新書》本傳略同。又見《元龜》卷二八一。

鄭元璹　　貞觀十七年(643)

《舊書》本傳："尋起爲宜州刺史……〔貞觀〕二十年卒。"《新書》本傳略同。《通鑑·貞觀十八年》：十月，"前宜州刺史鄭元璹，已致仕，上以其嘗從隋煬帝伐高麗，召詣行在"。

三　鼎　州

天授二年以雍州之雲陽、涇陽、醴泉、三原四縣置鼎州。大足元年州廢，縣仍歸雍州。

蘇　瓌　　約聖曆中

《全文》卷二三八盧藏用《太子少傅蘇瓌神道碑》："累遷汾、鼎、同、汴、揚、陝，以累最入尚書右丞……九爲牧而循良之績著於州郡。"兩《唐書》本傳未及。按大足元年在同州刺史任。

四　泉　州

武德三年於石門縣置泉州，領石門、溫秀二縣。貞觀元年廢泉州及溫秀縣，改石門爲雲陽，改雲陽爲池陽，皆屬雍州。貞觀八年廢雲陽，改池陽復名雲陽。

張　合　　武德中

北圖藏拓片《大唐故朝散大夫上柱國少府監丞清河張府君（自

然)墓誌銘并序》(先天二年二月二十六日)："祖合,唐義旗初朝請大夫、通議大夫、左驍衛二十三府驃騎將軍、□遊軍長史,鹽甘瓜義朗泉六州諸軍事泉州刺史,潞城縣男。父泰(?),唐朝散大夫靈州回樂縣令。"自然卒先天元年,春秋五十二。

張公謹　　武德中

北圖藏拓片《大周故朝散大夫益州大都督府郫縣令張君(悾)墓誌銘》(神功元年十月二十二日)："祖公謹,屬隋原鹿走……唐朝授公右武候長史,隨、鄒、虞三州別駕……泉州、慶州、定襄三總管……代、襄二州都督。"

五　西韓州

武德三年割同州之河西、韓城、郃陽三縣置西韓州。貞觀八年州廢,以韓城、河西、郃陽還屬同州。

馬　遷　　武德中?

《隋唐五代墓誌匯編·洛陽卷》第七册《大周故冠軍大將軍上柱國褒信郡開國公馬府君(神威)墓誌銘并序》(久視元年十月二十八日)："父遷,唐金紫光禄大夫西韓州刺史,褒信郡開國公。"神威久視元年卒,春秋七十九。

權萬紀　　約貞觀中

《新書》本傳："由御史中丞進尚書左丞,出爲西韓州刺史,徙吳王長史。"又見《元龜》卷六七六、卷七〇九。《舊書》本傳未及。

六　麟　州

武德元年,改隋麟遊郡爲麟州。貞觀元年州廢,省靈臺入麟遊,以麟遊、普潤屬岐州。

李高遷　　武德元年(618)

《舊書》本傳："從平霍邑，圍京城，力戰功最，累遷左武衛大將軍，封江夏郡公，檢校西麟州刺史。武德初，突厥寇馬邑，朔方總管高滿政請救，高祖令高遷督兵助鎮。"《新書》本傳略同。又見《元龜》卷三八四。

韋雲起　　武德四年(621)

《舊書》本傳："〔武德〕四年，授西麟州刺史，司農卿如故。尋代趙郡王孝恭爲夔州刺史。"又《裴寂傳》："高祖有所巡幸，必令居守。麟州刺史韋雲起告寂謀反，訊之無端。"《新書·裴寂傳》略同。又見《元龜》卷三一九、卷九三三。《新書》本傳未及。

房仁裕　　武德中

《金石補正》卷三六《贈兵部尚書房忠公(仁裕)神道碑銘并序》："是以建德受縛，王充請降(缺)毀擯從，授□麟州刺史。及(缺)節……將遷大□□□，朝廷以公族茂(缺)……遣使持節都督三道(缺)制葬事官給，尋而奪禮，授金紫光祿大夫，行(缺)江左制命，公杖鉞出征，賜寶刀七口，以(缺)帝用嘉之，遷鄭州刺史。"

杜　舉　　約武德末

《千唐誌·唐故南州刺史杜府君(舉)誌文并序》(天授二年二月七日)："除麟、宕、忻、鄯、南五州諸軍事五州刺史……貞觀十五年九月二十日薨於荆府，春秋五十有五。"上圖藏拓片《大周故滄州弓高縣令杜君(季方)墓誌銘并序》(同上)："父舉，唐宋州柘城縣令、渝州別駕、麟、宕、忻、鄯、南等州刺史。"季方永昌元年九月二十一日卒，年六十六。

七　　耀　　州

天祐三年，李茂貞墨制以京兆府華原縣置耀州。

黄文靖　　天祐三年(906)

《舊五代史》本傳："尋以功表授檢校左僕射、耀州刺史。天祐二年春,命佐楊師厚深入淮甸。"又見《元龜》卷三四六、卷三六〇。

胡　規　　天祐三年(906)

《舊五代史》本傳："天祐三年,佐李周彝討相州,獨當州之一面,頗以功聞。軍還,權知耀州事。"又見《元龜》卷三六〇。

婁繼英　　天祐三年(906)

《宋高僧傳》卷一七《周洛京福先寺道丕傳》："至二十七歲,遇曜州牧婁繼英,招丕往洛陽福先彌勒院,即晉道安翻經創俗之地也。天祐三年丙寅,濟陰王賜紫衣。"

李彥韜(温韜)　　天祐三年(906)

《新五代史·温韜傳》："少爲盜,後事李茂貞,冒姓李,名彥韜。茂貞以華原縣爲耀州,以韜爲刺史。梁太祖圍茂貞於鳳翔,韜以耀州降梁,已而復叛歸茂貞。茂貞又以美原縣爲鼎州,建義勝軍,以韜爲節度使。"

八　鼎　州

天祐三年,李茂貞墨制以京兆府美原縣置鼎州。

李彥韜(温韜)　　天祐三年(906)

《新五代史·温韜傳》："少爲盜,後事李茂貞,冒姓李,名彥韜……茂貞又以美原縣爲鼎州,建義勝軍,以韜爲節度使。"

關内道

九　交　州

武德初,沿隋制約於上郡(鄜州)一带置交州,旋廢。

權士通(權中通)　　*武德五年(622)*

《通鑑·武德五年》:"九月癸巳,交州刺史權士通、弘州總管宇文歆、靈州總管楊師道擊突厥於三觀山,破之。"胡三省注:"西魏置北秦州於上郡,廢帝三年,改曰交州。"岑仲勉《通鑑隋唐紀比事質疑》:"按《新紀一》前文書突厥陷大震關,地在隴州,則三觀山亦當在此一带……唐平交州在五年三月,《通鑑》已著録交州總管丘和,交州是總管,非刺史,權士通之交州,尤可斷其與南方之交趾無關……蓋交、弘兩州皆唐初依隋制暫復,不久旋廢,故舊、新《地志》等失記也。"按《元龜》卷九八五作"權中通"。

一〇　弘　州

武德初,沿隋制約於弘化郡(慶州)一带置弘州,旋廢。

李楚才　　*武德初*

北圖藏拓片《大周故左衛勳衛李府君(難)之墓誌銘》(長壽三年

五月廿六日）："祖楚才，唐右衛廿四府車騎將軍、弘州刺史。父爲仁，皇朝朝請大夫、行潤州江寧縣令，上柱國。已具於靖誌銘。"李難卒長壽三年五月三日。

宇文歆　　武德五年（622）

《通鑑·武德五年》：九月，"弘州總管宇文歆……擊突厥於三觀山，破之"。又見《元龜》卷九八五。胡三省《通鑑注》："慶州弘化縣，開皇十八年置弘州，大業初州廢，蓋唐復置也。"按《新書·高祖紀》作"洪州總管宇文歆"，岑仲勉《通鑑隋唐紀比事質疑》謂"初唐諱弘，故洪、弘往往混寫……唐置洪州係在五年十月平林士弘之後，《通鑑》同時復著録洪州總管，則歆非洪州總管，比觀而自明。"

一一　東夏州

武德元年以臨真縣等置東夏州。貞觀二年州廢，縣隸延州。

薛仲玉　　武德中

《新表三下》薛氏："仲玉，東夏州刺史。"

一二　彭　州

武德元年以寧州彭原縣置彭州，領彭原一縣。二年分置豐義縣。貞觀元年廢彭州，以縣屬寧州。

劉世讓　　武德元年（618）

《舊書》本傳："高祖入長安，世讓以漳川歸國，拜通議大夫……及賊（薛舉）平，得歸，授彭州刺史。"《新書》本傳略同。又見《元龜》卷三七三。按平薛舉、薛仁杲爲武德元年十一月事。

于德秀　　武德中

《姓纂》卷二河南洛陽于氏："德秀，彭州刺史。"按武德中德秀爲慶州刺史。

于欽明　　武德中

《新表二下》于氏：“欽明，彭州刺史。”乃隋延壽公于仲文之子。

一三　長　州

貞觀七年於夏州長澤縣置長州都督府。十三年廢長州，縣還夏州。

阿史那忠(史忠)　　貞觀十一年(637)

《唐故右驍衛大將軍阿史那貞公(忠)墓誌銘并序》：“〔貞觀?〕十一年，□檢校長州都督。”(《考古》1977年第2期)按《舊書》本傳：“忠以擒頡利功，拜左屯衛將軍，妻以宗女定襄縣主，賜名爲忠，單稱史氏。貞觀九年，遷右衛大將軍。永徽初，封薛國公，累遷右驍衛大將軍……上元初卒。”《新書》本傳略同，未及都督長州事。

一四　麟州(新秦郡)

開元十二年析勝州之連谷、銀城置麟州，十四年州廢。天寶元年復置，其年改爲新秦郡。乾元元年復爲麟州。領縣三：新秦、連谷、銀城。

李　濬　　先天中？

《舊書》本傳：“上在東宮，選爲太子中允，又出爲麟州刺史，政有能名。開元初……授濬潤州刺史、江東按察使。”按是時未有麟州，疑誤。

臧希晏　　約乾元中

《全文》卷三六四張孚《金紫光禄大夫左金吾衛將軍臧府君(希

晏)神道碑銘并序》：“遷左監門將軍、麟州刺史，無何，轉慶州刺史……特拜太僕卿、兼寧州刺史。”廣德二年八月五日卒。又見卷三九九顏真卿《東莞臧氏紀宗碑銘》。

郭　鋒　　貞元十七年（801）

《舊書・德宗紀下》：貞元十七年七月“己丑，吐蕃陷麟州，殺刺史郭鋒”。又見《新書・德宗紀》，兩《唐書・吐蕃傳下》，《會要》卷九七。

崔　應　　大和五年（831）

《元龜》卷六一：文宗大和五年四月，“麟州刺史崔應奏：刺史銅魚，去貞元十七年蕃寇陷州城，因以失墜……今請敕所司鑄賜，從之”。

石　雄　　會昌三年（843）

《通鑑・會昌三年》：“正月，回鶻烏介可汗率衆侵逼振武，劉沔遣麟州刺史石雄、都知兵馬使王逢帥沙陀朱邪赤心三部及契苾、拓跋三千騎襲其牙帳。”

武　某　　咸通中

《隋唐五代墓誌匯編・河南卷・曹公武威石氏夫人合葬墓誌》（咸通十二年）：“麟州刺史武公一見，喜……（下泐）。”

折嗣倫　　唐末？

《舊五代史・折從阮傳》：“父嗣倫，爲麟州刺史，累贈太子太師。從阮性温厚，弱冠居父喪，以孝聞。唐莊宗初有河朔之地，以代北諸部屢爲邊患，起從阮爲河東牙將，領府州副使。”《古今姓氏書辯證》卷三八折氏：“自唐以來，世爲麟府州節度使……唐振武軍緣河五鎮都知兵馬使宋本，生嗣倫，麟州刺史。嗣倫生從阮，周靜難軍節度、檢校太師兼侍中。”

一五　魯　州

調露元年置六胡州：魯州、麗州、含州、塞州、依州、契州，以唐人爲刺史。長安四年併爲匡、長二州。開元十年復置魯州等。十八年復併省。二十六年入宥州。

安思恭　　約調露二年(約680)

《全文》卷四三五李致遠《唐維州刺史安侯(附國)神道碑》："以調露二年二月十八日寢疾卒於神都，春秋八十有三……次子魯州刺史思恭等趨表闕以摭心。"

一六　依　州

調露元年，於靈、夏南境以降突厥置魯州、麗州、含州、塞州、依州、契州，以唐人爲刺史，謂之六胡州。長安四年併爲匡、長二州，後入宥州。

張仁楚　　聖曆元年(698)

《千唐誌·周岷州刺史張府君(仁楚)墓誌銘并序》(長安三年十月十二日)："如意元年授寧遠將軍檢校庭州刺史兼營田大使。延載元年授平狄軍副使。聖曆元年改授朝議大夫依州刺史。長安二年，改授中大夫岷州諸軍事岷州刺史。"

隴右道

一七　康　州

武德二年秦州總管府下有康州。貞觀元年廢康州,同谷縣屬成州。

【程知節　　武德四年(621)(未之任)】

北圖藏拓片《程知節碑》(麟德二年十月一日):"〔武德〕四年授康州諸軍事康州刺史……貞觀元年授使持節盧(瀘)州刺史。"《隋唐五代墓誌匯編・陝西卷》第一册《大唐驃騎大將軍益州大都督上柱國盧國公程使君墓誌銘并序》(麟德二年十月二十二日):"尋拜使持節康州諸軍事康州刺史……尋奉教留住。"《舊書》本傳:"武德七年,〔李〕建成忌之,構之於高祖,除康州刺史。知節白太宗曰:'大王手臂今並翦除,身必不久。知節以死不去,願速自全。'六月四日,從太宗討建成、元吉。事定,拜太子右衛率。"《新書》本傳略同。又見《元龜》卷七一五。《通鑑・武德九年》:六月,"〔元吉〕又譖左一馬軍總管程知節,出爲康州刺史"。胡三省注:"武德元年,以成州同谷縣置西康州。"

楊師道　　武德中

《元龜》卷三五七:"竇軌武德中以光禄大夫鎮秦州,會赤排羌作亂,軌與康州刺史楊師道擊破之,餘黨悉降。"兩《唐書》本傳未及。

一八　芳　州

隋同昌郡之常芬縣。武德元年置芳州。高宗上元二年陷吐蕃。神龍元年廢芳州爲常芬縣，隸疊州。

房當樹　　武德六年(623)

《通鑑·武德六年》：四月，"吐谷渾寇芳州，刺史房當樹奔松州"。

李思徵　　約載初元年(約689)

《元龜》卷九四一："郭霸，則天天授二年自宋州寧陵丞應革命舉拜監察御史，嘗推芳州刺史李思徵，搒捶考禁不勝而卒。"又見《新書·酷吏傳》，《元龜》卷六一六，《大唐新語》卷一二。按《元龜》卷五二一作"坊州刺史"，誤。《全文》卷一六三徐有功《駁皇甫懷節李思徵處斬議》："思徵芳部宣條，懷節宕州分竹，爰因羌叛，奉使討除。暫見思徵屏人共語，即疑懷節與徵同謀。"《舊書·徐有功傳》：載初元年，有功爲司刑丞。此文當於此任內作。

一九　澆河郡

天寶十三載，分九曲地置澆河郡。廢年不詳。

臧奉忠　　天寶十三載(754)

《會要》卷七八："天寶十三載……分九曲置澆河郡，內置軍焉。以臧奉忠爲太守，充軍使。"《元龜》卷九九二："〔天寶〕十三載七月……前磧石軍使臧奉忠爲澆河郡太守，充本郡鎮守使。"又卷四二九作"天寶十二載"。

都畿道

二〇 穀 州

隋新安郡。武德元年改爲穀州。貞觀元年移治澠池。顯慶二年十二月，廢穀州，以縣隸洛州。

任 瓌 　武德初

《舊書》本傳："高祖即位，改授穀州刺史。王世充數率衆攻新安，瓌拒戰破之。"《新書》本傳略同。又見《元龜》卷三四五、卷六九四。

賀若懷默 　約武德、貞觀間

《姓纂》卷九河南洛陽賀蘭(若)氏："懷默，穀州刺史、杞公。"乃武德六年沙州總管懷廓之弟；其爲穀州刺史當在武德、貞觀間。

王國卬(王國祁) 　貞觀中

《楊炯集》卷七《唐恒州刺史建昌公王公(義童)神道碑》："兄國卬，穀州刺史。"義童卒貞觀十五年。《千唐誌·大唐故通直郎□武榮州南安縣令王府君(基)墓誌銘并序》(開元三年三月二十日)："曾祖舉，梁湘州刺史。祖國祁，皇穀州刺史。父素，皇栝州松陽縣令。"基卒開元三年，春秋六十一，則其祖當仕于貞觀中。疑與楊炯文中之"國卬"爲同一人。

蘇農泥熟　　貞觀中

《姓纂》卷六似和氏：“貞觀左屯衛穀州刺史似和泥熟，亦北蕃歸化也。”校云：“案《通志》，泥熟乃蘇農氏，此作似和，誤。”又卷三蘇農氏注：“考貞觀中有蘇農泥熟，左屯衛大將軍、穀州刺史，亦北蕃歸化者。”又見《通志》卷二九《氏族五·蘇農氏》。

高表仁　　貞觀中

《舊書·高叡傳》：“父表仁，穀州刺史。”上圖藏拓片《唐故朝散大夫行洛州偃師縣令高君（安期）墓誌銘并序》（光宅元年十一月十九日）：“祖表仁，隨大寧公主駙馬都尉，渤海郡開國公；皇朝尚書右丞，鴻臚卿，□、涇、延、穀四州刺史。”

杜正倫　　貞觀十七年—永徽二年(643—651)

《通鑑·貞觀十七年》：“出正倫爲穀州刺史。及〔李〕承乾敗，秋七月辛卯，復左遷正倫爲交州都督。”兩《唐書》本傳稱正倫數諫承乾，不聽，乃以太宗語告之，承乾抗表聞奏，帝怒，出爲穀州刺史。可知在承乾未廢前，正倫已出爲穀刺。承乾被廢在貞觀十七年四月，見《舊書·太宗紀下》。《大慈恩寺三藏法師傳》卷七：“〔永徽〕二年春正月壬寅，瀛州刺史賈敦頤、蒲州刺史李道裕、穀州刺史杜正倫、恒州刺史蕭銳因朝集在京，公事之暇，相命參法師請授菩薩戒。”

裴律師　　永徽中

《金石録》卷四：“《唐穀州刺史裴君清德頌》，正書，無書撰人姓名，永徽五年。”《寶刻叢編》卷四引《復齋碑録》：“裴君名律師。”

高敬言　　永徽中

《千唐誌·唐故銀青光禄大夫行光禄少卿上柱國渤海郡開國公高府君（懲）墓誌銘并序》（開元十八年）：“祖敬言，皇朝給事中，户部侍郎，吏部侍郎，果、穀、虢、許四州刺史，懲卒開元十七年，春秋六十六。按永徽二年，高敬言在吏部侍郎任。

房遺義　　顯慶初？

《隋唐五代墓誌匯編·洛陽卷》第十册《唐故朝議郎行東海郡録事參軍房府君吴夫人墓誌銘并序》（天寶十載十月二十四日）："父遺義府君，皇太子舍人，穀州刺史……公即使君之元子也。"開元二年二月廿二日卒，春秋三十八。則當生於儀鳳二年，時已無穀州，疑有誤。

二一　熊　州

隋宜陽郡。武德元年改爲熊州。貞觀元年州廢。以縣屬穀州、洛州。

竇有意　　武德中

《姓纂》卷九河南洛陽竇氏："有意，熊州刺史。"《新表一下》竇氏三祖房："有意，熊州刺史。"

段　綸　　武德中

《隋唐五代墓誌匯編·陝西卷》第一册《大唐故邳國夫人段氏墓誌銘并序》（永徽二年八月二十三日）："父綸，大丞相府屬，蜀郡太守，劍南道招慰大使，益、蒲二州都督，熊州刺史，散騎常侍，祕書監，宗正卿，禮部尚書，三爲工部尚書，右光禄大夫，尚高密大長公主，駙馬都尉，紀國公。"夫人卒永徽二年，春秋三十五。

二二　嵩　州

武德四年以陽城、嵩陽、陽翟等縣置嵩州，治陽城；又析三縣地置康城縣。貞觀三年廢嵩州及康城縣，以陽城、嵩陽屬洛州。

王　雄　　武德四年(621)

《通鑑·武德三年》：十月，"陽城令王雄帥諸堡來降，秦王世民使李世勣引兵應之，以雄爲嵩州刺史"。《會要》卷七〇："武德四年，王世充降;陽城縣令王雄,以縣歸順,乃置嵩州。領陽城、嵩陽、陽翟、康城四縣,以雄爲刺史。"

二三　芮　州

武德二年以芮城、河北、永樂三縣置芮州。貞觀元年州廢,以芮城、河北屬陝州,永樂屬鼎州。

崔　弈　　武德中

《千唐誌·大周故溱州司户崔府君(思古)墓誌》(天授二年二月廿四日):"唐芮州刺史、散騎常侍弈之孫,唐海州刺史陽信縣大方之嫡子。"思古卒天授二年二月九日。《新表二下》博陵安平崔氏第二房:"弈,芮州刺史。"

二四　孟　州

會昌三年置孟州,爲河陽節度使治所。領縣五:河陽、氾水、河陰、温縣、濟源。

敬　昕　　會昌三年—四年(843—844)

《通鑑·會昌三年》:九月"戊申,以河南尹敬昕爲河陽節度、懷孟觀察使"。又見《新書》本傳。《英華》卷四六七封敕《批敬昕謝上表》:"洎尹正洛汭,臨戎孟津,治行推高,號令有律。遽遷白馬,重擁青幢。"

劉　沔　　會昌四年(844)

《金石補正》卷七四《太子太傅贈司徒劉沔碑》:"會昌四年二月廿五日以萬善之戰□克,詔除河陽節度使,領滑師二千人爲萬善聲勢,實欲公師焉。自河陽又遷光禄大夫、檢校司空,鎮許昌。"又見兩《唐書》本傳。

石　雄　　會昌四年—六年（844—846）

《通鑑·會昌四年》：十二月，“河中節度使石雄爲河陽節度使”。《新書》本傳：“徙河中……進檢校兵部尚書，徙河陽……宣宗立，徙鎮鳳翔。”《舊書》本傳未及。《雲溪友議》卷中：“石雄僕射……潞州之功，國家以酬河陽節度使；西塞之績，又拜鳳翔。”

李　珏　　大中二年—三年（848—849）

《舊書》本傳：大中二年，“徵入朝爲户部尚書。出爲河陽節度使。入爲吏部尚書”。《新書》本傳略同。《東觀奏記》：“上即位，累遷河陽三城節度使，吏部尚書。”又見《唐語林》卷三。《寶刻叢編》卷八引《集古録目》：“《唐贈太尉牛僧孺碑》，唐河陽三城節度使李珏撰，右散騎常侍柳公權書并篆額……碑以大中二年十月立。”《全文》卷七七六李商隱有《爲尚書范陽公賀吏部李相公啓》。按范陽公指盧弘止。李商隱大中三年在徐州盧弘止幕。

李　拭　　大中三年—四年（849—850）

《舊書·宣宗紀》：大中四年“九月，以朝請大夫、檢校禮部尚書、孟州刺史、河陽三城節度使李拭爲太原尹、北都留守、河東節度等使”。兩《唐書》本傳未及。《全文》卷七八八蔣伸《授王宰河陽節度使李拭河東節度使制》稱“河陽節度檢校禮部尚書李拭”。

王　宰（王晏宰）　　大中四年—七年（850—853）

《新書》本傳：“宰傳〔劉〕積首京師，遂節度太原……以疾不任事，徙河陽。罷爲太子少保，分司東都。進少傅，卒。”《全文》卷七八八蔣伸有《授王宰河陽節度使李拭河東節度使制》。

紇干臮　　大中八年—十年（854—856）

《千唐誌·唐故李氏夫人河南紇干氏墓誌并序》（咸通十二年十月十八日）：“祖臮，皇河陽節度使，封雁門公，贈吏部尚書。父潘，見任工部員外兼侍御史……充魏博節度掌書記……夫人即潘長女。”咸通十二年閏八月廿三日卒,年二十三。按紇干臮大中元年至三年爲江西觀察使,大中五年至八年爲嶺南節度使。其爲河陽節度當在大中八年至十年間。

韋　澳　　大中十一年—十三年(857—859)

《舊書·宣宗紀》:大中十一年正月,"以朝散大夫、守京兆尹、上柱國、扶風縣開國男、食邑三百戶、賜紫金魚袋韋澳檢校工部尚書、孟州刺史、御史大夫,充河陽三城節度、孟懷澤觀察處置等使"。《通鑑·大中十一年》正月同。《舊書》本傳作"大中十二年"。誤。《新書》本傳:"授河陽節度使……懿宗立,徙平盧軍。"《東觀奏記》卷下:"韋澳在翰林,極承恩遇,自京兆尹出爲河陽三城節度使,當軸者擠之也。大中十三年三月……密以宸翰授澳。上七月寢疾,八月晏駕,遂中寢。"

王　式　　咸通初

《唐語林》卷二:"王尚書式,僕射起之子,見重於武宗……朝廷以彭門頻年逐帥,乃自河陽移式領河陽全軍赴任。"兩《唐書》本傳未及。按咸通三年王式爲徐州節度使。

崔彥昭　　咸通十年—十二年(869—871)

《舊書》本傳:"〔咸通〕十年,檢校禮部尚書、孟州刺史、河陽懷節度使,進階金紫。十二年正月,加檢校刑部尚書、太原尹、北都留守、河東節度管內觀察等使。"按《懿宗紀》作咸通十一年正月彥昭由河陽遷河東,疑誤。【補遺】《唐故刑部尚書崔公府君(凝)墓誌並序》(乾寧三年八月十八日):"咸通六年一上昇第於故相國李公蔚之下。故相國崔公延昭鎮河陽,署節度推官。"(偃師商城博物館《河南偃師縣四座唐墓發掘簡報》,《考古》1992年第11期)按唐末宰相無崔延昭,唯有崔彥昭於乾符元年八月爲中書侍郎、同中書門下平章事,見《新唐書·宰相表下》。其鎮河陽,爲孟州刺史。

穆仁裕　　咸通十二年—乾符元年(871—874)

《舊書·李磎傳》:"大中十三年,一舉登進士第。歸仁晦鎮大梁,穆仁裕鎮河陽,自監察、殿中相次奏爲從事。"按歸仁晦咸通十二年至十四年鎮大梁。又按穆仁裕咸通二年爲司勳員外郎,見《舊書·懿宗紀》;乾符四年在宣武節度使任,見《通鑑》。吳氏《方鎮年表》繫於咸通十二年至乾符元年,從之。

鄭延休　　乾符元年—六年(874—879)

《重修承旨學士壁記》:"鄭延休,咸通十一年五月十八日,自司封郎中知制誥遷中書舍人充……十五年正月十三日,除檢校禮部尚書,充河陽三城節度使。"《新書·黃巢傳》:乾符五年,"巢寇葉、陽翟,欲窺東都。會左神武大將軍劉景仁以兵五千援東都,河陽節度使鄭延休兵三千壁河陰"。按《通鑑》作乾符四年三月。

李　琢　　廣明元年(880)

《通鑑·廣明元年》:十一月"乙卯,以代北都統李琢爲河陽節度使"。《新書》本傳:"徙河陽三城,坐逗撓,下遷刺史,卒。"

羅元杲　　廣明元年(880)

《通鑑·廣明元年》:十一月壬申,"以神策將羅元杲爲河陽節度使"。十二月,"〔黃〕巢以諸葛爽爲河陽節度使,爽赴鎮,羅元杲發兵拒之,士卒皆棄甲迎爽,元杲逃奔行在"。

諸葛爽　　廣明元年—光啓二年(880—886)

《新書·僖宗紀》:廣明元年十二月"丙申,河陽節度使諸葛爽叛附於黃巢"。《舊書·僖宗紀》作"中和元年八月",誤。《舊書》本傳:"車駕出幸,爽乃降賊,〔黃〕巢以爽爲河陽節度使……中和元年四月,魏人攻河陽,大敗爽軍於修武,爽棄城遁走……十月,孟州人復誘爽,爽自金商率兵千人,復入河陽……光啓二年,爽卒。"《新書》本傳略同。又見《通鑑·廣明元年》十二月、《中和元年》三月、《光啓二年》十月,《舊五代史・梁武皇紀》、《李罕之傳》、《牛存節傳》,《新五代史・王虔裕傳》。

諸葛仲方　　光啓二年(886)

《舊書・諸葛爽傳》:"光啓二年,爽卒,帳中將劉經、張言以爽子仲方爲孟帥。俄而蔡賊孫儒率衆攻之,城陷於賊,仲方歸於汴,儒遂據孟州。"《新書・僖宗紀》:光啓二年十月,"河陽節度使諸葛爽卒,其子仲方自稱留後"。又見《舊五代史・李罕之傳》,《通鑑・光啓二年》十月。

孫　儒　　光啓二年—三年(886—887)

《通鑑・光啓二年》:十二月,"〔孫〕儒進陷河陽,留後諸葛仲方奔大梁。儒自稱節度使"。《光啓三年》:五月,"〔秦〕宗權發鄭州,孫儒發河陽,皆屠滅其人,焚其廬舍而去"。又見《舊書・諸葛爽傳》,《新書》本傳。

李罕之　　光啓三年—文德元年(887—888)

《新書》本傳:"孫儒逐〔諸葛〕仲方,取河陽,自稱節度使。俄而〔秦〕宗權敗,棄河陽走,罕之、〔張〕言進收其衆,亏援河東,〔李〕克用遣安金俊助之,得河陽。克用表罕之爲節度使、同中書門下平章事。"《舊五代史》本傳略同。又《梁太祖紀》:文德元年四月,"河南尹張全義襲李罕之於河陽,克之"。

張全義　　文德元年(888)

《舊五代史》本傳:文德元年四月,"潛兵襲取河陽,全義乃兼領河陽節度……會汴人救至而退。梁祖以丁會守河陽,全義復爲河南尹"。《通鑑・文德元年》:二月,"〔張全義〕乘虛襲河陽,黎明,入三城,〔李〕罕之逾垣步走,全義悉俘其家,遂兼領河陽節度使"。四月,"〔朱〕全忠表丁會爲河陽留後,復以張全義爲河南尹"。

丁　會　　文德元年(888)

《通鑑·文德元年》：四月，"〔朱〕全忠表丁會爲河陽留後"。七月，"李罕之引河東兵寇河陽，丁會擊却之"。《舊五代史·張全義傳》：文德元年四月，"梁祖以丁會守河陽"。

張宗厚　　龍紀元年(889)

《通鑑考異·大順元年》：七月，"河陽自解張全義圍以來，常附屬於汴，朱全忠以部將丁會、張宗厚等爲之留後，非一人"。

朱崇節　　大順元年(890)

《舊五代史·梁太祖紀一》：大順元年八月，"帝請河陽節度使朱崇節爲潞州留後"。《通鑑·大順元年》：五月，"〔朱〕全忠遣河陽留後朱崇節將兵入潞州，權知留後"。九月，"葛從周、朱崇節棄潞州而歸"。按《通鑑考異·大順元年》七月云："崇節蓋亦汴將爲河陽留後，全忠使權昭義留後，既不能守，復歸河陽耳。諸書因謂之節度使，蓋誤也。"

朱崇節　　大順二年(891)

《通鑑考異·大順元年》七月引《實錄》："明年五月，以前昭義節度使朱崇節爲河陽節度使。"《全文》卷八二七陸扆《授朱崇節河陽節度使制》："前昭義軍節度使潞慈邢洺等州觀察處置等使特進檢校司空兼潞州大都督府長史……朱崇節……可依前檢校司徒，充河陽節度使。"按陸扆大順二年入翰林。

趙克裕　　大順二年—景福元年(891—892)

《舊五代史·唐武皇紀》：大順二年八月，"略地懷孟，河陽趙克裕望風送款"。又見本傳。《通鑑·景福元年》：二月，"朱全忠奏貶河陽節度使趙克裕"。《新書·昭宗紀》："景福元年正月己未，朱全忠陷孟州，逐河陽節度使趙克裕。"

張全義 景福元年(892)

《舊書·昭宗紀》:景福元年"五月甲辰,制以河南尹張全義檢校司徒、同平章事、孟州刺史,充河陽三城節度、孟懷澤觀察等使"。《通鑑·景福元年》:二月,"以佑國節度使張全義兼河陽節度使"。

丁 會 光化元年—二年(898—899)

《舊五代史》本傳:"文德中,表授懷州刺史,歷滑州留後,河陽節度使,檢校司徒。自河陽以疾致政於洛陽。"《通鑑·光化二年》:正月,"〔朱全忠〕又表權知河陽留後丁會……爲節度使"。六月丁卯,"以丁會爲昭義節度使"。又見《舊書·昭宗紀》。

李罕之 光化二年(899)

《通鑑·光化二年》:"六月乙丑,李罕之疾亟。丁卯,〔朱〕全忠表罕之爲河陽節度使……丁丑,李罕之薨於懷州。"又見《舊書·昭宗紀》,兩《五代史》本傳。

丁 會 光化二年—天復元年(899—901)

《通鑑考異·光化二年》六月云:"《梁實録》、《後唐紀》皆云〔罕之〕代會。自此至潞州破,賀德倫走,不復見會名。或者李罕之既卒,復召會守河陽,以〔葛〕從周代之,不可知也。"《天復元年》:閏六月,"以河陽節度使丁會爲昭義節度使"。《考異》曰:"薛居正《五代史·會傳》:'自河陽以疾致政於洛陽。梁祖季年猜忌,故將功大者多遭族滅,會陰有避禍之志,稱疾者累年。天復元年,梁祖奄有河中、晉、絳,乃起會爲昭義節度使。'按光化二年六月,會自河陽爲昭義節度使。九月,李克用取潞州,表孟遷爲節度使。時罕之已卒,必是會郤領河陽,至此纔二年,則非致政稱疾累年也。又,是時朱全忠未嘗誅戮大將;疑會降河東後,作傳者誤以天祐中事在前言之耳。"

孟 遷 天復元年(901)

《通鑑·天復元年》:閏六月,"孟遷爲河陽節度使,從朱全忠之請也"。《新五代史·孟方立傳》稱:"氏叔琮軍還過潞,以遷歸梁,惡其反覆,殺之。"《新書》本傳未及。

張漢瑜　　天復三年—天祐二年(903—905)

《全文》卷九二昭宗《改元天祐赦文》:"河陽節度使張漢瑜,宵程來覲,兩舍不歸,問彼春芳,躬巡板築,宫廷馳鞠,蓋閲驍才。"《通鑑·天祐元年》:"五月丙寅,加河陽節度使張漢瑜同平章事。"

王師範　　天祐二年—四年(905—907)

《舊書·哀帝紀》:天祐二年三月"壬戌,制以前平盧軍節度使、檢校太傅、同平章事、青州刺史、上柱國、琅邪郡公、食邑二千五百戶王師範爲孟州刺史、河陽三城懷孟節度觀察等使,從全忠奏也"。《新書》本傳:"〔朱〕全忠見以禮,表爲河陽節度使。既受唐禪……乃族師範於洛陽。"又見《舊五代史·梁太祖紀》,兩《五代史》本傳。

二五　平　州

武德四年以温縣置平州,名縣城曰李城。是年州廢,縣隸懷州。

周仲隱　　武德四年(621)

《會要》卷七〇:"温縣,武德四年,令周仲隱以縣來歸,乃於縣置平州,以仲隱爲刺史……其年八月省州,縣復名温,屬孟州。"按是時無孟州,當爲懷州。《會要》誤。《元龜》卷一二六:武德四年四月"丙午,王世充平州刺史周仲隱以城來降"。

二六　陟　州

武德二年置陟州及修武縣。四年州廢,縣隸殷州。

李育德　　武德二年(619)

《新書》本傳:"隋亡,與柳爕等歸李密,私署總管。密爲王世充所

破,以郡來降,即拜陜州刺史。"又《高祖紀》:武德二年二月"丁卯,王世
充陷殷州,涉州刺史李育德死之"。《通鑑·武德元年》:十月,"李密總
管李育德以武陟來降,拜陜州刺史"。《武德二年》:閏二月"丁卯,〔獲
嘉〕城陷,育德及弟三人皆戰死"。又見《元龜》卷一六四、卷七五九。

衛須拔　　　*武德二年(619)*

《元龜》卷一二六:武德二年四月,"王世充將衛須拔率衆以陜州
來降"。

李厚德　　　*武德三年(620)*

《元龜》卷四二〇:"李厚德爲涉(陜)州刺史,武德三年七月襲武
昌,克之,獲王世充總管韋瑗。"

鄭　海　　　*武德四年? (621?)*

《新表五上》南海鄭氏:"海,陜州刺史。"乃後周溫州刺史鄭子規
之子。

二七　殷　州

武德初以獲嘉、武陟、修武、新鄉、共城等縣置殷州,并置博望縣。
貞觀元年州廢,以獲嘉、武陟、修武屬懷州,新鄉、共城、博望屬衛州。

段大師　　　*武德二年(619)*

《通鑑·武德二年》:閏二月,"王世充囚李育德之兄於獲嘉,厚德
與其守將趙君顒逐殷州刺史段大師,以城來降"。又見《元龜》卷七五
九。北圖藏拓片《隋故銀青光禄殷州刺史誌銘》(貞觀二十年十一月
二日):"君諱師,字大師……及皇泰嗣興,君爲佐命,改授衛尉卿,兼
司禁旅。雖喪君有君,群臣輯睦,而冲風尚梗,燎火方焚,乃以君爲殷
州諸軍事殷州刺史……俄而運屬驅除,聖人有作,君功非同德,迹染
離心,乃解甲投戈,卜居伊洛。"貞觀十九年卒,春秋七十五。證知非

唐授刺史。

李厚德　　武德二年(619)

《新書》本傳：“厚德自獄擁群囚謀而出，斬長史，衆不敢動，〔段〕大師縋城走，即拜殷州刺史。”《通鑑‧武德二年》：閏二月，“厚德與其守將趙君穎逐殷州刺史段大師，以城來降。以厚德爲殷州刺史”。又見《元龜》卷四二五。按《通鑑考異‧武德元年》曰：“二《志》皆云四年置殷州，差殊如此，當考。”

李德璉?　　武德中?

《新表二上》趙郡李氏東祖房：“德璉，殷州刺史，以祖揖子繼。”

唐　譽?　　武德中?

《新表四下》唐氏：“譽，殷州太守，襲漢陽公。”

二八　西濟州

武德二年王世充將丁伯德以濟源縣來降，置西濟州。四年州廢，以濟源隸懷州。

丁伯德(丁伯得)　　武德二年—四年(619—621)

《太平寰宇記》卷五二孟州濟源縣：“武德二年，王世充將丁伯得以邑歸順，遂於此置西濟州……仍以伯得爲刺史。四年省，縣入懷州。”《會要》卷七〇：“濟源縣，武德二年三月，王世充將丁伯德以縣歸順，遂置西濟州，領濟源、溴陽、蒸川、召原四縣，以伯德爲刺史。四年省州，以溴陽、蒸川、召源入濟源，隸懷州。”又見《元龜》卷六九四。

二九　管　州

武德四年以管城、中牟、原武、陽武、新鄭等縣置管州，并置須水、清池二縣。貞觀元年州廢,省須水、清池,以管城、原武、陽武、新鄭屬鄭州,以中牟屬汴州。

楊　慶　武德三年(620)

《舊書・列女・楊慶妻王氏傳》:"〔楊慶〕後陷於世充,世充以兄女妻之,授管州刺史。"《通鑑・武德三年》:十月,"楊慶歸洛陽,復姓楊氏。及世充稱帝,慶復姓郭氏,世充以爲管州總管,妻以兄女"。《元龜》卷一二六:武德三年十月"庚戌,世充管州總管楊慶以州來降"。

郭志安(郭士安)　武德四年(621)

《新書・高祖紀》:武德四年三月"乙酉,竇建德陷管州,刺史郭志安死之"。《通鑑・武德四年》:三月,"竇建德陷管州,殺刺史郭士安"。

三〇　仙　州

開元三年以汝州葉縣、襄城及唐州之方城、豫州之西平、許州之舞陽置仙州。二十六年州廢,縣還故屬。大曆四年復以葉縣、襄城置仙州。五年州廢。

岑　植　約開元三年—約八年(約715—約720)

《新表二中》岑氏:"植,仙、晉二州刺史。"乃太宗時宰相岑文本之孫,盛唐詩人岑參之父。聞一多《岑嘉州繫年考證》謂岑植除仙州至早在開元三年,其轉晉州約在開元八年。

司馬銓(司馬詮)　開元十一年(723)

《千唐誌・大唐故薛王傅上柱國司馬府君(銓)墓誌銘并序》(開元十九年十一月二十七日)稱:垂拱四年成均生,明經擢第,歷比部員外、庫部郎中,"久之,除慈州刺史"。丁內憂服闋,授户部郎中,再遷光禄少卿，"改仙州刺史，入爲薛王府長史，轉宋州刺史，授薛王傅"。開元十九年終薛王傅，年六十七。《全文》卷二七三崔沔《請勿廢仙州議》："然自創置，未盈十年……至今年十月，移向舞陽置，仍爲緊州，刺史司馬銓頗聞守法公勤。"據《會要》卷七○，崔沔上議在開元十一年十二月。北圖藏拓片《大唐正議大夫使持節仙州諸軍事守仙州刺史上柱國司馬公故夫人范陽郡君盧氏墓誌銘并序》（開元十二年三月十日），盧氏卒開元十一年十二月十八日，證知開元十一、十二年司馬銓正在仙州任。

元季良　　開元中

《姓纂》卷四河南洛陽元氏："季良，比部郎中、仙州刺史。"乃隋工部侍郎元焕之玄孫。

崔志廉　　約開元十八年（約 730）

《千唐誌·唐故信王府士曹崔君（傑）墓誌銘并序》（大曆十三年十月十二日）："父志廉，銀青光禄大夫、太子左庶子，歷洺、魏、襄、澤、仙等五州刺史……公即仙州之長子也……天寶十一年十月丙午遘疾終於東都，享年五十一。"按志廉開元十三年爲襄州刺史。北圖藏拓片《大唐故潁王府士曹參軍崔府君（傑）墓誌銘并序》（天寶十載五月二日）："考志廉，皇朝銀青光禄大夫仙州刺史……公則仙州使君之長子。"天寶八載卒。春秋五十□。

張景洪　　開元二十一年（733）

《太平寰宇記》卷八汝州葉縣："葉公廟在縣東北三里。唐開元二十一年，仙州刺史張景洪建古冢在廟後。"

程伯獻　　約開元二十三年（約 735）

《唐故鎮軍大將軍行右衛大將軍贈户部尚書廣平公（程伯獻）墓誌銘并序》（開元二十七年正月二十七日）："出爲夔州刺史。無何，換仙州刺史。尋召入，復拜右金吾大將軍，以久疾轉太子詹事。"開元二十六年十二月卒(《文物》1973 年第 7 期)。按《舊書·程知節傳》云：
少子處弼，官至右金吾將軍。處弼子伯獻，開元中左金吾大將軍。

宋　樽　　約開元二十五、二十六年(約 737、738)

　　《全文》卷三〇九孫逖《授宋樽等諸州刺史制》："前使持節仙州諸
軍事守仙州刺史上柱國宋樽等……可依前件。"

待考録

李　筌

　　《全文》卷三六一李筌小傳："筌自號達觀子，官荆南節度副使、仙
州刺史。"《廣記》卷六三引《集仙傳》："李筌號神仙之道……仕爲荆南
節度副使、仙州刺史。"

河南道

三一　杞　州

武德四年以雍丘、陳留、圉城、襄邑、外黄、濟陽等縣置杞州。貞觀元年州廢。省濟陽、圉城、外黄，以襄邑隸宋州，以陳留、雍丘隸汴州。

李公逸　　武德二年(619)

《通鑑·武德二年》：二月“己巳，李公逸以雍丘來降，拜杞州總管”。又見兩《唐書》本傳，《元龜》卷一六四。

李善行　　武德二年(619)

《舊書·李公逸傳》：“高祖因以雍丘置杞州，拜爲總管……又以〔其族弟〕善行爲杞州刺史。〔王〕世充遣其從弟辨率衆攻之……公逸乃留善行居守，自入朝請援……善行竟没於賊。”《新書·李公逸傳》略同。《通鑑·武德二年》：二月“己巳，李公逸以雍丘來降，拜杞州總管，以其族弟善行爲杞州刺史”。

王文矩(王孝矩)　　武德四年(621)

《新書·高祖紀》：武德四年十一月“庚戌，杞州人周文舉殺其刺史王孝矩，叛附於〔劉〕黑闥”。《通鑑·武德四年》作“王文矩”。

長孫敞　　武德中—貞觀元年(?—627)

《舊書》本傳："及義旗入關,率子弟迎謁於新豐,從平京城,以功除將作少監。出爲杞州刺史。貞觀初,坐贓免。"《新書》本傳略同。又見《元龜》卷三〇一。

三二　洧　州

武德四年置洧州。領縣七:尉氏、扶溝、康陰、新汲、鄢陵、宛陵、歸化。貞觀七年廢洧州,縣分屬汴州、許州。

崔　樞　　武德三年(620)

《舊書・張公謹傳》："武德元年,與王世充所署洧州刺史崔樞以州城歸國。"《通鑑・武德三年》:七月,"〔王〕世充洧州長史繁水張公謹,與刺史崔樞以州城來降"。按《舊書・崔知温傳》:"祖樞,司農卿。"《新表二下》崔氏許州鄢陵房:"樞,利州刺史。"蓋即是人。

三三　南穀州

武德二年以穀熟縣置南穀州,四年州廢,以縣屬宋州。

劉繼叔　　武德二年—四年(619—621)

《元和郡縣志》卷七穀熟縣:"武德二年置南穀州,以〔劉〕繼叔爲刺史。四年罷,以縣屬宋州。"又見《新書・地理志二》。

三四　溵　州

建中二年以蔡州之郾城、許州之臨潁、陳州之溵水置溵州。貞元二年州廢,縣還故屬。元和十二年復以郾城、上蔡、西平、遂平置溵州。長慶元年州廢。

張　應　　建中二年—貞元二年(781—786)

《元龜》卷一三九："〔貞元〕二年十月……前潊州刺史張應爲吉州刺史……〔應〕陷李希烈……數有章表陳賊中事宜……及希烈平，徵至，特加賜賚而命官焉。"

高承簡　　元和十二年(817)

《舊書》本傳："淮西平，詔以郾城、上蔡、遂平三縣爲潊州……用承簡爲刺史。"《新書》本傳略同。又見《元龜》卷四二二，《全文》卷七二四崔郾《唐義成軍節度高公德政碑并序》，《金石録》卷九《唐潊州刺史高公德政碑》。

張　聿　　約元和十四年、十五年(約819、820)

《白居易集》卷四八《張聿可衢州刺史制》："以爾聿前領建溪有理行，次臨潊郡著能名，用爾所長，副吾所急。宜輟郎署，往頒詔條……可使持節衢州刺史，散官、勳如故。"按《全文》"潊郡"誤作"沔郡"。

三五　息　州

武德四年以新息縣置息州，并置淮川、長陵二縣。貞觀元年州廢；省淮川入真陽，長陵入褒信，以新息屬豫州。

楊行模　　武德三年(620)

《元龜》卷一六四：武德三年九月，"是月，王世充豫州豪右楊仲達以三州之地來降，拜……其子行規爲豫州總管，行模爲息州刺史"。《千唐誌·大周左監門長上弘農楊君(昇)墓誌銘并序》(萬歲登封元年一月廿七日)："曾祖仲達，唐金紫光禄大夫蔡州總管、上柱國、魯國公……祖行模，唐息州刺史，通直散騎常侍、上柱國、義陽郡開國公。"昇萬歲登封元年一月四日卒。又《故河内郡武德縣令楊公(炭)墓誌銘并序》(天寶六載正月廿六日)："迨我烈祖金紫光禄大夫魯國公仲達，達生息州刺史義陽郡開國公行模，模生鄭州管城縣令景昭……公即管城府君之冑子也。"天寶五載卒,年六十七。又見《大唐故朝議郎行鄭州管城縣令上柱國楊君（璀）墓誌銘并序》（開元八年十月三十日）。

榮建緒　　武德末

《金石補正》卷五六《大唐大安國寺故大德惠隱禪師塔銘并序》（開元二十六年二月六日）:"禪師俗姓榮,京兆人……祖建緒,銀青光禄大夫使持節息、始、洪諸軍事三州刺史,東阿郡開國公。"禪師卒開元二十二年,年七十六。又見《芒洛補遺》、《唐文拾遺》卷六六。

三六　宿　州

元和四年析徐州之符離、蘄縣,泗州之虹縣置宿州。大和三年州廢,縣還本屬。七年復置。

李　彙　　元和四年—七年（809—812）

《新書》本傳:"元和初,分徐州符離爲宿州,光弼有遺愛,擢彙爲刺史。"《全文》卷七三八沈亞之《涇原節度李常侍（彙）碑》:"元和初加御史大夫……四年,加右散騎常侍,遷宿州刺史。七年,改安州刺史。"《新表五下》柳城李氏:"彙,宿州刺史。"《白居易集》卷五五《李暈安州刺史制》稱:"宿州刺史李暈……可安州刺史。""暈"當即"彙"之訛誤。

令狐通　　元和八年（813）

《舊書》本傳:"憲宗念〔令狐〕彰之忠,即授通贊善大夫,出爲宿州刺史。時討淮蔡,用爲泗州刺史。歲中改壽州團練使、檢校御史中丞。"《新書》本傳未及宿州刺史;唯云:"因授贊善大夫。時討淮蔡,故連徙壽州團練使。"按令狐通元和六年七月授贊善大夫,十四年三月自撫州司馬同正遷右衛將軍,見《元龜》卷一三一。元和九年九月由泗州刺史遷壽州。《隋唐五代墓誌匯編・洛陽卷》第十四册《唐故棣州刺史兼侍御史燉煌令狐公（梅）墓誌銘并序》（大中十年四月二十二日）：“皇考歷宿、陳、壽、淄、唐、泗等六郡太守，官兼御史中丞，唐、陳二州皆經再授，凡專城之任者八，贈右散騎侍諱通。公即先公常侍第二子也。”梅卒大中八年六月二十九日，享年六十二。

李直臣　　長慶元年（821）

《舊書·牛僧孺傳》：“長慶元年，宿州刺史李直臣坐贓當死，直臣賂中貴人爲之申理，僧孺堅執不回。”《新書·牛僧孺傳》略同。又見《御覽》卷六四一，《元龜》卷六一七，《通鑑·長慶元年》十月。《全文》卷七五五杜牧《唐故太子少師奇章郡開國公贈太尉牛公（僧孺）墓誌銘并序》：“遷御史中丞。宿州刺史李直臣以贓數萬敗……公以具獄奏上。”又卷七二〇李珏《故丞相太子少師贈太尉牛公（僧孺）神道碑銘并序》：“有武將李直臣爲宿州刺史，豪奪聚斂……公按之，爲有力者排，幾不勝，竟以詞堅理直，上意回，直臣乃得罪。”

裴魯顧　　寶曆、大和間？

《新表一上》東眷裴氏：“魯顧，宿州刺史。”乃絳州刺史裴鋭之弟，隋絳州留守裴文度六代孫。

吴季真　　大和七年—八年（833—834）

《舊書·文宗紀下》：大和七年三月，“復於埇橋置宿州，割徐州符離縣、蘄縣、泗州虹縣隸之，以東都鹽鐵院官吴季真爲宿州刺史”。八年四月“甲午，以宿州刺史吴季真爲邕管經略使”。

李　某　　大中三年（849）

《唐語林》卷七：“大中三年，李褒侍郎知舉，試《堯仁如天賦》，宿州李使君瀆，不識題，訊同鋪。”按《新書·宗室世系表下》讓皇帝房有“隴西縣男檢校吏部尚書光碩，初名瀆”，乃中和時靈武節度使玄禮子。時代不合。

權　審　　大中九年(855)

《東觀奏記》卷上：“司封員外郎、充史館修撰權審，於衢路突尚書左僕射、平章事崔鉉……審以素履之言難□就列，尋左遷宿州刺史，自爾不復立朝矣。”按崔鉉於大中六年至九年爲右僕射同平章事，九年二月爲左僕射同平章事。

焦　璐(焦潞)　　咸通九年(868)

《舊書・懿宗紀》：咸通九年九月“甲午，龐勛陷宿州，知州判官焦潞奔歸於徐。乙未，龐勛陷徐州，殺節度使崔彥曾、判官焦潞”。《通鑑・咸通九年》：九月，“時宿州闕刺史，觀察副使焦璐攝州事，城中無復餘兵，庚午賊(龐勛)攻陷之，璐走免……龐勛自稱兵馬留後”。《新書・康承訓傳》：“〔龐〕勛與宿將喬翔戰睢河，翔大敗，攝太守焦璐遁去。”

李　播　　咸通十年(869)

《舊書・懿宗紀》：“〔咸通〕十年春正月己未朔，以徐州用兵罷元會。癸亥……將軍李播爲宿州刺史，赴廬州行營招討使。”

劉漢宏　　廣明元年(880)

《通鑑・廣明元年》：七月，“劉漢宏請降；戊辰，以爲宿州刺史”。十一月，“宿州刺史劉漢宏怨朝廷賞薄，甲寅，以漢宏爲浙東觀察使”。又見《新書》本傳，《吳越備史》卷一《武肅王》。《嘉泰會稽志》：“劉漢宏，廣明元年十一月〔四日〕自宿州刺史授。”按《舊書・僖宗紀》：中和元年正月，“以宿州刺史劉漢宏爲越州刺史、鎮東軍節度、浙江東道觀察處置等使”。

陳　璠　　中和元年(881)

《通鑑・中和元年》：八月，“詔以〔時〕溥爲武寧留後。溥表〔陳〕璠爲宿州刺史。璠到官貪虐，溥以都將張友代還，殺之”。《舊書・時溥傳》：“溥以璠爲宿州刺史，竟以違命殺〔支〕詳，溥誅璠。”《新書・時

溥傳》略同。又見《廣記》卷三五三引《三水小牘》。"按《北夢瑣言》卷
一〇稱："唐乾寧中宿州刺史陳璠"，"乾寧中"誤。

張　友　　中和二年—文德元年（882—888）

《通鑑・中和元年》："〔時〕溥表〔陳〕璠爲宿州刺史，璠到官貪虐，
溥以都將張友代還，殺之。"又《文德元年》：十一月，"朱全忠又遣別將
攻宿州，刺史張友降之"。又見《元龜》卷一八七、《舊五代史・梁太祖
紀一》。

張紹光　　文德元年—大順元年（888—890）

《新書・昭宗紀》：大順元年"四月丙辰，宿州將張筠逐其刺史張
紹光"。《通鑑・大順元年》四月同。又見《舊五代史・梁太祖紀一》、
《元龜》卷一八七。

張　筠　　大順元年—二年（890—891）

《舊五代史・梁太祖紀一》：大順二年"八月己丑，帝遣丁會追攻
宿州，刺史張筠堅守其壁……十月壬午，筠遂降，宿州平"。又見《通
鑑・大順二年》十月，《元龜》卷一八七、卷三四六，兩《五代史》本傳，
《新五代史・丁會傳》。

郭　言　　大順二年—景福二年（891—893）

《舊五代史》本傳："梁祖東伐徐、鄆，言將偏師，略地千里……尋
表爲宿州刺史、檢校右僕射……景福初……言爲流矢所中，一夕而
卒。"又見《元龜》卷三四六。《通鑑・景福二年》："正月，時溥遣兵攻
宿州，刺史郭言戰死。"

葛從周　　乾寧中

《舊五代史》本傳：乾寧二年十月，"圍兗州……從周累立戰功，自
懷州刺史歷曹、宿二州刺史"。又見《元龜》卷三四六。

氏叔琮　　乾寧中—光化元年(?—898)

《新書》本傳:"與時溥、朱宣戰,以多累表檢校尚書右僕射,爲宿州刺史……遷曹州刺史。"《通鑑·光化元年》:七月,"忠義節度使趙匡凝聞朱全忠有清口之敗,陰附於楊行密。全忠遣宿州刺史尉氏氏叔琮將兵伐之"。又見兩《五代史》本傳,《元龜》卷三四六,《十國春秋·吳太祖世家》。

牛存節　　光化元年—二年(898—899)

《舊五代史》本傳:"乾寧五年,除亳州刺史,俄遷宣武軍都指揮使,改宿州刺史……光化二年罷歸。"《元龜》卷三四六"亳州"作"濠州"。《新五代史》本傳略同。

袁象先　　光化二年—天復二年(899—902)

《舊五代史》本傳:"光化二年,權知宿州軍州事。天復元年,表授刺史……三年,權知洺州軍州事。"《新五代史》本傳略同。又見《元龜》卷三九八。

康懷英　　天復二年(902)

《舊五代史》本傳:天復二年,"是歲,淮人閭青、兗之叛,遣兵數萬以寇宿州。太祖命懷英馳騎以救之,淮人遁去,即以懷英爲權知宿州刺史。天祐三年冬,佐劉知俊破邠、鳳之衆……以功授陝州節度使"。又見《新五代史》本傳,《元龜》卷三四六。按《元龜》卷三八六訛爲晉州刺史。

高季興　　天復三年(903)

《舊五代史》本傳:"迎昭宗歸京,以季興爲迎鑾毅勇功臣,檢校大司空、行宋州刺史。從梁祖平青州,改知宿州事,遷潁州防禦使。"《新五代史》本傳未及。

閻　寶　　天祐中

《舊五代史》本傳:"自梁祖陳師河朔,爭霸關西,寶與葛從周、丁會、賀德倫、李思安各爲大將，統兵四出，所至立功，歷洺、隨、宿、鄭四州刺史。天祐六年，梁祖以實爲邢洺節度使。”

王　儒　　天祐四年（907）

《舊五代史·梁太祖紀三》：開平元年（天祐四年）五月，“宿州刺史王儒進白兔一”。又見《元龜》卷二〇二。

待考録

【盧　蔚　　未之任】

《雲笈七籤》卷一二〇《范陽盧蔚醮本命驗》：“范陽盧蔚，弱冠舉進士，有日者言其年壽不永，常宜醮本命，以增年禄……其後策名金紫，亦享中年，除宿州刺史、埇橋都知兵馬指揮使。不到任死。以其瘞武器門旗故也。”

三七　仁　州

武德四年以夏丘、穀陽等縣置仁州，又析夏丘置虹及龍亢二縣。六年省夏丘。貞觀八年州廢，省龍亢，以虹縣隸泗州、穀陽隸北譙州。

王國稀　　貞觀中

《楊炯集》卷七《唐恒州刺史建昌公王公（義童）神道碑》：“弟國稀，仁州刺史。”義童卒貞觀十五年十一月。

三八　戴州（金州）

武德四年於金鄉縣置金州。五年改金州爲戴州。貞觀十七年州廢，以金鄉、方輿屬兗州，以單父、楚丘隸宋州，成武隸曹州，鉅野隸鄆州。

孟嗷鬼　　武德四年(621)

《新書・高祖紀》：武德四年七月"辛巳，戴州刺史孟嗷鬼反，伏誅"。又見《通鑑・武德四年》七月。《唐代墓誌彙編・蔣喜墓誌》(貞觀十年十月十七日)："大唐武德四年，詔使授公戴州禹城縣令。刺史孟嗷鬼，河濟凶渠，圖爲反噬。公陰結義勇……斬獲魁首。"

賈　崇　　貞觀十四年(640)

《通鑑・貞觀十四年》：十二月，"戴州刺史賈崇以所部有犯十惡者，御史劾之"。

三九　莒　州

武德五年以沂水、新泰、莒縣置莒州。貞觀八年州廢，以莒縣隸密州，沂水、新泰屬沂州。

元將旦　　武德中？

《姓纂》卷四河南洛陽元氏："將旦，莒州刺史。"

雙子符　　貞觀初？

《姓纂》卷一東郡白馬縣雙氏："唐瀛、莒二州刺史雙子符。"

四〇　譚　州

武德二年於平陵置譚州，又置平陵縣，以章丘、亭山、營城、臨邑隸之。八年省營城入平陵，又領臨濟、鄒平。貞觀元年州廢，以平城、亭山、章丘、臨邑、臨濟屬齊州，鄒平隸淄州。

李義滿(李滿)　　武德二年—貞觀元年(619—627)

《舊書・李君球傳》："齊州平陵人也。父義滿，屬隋亂，糾合宗黨，保固村閭，外盜不敢侵逼，以功累授齊郡通守。武德初，遠申誠款，詔以其宅爲譚州，仍拜爲總管，封平陵郡公。”《新書·高祖紀》：武德五年三月“戊戌，譚州刺史李義滿殺齊州都督王薄”。按《通鑑·武德五年》作“潭州”；胡三省注云：“潭州”當作“譚州”。《元和郡縣志》卷一〇齊州全節縣：“本是隋末土人李滿率鄉人據堡贍以家財，武德二年歸國，於堡置譚州及平陵縣，以滿爲譚州總管。貞觀元年廢譚州，縣屬齊州。十七年燕亮構逆，滿及男君球固守。賊平，縣廢，有詔重置縣，改名全節，以旌其功焉。”又見《太平寰宇記》卷一九。

四一　鄒　州

武德元年以齊州之臨濟、鄒平、長山、高苑，滄州之蒲臺等縣置鄒州。八年廢鄒州，以長山、高苑、蒲臺隸淄州；以臨濟、鄒平屬譚州。

李士衡　　武德六年（623）

《通鑑·武德七年》：正月，“鄒州人鄧同穎殺刺史李士衡反”。胡三省注：“唐初以齊州之鄒平、長山置鄒州。”又見《新書·高祖紀》。

四二　濰　州

武德二年以北海、營丘、下密等縣置濰州，又置連水、平壽、華池、城都、東陽、寒水、訾亭、濰水、汶陽、膠東、華宛、昌安、城平十三縣；六年皆省。八年廢濰州，省營丘、下密入北海，以北海屬青州。

綦公順　　武德二年（619）

《通鑑·武德二年》：“詔以綦公順爲淮州總管。”胡三省注：“《新志》云，是年分青州之北海、營丘、下密置濰州，蓋以公順爲濰州總管。‘淮’當作‘濰’。”

四三 牟 州

武德四年以牟平、黃縣置牟州。八年廢牟州及牟平縣,以黃縣屬萊州。

王 操 約武德四年—八年(約621—625)

《芒洛四編》卷三《唐故處士王君(義)墓誌銘并序》(上元元年十一月二十五日):"祖操,牟州刺史。"王義高宗上元元年七月七日卒,年五十九。

河東道

四四　泰　州

武德元年於龍門縣置泰州，領龍門、萬泉、汾陰三縣。貞觀十七年廢泰州，以龍門、萬泉屬絳州，汾陰屬蒲州。

杜之松　　貞觀中

呂才《王無功文集序》："君諱績，字無功，太原祁人也。高祖晉陽穆公自南北歸，始家河汾焉……君遂去還龍門……貞觀中，京兆杜之松、清河崔公善繼爲本州刺史，皆請與君相見。"《新書·王績傳》："杜之松，故人也，爲刺史，請績講禮。"《唐詩紀事》卷四："之松，貞觀中爲河中刺史。"按龍門縣時屬泰州，杜之松當爲泰州刺史。

崔善爲　　貞觀中

呂才《王無功文集序》："君遂去還龍門……貞觀中，京兆杜之松、清河崔公善繼爲本州刺史，皆請與君相見。"按其時龍門屬泰州，崔善爲當是繼杜之松爲泰州刺史。《新書·王績傳》："著《五斗先生傳》。刺史崔喜悦之，請相見。""崔喜"，當爲"崔善爲"之訛奪。《舊書》本傳："貞觀初，拜陝州刺史……後歷大理、司農二卿，名爲稱職。坐與少府卿不協，出爲秦州刺史，卒，贈禮部尚書。"《新書》本傳略同。又見《元龜》卷一七二、《唐詩紀事》卷四。按善爲實爲泰州刺史，各典籍中之"秦州"當爲

“泰州”之訛。崔善爲與王績交遊，王績有《九月九日贈崔使君善爲》等詩，崔善爲亦有《答無功九日》、《答無功冬夜載酒鄉館》等詩。

【補遺】侯　某　　貞觀中

《隋唐五代墓誌匯編》陝西卷第三册《大唐故泰州諸軍事泰州刺史侯使君夫人竇氏墓誌》（貞觀十一年二月二十九日）：夫人貞觀六年卒，年八十，“第五子君集，兵部尚書，潞國公”。則侯君集之父侯某或貞觀中爲泰州刺史歟？

四五　虞　州

隋安邑郡。武德元年改爲虞州，領安邑、解、夏、桐鄉四縣。貞觀十七年廢虞州及桐鄉縣，以安邑、解縣屬蒲州，夏縣屬絳州。

韋義節　　武德元年（618）

《通鑑·武德元年》：九月，“虞州刺史韋義節攻隋河東通守堯君素，久不下，軍數不利；壬子，以工部尚書獨孤懷恩代之”。又見兩《唐書·獨孤懷恩傳》，《元龜》卷四五〇。

獨孤懷恩　　武德元年（618）

見上條。

鞏　寧　　武德五年（622）

《千唐誌·唐故東都留守都防禦都押衙兼都虞候張府君夫人河南鞏氏墓誌銘并序》（咸通二年十一月二日）：“其先張掖人也……隋國子學生寧……迨於皇朝，右可上柱國，封淮陽郡開國公，食邑二千户，至武德五年，拜虞州刺史，即夫人六代祖也。”夫人卒年七十。

長孫操　　武德中

《新書》本傳：“初，高祖辟署相國府金曹參軍。未幾，檢校虞州刺史。”《舊書》本傳未及。

獨孤義順　　武德中

《新表五下》獨孤氏:"義順,字偉悌,虞、杭、簡三州刺史。"按《毗陵集》卷一〇《潁川郡長史河南獨孤公(通理)靈表》稱:義順,武德中歷民部侍郎、尚書左丞、光禄大夫,封洛南郡公。《唐長安城郊隋唐墓·大周故朝議大夫行乾陵令上護軍公士獨孤府君(思貞)墓誌銘并序》(神功二年正月一日):"祖義順,唐右光禄大夫,太僕卿,涼州都督,虞、杭、簡三州刺史,上柱國,洛南郡公。"思貞卒萬歲通天二年,春秋五十六。

柏季纂　　貞觀中

《姓纂》卷一〇魏郡柏氏:"季纂,唐司農卿,汝、遂、宜、虞四州刺史,武陽公。"《元龜》卷八九九:"柏季纂爲司農卿,以年老屢乞骸骨,不許。久之,拜虞州刺史,又表自陳羸老,因聽以本禄歸於家。"

四六　吕　州

隋霍山郡。武德元年改曰吕州。領霍邑、趙城、汾西、靈石四縣。貞觀十七年州廢,以靈石隸汾州,霍邑、趙城、汾西屬晉州。

馮怦　　約貞觀十五年、十六年(約 641、642)

《千唐誌·大唐吏部將仕郎范陽盧府君妻馮氏墓誌銘》(貞觀十六年十一月二十日):"父怦,尚書兵部郎中,守吕州刺史。"馮氏貞觀十六年正月七日卒於吕州,年二十九。則怦是時當在吕州任。《金石録補》卷一三引《唐故處士馮公(懿)墓誌銘并序》稱:曾祖慈明,齊内史。祖怦,父塞,皆唐刺史。懿以景龍三年卒。按貞觀二十年在光禄少卿任,見《元龜》卷一六一。

四七　介　州

隋介休郡。武德元年改爲介州,領介休、平遥二縣。貞觀元年州廢。以介休、平遥屬汾州。

楊紹基　　武德中

上圖藏拓片《袁□仁墓誌銘并序》（上元三年正月二十二日）："夫人弘農楊氏，梁湘州刺史公則之五代孫，唐介州刺史、寧都公紹基之第二女也……以上元二年三月二十八日終於洛陽積德里第，春秋七十有六。"

四八　韓　　州

武德元年以襄垣、黎城、涉縣、銅鞮五縣置韓州，貞觀十七年州廢，縣皆屬潞州。

封同人　　武德九年（626）

《通鑑·武德九年》：九月"丁未，上引諸衛將卒習射於顯德殿庭……韓州刺史封同人詐乘驛馬入朝切諫"。又見《元龜》卷九九。《續高僧傳》卷二〇《唐潞州法住寺釋曇榮傳》："以隋末凌亂，人百從軍……嘗往韓州□鄉縣延聖寺立懺悔法，刺史風同仁素奉釋門……武德九年夏，於潞城交漳村立法行道。"按"風同仁"當即"封同人"之音訛。

四九　憲　　州

龍紀元年李克用表置憲州於嵐州樓煩監，領樓煩、玄池、天池三縣。

馬師素　　文德元年（888）

《宋高僧傳》卷二一《唐清凉山祕魔嚴常遇傳》："時屬河東武皇遙嚮真德，就山致信。迨文德元年夏四月，命憲州刺史馬師素傳意邀請。"

任　圖　　唐末

《全文》卷八四四《任圖小傳》："唐末依李克用，歷代、憲二郡刺史。莊宗承制,改潞州判官。"

<h2 style="text-align:center">五〇　武　州</h2>

設置年代不詳。按《新書·地理志三》河東道有武州,云:"(闕)。領縣一:文德。"

李仁宗　　大順元年(890)

《通鑑·大順元年》:九月,"李匡威攻蔚州……〔李〕克用以大軍繼其後,匡威、〔赫連〕鐸皆敗走。獲匡威之子武州刺史仁宗,及鐸之婿,俘斬萬計"。

河北道

五一 毛　州

武德五年割魏州之館陶、冠氏、堂邑，貝州之臨清、清水置毛州，并析臨清置沙丘縣。貞觀元年廢毛州，省沙丘、清水二縣，以堂邑屬博州，臨清屬貝州，館陶、冠氏屬魏州。

趙元愷　　*武德四年(621)*

《姓纂》卷七趙氏："元愷，唐長安令，毛州刺史。"《通鑑·武德四年》：十月，"毛州刺史趙元愷性嚴急，下不堪命。丁卯，州民董燈明等作亂，殺元愷以應劉黑闥"。又見《新書·高祖紀》。

五二 莘　州

武德五年割魏州之莘縣、臨黄、武陽，博州之武水置莘州。貞觀元年廢莘州，縣歸故屬。

孟　柱　　*武德五年(622)*

《通鑑·武德五年》：十二月"甲子，田留安擊劉黑闥，破之，獲其莘州刺史孟柱，降將卒六千人"。

<h1 style="text-align:center">五三　巖　州</h1>

武德二年以相州林慮縣置巖州。五年州廢，縣還相州。

王德仁　　武德元年(618)

《通鑑·武德元年》：八月，"初，朝廷以安陽令吕珉爲相州刺史，更以相州刺史王德仁爲巖州刺史。德仁由是怨憤。甲申，誘山東大使宇文明達入林慮山而殺之，叛歸王世充"。又見《新書·高祖紀》。

蕭釋庸　　武德中

《匋齋藏石記》卷二七《蕭俱興墓誌》："因高祖釋庸任巖州刺史，因官遂爲相州安陽人也。"俱興卒乾元二年四月十五日，春秋五十二。

<h1 style="text-align:center">五四　黎　州</h1>

武德二年於隋黎陽縣置黎州，設總管府。尋陷竇建德，四年平，復以黎陽、臨河、内黄、澶水置黎州。貞觀十七年廢黎州，省澶水。以黎陽屬衛州，内黄、臨河屬相州。

李　　勣(徐世勣)　　武德二年—四年(619—621)

《舊書·高祖紀》：武德二年閏月"己酉，李密舊將徐世勣以黎陽之衆及河南十郡降，授黎州總管，封曹國公，賜姓李氏"。《通鑑·武德四年》：十二月，"黎州總管李世勣先屯宗城，棄城走保洺州"。又見兩《唐書》本傳、《新書·高祖紀》、《劉黑闥傳》、《大唐新語》卷三、《元龜》卷一二六、卷一六四。《全文》卷一五高宗《大唐故司空太子太師上柱國英貞武公李公(勣)碑》："高祖乃詔公爲黎州總管、上柱國、萊國公，尋改青曹公，賜同國氏。"又卷一四一魏徵《唐故邢國公李密墓誌銘》稱："上柱國黎州總管曹國公徐世勣等表請收葬，有詔許焉。"

周　護　　貞觀初

　　昭陵博物館藏《周護碑》（許敬宗撰）：“太宗御極，遷左千牛將軍……出爲黎州刺史，歷徙黔□二府都督……十□年，又爲右武衛將軍。”顯慶二年卒，三年葬。又見《考古與文物》1983年第2期引。

沈　悦　　貞觀中

　　《隋唐五代墓誌匯編・洛陽卷》第七册《故朝散大夫洛州永寧縣令杜府君（謐）墓誌并序》（神功元年十月二十二日）：“夫人吳興縣君，唐故黎博二州刺史、將作監少匠沈悦第六女也。”夫人卒垂拱二年，春秋五十五。

五五　澶　州

　　武德四年析黎州之澶水，魏州之頓丘、觀城置澶州。貞觀元年廢澶州，縣還舊屬。大曆七年正月又於頓丘縣置澶州，領頓丘、清豐、觀城、臨黄四縣。

李庭弼　　約大曆中

　　《新表五下》范陽李氏：“庭弼，澶州刺史。”乃大和、開成間河東節度使李載義之祖父。

田季和　　貞元十二年（796）

　　《新表五下》田氏：“季和，澶州刺史。”《全文》卷六一五邱絳《常山郡王田緒神道碑》：“以貞元十有二年四月十日薨於戎府，享年六十有三……有子三人，長曰孝和，朝散大夫使持節澶州諸軍事澶州刺史兼御史中丞，充本州防禦使。”按次子季安、少子季直，則“孝和”疑爲“季和”之訛。《舊書・田緒傳》正作“季和”。

李歸仙　　元和十五年（820）

　　《全文》卷六四九元稹《李歸仙兼鎮州右司馬制》：“成德軍節度衙

前馬步都知兵馬使、檢校右散騎常侍、使持節澶州刺史兼御史大夫充本州防禦使李歸仙，去歲成德換帥之際，人皆效忠，惟爾職在轅門，位兼符竹，功實居最，議當甄升……可檢校右散騎常侍兼鎮州右司馬。”

田　群　　　長慶初

《白居易集》卷五二有《田群可起復守左金吾衛將軍員外置兼澶州刺史制》。兩《唐書》附《田布傳》，未及澶州刺史。

樂少寂　　　大中時？

《舊書·樂彦禎傳》：“父少寂，歷澶、博、貝三州刺史。”

樂彦禎（樂行達）　　　中和二年—三年（882—883）

《舊書》本傳：“下河陽，走諸葛爽，有功，遷澶州刺史。”《新書》本傳：“歷博州刺史，下河陽有功，遷澶州。魏人立之，詔檢校工部尚書。”《通鑑·中和三年》：二月，“大將澶州刺史樂行達先歸，據魏州，軍中共立行達爲留後，〔韓〕簡爲部下所殺。己未，以行達爲魏博留後”。

五六　磁州（惠州）

武德元年以相州之滏陽、臨水、成安三縣置磁州。四年割洺州之臨洺、武安、邯鄲、肥鄉來屬。六年置磁州總管府，其年廢。省臨水，以臨洺、武安、肥鄉三縣屬洺州。貞觀元年廢磁州，以滏陽、成安屬相州，以邯鄲屬洺州。永泰元年復以相州之滏陽、洺州之邯鄲、武安置磁州，又於故臨水縣城置昭義縣。天祐三年改磁州爲惠州。

薛　平　　　永泰元年—大曆八年（765—773）

《舊書》本傳：“年十二，爲磁州刺史。〔薛〕嵩卒，軍吏欲用河北故事，脅平知留後務，平偽許之，讓於叔父崿，一夕以喪歸。免喪，累授右衛將軍。”《新書》本傳略同。又見《元龜》卷三七三、卷七五六、卷八六六。按《舊書·文宗紀上》：大和四年三月，河中節度使薛平爲太子太保。又據《舊書》本傳，召拜太子太保，明年以司徒致仕，居一年卒，知卒於大和六年(832)。《新書》本傳稱，卒時年八十。則薛平十二歲時爲永泰元年(765)。又按薛嵩卒大曆八年正月。

霍榮國　　大曆十年(775)

《元龜》卷一二六："大曆十年五月乙未……魏州田承嗣部將霍榮國以磁州歸順。"

盧玄卿　　建中三年(782)

《通鑑·建中三年》：四月"甲戌，以昭義節度副使、磁州刺史盧玄卿爲洺州刺史兼魏博招討副使"。按《新表三上》盧氏："玄卿字子真，檢校左威衛上將軍、薊國公。"

馬正卿　　貞元十年(794)

《通鑑·貞元十年》：七月，"〔王〕虔休遣磁州刺史馬正卿督裨將石定蕃等將兵五千擊洺州"。《全詩》卷三八四張籍有《宿邯鄲館寄馬磁州》，當即馬正卿。

張　汶　　長慶二年(822)

《通鑑·長慶二年》：二月，"昭義監軍劉承偕恃恩，陵轢節度使劉悟……陰與磁州刺史張汶謀縛悟送闕下，以汶代之；悟知之，諷其軍士作亂，殺汶"。《全文》卷七五一杜牧《上李司徒相公論用兵書》："賊中大震，更一月日，田布不死，賊亦自潰。後一月，其軍大亂，殺大將磁州刺史張汶。"按《新書·賈直言傳》作"慈州刺史"，誤。

楊延宗　　開成中

《舊書·楊元卿傳》："子延宗，開成中爲磁州刺史。坐謀逐河陽節度使以自立，爲其黨所告，臺司推鞫得實，誅之。"《新書·楊元卿傳》同。又見《南部新書》壬。

王晏實　　會昌四年(844)

《通鑑·會昌四年》："〔二月〕丙辰，李德裕言於上曰：'王宰久應取澤州，今已遷延兩月……又宰生子晏實……晏實今爲磁州刺史，爲劉稹所質。宰之顧望不敢進，或爲此也。'"

安　玉　　會昌四年(844)

《舊書·武宗紀》：會昌四年七月，"王元逵奏邢州刺史裴問、別將高元武以城降。洺州刺史王釗、磁州刺史安玉以城降何弘敬。山東三州平"。《新書·武宗紀》略同。

劉　真(劉貞)　　會昌五年(845)

《唐詩紀事》卷四九："前磁州刺史廣平劉真，八十七。"有《九老會》詩。一作"劉貞"。《白居易集》卷三七作"慈州刺史"，未知孰是，姑兩存之。

畢　諴　　會昌末—大中初

《舊書》本傳："李德裕怒，出諴爲磁州刺史。宣宗即位，德裕得罪，凡被譴者皆徵還。諴入爲户部員外郎，分司東都。"按《新書》本傳作"慈州刺史"，未知孰是，姑兩存之。

袁奉韜(袁奉滔)　　光化元年(898)

《新書·羅弘信傳》："〔朱全忠〕復攻邢，馬師素自拔走；遂圍磁州；袁奉韜自殺。"又《昭宗紀》：光化元年五月"壬午，陷磁州，刺史袁奉韜死之"。《通鑑·光化元年》：五月"辛未，磁州刺史袁奉滔自到"。作"辛未"、"奉滔"，《舊五代史·梁太祖紀二》同。《元龜》卷一八七作"惠州刺史袁奉滔"。

五七　廉　州

義寧元年以藁城置鉅鹿郡，并析置柏肆、新豐、宜安。武德元年改爲廉州。其年陷竇建德。四年復置廉州。省柏肆、新豐、宜安入藁城，以趙州之鼓城、定州之毋極、冀州之鹿城隸之。貞觀元年廢廉州，以鹿城屬深州，鼓城、毋極隸定州，藁城隸恒州。

顏遊秦　　武德初

《舊書·顏師古傳》："師古叔父遊秦，武德初，累遷廉州刺史，封臨沂縣男。時劉黑闥初平，人多以強暴寡禮，風俗未安，遊秦撫恤境內，敬讓大行……高祖璽書勞勉之。俄拜郇州刺史，卒官。"《新書》本傳略同。又見《御覽》卷二五八、卷四六五，《唐詩紀事》卷五顏師古條。

五八　東鹽州

武德四年置東鹽州，以景州之清池、鹽山，并析鹽山置浮水縣以隸之。貞觀元年州廢，省浮水，以清池、鹽山屬滄州。

田　華　　武德四年—五年（621—622）

《新書·高祖紀》：武德五年正月"庚寅，東鹽州治中王才藝殺其刺史田華，叛附於劉黑闥"。《通鑑·武德五年》正月同。

五九　觀　州

武德四年以胡蘇、東光、冀州之阜城、蓨縣置觀州，并析東光置安陵縣，析蓨縣置觀津縣。六年以胡蘇隸滄州。貞觀元年省觀津，復以胡蘇隸觀州。十七年廢觀州。以弓高、東光、胡蘇屬滄州，蓨縣、安陵屬德州，阜城屬冀州。

雷德備　　武德四年（621）

《通鑑·武德四年》：十月"庚寅，劉黑闥陷瀛州，殺刺史盧士叡。觀州人執刺史雷德備，以城降之"。

劉君會(劉會)　　武德五年(622)

《新書·高祖紀》：武德五年十月"甲寅，觀州刺史劉君會叛附於劉黑闥"。《通鑑·武德五年》：十月甲寅，"觀州刺史劉會以城叛附黑闥"。作"劉會"，與《新書》異。

魏文博　　武德、貞觀間

《姓纂》卷八清河魏氏："文博，觀州刺史。"乃西魏開府儀同三司魏充之曾孫。

李孝恭　　貞觀十一年(637)

《舊書》本傳："貞觀初，遷禮部尚書，以功臣封河間郡王，除觀州刺史，與長孫無忌等代襲刺史。"《會要》卷四七："貞觀十一年六月十五日……趙郡王孝恭爲觀州刺史，改爲河間郡王。"《大詔令集》卷三八(《全文》卷一五〇)岑文本《册趙郡王孝恭改封河間郡王》稱："晉州刺史趙郡王孝恭……是用命爾爲使持節觀州諸軍事觀州刺史，改封河間郡王。"《全文》卷六太宗《功臣世襲刺史詔》略同。《舊書·長孫無忌傳》稱此爲貞觀十一年詔，《元龜》卷一二九稱此爲"貞觀十一年六月戊辰"詔。又見《元龜》卷二八一。

六〇　景　州

貞元五年析滄州之弓高、東光、臨津(胡蘇)置景州。長慶元年州廢，縣還屬滄州。二年復以弓高、東光、臨津、南皮、景城置景州。大和四年州又廢，縣還屬滄州。景福元年復以弓高、東光、安陵置景州。

徐　申(徐伸)　　貞元五年—十七年(789—801)

《新書》本傳："會初置景州，授刺史，賜錢五十萬，加節度副使。遷邕管經略使。"《通鑑·貞元五年》：二月戊戌，"〔程〕懷直請分弓高、景城爲景州，仍請朝廷除刺史……乃以員外郎徐伸爲景州刺史"。又見《新書·程懷直傳》,《全文》卷五〇二權德輿《金紫光禄大夫檢校禮部尚書使持節都督廣州諸軍事兼廣州刺史御史大夫徐公（申）墓誌銘并序》。《全文》卷六三九李翱《唐故金紫光禄大夫使持節都督廣州諸軍事兼廣州刺史充嶺南節度徐公（申）行狀》:"遷朝散郎使持節景州諸軍事景州刺史,充本州團練使,兼御史中丞,賜紫金魚袋,尋加節度副使……遷朝散大夫使持節都督邕州諸軍事守邕州刺史……是歲貞元十七年也。"

孫季賜　　貞元中?

《隋唐五代墓誌匯編·北京大學卷》第二册《唐橫海軍經略副使孫公墓誌銘并叙》（元和七年七月景寅）:"王父珹,祕書少監、檀州刺史。父季賜,侍御史、攝景州刺史。"孫公卒元和七年,年四十八。

宋　晶　　貞元中?

《隋唐五代墓誌匯編·北京卷·唐故前薊州刺史幽州節度押衙上柱國宋府君（再初）夫人蔡氏合袝墓誌銘并序》（大中十三年正月十五日）:"大父晶,守景州刺史。列考迪,守德州刺史。"再初卒大中十二年,年八十二。

李　黯　　元和中?

《新表五下》柳城李氏:"黯,景州刺史。"乃李光弼孫。

盧允奇　　景福二年(893)

北圖藏拓片《唐魏國太夫人劉氏墓誌銘并序》（景福二年八月七日）:"長適於范陽盧氏,即我司空也……以景福二年正月廿九日寢疾,薨於使宅,享年三十七。奉當年六月十日敕下追封,仍頒國號,其制詞曰:'……銀青光禄大夫、檢校工部尚書、使持節景州諸軍事守景州刺史兼御史大夫、上柱國盧允奇亡母彭城郡太夫人劉氏……可追封魏國太夫人。'"

劉仁霸 　　光化三年(900)

《新書·昭宗紀》:光化三年"十月丙辰,〔朱全忠〕陷景州,執刺史劉仁霸"。《通鑑·光化三年》十月同。

六一 祁 州

景福二年以定州無極、深澤二縣置祁州。

楊 約 　　光化三年(900)

《新書·昭宗紀》:光化三年十月"辛巳,〔朱全忠〕陷祁州,刺史楊約死之"。《通鑑·光化三年》同。《新書·王處存傳》:"光化三年,朱全忠使張存敬攻幽州……圍祁州,屠之,斬刺史楊約。"

待考録

楊 楚?

《唐代墓誌彙編·殘志三七·唐故定州義武軍……銀青光禄大夫檢校户部尚書右監門衛大將軍守祁州刺史兼御史大夫上柱(下泐)》:"府君諱楚,字夢巖,其先弘農人也。周宣王太子之後……伏遇相公,載委征戎(下泐)宸聰,奏授祁州刺史……享年五十一。"無卒年。

六二 涿 州

大曆四年割幽州之范陽、歸義、固安三縣置涿州,又析固安置新昌縣。大和六年以故督亢地置新城縣。

盧昌嗣 　　約大曆中

《全文》卷七五五杜牧《唐故范陽盧秀才(霈)墓誌》:"開成四年客遊代州,南歸,某月日於晉州霍邑縣界晝日盜殺之……曾祖昌嗣,涿州刺史。祖顗，易州長史。"

劉　怦　　建中三年—貞元元年(782—785)

《舊書》本傳："怦即朱滔姑之子，積軍功爲雄武軍使……稍遷涿州刺史。居數年，朱滔將兵討田承嗣，奏署怦領留府事。"《新書》本傳略同。又見《新書·朱滔傳》。《通鑑·建中三年》：四月，"涿州刺史劉怦聞滔欲救田悦，以書諫之"。又《貞元元年》：六月，"朱滔病死，將士奉前涿州刺史劉怦知軍事"。《舊書·德宗紀上》：貞元元年七月"壬子，以前涿州刺史、兼御史中丞劉怦爲幽州長史、御史大夫、幽州盧龍節度副大使，兼知節度管内度支營田觀察、押奚契丹經略盧龍等軍使"。又見《新書·德宗紀》，《元龜》卷一七六、卷六九一。

劉　滋　　約貞元二年(約786)

《全文》卷六三〇呂温《唐故金紫光禄大夫檢校兵部尚書使持節都督秦州諸軍事兼秦州刺史劉公(滋)神道碑銘》："太保既嬰危疾，侍中時鎮莫州……遂奏起公爲涿州刺史。未幾，轉領瀛州……丁越國夫人憂……自燕抵秦……德宗備禮勞迎……即日拜秦州刺史。"兩《唐書》本傳未及。按"太保"指劉怦，"侍中"指劉濟。劉怦貞元元年九月卒，劉濟嗣爲幽州節度。

劉　源　　貞元十六年前(800前)

《舊書·劉濟傳》："弟源……初，爲涿州刺史，不受兄教令，濟奏之，貶漠(莫)州參軍，復不受詔。濟帥師至涿州，源出兵拒之，未合而自潰。濟擒源至幽州。"《新書·德宗紀》：貞元十六年"八月，劉濟及其弟涿州刺史源戰於涿州，源敗，執之"。《通鑑·貞元十六年》略同。

張道晏　　約元和中

《唐文續拾》卷五盧從儉《唐汋王府諮議參軍張公(伻)墓誌銘并序》："大父瓓，皇龍岡節度邢洺觀察使；邢洺生道晏，皇左散騎常侍兼御史大夫涿州刺史……公即涿州第三子……以大和三年八月十一日終於沔王府諮議參軍，年四十四。"

陳　邕　　元和中？

《隋唐五代墓誌匯編·陝西卷》第四册《唐故銀青光禄大夫檢校太子賓客使持節寧州諸軍事守寧州刺史陳府君（諷）墓誌銘并序》（廣明元年二月十二日）："祖邕，皇任涿州刺史，贈工部尚書。父君儀，皇任延州刺史。"諷卒乾符六年，享年五十一。

張　皋　　長慶元年（821）

《元龜》卷一七七："穆宗長慶元年三月乙卯，以權知京兆尹盧士玖（玫）爲……瀛州刺史……時幽州節度使劉總娶涿州刺史張皋女，皋與士玖有内外之屬，故其瀛、莫二州爲廉察，以士玖上請，因而用之。"又見卷四四七。

周　璵　　會昌六年—大中二年（846—848）

《文物》1992年第9期《北京近年發現的幾座唐墓》附拓本《唐故平州刺史盧龍節度留後周府君（璵）墓誌銘并序》："會昌四年，相國、清河公授公嫣州刺史。居二歲，相國善其成績，以涿郡要衝，憑公静理，乃授涿州刺史、永泰軍營田團練等使……又二年，公以藝務益煩，辭之疾，故乃授平州刺史、盧龍節度留後、柳城軍等使。"

張仲至　　大中二年（848）

《全文》卷七八八李儉《銀青光禄大夫太子中允清河張公（仁憲）神道碑》："貞元初敕授銀青光禄大夫太子中允，四年薨……嗣子仲武……伯氏諱仲斌……季氏諱仲至，今涿州刺史。"《金石補正》卷七四録此文注"大中二年立"。

李匡實　　咸通中？

《隋唐五代墓誌匯編·北京卷》第二册《唐故嫣州刺史充清夷軍營田等使彭城劉公（鈐）墓誌銘并序》（文德元年五月壬寅）："夫人趙

郡李氏……即故涿州刺史兼御史中丞匡實之女。"

妻 某(常尚貞?) 乾寧四年(897)

《唐文續拾》卷七郭筠《蜀先主廟記》:"夫燕之南,第一州曰涿。涿之郡城雄峻……凡爲牧守,必假賢明。我太保彭城王蘊翼聖之沈機……乃命使持節涿州諸軍事守涿州刺史兼永泰軍營田等使諸縣鎮護鄉保勝攻討都指撝使檢校兵部尚書兼御史大夫上柱國婁公牧之……遂使鄉閭相慶,皆歌太守之恩……丁巳歲仲春月,因薦奠於蜀主。"按"丁巳歲"爲乾寧四年。又卷一〇闕名《蜀先主廟碑陰記》:"公本姓常,名尚貞……乾寧四年正月,自武州擢授涿州刺史(下空)公到任自其□□□因謂侍史曰:當州有何祠宇? 不至隳殘……時光化元年十二月廿五日謹記。"則似婁某即常尚貞。

待考録

陽德融

《房山雲居寺塔和石經》:"在唐代三百年間……幽州盧龍軍歷任節度使劉濟、劉總父子,楊志誠、史元忠、張允伸,涿州刺史陽德融、朱連、李載義、史再新,以及幽州、涿州、瀛州各縣佛徒的施助,先後刻了石經一百多部。"(《文物》1961年第4、第5期)

朱 連

見上條。

李載義

見上條。按《舊書》本傳:"繼爲幽州屬郡守……劉濟爲幽州節度使,見而偉之。"未及涿州刺史。

史再新

見上條。

淮南道

六三　谷　州

武德三年析樂安置宋安縣，置谷州。貞觀元年廢谷州，省宋安，併入光州樂安縣。

高表仁　　武德中

《舊書·高叡傳》："父表仁，谷州刺史。"叡聖曆初卒於趙州刺史任。

江南東道

六四 蔣州(揚州)

武德三年以江寧、溧水二縣置揚州,析置丹楊、溧陽、安業三縣,更江寧曰歸化,設東南道行臺。六年輔公祏反,據其地。七年公祏平,置行臺尚書省,改揚州爲蔣州。八年復爲揚州,置大都督府。又以延陵、句容隸之。省安業入歸化,更歸化爲金陵。九年揚州移治江都,州廢。更名金陵爲白下。以白下、延陵、句容隸潤州,丹楊、溧水、溧陽隸宣州。

杜伏威 武德三年(620)

《舊書》本傳:"宇文化及之反也,署爲歷陽太守,伏威不受……太宗之圍王世充,遣使招之,伏威請降。高祖遣使就拜東南道行臺尚書令、江淮以南安撫大使、上柱國,封吳王,賜姓李氏。"《新書》本傳略同。《通鑑·武德三年》:"六月壬辰,詔以和州總管、東南道行臺尚書令楚王杜伏威爲使持節總管江淮以南諸軍事、揚州刺史、東南道行臺尚書令、淮南道安撫使,進封吳王,賜姓李氏。以輔公祏爲行臺左僕射,封舒國公。"又見《大詔令集》卷六四,《元龜》卷一六四,《全文》卷二。

盧祖尚 武德七年(624)

《舊書》本傳:"武德六年,從趙郡王孝恭討輔公祏……賊平,以功授蔣州刺史。又歷壽州都督、瀛州刺史，並有能名。"《新書》本傳略同。又見《元龜》卷三五七、卷六七七。

李孝恭　　武德七年—八年（624—625）

《舊書》本傳："擒〔輔〕公祏及其僞僕射西門君儀等數十人，致於麾下，江南悉平……授東南道行臺尚書左僕射，後廢行臺，拜揚州大都督……尋徵拜宗正卿。"《新書》本傳略同。《通鑑·武德七年》：三月"己亥，以孝恭爲東南道行臺右僕射，李靖爲兵部尚書。頃之，廢行臺，以孝恭爲揚州大都督，靖爲府長史"。又見《元龜》卷二八一。

李神符　　武德八年—九年（625—626）

《通鑑·武德八年》：十二月，"以襄邑王神符檢校揚州大都督。始自丹楊徙州府及居民於江北"。

武士彠　　武德八年—九年（625—626）

《全文》卷二四九李嶠《攀龍臺碑》："武德三年，拜工部尚書……杜伏威初行僭逆，輔公祏繼以亂亡……遂紆時哲，以本官檢校揚州大都督府長史……九年，太宗以儲宮統事，乃徵帝入朝。"《元龜》卷六七一："武士彠，武德末判六尚書事……高祖令士彠馳驛檢校揚州都督府長史。"又卷六九〇："武士彠武德末爲揚州大都督府長史，移丹陽郡於〔江〕都，不日而就，時論以爲明幹。"又見卷三四五、卷六七七。兩《唐書》本傳未及。

六五　昇州（江寧郡）

至德二載以潤州之江寧、句容，宣州之當涂、溧水置江寧郡。乾元元年改爲昇州。上元二年州廢，縣還故屬。光啓三年復以上元、句容、溧水、溧陽四縣置昇州。

韋黃裳　　乾元元年(758)

《姓纂》卷二京兆杜陵東眷韋氏："黃裳，昇州刺史，兼中丞、採訪使。"《新表四上》韋氏逍遙公房同。《通鑑・乾元元年》：二月"甲辰，置浙江西道節度使，領蘇、潤等十州，以昇州刺史韋黃裳爲之"。《中興間氣集》卷上皇甫冉《獨孤中丞筵陪餞韋使君赴昇州》，此韋使君，即韋黃裳。獨孤中丞，謂獨孤峻。按獨孤峻乾元元年代李希言爲越州刺史。韋黃裳赴任昇州當即在此年。《舊書・肅宗紀》：乾元元年十二月"甲辰，以昇州刺史韋黃裳爲蘇州刺史、浙西節度使"。則是年末黃裳即遷蘇州。《新書・方鎮表五》：乾元元年，"置浙江西道節度兼江寧軍使，領昇、潤、宣、歙、饒、江、蘇、常、杭、湖十州，治昇州，尋徙治蘇州。未幾，罷領宣、歙、饒三州，副使兼餘杭軍使，治杭州"。

顏真卿　　乾元二年(759)

《舊書・肅宗紀》：乾元二年六月，"以饒州刺史顏真卿爲昇州刺史，充浙江西道節度使"。又本傳："爲御史唐旻所構，貶饒州刺史。旋拜昇州刺史、浙江西道節度使，徵爲刑部尚書。"《全文》卷三三六顏真卿有《謝浙西節度使表》。又《乞御書天下放生池碑額表》稱"臣去年冬任昇州刺史"。《全文》卷五一四殷亮《顏魯公行狀》："乾元二年六月，拜昇州刺史充浙江西道節度使兼宋亳都防禦使……肅宗詔追，未至京，拜刑部侍郎。"《寶刻叢編》卷一四引《集古錄目》有《唐放生池碑》，"唐昇州刺史浙西節度使顏真卿撰并書"。《金石萃編》卷一○○顏真卿《有唐茅山元靖先生廣陵李君(含光)碑銘并序》："真卿乾元二年以昇州刺史充浙江西節度。"

侯令儀　　上元元年(760)

《舊書・肅宗紀》：乾元三年正月，"以杭州刺史侯令儀爲昇州刺史，充浙江西道節度兼江寧軍使"。《姓纂》卷五上谷侯氏："令儀，生昇、潤州刺史。"按"生"字衍。《通鑑・上元元年》：十一月"甲午，〔劉〕展陷潤州，昇州軍士萬五千人謀應展，攻金陵城，侯令儀懼，以後事授兵馬使姜昌群，棄城走"。

姜昌群　　上元元年（760）

《通鑑·上元元年》：十一月"丙申，〔劉〕展陷昇州，以宗犀爲潤州司馬、丹楊軍使；使〔姜〕昌群領昇州，以從子伯瑛佐之"。

王忠臣　　上元二年（761）

《李太白全集》卷一〇有《贈昇州王使君忠臣》詩，當是上元二年李白暮年從軍至金陵時作。

魏廣業　　肅宗時

《新表二中》魏氏："廣業，昇州刺史。"乃玄宗時御史大夫魏方進之弟。

柳　奕　　肅宗時

《姓纂》卷七河東解縣柳氏："奕，昇州刺史。"《新表三上》柳氏同。按《元龜》卷三三：天寶十載有太子中允柳奕。

裴　某?　　肅宗時?

《全詩》卷二三七錢起有《江寧春夜裴使君席送蕭員外》。

張　雄　　大順元年—景福二年（890—893）

《通鑑·大順元年》："是歲，置昇州於上元縣，以張雄爲刺史。"又見《新書》本傳。《新書·昭宗紀》：景福二年八月"庚子，昇州刺史張雄卒"。

馮弘鐸　　景福二年—天復二年（893—902）

《新書·昭宗紀》：景福二年八月"庚子，昇州刺史張雄卒，其將馮弘鐸自稱刺史"。九月，"昇州刺史馮弘鐸叛附於楊行密"。按《通鑑·景福二年》：七月，"昇州刺史張雄卒，馮弘鐸代之爲刺史"。《考異》曰："《新紀》八月庚子，蓋約奏到之日。今從《十國紀年》。"《新書·張雄傳》："〔馮〕弘鐸代爲刺史……天復二年……大將馮暉等勸

弘鐸悉軍南嚮,聲言討鍾傳,實襲〔田〕頵……頵逆擊於曷山,弘鐸大
敗,收殘士欲入海。〔楊〕行密懼復振,遣人迎犒東塘……遂以歸,表
爲淮南節度副使。"《通鑑考異》:"《吳録·馮弘鐸傳》:'大順元年,復
以上元爲昇州,命弘鐸爲刺史。'按是時〔張〕雄尚存,今從《〔張〕雄
傳》。"《九國志》本傳誤同。

李神福　　天復二年—三年(902—903)

《通鑑·天復二年》:六月,"〔楊〕行密以李神福爲昇州刺史"。
《天復三年》:正月,"楊行密承制……以昇州刺史李神福爲淮南行軍
司馬、鄂岳行營招討使"。又《天復三年》:九月,"田頵襲昇州,得李神
福妻子,善遇之。神福自鄂州東下"。又見《九國志》本傳,《新五代
史·楊行密傳》。

秦　裴　　天復三年—天祐三年(903—906)

《十國春秋·吳太祖世家》:天復三年十一月,"王以秦裴爲昇州
刺史"。《通鑑·天祐三年》:五月,"楊渥以昇州刺史秦裴爲西南行營
都招討使,將兵擊鍾匡時於江西。"又見《九國志》本傳。

六六　茅　州

隋末,沈法興割曲阿縣地置金山縣。隋亡,沈法興又置琅邪縣,
李子通以琅邪置茅州,以金山縣隸之。平李子通,因之。又以句容縣
隸之。武德七年州廢。省金山(垂拱四年復置金壇縣)入延陵,以句
容、延陵屬蔣州。

謝元超　　武德二年(619)

《新書·地理志五》潤州金壇縣注:"東南三十里有南、北謝塘,武
德二年,刺史謝元超因故塘復置以溉田。"《太平寰宇記》卷八九潤州
金壇縣稱:"高湖在縣北一十二里……武德二年本州刺史劉元超重修
復,因以爲名焉。"作"劉元超",疑爲"謝元超"之誤。

<h1 style="text-align:center">六七　簡州（雲州）</h1>

武德二年以曲阿縣置雲州。五年改爲簡州。八年州廢，縣屬潤州。

崔　順　　武德五年—八年（622—625）

《會要》卷七一："曲阿縣，武德二年六月置雲州，五年四月改爲簡州，以崔順爲刺史。八年四月，州廢，屬潤州。"北圖藏拓片《大唐故崔夫人墓誌銘》："曾祖諱順，使持節松、渝、□、簡、平、湖等六郡太守，左散騎常侍，襲武康公。"按《新表二下》博陵安平崔氏第二房："順，湖州刺史。"乃隋淅州刺史崔曠之子。

<h1 style="text-align:center">六八　東武州（安州、武州）</h1>

武德初，李子通於武康縣置安州，又曰武州。武德四年平子通，因之。七年州廢，縣隸湖州。

薛士通　　武德四年—七年（621—624）

《舊書·薛登傳》："薛登本名謙光，常州義興人也。父士通，大業中爲鷹揚郎將。江都之亂，士通與鄉人聞人遒安等同據本郡，以禦寇賊。武德二年，遣使歸國，高祖嘉之，降璽書勞勉，拜東武州刺史。俄而輔公祏於江都構逆，遣其將西門君儀等寇常州，士通率兵拒戰，大破之，君儀等僅以身免。及公祏平，累功封臨汾侯。貞觀初，歷遷泉州刺史，卒。"《新書·薛登傳》略同。又見《咸淳毗陵志》卷一六，《續高僧傳》卷一九《唐南武州沙門釋智周傳》："武德五年七月五日遘疾終於大萊城南武州刺史薛仕通舍。"按"東武州"、"南武州"當皆指武德間於湖州武康縣所置之"武州"。

六九　麗　州

武德四年以永康置麗州,又分置縉雲縣。八年廢麗州及縉雲縣,以永康屬婺州。

閭丘胤　　武德中

《續高僧傳》卷二〇《丹陽沙門釋智嚴傳》:"武德四年,從〔張〕鎮州南定淮海……遂棄入舒州皖公山……昔同軍戎有睦州刺史嚴撰、衢州刺史張綽、麗州刺史閭丘胤、威州刺史李詢,聞嚴出家在山修道,乃尋之……貞觀十七年,還歸建業,依山結草,性度果決。"

七〇　信　州

乾元元年割衢州之常山、玉山,饒州之弋陽,建州之三鄉,撫州之一鄉,置信州。領上饒、弋陽、貴溪、常山四縣。

楊光翼　　乾元元年(758)

《光緒江西通志》卷八《職官表》:"楊光翼……信州刺史,乾元元年任。"

鄧承緒　　約肅宗時

《全文》卷三九七鄧承緒小傳:"開元中九經擢第,釋褐京兆府參軍,充虢王府判官,拜兵部員外郎,出爲信州刺史。"

裴　倩　　約大曆初

《全文》卷五〇〇權德輿《尚書度支郎中贈尚書左僕射正平節公裴公(倩)神道碑銘并序》:"歷信、饒二州刺史,復徵爲度支郎中……大曆七年秋七月考終命於長安。"《新書・裴光庭傳》:子積,積子倩,"字容卿,歷信州刺史"。《光緒江西通志》謂乾元中任,疑非。

蕭　定　　約大曆初

《舊書》本傳：“爲元載所擠，出爲祕書少監兼袁州刺史，歷信、湖、宋、睦、潤五州刺史，所涖有政聲。”又見《元龜》卷六八四。《嘉泰吳興志》卷一四郡守題名：“蕭定，永泰二年自信州刺史授；遷宋州刺史。《統記》云：蕭定，大曆六年宋州刺史授；遷蘇州、袁、潤等六州刺史。”

齊　翺　　約大曆中

《新表五下》齊氏：“翺，信州刺史。”乃齊澣之子。《全文》卷三七六任華《西方變畫讚》：“前殿中侍御史蔣鍊……侍御女弟……次前信州刺史高陽齊翺妻。”

韋　某　　大曆中？

《全詩》卷二八〇盧綸《送内弟韋宗仁歸信州觀省》：“聞説江樓長卷幔，幾回風起望胡威。”按胡威省父（荆州刺史胡質）問絹典故，見《三國志·胡質傳》裴松之注引《晉陽秋》，證知韋宗仁之父爲信州刺史。又卷二三九錢起《送韋信愛子歸覲》：“才子學詩趨露冕”，按郭賀爲荆州刺史，有殊政，明帝賜三公服，敕行部去襜，露冕使百姓見之，以彰有德。用此典故，則韋某亦當爲刺史，友人蔣寅疑“信”下奪“州”字，是。竊疑此韋信〔州〕當即韋宗仁之父，“歸覲”之“愛子”疑即韋宗仁，錢起詩與盧綸詩疑爲同時之作。詩同爲七律，用同韻。

陸長源　　興元元年（784）

《舊書》本傳：“乾元中，陷河北諸賊，因爲昭義軍節度薛嵩從事，久之，歷建、信二州刺史。浙西節度韓滉兼領江淮轉運，奏長源檢校郎中、兼中丞，充轉運副使。”《新書》本傳略同。《全文》卷六三六李翺《賀行軍陸大夫書》：“昔閣下爲建州刺史，人足食與衣……其爲信州，猶建州也；其爲汝州，猶信州也。”又《全詩》卷八一七皎然《奉和陸使君長源夏月遊太湖》：“南郡思破竹。”注：“公時改授信州。”

孫　成　　貞元初

《舊書》本傳:"歷倉部郎中、京兆少尹。出爲信州刺史,有惠政……轉蘇州刺史。貞元四年,改桂州刺史、桂管觀察使。五年卒。"《新書》本傳略同。《元龜》卷八二〇:"孫成,貞元初爲信州刺史,信州吏人上表請立碑陳其殊績。"《千唐誌・唐故中大夫守桂州刺史兼御史中丞充桂州本管都防禦經略招討觀察處置等使上柱國樂安縣開國男孫府君(成)墓誌銘并序》(貞元六年五月七日):"遷京兆少尹……及放受禮,出爲信州刺史……遂遷蘇州刺史……數歲積勞,除桂州刺史兼御史中丞充本管都防禦經略招討觀察等使。"貞元五年卒,春秋五十三。又見《唐故汝州司馬孫府君(審象)墓誌銘并叙》(會昌元年十二月七日),《全文》卷五一八梁蕭《賀蘇常二孫使君鄰郡詩序》、又卷四八九權德輿《比部郎中崔君元翰集序》。

姚　欽　　貞元元年—二年(785—786)

《輿地紀勝》卷二一《江南東路・信州・人物門》:"唐太子文學陸鴻漸居於茶山,刺史姚欽多枉駕。"按陸鴻漸約貞元元年至二年至信州。友人蔣寅謂姚欽當爲蕭公瑜前任。

蕭公瑜　　貞元二年—三年(786—787)

《文苑英華》卷七一六權德輿《蕭侍御喜陸太祝自信州移居洪州玉芝觀詩序》:"太祝陸君鴻漸……嘗考一畝之宮於上饒,時江西上介殿中蕭侍御公瑜權領是邦,相得歡其。會連帥大司憲李公入覲於王,蕭君領廉察留府,太祝亦不遠而至。"證知蕭公瑜原權領信州,後因江西觀察使李兼(時兼御史大夫)入朝,蕭公瑜纔至洪州主留後事。據蔣寅考證,此序作於貞元三年正月(見《文史》28輯)。則蕭公瑜爲盧徵前任。

盧　徵　　約貞元三年、四年(約787、788)

《舊書》本傳:"永泰中,江淮轉運使劉晏辟爲從事……晏得罪,貶珍州司户。元琇亦晏之門人,興元中爲户部侍郎、判度支,薦徵爲京

兆司録、度支員外。琇得罪，坐貶爲信州長史，遷信州刺史。入爲右
司郎中，驟遷給事中。”《新書》本傳：“琇得罪，貶秀州長史”，誤。
《光緒江西通志》謂興元中任。按元琇興元元年爲户部侍郎判度
支，貞元二年正月判諸道鹽鐵榷酒，得罪貶官在貞元二年十二月，
見《舊紀》。

劉太真　　貞元五年—六年(789—790)

《舊書》本傳：“貞元五年，貶信州刺史，到州尋卒。”又《德宗紀
下》：貞元五年三月，“貶禮部侍郎劉太真爲信州刺史”。《元龜》卷六
五一同。《太平寰宇記》卷一〇七信州上饒縣：“靈石山，先無廟貌，自
貞元六年禮部侍郎劉太真典郡，其年亢旱禱雨足，因出俸錢立廟。”
《全文》卷五二八顧況有《信州刺史劉府君集序》。又卷五三八裴度
《劉府君(太真)神道碑銘并序》：“出爲信州刺史……移疾去郡。”貞元
八年三月八日卒，年六十八。又卷七一五韋處厚《興福寺内道場供奉
大德大義禪師碑銘》，《唐國史補》卷中《行狀比桓文》，《唐語林》卷六。
《寶刻叢編》卷一五引《諸道石刻録》有《唐禮部侍郎信州刺史劉太真
碑》，唐裴度撰，蔣潼正書，在溧水縣。

鄭叔則　　貞元七年(791)

《舊書·德宗紀下》：貞元七年七月，“以信州刺史鄭叔則爲福建
觀察使”。《淳熙三山志》卷二一郡守：“鄭叔則，貞元七年自信州刺史
移爲福建觀察使。”《全文》卷七八四穆員《福建觀察使鄭公(叔則)墓
誌銘》：“旋以非罪拜信州刺史，居數月，又有四嶽十二牧之換。”

孫公器　　約貞元八年—九年(約792—793)

《舊書·孫逖傳》：逖子宿，“宿子公器，官至信州刺史、邕管經略
使”。又《德宗紀下》：貞元九年七月，“以信州刺史孫公器爲邕管經略
使”。《隋唐五代墓誌匯編·洛陽卷》第十三册《孫簡墓誌》(寶曆二年
十一月二十六日)：“烈考諱器……後爲濠、信二州刺史，邕管經略使
兼御史中丞。”

李　充　　貞元十一年(795)

《新書·宗室世系表上》蜀王房："信州刺史充。"《舊書·德宗紀下》：貞元十一年四月，"貶京兆尹李充信州長史"。作"長史"，未知孰是。《通鑑·貞元十一年》作"涪州長史"，岑仲勉《唐史餘瀋》"舊紀貞元中兩李元"條已辨其非。

姚　驥　　貞元十二年(796)

《會要》卷五九："貞元十二年五月，信州刺史姚驥舉奏員外司馬盧南史贓犯。"《元龜》卷一〇〇同。又見《舊書·趙涓傳》。《全詩》卷二七六盧綸有《送信州姚使君》，當即姚驥。

李　佃　　貞元中？

《新書·宗室世系表下》恒山愍王房："信州刺史佃。"乃貞觀初太子承乾之玄孫，宗正卿李粹之子。

陸　質　　貞元十九年(803)

《舊書》本傳："陳少遊鎮揚州，愛其才，辟爲從事。後薦於朝，拜左拾遺。轉太常博士，累遷左司郎中，坐細故，改國子博士，歷信、台二州刺史。順宗即位，質素與韋執誼善，由是徵爲給事中、皇太子侍讀，仍改賜名質。"《新書》本傳略同。按陸質貞元二十年爲台州刺史，見《唐文續拾》卷五吳顗《送最澄上人還日本國詩序》。其刺信當在貞元十九年。《全文》卷四九〇權德輿《韋賓客宅宴集詩序》有"信州陸君"，即指陸質。

李　岑　　約貞元、元和間

《新書·宗室世系表上》蔡王房："雅、信二州刺史岑。"按李岑貞元中爲明州刺史，見《全文》卷七二一胡的《大唐故太白禪師塔銘并序》。其刺信約在貞元、元和間。

李　位　　元和八年、九年(813、814)

《柳河東集》卷一〇《唐故邕管經略招討等使朝散大夫持節都督

邕州諸軍事守皆州刺史李公（位）墓誌銘并序》：“刺岳、信二州……降建州司馬。”又卷六《岳州聖安寺無姓和尚碑陰記》：“信州刺史李某（一本云：李公位）爲之傳。”《舊書·孔戣傳》：“〔元和〕九年，信州刺史李位爲州將韋岳讒譖於本使監軍高重謙，言位結聚術士，以圖不軌。”又見兩《唐書·薛存誠傳》，《新書·孔戣傳》。《會要》卷六〇作“元和八年”。《全文》卷六〇憲宗《貶李位建州司馬詔》：“信州刺史李位心希祕術，迹狎匪人……可守建州司馬。”《元龜》卷一五三同。

崔　穎　元和中？

《新表二下》博陵安平第二房崔氏：“穎，信州刺史。”其三從兄弟頠，元和中爲同州刺史。

李　虞　長慶中？

《因話録》卷三：“廣平程子齊昔範……李太師逢吉在相位，見其書，特薦拜左拾遺……與堂舅李信州虞，相知最深，交契至厚，有裴公夷直，皆士林之望也。”又見《唐語林》卷三。按李逢吉長慶二年至寶曆二年在相位。

龐　嚴　長慶四年（824）

《舊書·敬宗紀》：長慶四年二月，“貶龐嚴爲信州刺史”。《通鑑·長慶四年》同。又見《舊書·于休烈傳》，《新書·于志寧傳》。《重修承旨學士壁記》：“龐嚴，長慶二年三月二日自左拾遺充……四年二月六日貶信州刺史。”

竇　庠　寶曆元年（825）

《舊書》本傳：“〔韓〕皋移鎮浙西，奏庠爲節度副使、殿中侍御史，遷澤州刺史……歷信、婺二州刺史。卒年六十三。”《新表一下》竇氏平陵房：“庠字胄卿，漳、登、信、婺四州刺史。”《全文》卷七六一褚藏言《竇庠傳》：“昌黎公留守東都，又奏授公爲汝州防禦判官……後遷信州刺史，三載，轉婺州，亦既二載，遘疾告終於東陽之官舍。”

薛　某　　文宗時？

《全詩》卷五○九顧非熊《送信州盧員外兼寄薛員外》："五馬弋陽行，分憂出禁城……疲甿復何幸，前政已殘聲。"

盧　某　　文宗時？

見上條。

任如愚　　約大中五年（約851）

《全文》卷七四九杜牧有《薛淙除鄧州任如愚除信州虞藏玘除邛州刺史等制》。

陸　紹(陸繪)　　約大中六年（約852）

《全文》卷七四九杜牧有《陸紹除信州刺史封載除遂州刺史等制》："申州刺史上柱國賜紫金魚袋陸紹等……可依前件。"按《新表三下》陸氏："繪，信州刺史。""紹，潁州刺史。"皆福建觀察使陸庶之子，疑有誤。又按杜牧大中五年爲考功郎中知制誥。

高　某　　大中時？

《全詩》卷六五○方干《贈信州高員外》："拙塞命中違直道，仁慈風里駐扁舟。膚門若感深恩去，終殺微軀未足酬。"熊飛據詩意，謂此高員外應爲信州刺史。

韋德鄰　　咸通中？

《新表四上》韋氏平齊公房："德鄰，信州刺史。"乃大中時武昌軍節度使韋慇(慇)之子，懿宗時宰相韋保衡之兄。《續仙傳》卷上宋玄白："復南遊到信州，又逢大旱祈禱。有道士知玄白能致雨，州乃請之。遽作術飛釘城隍神雙目。刺史韋德璘(鄰)懌其貯婦女，復釘城隍，此妖狂也，將加責辱。"又見《雲笈七籤》卷一一三下引《續仙傳》、《歷世真仙體道通鑑》卷三六宋玄白。《廣記》卷四七引作"撫州"，誤。唯"璘"正作"鄰"。

杜宗之　　咸通中？

《古今姓氏書辯證》卷二四襄陽杜氏："宗之，字有宗，信州刺史。"
乃杜佑之孫，師損之子。按《新表二上》襄陽杜氏："宗之，夏州司法參
軍"，以爲杜佑曾孫，師損之孫，杜羔之子。

張　某　　乾符中？

《全詩》卷八三五貫休有《寄信州張使君》。

陳全裕　　光啓中

《廣記》卷五二引《續仙傳》："薛朗、劉浩亂，〔周〕寶南奔杭州，而
寶總戎爲政，刑殺無辜。前上饒牧陳全裕經其境，構之以禍，盡赤其
族……後爲無辜及全裕作厲，一旦忽殂。"按薛朗、劉浩逐周寶乃光啓
三年事，見《舊書·僖宗紀》。

劉　汾　　光啓中？

《全文》卷七九三劉汾《大赦庵記》："巢禍既滅，汾再戰再克，十無
一失，蒙詔鎮守饒、信二州。"

危仔昌　　乾寧元年—天祐四年(894—907)

《全文》卷九二〇澄玉《疏山白雲禪院記》："乾寧甲寅歲春，乃有
上饒郡太守汝南危公(曰昌)，公即臨川刺史之季子也。"《吳越備史》
卷一《武肅王》：天祐四年，"十二月，淮人攻信州，刺史危仔昌來求救
於我，王遣師援之。"又見《十國春秋·吳烈祖世家》。《通鑑·開平元
年》：十二月，"淮南兵攻信州，刺史危仔昌求救於吳越"。按"乾寧甲
寅"爲乾寧元年。

待考録

蕭　遇

《廣記》卷三三八引《通幽記》："信州刺史蕭遇少孤，不知母墓數

十年，將改葬，舊塋在都。既至，啓，乃誤開盧會昌墓。"按《新表一下》蕭氏齊梁房："遇，國子司業。"乃肅宗時宰相蕭華之姪。未知是否同人。

江南西道

七一 池 州

武德四年以宣州之秋浦、南陵二縣置池州。貞觀元年州廢,縣還隸宣州。永泰元年復析宣州之秋浦、青陽,饒州之至德置池州。并析青陽、秋浦置石埭縣。

蘇 亶 武德中

《全文》卷二三八盧藏用《太子少傅蘇瓌神道碑》:"烈考祕書丞、池台二州刺史贈岐州刺史諱亶。"蘇瓌卒景雲元年十一月,春秋七十二。按《全文》卷九太宗《册蘇亶女爲皇太子妃詔》稱:祕書丞蘇亶。

李 芃 永泰元年—大曆二年(765—767)

《舊書》本傳:"時宣、饒二州人方清、陳莊聚衆據山洞,西絶江路,劫商旅以爲亂。芃乃請於秋浦置州,守其要地,以破其謀。李勉然其計,以聞,代宗嘉之,以宣州之秋浦、青陽,饒州之至德置池州焉。芃攝行州事。無幾,乃兼侍御史。居無何,魏少遊代勉爲使,復署奏檢校虞部員外郎,賜金紫,爲都團練副使。頃之攝江州刺史。"《新書》本傳略同。又見《元龜》卷七二一。《全文》卷八二九竇潏《池州重建大廳壁記》:"自永泰至乾符戊戌,是城也,以李僕射爲祖。"按大曆二年魏少遊代李勉爲江西觀察使。

柳子華　　大曆前期

《姓纂》卷七河東解縣柳氏：“子華，池州刺史。”《舊書·柳公綽傳》：“公綽伯父子華，永泰初，爲嚴武西蜀判官，奏爲成都令。累遷池州刺史，入爲昭應令。”《新書》本傳略同。《全文》卷四一三常袞《授柳子華昭應縣令制》稱：“朝議郎前守池州刺史上柱國賜緋魚袋柳子華……可守京兆府昭應縣令。”

賈　恒　　約大曆前期

《新表五下》賈氏：“恒，司門員外郎、池州刺史。”乃武后時滑州刺史賈敬言孫。按《全詩》卷一三五綦毋潛有《送賈恒明府兼溫張二司户》。知玄宗時賈恒已仕至縣令，則其刺池州約在大曆前期。

程　某　　約大曆中

《全詩》卷一四七劉長卿有《鄂渚送池州程使君》。按劉長卿曾任鄂岳轉運留後，此詩當作於此任內。據傅璇琮《劉長卿事迹考辨》，劉長卿約在大曆五年至八年任此職。

蕭　復　　大曆十年(775)

《新書》本傳：“乃歷歙、池二州刺史，治狀應條。遷湖南觀察使。”又見《元龜》卷六七七。《舊書》本傳未及。《全文》卷七五三杜牧《池州重起蕭丞相樓記》：“蕭丞相爲刺史時，樹樓於大廳西北隅……大曆十年乙卯建……丞相諱復，實相德宗皇帝焉。”

【鄭　羨　　大曆中（未之任）**】**

《舊書·鄭絪傳》：“父羨，池州刺史。”《新表五上》南祖鄭氏同。按其子絪，相德宗。《隋唐五代墓誌匯編·洛陽卷》第十四册《唐故范陽盧氏榮陽鄭夫人墓誌銘》（大中十二年五月十二日）：“曾祖諱羨，皇池州刺史，贈太尉……祖諱絪，皇太子太傅，贈太師……後爲嶺南節度使、同州刺史、東都留守。”按《小畜集》卷六《一品孫鄭昱》：“池州有清節，濫觴登洪源。”原注：“鄭羨，天寶末攜家遁于嵩少……大曆中，自尚書郎刺池州，不赴任，遂隱居嵩洛。生五子，綑最知名。羨累贈司空，綑自撰父碑，事迹甚詳。”則鄭羨實未赴任。

張　嚴　　建中初

《宋高僧傳》卷二〇《唐池州九華山化城寺地藏傳》：“建中初，張公嚴典是邦，仰藏之高風，因移舊額，奏置寺焉。”《全文》卷六九四費冠卿《九華山化成寺記》：“九華山古號九子山……建中初，張公嚴典是邦……奏置寺焉……元和癸巳歲……孟秋十五日記。”又卷六二二李冉《舉前池州刺史張嚴自代表》：“伏惟建中元年正月五日制，條諸州刺史授訖於四方館上表讓一人自代者，前池州刺史張嚴……張嚴在任三年……頃因公坐法……臣當州自定兩稅以來，距今四歲，戶口減省，差科日增……使嚴代處，必有成功。”

劉全白　　貞元六年—十年（790—794）

《嘉泰吳興志》卷一四郡守題名：“劉全白，貞元十年自池州刺史授；遷祕書監致仕。《統記》作七年。”《全詩》卷七八八顏真卿《登峴山觀李左相石尊聯句》有劉全白，注云：“評事，後爲膳部員外郎，守池州。”按《全文》卷六一九劉全白《唐故翰林學士李君碣記》稱：“貞元六年四月七日記。”疑是時全白以膳部員外郎爲池州刺史。

朱　灣　　貞元中？

《全詩》卷三〇六朱灣有《假攝池州留別東溪隱居》詩云：“一官仍是假，豈願數離群。”

李　遜　　約貞元二十年（約804）

《舊書》本傳：“辟襄陽掌書記，復從事於湖南主其留務，頗有聲績，累拜池、濠二州刺史。”又見《元龜》卷六七四。《新書·錢徽傳》：“王師討蔡，橄遣采石兵會戰……徽請召池州刺史李遜署副使，遜至而〔崔〕衍死。”按崔衍卒永貞元年。

韓　曄　　貞元二十一年(805)

《舊書・憲宗紀上》：貞元二十一年九月己卯，"司封郎中韓曄貶池州刺史"。十一月"己卯，再貶……池州刺史韓曄饒州司馬"。又見《舊書・王叔文傳》，《通鑑・永貞元年》，《元龜》卷一五三、卷九四五。《全文》卷八二九寶滌《池州重建大廳壁記》："其基址始末，存韓刺史、裴晉公語中。"

齊　照(齊暭)　　元和八年(813)

《姓纂》卷三河間齊氏："照，倉部郎中、池州刺史。"《新表五下》瀛州齊氏同。勞格《郎官石柱題名考》卷一七疑即齊暭。按《輿地碑記目》卷一《池州碑記》云："《大廳壁記》，元和八年齊映爲守日建。""齊映"當爲"齊暭"之誤。

李　佋　　長慶中？

《新書・宗室世系表上》大鄭王房："池州刺史佋。"其弟李程，相敬宗。

周　墀　　大和四年(830)

《會要》卷六八："大曆十二年五月一日敕：刺史有故及缺，使司不得差攝……昨者，宣州觀察使于敖所差周墀知池州，若據敕旨，便合奏剖。"大和四年八月御史臺奏。又見《唐文拾遺》卷五五引。按于敖大和二年爲宣歙觀察，四年八月卒於任。《全詩補逸》卷九張祜有《池州周員外出柘枝》。

封　敖　　約開成中

《唐詩紀事》卷五〇："〔封〕敖爲池州刺史，題《西隱寺》云。"《全詩》卷五六九李群玉有《池州封員外郡齋雙鶴丹頂霜翎仙態浮曠罷政之日因呈此章》。兩《唐書》本傳未及。按封敖會昌初由左司員外郎充翰林學士，知制誥，遷中書舍人，遷工部侍郎。會昌後不當再稱"員外"，李群玉詩稱封敖爲員外，當在會昌前。

李方玄　　會昌元年—四年（841—844）

《新書》本傳："裴誼奏署江西府判官……累爲池州刺史……終處州刺史。"《全文》卷七五五杜牧《唐故處州刺史李君（方玄）墓誌銘并序》："出爲池州刺史……凡四年，政之利病無不爲而去之……罷池，廉使韋公溫館於宣城，會昌五年四月某日卒於宣城客舍。"按韋溫會昌四年至五年爲宣歙觀察。又卷七五三杜牧《池州重起蕭丞相樓記》："會昌四年甲子……刺史李方元（玄）具材。"又卷七五一杜牧有《與池州李使君書》，又卷七五六杜牧《祭故處州李使君文》（會昌五年）稱："君刺池陽，我守黃岡。"《全詩》卷五二二杜牧有《池州李使君没後十一日處州新命始到後見歸妓感而成詩》，卷四九六姚合有《送李起居赴池州》，皆指李方玄。《唐詩紀事》卷六七："李昭象，字化文，池州刺史方玄子。"

杜　牧　　會昌四年—六年（844—846）

《舊書》本傳："出牧黃、池、睦三郡，復遷司勳員外郎、史館修撰，轉吏部員外郎。"《新書》本傳略同。《全文》卷七五五杜牧《唐故歙州刺史邢君（群，字涣思）墓誌銘并序》："會昌五年……牧守黃州歲滿，轉池州。"又卷七五三《池州重起蕭丞相樓記》："會昌四年甲子……刺史李方元（玄）具材，刺史杜牧命工……以會昌五年畢。"又卷七五五《唐故進士龔軺墓誌》："會昌五年十二月，某自秋浦守桐廬。"又見卷七五四《自撰墓銘》、卷七五六《祭故處州李使君文》、卷七五五《唐故宣州觀察使御史大夫韋公墓誌銘并序》，《廣記》卷二七三引《闕史》。繆荃孫輯本《集古録目》卷一〇："《杜牧題名》，牧爲池州刺史……張祜書，會昌五年刻，在池州。"（《輿地碑目》引）《嚴州圖經》卷一題名："杜牧，會昌六年十月□日自池州刺史拜。"《全詩》卷四五六曹汾有《早發靈芝望九華寄杜員外使君》，《全詩補逸》卷八張祜有《和池州杜員外題九峰樓》、《奉和池州杜員外南亭惜春》，卷九有《江上旅泊呈池州杜員外》，卷一〇有《題池州杜員外弄水新亭》。《全文》卷七九七皮日休《論白居易薦徐凝屈張祜》稱："杜牧之刺池州，祜且老矣。"

王傅之　　大中初?

《襄陽冢墓遺文・唐信州玉山縣令范陽盧府君（公則）墓誌銘并叙》（大中十三年十月十二日）：“大中十三年己卯歲夏四月癸巳七日終於襄陽故里……君前夫人太原王氏，膳部員外、池州刺史傅之之女。未逾一紀，夫人云亡。”

杜　愭　　大中七年（853）

《雲溪友議》卷下《雜嘲戲》：“池州杜少府愭、亳州韋中丞仕符，二君皆以長年精求釋道。”按《全詩》卷八七一張魯封有《譴池亳二州賓佐兼寄宣武軍掌書記李畫》，李畫有《戲酬張魯封》。張詩序云：“池州杜少府愭、亳州韋中丞仕符，二君皆以長年精求釋道。”李畫詩云：“秋浦亞卿顏叔子，譙郡中憲老桑門。”證知“杜少府愭”當爲少府少監杜愭，非縣尉杜愭。按李畫大中七年爲劉瑑宣武掌書記，見《匋齋藏石記》卷三四《李畫墓誌》。由此證知杜愭大中七年在池州刺史任。

衛　某　　咸通四年（863）

《全文》卷八一五顧雲《上池州衛郎中啓》：“伏以郎中含香望重，覆錦才高；輟自南宮，出臨偏郡。”按《新書・藝文志四》：“《集遺具録》十卷”，注：“顧雲，字垂象，池州人。”又按《全詩》卷六〇〇武瓘《九日衛使君筵上作》：“佳晨登賞喜還鄉，謝宇開筵晚興長……共賀安人豐樂歲，喜陪珠履侍銀章。”小傳：“武瓘，貴池人，登咸通進士第。”據《登科記考》卷二三，武瓘咸通四年登第。此詩當是登第後返鄉時作。證知衛某是年在任。

庾　崇　　約咸通十年（約869）

《全文》卷八一五顧雲有《上池州庾員外啓》；《全詩》卷六五四羅鄴有《獻池州庾員外》。按今人梁超然謂顧雲《上池州庾員外啓》作於未及第時，羅鄴《獻池州庾員外》亦作於咸通十三年前，故庾員外刺池約在咸通十年（《唐才子傳校箋・羅鄴》），從之。“庾員外”即庾崇。《郎官柱》主客員外有庾崇，在夏侯瞳、皇甫煒後，崔鋌、高錫望前。

盧　肇　　咸通中？

　　《全詩》卷五五一盧肇小傳：“咸通中，知歙州，移宣、池、吉三州，卒。”按盧肇咸通四年至七年在歙州刺史任。未嘗爲宣州，《全詩》誤。

李　寬　　咸通中？

　　《金華子》雜編卷上：“故池州李常侍寬，桂林大父，即常侍之兄。”《唐語林》卷七：“咸通中……盧符寶者，亦知名士也……池州李常侍寬，守江南數郡。皆請盧符寶爲判官。及守陵陽，信子弟之譖，疏不召……及池陽寇起，寬死。”《全詩》卷六九二杜荀鶴有《秋日山中寄池州李常侍》。

鄭　鎣　　乾符三年—五年（876—878）

　　《舊書·僖宗紀》：乾符三年“十一月，以司門員外郎鄭鎣爲池州刺史”。《全詩》卷六六二羅隱有《寄池州鄭員外》。熊飛云，羅隱詩云：“陵陽百姓將何福，社舞村歌又一年。”則鄭鎣刺池州顯然非止一年。詩中有“兩行高柳雨中烟”句，詩當寫於春社之日。杜荀鶴《下第寄池州鄭員外》（卷六九一）之鄭員外，亦應爲鄭鎣。詩云：“省出蓬蒿修謁初，蒙知曾不見生疏。侯門數處將書薦，帝里經年借宅居。”由此可知鄭鎣在池州修書薦杜荀鶴，應在乾符四年（因其三年冬十一月始至池州），杜在京中“借宅居”“經年”，回池州應在五年中。羅隱《寄池州鄭員外》，似應寫於乾符五年春社日。

竇　滔（竇聿）　　乾符末—中和二年（？—882）

　　《全文》卷八二九竇滔《池州重建大廳壁記》：“黃巢虐池之二年，滔自平原郡得此郡……自乾符至於中和癸卯歲，是城也，滔不敢讓勞……鑾輿幸蜀之四年冬，是年王師始克宮闕記。”按“中和癸卯”爲中和三年。又卷八六八沈顏《宣州重建小廳記》：“及兵部裴慶（虔）餘去任，竇常侍聿自池牧來臨。蒞事未幾，遂爲秦彥所據。”《唐詩紀事》卷六九羅隱：“廣明中，池守竇滔營墅居之。”又見《十國春秋·羅隱傳》。

趙　鍠　　光啓三年(887)

《舊書・秦彥傳》："光啓三年，揚州牙將畢師鐸囚其帥高駢，懼外寇來侵，乃迎彥爲帥。彥召池州刺史趙鍠知宣州事，自率衆入揚州。"又見《新書・高駢傳》，《通鑑・光啓三年》五月，《新五代史・楊行密傳》，《十國春秋・吳太祖世家》。

趙乾之　　文德元年(888)

《通鑑・文德元年》：八月，"〔楊行密〕遂圍宣州。〔趙〕鍠兄乾之自池州帥衆救宣州，行密使其將陶雅擊之於九華，破之。乾之奔江西，以雅爲池州制置使。"

陶　雅　　文德元年(888)

《九國志》本傳："文德初，從行密破趙鍠，授池州刺史。"

韓守威　　龍紀元年(889)

《新書・楊行密傳》："昭宗詔行密檢校司徒、宣歙池觀察使。時韓守威以功拜池州刺史，行密表徙湖州，以兵護送。而李師悅在湖州，與杭州刺史錢鏐戰不解。"

陶　雅　　景福中

《九國志》本傳："大順中，破孫儒軍於人頭山，儒平，授常州刺史，遷池州團練使。"《通鑑・景福二年》：八月，"時諸將爲刺史者多貪暴，獨池州團練使陶雅寬厚得民……〔楊〕行密即以雅爲歙州刺史。"又見《十國春秋》本傳、《吳太祖世家》。

李　滉　　乾寧中？

《新表二上》隴西李氏姑臧房："滉，字巨川，池州刺史。"乃咸通時涇原節度使弘甫子。

張　某　　昭宗時

《全詩》卷七〇七殷文圭有《贈池州張太守》。據小傳："殷文圭，池州人,乾寧中及第,爲裴謳宣諭判官,後事楊行密,終左千牛衞將軍。

陳　璋　　天祐三年(906)

《九國志》本傳:"天祐二年,〔楊〕行密遣陶雅平婺、睦,復授璋衢、婺州諸軍事,充都招討副使。會王茂章叛,雅棄其地,改璋池州團練使,署淮南節度副使。"

吕師造　　唐末?

《廣記》卷三六七引《稽神録》:"吕師造爲池州刺史,頗聚斂。"《十國春秋》本傳:"天祐初,復從周本援衢州刺史陳璋……未幾,充南面都統軍使,攻蘇州,無功,已又從周本南伐,敗苑攻於上高,遷池州團練使。"

待考録

崔行檢

《新表二下》博陵安平崔氏第二房:"行檢,字聖用,池州刺史。"乃陳留尉崔庶子。按《全詩詩逸》卷中有崔檢詩句,未知是否此人。

孫　愿

《唐詩紀事》卷八〇:"孫愿,唐貞元已後三代爲池陽刺史。"又見《全詩》卷七三二朱元《迎孫刺史》詩注。

七二　歙州(南徐州)

武德三年於宣州涇縣置南徐州,尋更名歙州,領涇、南陽、安吳三縣。八年廢歙州及南陽、安吳二縣,以涇縣屬宣州。

左難當　　武德四年—七年(621—624)

《元龜》卷三七三:"左難當,宣州人也。武德中爲柱國、歙(猷)、池、徽三州總管……〔輔〕公祏平,高祖嘉其忠效,拜宣州都督。"《太平寰宇記》卷一○五池州:"武德四年,猷州總管左難當奏於秋浦別置池州。"《通鑑·武德七年》:"二月,輔公祏遣兵圍猷州,刺史左難當嬰城自守。"又見兩《唐書·李大亮傳》,《元龜》卷三八四。

七三　南昌州(孫州)

武德五年以建昌縣置南昌州,又析置龍安、永修、新吳三縣。置總管府。以南昌縣置孫州。七年罷南昌州都督府。八年廢孫州、南昌州及南昌、永修、龍安、新吳,以建昌縣屬洪州。

王　戎　　武德五年—六年(622—623)

《舊書·林士弘傳》:"武德五年……王戎亦以南昌來降,拜爲南昌州刺史。戎於是召士弘藏之於宅,招誘舊兵,更謀作亂。其年,洪州總管張善安密知其事,發兵討之,會士弘死。部兵潰散,戎爲善安所虜。"《新書·林士弘傳》略同。按《新書·張善安傳》稱"善安掠孫州,執總管王戎"。《新書·高祖紀》:武德六年四月"辛酉,張善安陷孫州,執總管王戎"。《通鑑·武德六年》:四月,"張善安陷孫州,執總管王戎而去"。皆作"孫州"。

七四　靖州(米州、筠州)

武德五年以高安縣置靖州,又置望蔡、華陽二縣。七年改靖州爲米州,其年又改爲筠州。八年廢筠州,省華陽、望蔡二縣,以高安屬洪州。

應智育(應智頊)　　武德中

《古今姓氏書辯證》卷一七應氏:"唐靖州刺史應智育。"《雍正江西通志》卷四六秩官作"應智頊",云:武德間靖州刺史。

七五 浩 州

武德五年以江州彭澤縣置浩州，又分置都昌、樂城二縣。八年罷浩州，以彭澤、都昌屬江州，省樂城入彭澤。

薛大鼎　　武德五年—八年（622—625）

《新書》本傳：“趙郡王孝恭討輔公祏，以大鼎爲饒州道軍師，引兵度彭蠡湖，以功遷浩州刺史。累遷滄州。”又見《光緒江西通志》卷八《職官表》。《舊書》本傳未及。

七六 南平州

武德五年置南平州，領太和、永新、廣興、東昌四縣。八年廢南平州，省永新、廣興、東昌入太和縣，屬吉州。

劉乾宗　　武德五年—八年（622—625）

《太平寰宇記》卷一〇九吉州：“武德五年，江左平，復置吉州……又析太和縣置南平州。以州人劉乾宗爲刺史……八年，又廢南平州。”又見《光緒江西通志》卷八《職官表》。

山南東道

七七　温　州

武德四年以京山、富水二縣置温州。貞觀十七年州廢,縣入郢州。

許智仁　　武德中

《舊書·許紹傳》:“及蕭銑將董景珍以長沙來降,命紹率兵應之。以破銑功,拜其子智仁爲温州刺史,委以招慰。”《新書·許紹傳》略同。《舊書》本傳:“初,以父勳授温州刺史,封孝昌縣公。尋繼其父爲硤州刺史。”

獨孤義恭　　武德中

《全文》卷二七八劉待價《朝議郎行兖州都督府方與縣令上護軍獨孤府君(仁政)碑銘并序》:“祖義恭……唐秦王府倉曹參軍事,荆王府長史……温、汾、歸、婺四州諸軍事婺州刺史,上柱國,高平縣開國侯。”仁政卒景龍三年,春秋七十七。按《新表五下》獨孤氏有“義恭”,未署官職。乃隋淮州刺史子佳子,武德中虞、杭、簡三州刺史義順兄。又按温汾歸婺四州相距遥遠,疑當作“温汾歸婺四州諸軍事四州刺史”。

七八　淅　州

武德元年以内鄉縣置淅州。貞觀元年又以武當、鄖鄉二縣屬淅
州。八年廢淅州。以内鄉屬鄧州，以武當、鄖鄉二縣屬均州。

房　剷　　武德、貞觀間

《芒洛三編・大唐故翼城令饒陽男房府君（基）墓誌銘并序》：“父
剷，隨右衛將軍、禮部尚書、崇國公，皇朝朗、淅二州刺史，饒陽男。”
《新表一下》河南房氏：“剷，朗州刺史。”乃周平陽公巖之孫。

柳　某　　貞觀中

《柳河東集外集補遺・潞州兵曹柳君墓誌》：“曾祖諱某，淅州
刺史。”

孫　某　　貞觀中

《姓纂》卷四富陽孫氏：“齊有孫瑀明，臨川王常侍。曾孫□，唐淅
州刺史也。”

七九　遷　州

隋房陵郡。武德元年改爲遷州。領光遷、永清，又置受陽、淅川、
房陵，凡領五縣。五年廢淅川。七年又廢房陵、受陽二縣。貞觀十年
廢遷州，縣屬房州。

李敬昂　　武德五年（622）

《新書・高祖紀》：武德五年七月，“遷州人鄧士政反，執其刺史李
敬昂”。《通鑑・武德五年》同。

山南西道

八〇 潾 州

武德元年析潾水置潾山縣，以縣置潾州，又置鹽泉縣。又以渠州之潾水、墊江隸之。三年以潾水歸渠州。八年廢潾州，以墊江隸忠州，潾山屬渠州。

房仁裕　　*武德初*

《唐文續拾》卷二崔融《贈兵部尚書房忠公神道碑并序》："是以建德受縛，王充請降，（缺）擯徙，授公潾州刺史。及（缺）節襄襜，其理尤切……遷使持節都督澤道（缺）……遷邢州刺史。"

劍南道

八一　濛　州

武德三年以九隴、綿竹、導江三縣置濛州,貞觀二年州廢,縣皆屬益州。

梁　巇　　武德中

《芒洛四編·唐故黄岡縣令梁君(有意)墓誌銘并序》:"父巇,周任右侍伯中士,司服上士;隨符璽郎,符璽監,慈、博、懷三州長史,給事中;皇朝上柱國,濛、鄭二州刺史,安定郡開國公。"梁有意卒永徽三年十二月十九日,年六十六。

八二　沐　州

麟德二年爲招慰生獠,析嘉州置沐州及羅目縣。上元三年州縣俱廢。儀鳳三年重置羅目縣,屬嘉州。

臧　操　　麟德二年?(665?)

北圖藏拓片《大唐故中大夫守撫州刺史上柱國臧府君(崇亮)墓誌銘并序》(景龍三年十一月二十日):"祖操,入仕皇唐,累遷沐州刺史。屬西鄰有歸,知南風不競。預識黄星之應,遂荷彤雲之渥。父彦雄,右監門郎將、茂州都督。"崇亮卒景龍二年,享年七十九。

八三　乾　州

大曆三年開西山置乾州,領縣二:招武、寧遠。

李弘讓　　大中時?

《新書·宗室世系表下》惠莊太子房有"鳳、齊、乾、婺、安五州刺史弘讓",乃睿宗子、惠莊太子李撝玄孫。

八四　真州(昭德郡)

天寶五載分臨翼郡之昭德、雞川兩縣置昭德郡。乾元元年改爲真州。領縣三:真符、雞川、昭德。

待考錄

蘭火達

《姓纂》卷四河南蘭氏:"真州刺史火達。"

八五　霸州(靜戎郡)

天寶元年因招附生羌置靜戎郡。乾元元年改爲霸州。領縣四:安信、牙利、保寧、歸化。

董嘉俊　　天寶元年(742)

《太平寰宇記》卷八〇霸州:"唐天寶元年因招附生羌置靜戎郡,便以羌附酋董嘉俊爲刺史。"

董　振　　貞元十七年(801)

《舊書·韋皋傳》:貞元十七年,"皋乃令鎮靜軍使陳洎等統兵萬人出三奇路……維、保二州兵馬使仇冕，保、霸二州刺史董振等兵二千趨吐蕃維州城中”。又見《元龜》卷九八七。

八六　昌　州

乾元二年析資、瀘、普、合四州地置昌州。大曆六年州廢，其地各還故屬。十年復置。光啓元年徙治大足。領縣四：大足、静南、昌元、永州。

段　諤　　建中初

《全文》卷七〇八李德裕《丞相鄒平公新置資福院記》：“建中初，先僕射以柱下史參梓潼軍計，典昌、榮二郡。”按“鄒平公”指段文昌。《新書・段文昌傳》：“文宗立，拜御史大夫，進封鄒平郡公。”則“先僕射”當指文昌父諤。證知建中時在任。

陽　珀（楊珀）　　咸通十三年（872）

《舊書・懿宗紀》：咸通十三年五月，“前大理正陽珀爲昌州刺史”。

李師望　　咸通、乾符間

《蜀中名勝記》卷一七榮昌縣：“唐守之可考者，惟建中（指段諤）、楊珀、李師望、韋君靖四人而已。”按李師望大中、咸通間在台州刺史任，咸通八年至十年在邛州、巂州刺史任。

韋君靖　　乾寧二年（895）

《文物》1961年第11期《四川唐代摩崖中反映的建築形式》：“大足北山第245龕淨土變相圖。大足北山摩崖爲晚唐昌州刺史韋君靖於乾寧二年開鑿。”《金石續編》卷一二《韋君靖建永昌寨》：“金紫光禄大夫檢校司空使持節都督昌州諸軍事守昌州刺史充昌普渝合四州都指揮静南軍使兼御史大夫上柱國扶風縣開國男食邑三百户韋君靖建……大唐乾寧二年歲次乙卯十二月癸未朔十九日辛丑記。”北圖藏有此記拓片。

王宗靖　　乾寧三年（896）

《文物》1988 年第 8 期黎方銀、王熙祥《大足北山佛灣石窟的分期》："第 58 號龕門左側上題記：'敬造救苦觀音菩薩、地藏菩薩一龕……乾寧三年九月二十三日，設齋表贊畢。檢校司空守昌州刺史王宗靖造。"

嶺南道

八七 威　州

武德五年以興平、懷集、霍清、威成置威州。貞觀元年州廢。以懷集屬南綏州,省興平、霍清、威成三縣。

李　詢　　*武德中*

《續高僧傳》卷二〇《丹陽沙門釋智嚴傳》:"武德四年,從〔張〕鎮州南定淮海……遂棄入舒州皖公山……昔同軍戎有睦州刺史嚴撰、衢州刺史張綽、麗州刺史閭丘胤、威州刺史李詢,聞嚴出家在山修道,乃尋之……貞觀十七年,還歸建業依山結草。"

八八 荔　州

武德四年以始安郡之荔浦、建陵、隋化三縣置荔州,又析置崇仁、純義、東區三縣。五年以隋化、東區隸南恭州,貞觀元年以建陵隸晏州。十二年州廢,以荔浦、崇仁屬桂州,純義隸蒙州。

陳　毓(陳毓生、陳大德)　　*約貞觀前期*

《姓纂》卷三河東桑泉陳氏:"毓,字大德,職方郎中、荔州刺史。"陳校疑"毓"乃"毓生"之奪。按《元龜》卷六二一云:"貞觀十四年,遣

3366

職方郎中陳大德迎勞高麗長子於柳城。"又卷一四二:"〔貞觀〕十五年八月,職方郎中陳大德使高麗回。"

八九　智　州

武德五年以日南郡之文谷、金寧二縣置智州,又置新鎮、闔員二縣。貞觀元年更名南智州,省新鎮、闔員。十三年以廢明州之越裳隸智州。後廢智州,省文谷、金寧入越裳,屬驩州。

謝法成　龍朔三年? 總章二年? (663? 669?)

《舊書・地理志四》福禄州:"龍朔三年,智州刺史謝法成招慰生獠昆明、北樓等七千餘落。總章二年,置福禄州以處之。"《太平寰宇記》卷一七一略同。《新書・地理志七上》稱:"總章二年,智州刺史謝法成招慰生獠昆明、北樓等七千餘落。"

九〇　順　州

武德三年以安順置順州,又析置東河、建昌、邊河三縣。貞觀元年州廢,省三縣入安順,屬愛州。

陳仲方　高宗、武后間?

《新表一下》陳氏:"仲方,順州刺史。"乃高祖時宰相陳叔達之孫。

九一　順州(順義郡)

大曆八年,容管經略使王翃析禺、羅、辯、白四州置。領縣四:龍化、温水、南河、龍豪。

萬憬皓　約元和末

《全文》卷六四九元稹《授萬憬皓端州刺史制》稱:"前順州刺史賜

紫金魚袋萬憬皓……可使持節端州刺史。”

安貫言　　大中、咸通間？

　　《隋唐五代墓誌匯編·北京大學卷》第二册《唐故容管經略押衙檢校太子賓客安府君（玄朗）墓誌銘并序》（乾符二年十一月二十三日）：“烈考貫言，守容州普寧縣令，又招討巡官，知順州軍州事。”玄朗卒乾符二年，享年四十七。

附　錄

《唐刺史考》《唐刺史考全編》相關評介、訂補文獻一覽（1987—2022）

陳偉揚　陸凱　張曉　胡耀飛　整理

郁賢皓先生《唐刺史考》（江蘇古籍出版社，1987 年）和《唐刺史考全編》（安徽大學出版社，2000 年）先後出版以來，對於唐史學界的貢獻很大。但近二三十年來，隨着唐代金石材料的不斷涌現，對於唐代刺史的考訂價值也日益凸顯，而郁先生年事已高，無力承乏進一步的補訂工作。因此，許多學者積極從事相關內容的訂補，藉以完善郁先生大著的微瑕。截至 2022 年，這些訂補文章，已然蔚爲大觀。對此，學者陳偉揚、陸凱、張曉先後在 2014 年 5 月、2016 年 10 月、2022 年 8 月就《唐刺史考全編》的評價和訂補文章進行過列目，但都不完備。因此，借助鳳凰出版社重版《唐刺史考》的機會，筆者在徵得他們同意後，在他們整理的基礎上，進一步整合學界關於《唐刺史考》《唐刺史考全編》的所有評介、訂補文章，彙爲一編，以備讀者查考。需要説明的是，本編僅針對直接以兩書爲評介、訂補對象的系統文章，部分唐代人物、墓誌、州縣、職官等個案研究中零星涉及刺史任期考證，且未以評介、訂補兩書爲題的文章，因數量衆多，不再一一具列。

胡耀飛　2022 年 10 月

一、《唐刺史考》書評

1. 卞孝萱:《〈唐刺史考〉序》,郁賢皓《唐刺史考》,江蘇古籍出版社,1987 年;提前發表於景生澤主編《唐代文學論叢》,第八輯,陝西人民出版社,1986 年;收入張采民編《郁賢皓先生學術思想研究文集》,鳳凰出版社,2012 年。

2. 卞孝萱:《十年功夫不尋常——〈唐刺史考〉評介》,《南京師大學報》(社會科學版),1987 年第 3 期;收入氏著《卞孝萱文集》第七册,鳳凰出版社,2010 年。

3. 朱金城:《評介〈唐刺史考〉》,(香港)《大公報》,1987 年 10 月 6 日,"讀書與出版",第 470 期;收入張采民編《郁賢皓先生學術思想研究文集》,鳳凰出版社,2012 年。

4. 陸國斌:《〈唐刺史考〉述評》,《蘇州大學學報》(哲學社會科學版),1988 年第 1 期;收入張采民《郁賢皓先生學術思想研究文集》,鳳凰出版社,2012 年。

5.《朱金城、陳貽焮、郭在貽、卞孝萱、松浦良久、李珍華、黄約瑟評〈唐刺史考〉》,《中國圖書評論》,1988 年第 3 期;改題《中外名人評〈唐刺史考〉》,收入張采民編《郁賢皓先生學術思想研究文集》,鳳凰出版社,2012 年。

6. 卞孝萱:《一部填補空白的唐代學術工具書——〈唐刺史考〉評介》,《中國圖書評論》,1988 年第 4 期。

7.(韓)任大熙:《對唐代研究作出巨大貢獻的力作——〈唐刺史考〉》,原刊(日本東方書店)《東方》,1988 年 7 月號,張采民摘譯部分内容爲中文,刊《文教資料》,1989 年第 1 期;收入張采民編《郁賢皓先生學術思想研究文集》,鳳凰出版社,2012 年。

8.(日)長部悦弘:《唐代州刺史研究——京官との関連》,(日)《奈良史學》,第 9 號,1991 年 12 月。

二、《唐刺史考》訂補

1. 榮新江:《〈唐刺史考〉補遺》,《文獻》,1990 年第 2 期;收入氏著《敦煌學新論》,甘肅教育出版社,2002 年;增訂本,甘肅教育出版社,2021 年。

2. 郁賢皓:《〈唐刺史考〉補遺、訂正》,《文教資料》,1990 年第 3、4 期合刊。

3. 朱玉麒:《道藏所見唐刺史考》,《南京師大學報》(社會科學版),1992 年第 4 期。

4. 熊飛:《〈唐刺史考〉小補》,《咸寧師專學報》,1994 年第 2 期。

5. 熊飛:《〈唐刺史考〉小補(續完)》,《咸寧師專學報》,1994 年第 3 期。

6. 熊飛:《〈唐刺史考〉補正(二)》,《臨沂師專學報》,1994 年第 4 期。

7. 賀忠輝:《唐誌補史》,高峽主編《碑林集刊》(三),陝西人民美術出版社,1995 年。

8. 賀忠輝:《〈唐刺史考〉補》,《文博》,1998 年第 1 期。

9. 許建平:《〈唐刺史考〉闕誤補正》,《杭州師範學院學報》,1999 年第 1 期。

10. 劉潔、富康年:《〈唐刺史考〉補訂 53 則》,《西北民族學院學報》(哲學社會科學版),1999 年第 3 期。

11. 曹剛華:《關於〈唐刺史考〉的幾條補訂》,《古籍研究》,1999 年第 4 期。

12. 賀忠輝:《讀唐墓誌叢劄》,高峽主編《碑林集刊》(五),陝西人民美術出版社,1999 年。

13. 賀忠輝:《西安碑林藏唐墓誌有關校補唐史之資料》,《考古與文物》,2000 年第 1 期。

14. 賀忠輝:《〈唐刺史考〉增補》,《文博》,2000 年第 2 期。

15. 一丁:《〈唐刺史考〉辨正一則——向牛僧孺贈送太湖石之"李蘇州"非李諒小考》,《煙臺師範學院學報》(哲學社會科學版),2002 年第 2 期。

三、《唐刺史考全編》書評

1. 傅璇琮:《〈唐刺史考全編〉序一》,郁賢皓《唐刺史考全編》,安徽大學出版社，2000 年；提前以《一部學術上求實、創新之作——〈唐刺史考全編〉序》爲題發表於《文獻》，1999 年第 4 期；收入氏著《唐宋文史論叢及其他》，大象出版社，2004 年；又收入氏著《學林清話》，大象出版社，2008 年；又收入張采民編《郁賢皓先生學術思想研究文集》，鳳凰出版社，2012 年。

2. 卞孝萱：《〈唐刺史考全編〉序二》，郁賢皓《唐刺史考全編》，安徽大學出版社，2000 年；收入張采民編《郁賢皓先生學術思想研究文集》，鳳凰出版社，2012 年。（該文爲卞孝萱《〈唐刺史考〉序》的增訂版）

3. 陳允吉、胡可先：《考昭代之史文，張前修之軌則——評郁賢皓著〈唐刺史考全編〉》，《學術研究》，2001 年第 1 期；收入張采民編《郁賢皓先生學術思想研究文集》，鳳凰出版社，2012 年。

4. 朱玉麒：《錦上添花的精品工具書——〈唐刺史考全編〉評價》，《中國圖書評論》，2001 年第 2 期；收入張采民編《郁賢皓先生學術思想研究文集》，鳳凰出版社，2012 年；又收入朱玉麒《雲鹿居漫筆》，鳳凰出版社，2020 年。

5. 祁宇：《郁賢皓〈唐刺史考全編〉》，《書品》，2001 年第 2 期。

6. 陶敏：《評郁賢皓〈唐刺史考全編〉》，《中國史研究》，2001 年第 3 期；又題《百尺竿頭，更進一步——評郁賢皓〈唐刺史考全編〉》，《湘潭師範學院學報》（社會科學版），2001 年第 6 期；收入張采民編《郁賢皓先生學術思想研究文集》，鳳凰出版社，2012 年。

7. 彭君華：《衣裳之冠冕，水木之本源——〈唐刺史考全編〉評介》，《中國圖書評論》，2001 年第 4 期；收入張采民編《郁賢皓先生學術思想研究文集》，鳳凰出版社，2012 年。

8. 胡可先：《移一時之風氣，示來者以軌則——評郁賢皓著〈唐刺史考全編〉》，《書目季刊》，第 35 卷第 2 期，2001 年 9 月；收入張采民編《郁賢皓先生學術思想研究文集》，鳳凰出版社，2012 年。

9. 楊國宜：《喜讀〈唐刺史考全編〉》，《古籍研究》，2002 年第 1 期。

10. 陶敏：《〈唐刺史考全編〉》，傅璇琮主編《唐代文學研究年鑑·2001》，廣西師範大學出版社，2002 年。

四、《唐刺史考全編》訂補

1. 郁賢皓:《〈唐刺史考全編〉訂補》,《南京師範大學學報》(社會科學版),2001 年第 3 期。

2. 景剛:《唐代的滁州刺史》,《滁州師專學報》,2003 年第 3 期。

3. 潘明福:《〈唐刺史考全編〉補遺》,《文獻》,2005 年第 2 期。

4. 毛陽光:《〈唐刺史考全編〉新補訂》,《文獻》,2006 年第 1 期。

5. 毛陽光:《〈唐刺史考全編〉再補訂》,《文獻》,2007 年第 2 期。

6. 郁賢皓:《〈唐刺史考全編〉補遺》,氏著《李白與唐代文史考論》第三卷《唐代文史考論》,南京師範大學出版社,2008 年。

7. 吳炯炯:《〈唐刺史考全編〉補正》,《中國歷史文物》,2010 年第 3 期。

8. 馬建紅:《〈唐刺史考全編〉拾補》,杜文玉主編《唐史論叢》,第十二輯,三秦出版社,2010 年。

9. 王化昆:《〈唐刺史考全編〉再補遺》,洛陽歷史文物考古研究所編《河洛文化論叢》,第五輯,國家圖書館出版社,2010 年。

10. 楊曉、吳炯炯:《〈唐刺史考全編〉補正(二)》,《甘肅社會科學》,2010 年第 3 期。

11. 趙望秦:《〈唐刺史考全編〉補遺》,趙力光主編《碑林集刊》(十六),三秦出版社,2011 年。

12. 客洪剛:《〈唐刺史考全編〉輯補》,《圖書館理論與實踐》,2012 年第 1 期。

13. 吳炯炯:《牧守的編年——新刊唐誌補正〈唐刺史考全編〉》,氏著《新刊唐代墓誌所見世系考訂及相關專題研究》,蘭州大學博士論文,2012 年。

14. 陳翔:《〈唐刺史考全編〉拾遺、訂正》,杜文玉主編《唐史論叢》,第十四輯,三秦出版社,2012 年;收入氏著《陳翔唐史研究文存》,花木蘭文化出版社,2013 年。

15. 趙望秦:《〈唐刺史考全編〉補例訂正》,杜文玉主編《唐史論叢》,第十五輯,三秦出版社,2012 年。

16. 楊曉、吴炯炯：《〈唐刺史考全編〉補正（三）》，《敦煌研究》，2012 年第 3 期。

17. 張天虹：《〈唐刺史考全編〉補正——以河朔藩鎮時期（763－907）的石刻資料爲中心》，《中國國家博物館館刊》，2012 年第 7 期。

18. 吴炯炯：《〈唐刺史考全編〉補正（四）》，《敦煌學輯刊》，2013 年第 2 期。

19. 吴炯炯、田衛衛：《大唐西市博物館藏墓誌所見唐刺史資料輯考》，吕建中、胡戟主編《大唐西市博物館藏墓誌研究續一》，陝西師範大學出版社，2013 年。

20. 黄樓：《〈唐刺史考全編〉考補——以〈洛陽新獲七朝墓誌〉爲中心》，凍國棟主編《魏晉南北朝隋唐史資料》，第 29 輯，武漢大學文科學報編輯部，2013 年；收入氏著《碑誌與唐代政治史論稿》，科學出版社，2017 年。

21. 客洪剛：《〈唐刺史考全編〉拾補》，《中國國家博物館館刊》，2014 年第 1 期。

22. 于兆軍：《〈唐刺史考全編〉訂正》，《鄭州航空工業管理學院學報》（社會科學版），2014 年第 1 期。

23. 黄樓：《〈唐刺史考全編〉訂補——以〈大唐西市博物館藏墓誌〉爲中心》，《吐魯番學研究》，2014 年第 1 期。

24. 胡耀飛：《〈唐刺史考全編〉"宿州"條辨誤一則——兼論楊吴、後梁的戰爭模式與戰事叙述》，周阿根主編《皖北文化研究集刊》，第四輯，黄山書社，2014 年。

25. 周玲：《〈唐刺史考全編〉訂補》，氏著《〈秦晉豫新出墓誌蒐佚〉晚唐墓誌整理與研究》，西南大學碩士論文，2015 年。

26. 曾澗：《〈唐刺史考全編〉增訂》，《卷宗》，2015 年第 3 期。

27. 曾超：《唐代涪州刺史考》，《長江師範學院學報》，2015 年第 3 期。

28. 吴炯炯：《〈唐刺史考全編〉補正（五）——以〈西安碑林博物館新藏墓誌續編〉爲中心》，裴建平主編《碑林集刊》，第二十一輯，三秦出版社，2015 年。

29. 曾潤:《〈唐刺史考全編〉增訂(二)》,《淮北職業技術學院學報》,2016 年第 1 期。

30. 曾潤:《〈唐刺史考全編〉正補》,《廣東技術師範學院學報》(社會科學),2016 年第 3 期。

31. 曾潤:《〈唐刺史考全編〉訂正》,《圖書館理論與實踐》,2017 年第 6 期。

32. 曾潤:《〈唐刺史考全編〉拾誤》,凍國棟主編《魏晉南北朝隋唐史資料》,第三十八輯,上海古籍出版社,2018 年。

33. 董明:《隋唐五代兩宋安徽州縣官員輯彙(皖淮區)》,黃山書社,2019 年。

34. 董明:《隋唐五代兩宋安徽州縣官員輯彙(皖江區)》,黃山書社,2019 年。

35. 周祝偉:《唐代兩浙州縣職官考——歷代方志所載唐職官新考補正》,上海古籍出版社,2019 年。

36. 曾潤:《顧況〈宋州刺史廳壁記〉考索》,《温州職業技術學院學報》,2020 年第 4 期。

37. 董秋實:《〈唐刺史考全編〉補正——以新出唐代墓誌爲中心》,杜文玉主編《唐史論叢》,第三十一輯,三秦出版社,2020 年。(該文原爲蘭州大學本科畢業論文,吳炯炯指導,2018 年答辯通過。)

38. 尚永亮:《〈唐刺史考全編〉析疑補正》,《安徽師範大學學報》(人文社會科學版),2021 年第 3 期。

39. 王守芝、嚴寅春:《〈唐刺史考全編〉續補——以〈西南大學新藏墓誌〉爲中心》,《西藏民族大學學報》(哲學社會科學版),2022 年第 1 期。

40. 王守芝、嚴寅春:《唐代山西刺史校補——以〈秦晉豫新出墓誌蒐佚〉系列爲中心》,《忻州師範學院學報》,2022 年第 3 期。

41. 曾潤:《〈唐刺史考全編〉斠正》,《昆明學院學報》,2022 年第 4 期。